U0569220

文联版
http://www.clapnet.cn

王金璐便装照

1934年12月，王金璐（前排左一）与王和霖（前排右一）拜马连良先生（二排左七）为师，二排左五为中华戏曲学校校长焦菊隐

1938年，王金璐与恩师丁永利先生（右）、李洪春先生（左）合影

1962年7月30日，王金璐收徒杨少春拜师典礼，全体合影留念

第一排：（左起）马连良、吴晓铃、李洪春、焦菊隐、马富禄、老舍、李墨璎、王金璐、侯喜瑞、徐兰沅、翁偶虹、阿甲、伊兵、沈三玉、王连平、耿明义、诸连顺

第二排：（左起）李可、任志秋、郑万年、苏少舫、王长贵、俞家振、叶盛章、袁声、李和曾、李万春、何海生、肖甲、李慕良、谭静英、杨少春、谭富英、孙元增、侯宝林、李庆山、赵德勋、赵荣鹏、李德彬、孙德山、傅德威、钱富川、马崇仁、何振兴

第三排：（左起）王元信、张韵斌、潘锦华、时弢、石真、罗常培夫人、黄玉华、王万琪、张遵骝、周定一、周殿福、刘盛通、韩廷臣、洪维才、佟志贤、富德忠、李金声、苏世詹、谭世秀、周和桐、宋廷玺、周荣宝、王展云

1997年12月12日，纪念谭鑫培诞辰150周年，演出《阳平关》，王金璐饰赵云

1998年，为"晚霞工程"录制《恶虎村》，王金璐饰黄天霸

1995年，在日本演出《长坂坡》，王金璐饰赵云

1998年，为"晚霞工程"录制《潞安州》，王金璐（右）饰陆登

中国非物质文化遗产传统戏剧传承人传记丛书
INHERITORS OF TRADITIONAL OPERA, CHINESE INTANGIBLE CULTURAL HERITAGE: A SERIES OF BIOGRAPHIES

丛书主编◎谢柏梁

朱继彭◎著

王金璐传记

THE BIOGRAPHY OF WANG JIN LU

中国文联出版社
http://www.clapnet.cn

图书在版编目（CIP）数据

王金璐传记/朱继彭著.--北京：中国文联出版社，2018.5

（中国非物质文化遗产传统戏剧传承人传记丛书/谢柏梁主编）

ISBN 978-7-5190-3524-2

Ⅰ.①王… Ⅱ.①朱… Ⅲ.①王金璐—传记 Ⅳ.①K825.78

中国版本图书馆 CIP 数据核字（2018）第 041957 号

王金璐传记

作　　者：朱继彭	
出 版 人：朱　庆	
终 审 人：朱彦玲	复 审 人：周劲松
责任编辑：李成伟　张凯默	责任校对：傅泉泽
封面设计：马庆晓	责任印刷：陈　晨

出版发行：中国文联出版社

地　　址：北京市朝阳区农展馆南里 10 号，100125

电　　话：010-85923060（咨询）010-85923000（编务）010-85923020（邮购）

传　　真：010-85923000（总编室），010-85923020（发行部）

网　　址：http://www.clapnet.cn　　http://www.claplus.cn

E－mail：clap@clapnet.cn　　panshijing@clapnet.cn

印　　刷：中煤（北京）印务有限公司

装　　订：中煤（北京）印务有限公司

法律顾问：北京市德鸿律师事务所王振勇律师

本书如有破损、缺页、装订错误，请与本社联系调换

开　　本：710×1000	1/16
字　　数：405 千字	印　张：30.5
版　　次：2018 年 5 月第 1 版	印　次：2018 年 5 月第 1 次印刷
书　　号：978-7-5190-3524-2	
定　　价：66.00 元	

版权所有　翻印必究

总　序

谢柏梁

一

在宇宙的浩瀚星空中，我们人类所居住的地球，无疑是最有灵性的星球之一。

人类作为地球的主人，其源远流长的创造与发展变化的历史，主要由各行各业的杰出人物所代表，由各色各样的奋斗历程所体现。

在美丽地球的东方世界，在古老而又年轻的中国，历朝历代的大家们，一向以对各式各类人物事迹的记述与描摹作为己任。我国的人物传记体裁丰富多样，大致可以分为纪传（皇家大事记）、文传（文学化传记）、史传（历史家所写人物传记）、志传（各地方志中所记载的本地人物传记）这四大类别。四类传记互为补充，构成了中国传记文化的多元谱系。

从左史记言、右史记事的专业化分工，到《左传》《国语》《战国策》式的整体氛围感的描述，最后由司马迁振臂一呼，以人物传记体为中心的《史记》横空出世。《史记》记载了地球东方的上自传说中的黄帝时代、下至汉武帝元狩元年（前122年）共三千多年的华夏历史。概述历代帝王本末的十二本纪，记录诸侯国和汉代诸侯兴废的三十世家，描摹重大历史人物的七十列传，使之成为号称"史家之绝唱，无韵之离骚"的中国历史上第一部纪传体通史。

在《史记·孔子世家》所记载的夹谷会盟中,孔夫子面对"优倡侏儒为戏而前"的表演场面,在非常严肃而力图放松的外交场合下,做出了特别粗暴野蛮的极端化处理。这也成为历代梨园界对于孔子不够恭敬的源头。此后历代史书方志,都不同程度地涉及优伶们的言行事迹。

魏晋以降,文史两家由混成到分野,自一体而两适。文者重藻饰心曲,史家倡材料事实,各臻其至,泾渭分明。隋唐而后,碑铭行传,五花八门,高手操觚,佳作如云。韩愈《祭十二郎文》情深委婉,柳宗元为慧能所作碑文机趣横生。

北宋乐史作《太平寰宇记》,分地区而织入姓氏人物,因人物又详及诗词、官职,"后来方志必列人物艺文者,其体皆始于史"(《四库全书总目提要》)。

太平世界,因人物而繁盛;梨园天地,赖优伶而生存。

美妙绝伦的中华戏曲艺术从唐代的梨园开始,至少存在了漫长的十个世纪。千百年以来,戏曲艺术一直在蓬勃兴旺地发展,成为中国人民雅俗共赏的朵朵奇葩、民族文化中不可忽视的重要部类、戏剧天地内中华文化的闪亮名片、国际社会审美天地中的东方奇观。

较早对优伶进行分类撰述的史书,是宋代大文学家欧阳修的《新五代史》。该书包含了分类列传45卷,这种分类传的体例较有特色,其中就包括了《伶官传》。

一向被人们所津津乐道,甚至还被收入到中学教科书的《五代史伶官传序》云:"《书》曰:'满招损,谦受益。'忧劳可以兴国,逸豫可以亡身,自然之理也。故方其盛也,举天下之豪杰,莫能与之争;及其衰也,数十伶人困之,而身死国灭,为天下笑。夫祸患常积于忽微,而智勇多困于所溺,岂独伶人也哉!"尽管欧阳修的本意是说祸患之起乃多方面的原因所累积爆发而成,但还是对表演艺术家们带来了较大的负面影响。

与东土中国的情形完全不同,西方世界对于戏剧艺术家的看法与评价完全不一样。对于以三大悲剧家和一大喜剧家作为代表的古希腊戏剧家，对于以莎士比亚、歌德、席勒等的西方戏剧界的灿烂星座，西方人给予无限崇敬和由衷热爱。

晚清以来最早睁开眼睛看世界的中国人，是那些在西方世界出使、考察或者读书的官员士子。当他们瞻仰到西洋剧院的建筑艺术之华美绝伦、内部装饰之金碧辉煌后，不由得发出由衷的赞美，感叹西洋剧院其"规模壮阔逾于王宫"，特别是舞台上的机关布景之生动逼真，变幻无穷，"令观者若身历其境，疑非人间"；至于西方的戏剧艺术家地位之高贵，更是令国人叹为观止：所谓"英俗演剧者为艺士，非如中国优伶之贱"，"优伶声价之重，直与王公争衡"！

人类的艺术天地原本皆是可以共同分享的，何以东西方对于戏剧艺术家的认同度与景仰度，相差之大犹若天壤之别呢？泱泱中华，文明古国，难道就没有有识之士站出来振臂一呼，为戏剧艺术家们说几句公道话吗？

二

江山代有才人出，是非终有识者论。

我国历史上，首度给予戏曲艺术家们全方位高度评价的文人，是元代的钟嗣成（约1279年—约1360年）。这位祖籍大梁（今河南开封）人士，长期生活在素有天堂之称的杭州城。他先在杭州官学读书，师从于邓文原、曹鉴、刘濩等名家宿儒，又与对戏曲有着共同爱好的赵良弼、屈恭之、刘宣子、李齐贤等人同窗攻书，其乐融融。有记载说，钟嗣成曾一度在江浙行省任掾史。他自己写过《寄情韩翊章台柳》《讥货赂鲁褒钱神论》《宴瑶池王母蟠桃会》《孝谏郑庄公》《韩信泜水斩陈余》《汉高祖诈游云梦》《冯驩烧券》七种杂剧，但不知为何皆已散佚。

真正使得钟嗣成开宗立派、名传青史的著作，还是其为中华民族有史以来第一代剧作家描容写心、传神存照、树碑立传的《录鬼簿》。

《录鬼簿》上卷分"前辈已死名公有乐府行于世者""方今名公""前辈已死名公才人有所编传奇行于世者"三类，这三类名公才人之情形，乃其友陆仲良从"克斋吴公"处辗转所得，故"未尽其详"。下卷分为"方今已亡名公才人余相知者为之作传，以【凌波曲】吊之""已死才人不相知者""方今才人相知者，纪其姓名行实并所编""方今才人闻名而不相知者"四类。这上下两卷书大体依据时代之先后加以排列，一共记述了152位元杂剧及散曲作家的基本情况，同时也记录了四百余种剧目。

我很欣赏钟嗣成的"不死之鬼"说。在他看来，天地开辟，亘古及今，自有不死之鬼在。何则？圣贤之君臣，忠孝之士子，小善大功，著在方册者，日月炳焕，山川流峙，及乎千万劫无穷已，是则虽鬼而不鬼者也。

不死之鬼，是为不朽之神或曰永恒之圣。在钟氏的神圣谱系中，那些门第卑微、职位不振的剧作家，那些高才博识、俱有可录的梨园才人，都值得传其本末，叙其姓名，述其所作，吊以乐章，使之名传青史，彪炳千秋，泽及后世。

因此，写作《录鬼簿》更为重要而直接的意义，还在于对于后学的直接指导和充分激励。"冀乎初学之士，刻意词章，使冰寒于水，青胜于蓝，则亦幸矣。名之曰录鬼簿。"唯其如此，则杂剧戏文创作之道，才可能被一代代年轻的才人们所自觉自愿地衣钵相传，推陈出新，生生不已，得到更加健康的发展。

元杂剧作为中国戏剧史上第一个黄金时代，需要有人进行认真的归纳和总结。从此意义上言，钟嗣成在中国的地位，因为其成书于至顺元年（1330年）的《录鬼簿》之横空出世，甚至可以与西方的大学问家亚里士多德的《诗学》等书相提并论。

有明一代，在贾仲明所增补的天一阁蓝格钞本《录鬼簿》之后，又附有约成书于洪熙、宣德（1425年—1435年）年间的《录鬼簿续编》一卷。该书直接受到《录鬼簿》的影响，以相同的体例记述了元、明之间一些戏曲家、散曲家的大致事迹，接续前贤，踵事增华，令人欣慰。

自兹之后，从总体上对于当代戏曲作家进行专门记载和研究的著作，从明清两代至中华民国，皆未得见。中华人民共和国成立以来，安葵的《当代戏曲作家论》和本人的《中国当代戏曲文学史》等相应的专著，都属于《录鬼簿》的悠远传统在新时代的传承、示范和发展。

三

与《录鬼簿》蔚为双璧的元代重要戏曲典籍，是生于元延祐年间、卒于明初的华亭（今上海松江）人夏庭芝所撰的《青楼集》。前书论作家，后者集演员，正好勾勒出元代戏曲艺术家中两个最为重要部类的旖旎景观和绰约风采。

《青楼集》成书于元至正乙未十五年（1355年），该书记述了从元大都到山东，从湖广武昌到金陵、维扬以及江浙其他地方的歌妓、艺人共一百一十余人的简约事迹。这些女演员们各自身怀绝技，有的在杂剧、院本、诸宫调方面负有盛名，有的在嘌唱、乐器和舞蹈等项目上造诣颇深。有的演员如珠帘秀的弟子赛帘秀在双目失明之后，依然能在舞台上正常表演，"出门入户，步线行针，不差毫发"；脚步地位，规范犹在，这是多么高深的艺术造诣！

也正是因为她们的色艺双绝，声名鹊起，所以才引起了社会各界的热切关注和诸多应酬往还。书中除了记载与她们有过合作关系的二十多位男伶之外，还记录了她们与诸多戏曲散曲作家等文人士子的交情,其中有五十多位达官贵人、名公士大夫,都与这些女演员们有着或多或少、或深或浅的广泛交往。一部《青楼集》,作为第一部比较简练而系统的表演艺术家史传,对研究元代演剧、表演艺术、演员行迹与时代风尚等多方面的话题,都具备非常重要的史料价值和文化意义。

明清以来,与关于戏曲剧作家的记录相对寂寥的研究局面不一样,类似明代潘之恒《鸾啸小品》之类关于演员与表演艺术的文献相对较多。表演艺术家们的优美声容及其较大的社会影响力,使他们得到了较多的关注和充盈的记载。

清代,戏曲艺术进入另一个鼎盛时期,演员记录极为丰富。《清代梨园燕都史料》中所收录的《燕兰小谱》《日下看花记》等几十种书,都对演员予以主体性的关注。如小铁笛道人在《日下看花记》自序中论及其作传缘起云:

> 唐有雅乐部。宋时院本始标花旦之名,南北部恒参用之。每部多不过四、三人而已。有明肇始昆腔,洋洋盈耳。而弋阳、梆子、琴、柳各腔,南北繁会,笙磬同音,歌咏升平,伶工荟萃,莫盛于京华。往者,六大班旗鼓相当,名优云集,一时称盛。嗣自川派擅场,蹁跹竞胜,坠髻争妍,如火如荼,目不暇给,风气一新。迩来徽部迭兴,踵事增华,人浮于剧,联络五方之音,合为一致,舞衣歌扇,风调又非卅年前矣。……录成一稿,名之曰《日下看花记》。梨园月旦,花国董狐,盖其慎哉。余别有《杨柳春词》一册,备载芳名,以志网罗,无俾遗珠之叹。凡不登斯录者,毋怼予为寡情也。

这段序言,既有史识在,又有人情浓,令人为之莞尔首肯。民国以来,由于出版业的发达与报刊传媒业的勃兴,又使得关于演员的记载、评选和评论蔚为大观。民国二十七年（1938年）由徐慕云编著的《中国戏剧史》（上海世界书局出版）卷一专列《古今优伶戏曲史》，以编年体形式，研究家的眼光，纵述自先秦以来直到民国戏曲演员的大的历史线索与知名演员，颇具史家眼光。

近些年来，北京学者孙崇涛、徐宏图等人合著的《戏曲优伶史》（文化艺术出版社1990年）和上海学者谭帆的《优伶史》（上海文艺出版社1995年）先后问世，这都是关于中国历代演员事迹的研究著作。

四

中华人民共和国成立以来，戏剧艺术家的位置得到了前所未有的大提高。在全国政协委员和全国人大代表的席位中，戏剧家特别是戏曲表演艺术家都占有一定的比例。

与此同时，关于戏曲表演艺术家的各种传记资料愈来愈繁盛起来。最负盛名的自传性著作，是梅兰芳的《舞台生活四十年》。关于盖叫天的《粉墨春秋》，也激励过业内外的诸多读者。

20世纪末到21世纪初以来，戏曲艺术家的传记纷纷面世。诸如河北教育出版社、中国戏剧出版社、中国青年出版社、文化艺术出版社等多家单位出版过不少戏曲家传记。

有鉴于目前出版的一些戏曲家传记，还存在着收录偏少、体例不全的遗憾，随着新资料的发现、新人物的涌现，社会各界迫切需要一套相对系统、完整些的戏曲人物传记资料。这既是对于钟嗣成、夏庭芝等人开拓的曲家与伶人传记之风的现代传承，也是在国学与民族艺术学越来越受到全民重视的前提之下，从戏曲艺术家传记方面所做出的积极呼应。

在中国已经崛起为世界上第二大经济体的今天，在中国商品出口多、文化输出少的不对称情形下，在国际社会与世界戏剧界关于中国民族戏剧的热切关注下，一部系统的中国戏曲家传记丛书呼之欲出。

作为中国戏曲人才培养与学术研究的专业化最高学府，中国戏曲学院理所当然地应该担当起编纂中国戏曲艺术家传记丛书的重任。而且今天的戏曲艺术家丛书，既包括了演员与编剧在内，也同样不会遗漏著名的戏曲音乐家和舞美设计家等不同专业的代表人物。

中国戏曲学院的表、导、音、舞、美等不同系科，都对本专业的佼佼者了如指掌。在教师、研究生和本科生三结合的编纂模式下，在文献资料收集、当事人采访调查、专辑文本写作修改等较为漫长的过程中，学院都有着较为雄厚的人才基础。有道是铁打的校园水流的学生，也只有中国戏曲学院才能一直具备较为丰富而新鲜的专业化人力资源。

在文化部、中国文联、北京市教育委员会的慧眼关照下，在上海文化基金会的一度支持下，在中国戏曲学院领导与师生的有效指导与大力参与下，在社会各界贤达众人相帮、共襄盛举的积极姿态下，中国戏曲艺术家传记丛书终于正式立项。从2010年到2016年5年间，上海古籍出版社、商务印书馆、中国政协出版社、中国戏剧出版社和后来居上的中国文联出版社，已经出版了近七十种京昆人物传记。

仲呈祥、赵景发、王春祥、舒晓、薛若琳、龚和德、王安奎、郭启宏、田本相、李世英等名家耆宿，都就这套严肃认真的戏曲人物传记，以蔚为大观序列鱼贯推出，给予了高度肯定，并寄予了无限期望。孙家正先生在该套丛书中的全国政协委员序列谭元寿、梅葆玖、李世济、叶少兰和蔡正仁五位京昆大师的传记写作研讨会上说，这是传承京昆遗产、戏曲艺术和中华文化的重要举措。这套书的出版，与京剧的音配像工程一样，都会在戏曲文化的传承方面，做出重大的贡献。

美国加州大学洛杉矶分校吴琦幸教授，北美中国戏曲曲艺学会会长、美国佛萨大学都文伟教授，美国芝加哥大学陆大伟教授，台湾著名戏曲学者曾永义教授、洪惟助教授和王安祈教授，曾多次盛赞这套丛书在中国戏曲发展史上个体阐扬、微观记录和叠加在一起的宏大叙事的贡献和意义。大家认为，已经出版的近百种传记，行将逐年出版的三百多种传记，厥功甚伟，既有"青楼集"，也有"录鬼簿"，这将构成迄今为止第一套最为丰富的关于中国戏曲艺术家的传记丛书。

《中国戏剧》《中国演员》《中国京剧》《戏曲研究》《光明日报》《新民晚报》等多家报刊的相关主编与编辑，都对丛书的不断发展予以关注和阐扬。田松青、张永和、翁思再、和宝堂、陈珂、陈培仲、田志平等院内外评传作者，不仅在已经召开的3次传记研讨会上分别就自己的撰写情况作了交流，有的传记作者还在为丛书撰写新的人物传记。

人有善念，天必从焉，众必扶焉。大家共同期待这套日新月异、逐年发展壮大的丛书能够成为中国戏曲学院和中国戏曲界的诸多学术与专业品牌之一，为弘扬京昆传统、继承国粹艺术、振兴地方戏曲、留住民族记忆，深化联合国教科文组织人类口头与非物质文化遗产代表作的研究与推广，发挥其应有的作用。

五

2015年国务院办公厅出台了"关于支持戏曲传承发展的若干政策"，在国家意志层面强调了戏曲传承与发展的紧要性与迫切性。传统戏剧在"非遗"项目格局中，所占比例十分巨大，生存状况十分窘迫。在其传承与发展的过程中，传承人处于核心地位。表演流派的独有技艺往往局限于一位或几位艺术家。因此，对戏曲传承人的剖析能够全面、直接、系统地研究剧种，传记研究就是其中最为重要的研究方法。"中国非物质文化遗产传统戏剧传承人传记丛书"以国家级非物质文化遗产传统戏剧方向传承人为传主，以人生历程、艺术造诣、技艺传承作为重点撰写角度，以归纳传统戏剧艺术规律、研究中国戏曲发展路径、总结"非遗"保护与传承途径为根本撰写宗旨，以较为客观的评价体系总结传承人的艺术价值，严密梳理艺术家的传承谱系，清晰传承关系，增强传承意识。传记是叙述故事也是归纳研究，对戏曲与"非遗"皆有重要艺术史学价值。

"中国非物质文化遗产传统戏剧传承人传记丛书"将推出中国戏曲艺术家中对剧种做出过重大贡献的那些不可遗忘的人物。我们打算用10年时间，持续推出京昆艺术家当中的重要人物传记，推出越剧、黄梅戏和豫剧、粤剧和全国各大地方剧种之领军人物的传记，持续推进。积之以时日，继之以心力，伴随着梨园界各方贤达和社会各界有识之士的支持，中国戏曲艺术家的三百余种系列评传，就一定能够在太平盛世当中积少成多，聚沙成塔，共同托举出中华文化中戏曲艺术家的辉煌群像。

昆曲，既是京剧之前最具备代表意义的"前国剧"，又是戏曲剧本文学性较强、表演艺术趋于典范精美的大剧种，还是2002年起首批被联合国教科文组织列入"人类口头与非物质文化遗产"名录、具备较大国际影响的古典剧种。

从1917年开始，吴梅先生在北大开辟了戏曲教学的先例。在他的指导、启发和参与下，由上海的实业家穆藕初赞助，昆剧传习所在苏州正式开班，培养了承前启后的"传"字辈演员。设非如此，兰苑遗音，古典仙音，险些儿做广陵散，斯人去矣，芳踪难寻。至于北昆的韩世昌、白云生等人，也都是正式拜过吴梅先生的嫡传徒弟。这些人，这些事，不可不写，不可不传。

京剧，至今被公认为中国戏曲最具备代表性的剧种，海内外的不少人索性将其称之为"国剧"，也被列入人类非物质文化遗产代表作，得到社会大众的认同。京剧表演艺术家，流派纷呈，各称其盛，具备非常广泛的群众基础，也在世界各国都具备较高的知名度。这些角儿，这些流派，不可不述，不可不歌。

因此，昆曲类传记中，首先推出的是近代戏曲学术大师吴梅、昆剧表演艺术大师俞振飞和素负盛名的昆剧"传"字辈老艺人；京剧类传记中，余叔岩、言菊朋与"四大名旦"等名宿传记也规划较早。

昆曲是昔日的雅部，京剧是今日的雅部。豫剧等星罗棋布的地方戏剧种，可以看成是今日的"花部"。地方戏剧种最接地气，最能够构成中国老百姓看戏的基本生态活动，他们之中的代表人物不可不写，不能不写。

细心的读者很快将会发现，在本套丛书中，大多数是众所公认的戏曲界大师，但也还有部分正处在发展过程的中年名家。或许有人要问：既然曰传，树碑立传，盖棺才能论定，中年才俊尚还处于发展过程之中，缘何仓促为之写传？

此问有理，但又不全正确。须知任何一时代较有影响的人物，首先是被同时代的人们所热爱。举例说来，于魁智、李胜素和张火丁等人，豫剧的李树建等人，越剧的钱惠丽等人，都还处在发展前进的艺术路上，可是他们也确实拥有大量的观众群。那些忠实的粉丝们，迫切需要知道他们心中偶像的更多情形。那么，为同时代的人们的戏曲界偶像树碑立传，实属必要。再比方今天我们的诸多梅兰芳传记，实际上更多的是具备历史文献的意义，因为现存的大部分观众再也无缘得睹梅大师演出的现场风采了。

更有甚者，我们与《中国京剧》的朋友们总是在计划某月某日去采访某一位德高望重的艺术家。可是每当我们如期去实地采访时，常常会发现老人家年事已高，对于昔日的风采与精彩的艺术，已经很难清楚地加以表述了。英雄暮年，情何以堪？

至于有时候看到讣告上的名家，原本已经列入我们要拜访的日程表上，但是拜访者尚未成行，受访者却已经远行，远行到另外一个遥远不可及的世界中去也！天壤永隔，沟通万难，那就更属于永远的遗憾了。

有鉴于此，我们提倡两次写传法或曰多次写传法。此次先写名家的壮年时期，未来再补足传主的晚年事迹，这样的传记，也许更加齐备可靠一些。若必要年老而可写，若必等盖棺而论定，却使后人对前辈艺术家知之甚少，叙之渺渺，称之信史，恐也非理想之传记。

传记的生命力在于讲述一个个真实的故事，演出一幕幕人生的大戏。但是如何讲好故事，怎样使得故事讲得精彩动人，令人读后余香满口，味道袭人，实属不易。《史通》说："夫史之称美者，以叙事为先，至若书功过，记善恶，文而不丽，质而非野，使人味其滋旨，怀其德音，三复忘疲，百遍无斁。"

戏曲艺术家们在舞台上创造了富于美感的各色人物形象，但在生活中却还是一位凡人，或者说往往是一位烦恼更多的凡人。如何使得生活中的凡人和舞台上各色才子佳人、贤士高官和其他或正或邪的人物形象有机地对接起来，更是亟需在传记写作过程中不断探索的难关。

传记包括家族身世、教育承传、艺术人生和舞台创造等部分，也酌选精彩而有历史价值的照片，以期图文并茂，赏心悦目。评传强调文献记载、口述历史与适度评述相结合。附录包括大事年表、源流谱系、研究资料索引等。每位传主的评传大约十五万字，俱以单行本方式印行出版。

二百年来，风云变幻，梨园天地，名家辈出。区区一套丛书，尽管编者力图使之相对完整系统一些，但挂一漏万、沧海遗珠的现象，还是不能避免。即便收入本丛书中的名家大师，由于多侧面历史的诸多误会以及材料的相对匮乏，编撰者的经验不足，错讹之处，在所难免。尚求方家不吝指正，遂使学问一道，有所长进；梨园群星，光芒璀璨。这也正好呼应了马克思的人物传记理想，那就是写人物应当从感情气势上具备"强烈色彩""栩栩如生"，力求达到恩格斯关于人物形象应当"光芒夺目"的审美理想。

尽管为梨园界的艺术家们作传，从理论上看厥功甚伟，但是实际工作却常常会举步维艰，甚至梨园界的一些同仁乃至某些传主的家属学生，也都会存在着一些不一致的想法。尽管前路漫漫，云雾遮蔽，甚至常常山重水复，坎坷难行，但是坚定的追求者和行路人还是会历经千辛万苦，抹去一路风尘，汇聚锦绣文章，迎来晨曦微明。

彼时彼刻，仰望戏曲艺术的长空，那一颗颗晶莹的晨星正在深情地闪烁着动人的光华。晨钟响起，无限芳馨远播，那正是全体传记写作人和得以分享传记的读书人，以及关心本套丛书的戏迷和社会各界朋友们的无量福音。

2017年12月8日

谢柏梁，文学博士，中国戏曲学院学术委员会副主任、戏文系主任，北京市特聘教授、市教学名师，国务院政府特殊津贴专家，国家社会科学基金艺术学重大项目《戏曲艺术当代发展路径研究》首席专家，中国戏剧文学学会副会长、国际剧评协会中国分会副理事长。

序 言

吴小如

1934年至1936年，我侍先母居舅家，住北平东四附近，就读灯市口育英中学，于是乃成为吉祥戏院常客。当时吉祥戏院是中华戏校演出的基本阵地，我看王金璐兄的戏自此时始。及金璐毕业搭班，我已迁居天津。有时金璐随班到津演出，我总要看几场，那时他已专演武生了。至20世纪70年代，因吴晓铃师介绍，我同金璐才正式相识。"文化大革命"结束，金璐重返舞台，我第二次成了他的忠实观众，且彼此成为莫逆之交，转眼便又二十多年。记得初与金璐过从时，即有人来组稿，嘱我与金璐合作，由我动笔，为他撰写艺术传记，我当即欣然同意。不料未几由于京剧式微，出版这类读物困难，前议竟然作罢。此后我一因教学工作太忙，二因老妻成了长期病号，虽仍蓄志为金璐效劳，却始终未能如愿。而上海的朱继彭同志却经过长时间的努力，多次倾听金璐兄和墨璎嫂的长谈，终于为金璐写成30万言的传记专著。这样，我长期以来为金璐兄嫂所开出的空头支票，竟由继彭给兑现了。今此书即将付梓，金璐和继彭都希望我也加盟，在书前写点什么，留个纪念。我怀着感惭交并的心情，自然义不容辞。姑且以老观众和老朋友的身份说几句外行话，算作这本书的开场垫戏吧。

我以为，金璐作为活跃于京剧舞台上70年的老一辈著名演员，要对他的艺术成就作出科学评价，首先要给他定位。一句话，金璐是一位大武生。所谓大武生的"大"，不在于他擅演长靠戏还是短打戏，也不限于演杨（小楼）派还是演黄（月山）派戏，而是必须具备以下几个条件，即：气魄大，台风美，格调高，神韵足，功底深，根基厚。真正的大武生，既要像体操运动员中的全能冠军，而且在唱、念、做、舞各个单项方面基本上也得达到冠军水平。由于金璐在西安演出时不慎伤筋动骨，再经过 10 年"文化大革命"，他先后近二十年离开了舞台实践，晚年嗓音失去了高亢浏亮的光彩。尽管如此，金璐在有些戏中的唱工（如《潞安州》）和念白（如《恶虎村》），调门虽低，其苍凉与遒劲依然不失大武生的非凡气度。这是评价金璐舞台艺术的立足点和起跑线。

　　然后我们再来研究，金璐之所以能成为大武生中出类拔萃、卓荦不群的名家、大家，到晚年，更被舆论加之以"武生泰斗"的光荣称号，到底是通过什么样的道路才走到他这一行的高峰的？当然，"取法乎上"很要紧。金璐从丁永利老师学艺，以杨小楼为终生奋斗的最高目标，这就决定了金璐必须勇于攀登，刻苦锤炼，仔细钻研，才能达到今日的水平。试看金璐以 80 高龄，每天仍练功不辍，这种精进不懈、锲而不舍、老当益壮的敬业精神，便非一般人所能及。何况在这鼎鼎百年内，学杨派的武生可以说不胜枚举。如果金璐没有他自己恃以安身立命的独立精神，他又怎能在众多杨派武生群体之外独领风骚，驰誉达数十年之久！当然，每一位杨派武生在台上演出都各有千秋，并非千篇一律，千人一面。金璐根据他个人先天、后天的条件，善用己之所长，几十年来不停地开动脑筋，钻研戏理，在"不离其宗"的准则下他还是对杨派戏路有所变化、有所创造的。他演出的戏既称得上"标准杨派"，却又是由王金璐这个特定的演员表现出来的杨派。如果从金璐身上只看到"杨派"，那就会失去了"王金璐"的特色；如果观众只看到台上的表演者是"王金璐"，而使那些曾经领略过国剧宗师杨小楼风采的老顾曲家看不到金璐身上所具有的杨小楼的特点，那干脆就说不上是什么"杨派"了。以我本人这六七十年来看戏的经验和阅历而言，我之所以爱看金璐的戏，正是由于他是一位具有"王金璐"特色的标准杨派大武生。"如此而已，岂有他哉！"

明乎此，我们再来阅读继彭的这本专著，就会对金璐舞台艺术的高度成就有更进一步、更深一层的理解和领会了。1934年我开始看金璐演出时，照虚岁算，我13，金璐15。我看过他的《连环套》，那是杨小楼的代表作；也看过他的《百凉楼》，那是标准黄派戏；我还看过他至今仍不时上演的《汉津口》，那是李洪春先生亲授的红净戏。我更看过他演《四郎探母》的佘太君和六郎，《珠帘寨》的程敬思，乃至全部《清风亭》的贺氏。金璐毕业后，就我所知，他演过《刺巴杰》的胡理，《红梅阁》的裴生，还排练过《鸳鸯泪》的周仁。大约除了旦行和唱工花脸戏外，金璐几乎上演过各种行当的角色，而且每一出戏都有实授，并非"钻锅"。我说一个大武生演员必须功底深、根基厚，以金璐如此广阔的戏路和如此多面手的实践，说他"深""厚"，总该不是谀辞了。然后他把这些演出经验，再加上他见过的好角好戏和学到手的真实本领，进行融会贯通化入他所演的"大武生"剧目中，其演出效果当然要比单打一只学武生这一行，只演眼前的几出戏的人显得宽绰富裕多了。事情总是一通百通的。在金璐晚年，仅就我个人亲身见闻所及，我就知道他为陈永玲设计《醉酒》手持酒杯的醉态动作，为童芷苓设计如何改动《樊江关》姑嫂比剑的武打程式。可见只要有人虚心向金璐求教，他总是想方设法让来请益的人满意而归，包括旦行演员在内。这样的演员，我看称之为"泰斗"总不为过吧。这使我一下子就想到了"武生泰斗"杨小楼。当年杨小楼在台上演戏，四大名旦只要有机会就一定不放过，甚至穷追不舍，一丝不苟地进行观摩。叶盛兰生前每次同我谈天，无一例外地总是言必称杨小楼。这跟今天金璐的给旦行演员说戏编身段动作，真是如出一辙地何其相似乃尔！芷苓和永玲，跟我也相熟，她们每谈及金璐，都深怀敬意地表示，那是"我的老师"。

从上述事例已足以看出金璐的艺德和为人了。仅在近二十多年我与金璐的来往过从中，亲自看到他在艺术上提携后进、热心授业、助人为乐的事例，真是数都数不过来。至于对朋友的急公好义、先人后己，我自己就有切身体会。别的不谈，只说我老伴因久病而多次求医，有时也会麻烦到金璐头上。而我们这位老大哥却不论是三九天还是三伏天，只要他力所能及，几乎每一次都全力以赴，甚至到了赔钱财搭时间、废寝忘食的地步。现在借此机会，也让我略表谢忱。我始终相信，真正的大艺术家也同文学大师一样，都是艺如其人、文如其人，"风格即人"的。

最后，我要大书特书一笔：金璐在艺术上勇攀高峰，成就有目共睹，是同墨璎仁嫂这位"里里外外一把手"的"贤内助"分不开的。他们称得起是患难夫妻。在"文化大革命"中，金璐一家经历过一段艰难辛苦的岁月。他们贤伉俪相互体贴，相濡以沫，咬紧牙关共同度过了那段艰辛困苦的坎坷生涯。在艺术上，他们贤伉俪都十分执着，无论对剧本、对表演，都在不惮其烦地精益求精，互相钻研，不断"上下求索"。因此他们称得上是有着丰富共同语言的模范夫妻，是彼此的知音，毕生的幸福伴侣。在这篇拙文即将结束之际，我衷心祝愿金璐兄和墨璎嫂健康长寿，并成为世人（包括我自己）学习的榜样。

1999年9月9日开始动笔，后三日修订定稿

目 录

总　　序 …………………………………………… 谢柏梁 / 001
序　　言 …………………………………………… 吴小如 / 001
第一章　求学篇 ……………………………………………… 001
　　第一节　少小已识愁滋味 ………………………………… 001
　　第二节　走进学堂 ………………………………………… 006
　　第三节　少年立志 ………………………………………… 011
　　第四节　马门立雪 ………………………………………… 018
　　第五节　三番请缨　破围而出 …………………………… 025
　　第六节　玉不琢不成器 …………………………………… 032
　　第七节　干殿下 …………………………………………… 048
第二章　闯荡篇 ……………………………………………… 068
　　第一节　三生石上缘 ……………………………………… 068
　　第二节　拳拳之心 ………………………………………… 084
　　第三节　"中华"弟子下江南 …………………………… 095
　　第四节　退后一步海阔天空 ……………………………… 107
　　第五节　"千岁""殿下"闹申江 ……………………… 117
　　第六节　安营扎寨 ………………………………………… 128
　　第七节　小杨小楼　小黄月山 …………………………… 140
　　第八节　"中华"重光 …………………………………… 153
　　第九节　《连环套》 ……………………………………… 163
　　第十节　恩师去矣 ………………………………………… 173
　　第十一节　苦行僧 ………………………………………… 180

目 录 contents

第三章　磨砺篇 ……………………………………… 188
　　第一节　北雁南飞 ………………………………… 188
　　第二节　新锋初试 ………………………………… 196
　　第三节　"四大武生"一说 ………………………… 204
　　第四节　访苏纪实 ………………………………… 226
　　第五节　逆水行舟 ………………………………… 233
　　第六节　扬帆西安 ………………………………… 242

第四章　韬晦篇 ……………………………………… 255
　　第一节　黯然身退 ………………………………… 255
　　第二节　师徒缘 …………………………………… 260
　　第三节　擎天柱一根 ……………………………… 270
　　第四节　大器晚成悟 ……………………………… 274

第五章　升华篇 ……………………………………… 282
　　第一节　还我本色 ………………………………… 282
　　第二节　当阳又现活赵云 ………………………… 291
　　第三节　生花妙笔《潞安州》 …………………… 301
　　第四节　执鞭教帐 ………………………………… 309
　　第五节　海内独步《战宛城》 …………………… 316
　　第六节　以艺会友 ………………………………… 326
　　第七节　春华秋实 ………………………………… 335
　　第八节　硕果仅存《走麦城》 …………………… 343
　　第九节　唱活关壮缪 ……………………………… 352

目 录

  第十节 鲁殿灵光道黄派……………………359
  第十一节 《武生泰斗》…………………………366
第六章 不悔篇…………………………………………377
  第一节 晚霞红似火………………………………377
  第二节 春蚕吐丝犹未艾…………………………386
  第三节 锻声铸艺晚潮圆…………………………400
  第四节 此生不悔…………………………………410
后 记……………………………………………………420
附篇一 躬逢王金璐先生"双庆"盛会有感……………423
附篇二 "极品"老人的金色晚年……………………428
  一、中国京剧吉尼斯记录……………………………428
  二、京剧武生"通天教主"…………………………430
  三、京剧活动家………………………………………435
  四、学者型艺术家……………………………………440
  五、荣誉和奖项………………………………………443
王金璐年表…………………………………………………446

CONTENTS

General preface ·· Xie Boliang / 001

Preface ·· Wu Xiaoru /001

Chapt.1: The early stage of learning ··································· 001

    Section 1   The taste of bitterness as a little kid ···················· 001

    Section 2   The new in the school ·································· 006

    Section 3   The ambitious young man ······························· 011

    Section 4   Waiting in the snow at the door of Mr. Ma — A show of sincerity and humility ·································· 018

    Section 5   Picking up the gauntlet and breaking the chains against the rest ·· 025

    Section 6   An uncut jade does not sparkle ························· 032

    Section 7   More than a disciple ····································· 048

Chapt.2: Exploring in the outside world ······························ 068

    Section 1   Friendship that lasts three lives ························· 068

    Section 2   An earnest heart ··· 084

    Section 3   "Zhonghua" deep to the South ·························· 095

    Section 4   Taking a step back to see a better view ················ 107

    Section 5   Development of Shanghai Opera through competitions ······ 117

    Section 6   Settling down ·· 128

    Section 7   The young Yang Xiaolou and Huang Yueshan ········· 140

Section 8	"Zhonghua" back to the light	153
Section 9	A Series of Stratagems	163
Section 10	The death of his respected teacher	173
Section 11	As an ascetic monk	180

Chapt.3: Years of practice ... 188

Section 1	The wild goose flying south	188
Section 2	The debut of the newly-sharpened sword	196
Section 3	The story of " the Four Wushengs "	204
Section 4	A visit to Russia	226
Section 5	Rowing upstream	233
Section 6	Raising a flag in Xi'an	242

Chapt.4: Preserving the talents ... 255

Section 1	Retreating behind the scenes	255
Section 2	Predestined ties with the teacher	260
Section 3	Being the pillar and the indispensable	270
Section 4	The insight of the late bloomer	274

Chapt.5: The process of sublimation ... 282

Section 1	To be the true self	282
Section 2	Bringing the character Zhaoyun alive	291
Section 3	A delicate interpretation of Lu'an Zhou	301
Section 4	The rigorous teacher with exigent principles	309
Section 5	An unparalleled tour of The War in Nanyang City around the country	316
Section 6	Kindred spirits in the world of operas	326
Section 7	Life going on: Flowers in the Spring and fruits in the Autumn	335
Section 8	The one and only work Walk Across the Mai City	343

Section 9　The second life of Guan yu through acting ················· 352
Section 10　Huang class — the rarely existent heritage ············ 359
Section 11　The Master Taidou ··· 366

Chapt.6: The closure of the journey ································ 377

Section 1　The sunset glowing like fire ····························· 377
Section 2　The last silk by the silkworm; the everlasting contribution to operas ·· 386
Section 3　The stage of singing and acting rounding off ············ 400
Section 4　A life without regrets ······································ 410

Afterwords ··· 420

Appendix 1: The encounter with the master Wang Jinlu in the "double-celebrated grand gathering" ················· 423

Appendix 2: The golden-aged man with his legendary past ········ 428

Section 1　Chinese Beijing Opera in Guinness World Records ······ 428
Section 2　The Wusheng in Beijing Opera: Wang Yaoqing ··········· 430
Section 3　Activists for Beijing Opera ································ 435
Section 4　Artists as well as scholars ································· 440
Section 5　Honors and awards ······································· 443

Chronology of Wang Jinlu ··· 446

第一章 求学篇

第一节 少小已识愁滋味

1919年11月22日,一条活跃着艺术细胞的小生命呱呱坠地,降临在北平东珠市口三里河的一个家徒四壁的贫寒厨行人家。他五官端正,哭声响堂,模样儿十分喜人,这个取名王庆禄的新生儿就是20年后声名四播的著名京剧武生王金璐。

王金璐并非出生在一个盛开艺术花朵的家庭。祖父是地道的北京人,父亲曾在前门外同兴堂当学徒,出师后主要为四邻街坊的红白喜事做一些普通的饭菜,也为某些体面人家当下厨,但是专为府里下人做饭,收入菲薄。母亲操持家务,且替人缝缝补补以维持一女二男三个孩子的艰难生计。大姐长他十来岁,兄长比他大两岁,他排行老三。两年后兄弟出世,家境就变得益发的困苦不堪了。

他们一家六口合住在靠山胡同的一间小破屋里。靠山胡同是一条狭窄的小巷,只能走一辆自行车。巷子倒是挺深,胡同尽头便是他们的家,说是屋子,实际上是普通住家户的一个外院而已。穷人的邻居也穷,但好心肠的人却不少。王家有户近邻是"打鼓儿的",即过去北京收购旧货的,这营生实同捡破烂的无异,就是这么一家穷户经常在周济着他们。大姐拜了"打鼓儿的"作干爹,庆福、金璐、庆寿三弟兄也随同认了干亲,家里总算多了一个生活依傍,才不至于去乞讨要饭。

王金璐的童年,北洋军阀连年混战,时局动荡。但政局是政局，百姓是百姓，穷人哪有心思去理会政局，他们中的绝大多数依然是在日继一日地挣扎着求生存。比他家再穷的恐怕不多，用他自己的话来说，是"穷得叮当响，两袖清风，连两裤腿也是清风"。他落生以后最早记住的一件事便是自家屋小睡不开，夜里常被带去邻居家借宿。家里的煤球炉是一家子心目中最宝贵的家产，一天晚间忘了从过道搬回屋内，第二天发现被人偷走，大姐还心疼得大哭一场，全家竟是一片愁云。他多么希望能同别人家孩子一样，过着不饥不寒、无忧无虑的日子。然而，生活的阴影过早地压在了他稚嫩的心头。

王金璐吃不饱还闲不住，因此终日腹中饥肠辘辘的躁得难受。家里几乎全年不见白面，能吃上棒子面和山芋已算不错。金璐食量大，见饭桌上有山芋就抢，家人全都让着他，尽管如此，顶多也只能吃个半饱。他饿急了，便不择手段找饭吃。旧时北平豪门富户讲排场，红白喜事必铺张一番以炫富贵，娶亲讲究花红彩车或大红彩轿，死了人要用名贵棺材，棺材不是用金丝楠木就是阴沉木、杉木做的，十分考究。迎亲送殡，还要雇上一伙小执事，在前边分成两行沿街而行，浩浩荡荡，他们要的就是这个气派。要是娶亲，执事一律穿红色号衣；若是出殡，一律穿白孝袍，手里举一根短白纸条粘成的"雪柳"。为求一饭，小孩哪顾得拿雪柳的晦气，金璐常是不雇自来的编外执事，跟在棺材后面，把死人送进墓地，别人领赏钱，混在执事队伍里手举白幡的他为的仅是领一碗赏饭。

一家人有了上顿没下顿，心力交瘁的母亲终被生活重负压垮，从此病势日益加重。在金璐眼中，几乎从不见母亲有过笑容，笼罩在母亲那张凄苦的脸上的，除了愁，还是愁，这个"愁"字，不可能不在少小的王金璐的心头刻下烙印。毕竟是孩子，童心所使，他比谁都淘气，凡有他参与的游戏全能让他玩出水平来。胡同里穷孩子中他是公认的首领，小孩们爱玩的"拍屁股队""蹦高"等游戏的冠军非他莫属。实在闲得没事，他就在胡同里疯跑，常挡了拉洋车的道而遭骂，于是他便生出捣乱的主意，把破洋铁缸、土簸箕之类的破烂儿偷着挂在车后的横杆上，一路上哗啦哗啦乱响一气，存心惹人发火，不等拉车人回头，以他为首的一帮顽童早已一溜烟地哄笑而散。他另有一手抓蛐蛐的能耐，手法灵捷异常，出手必有斩获，这也是童年时代属于他仅有的一点乐趣，可能就在此时，冥冥然已注定了他将一辈子与舞拳弄脚的武戏为伴。

王金璐的戏缘始于干爹家。干哥是前门外广德楼戏院的茶房，平时常带他去看"蹭戏"，从天桥到前门，大小戏院都光顾过。父亲也爱看戏，只看比较下层的"天桥"，相比之下，他比父亲阔多了。王金璐生性好动，他对武戏最感兴趣，干哥便在家里窗台上搭了竹竿，让他在竿上攀越翻滚，一来二去的，还真有几分样儿，这也许就是他接受的最早的京剧基本功训练了。苦水没有淹没他的聪慧，王金璐学戏似乎有一种灵性伴随，他的戏缘纯属一种偶然。

干哥见王金璐小有灵气，便建议王母不如让儿子吃口戏饭。昔时国人向视优伶为贱业，以唱戏为下品。在清代，娼、优、隶、卒最为人不齿，戏子的社会地位连妓女都不如。民国后20年，唱戏一行比之晚清虽有改观，可"开口饭"总为人不屑，不少人家家谱并不显赫，却也看重名望，子弟们听戏消遣纯是一种雅兴，真的吃这口饭就有辱门庭了，稍有身价者更鲜入此道。唱戏几乎是穷人家一统天下的"低三品"，多为穷人不得已而为之。母亲怎忍心让孩子去挨打受苦、低三下四，对干哥的建议自然一口拒绝。常言道"家有三斗粮，不进梨园行"，母亲抵制得十分坚决，此事便暂时搁起一边。后来，眼看母亲病势沉重将不久人世，邻居大嫂已在帮着赶缝丧服，姐弟四人属他最淘气，最让临危的母亲牵肠挂肚割舍不下的就是他。一位大娘不明内情，上前劝慰："是惦记小三吧？赶明儿让他学戏去，让你放心。"谁知旧话一重提，母亲顿时激动起来，胸部剧烈起伏，睁圆了一对无神的眼睛，苍白的嘴唇哆嗦不止，似有话说却吐不出一句。突然，她挣扎着抬起一条无力的手臂，在炕头摸到一只茶碗，两眼直勾勾地盯着呆立在床前的王金璐，拼着全身的气力掷了过去。她无力倾诉此时的心情，只能凭此发泄一下心中的凄楚，这是一位母亲最后的抗拒，痛彻而激烈，然而又显得多么的无力和无奈，穷人家选择的余地本来就很小很小。明知坐班学戏如同蹲大狱，破板子打肉，里外是伤，钻进去就是一个无底的深渊，如今家里生路似乎已到了尽头，母亲所有努力就同那只茶碗一样，被摔得粉碎。

王金璐8岁那年，父亲跟别人搭伴闯关东，子女四人全靠干爹接济度日。时过两年，大哥庆福去姨父家的自行车修理铺当学徒，小弟庆寿正式立下字据过继给了干爹，只剩下他没有着落。大姐担负起了照看兄弟的责任。家无隔宿粮根本念不起书的两弟兄，遇上了一位富有同情心的私塾先生，答应免费让他们上学。好动成性的王金璐在学堂里也不安分，他总爱表演几手，争个"头领"当当。同学们把几张课桌拼在一起，由他跳上去大显手脚功夫，把手巾绑在腕子上当水袖挥舞，蹦跳之中还翻上几个跟斗，或来个劈叉之类的，引来小同窗们大声地叫好，把学堂闹腾得不亦乐乎。未及一年，王金璐便被打发回了家。这一下把大姐气得非同小可，她狠狠地揍了兄弟一顿。大姐有难言之隐呀！她已过了出阁年华，至今没找婆家皆因兄弟的拖累，因此她时常有一种痛苦无处发泄，岁月风霜的严相逼摧得她年轻轻的就已过早地带上了几分中年妇女的烙痕。慈善为本的干爹对他们家的这种情形实在看不过去，他一手把金璐、庆寿哥俩接走，又一手为大姐办了亲事。对于王家，干爹所赐实为九重之恩。

王金璐10岁那年住进了鞭子巷胡同干爹家，他难舍靠山胡同旧屋，在那里，有着他苦涩却又美好的记忆，虽然老家年年愁云不散，但毕竟那里有过天伦之乐。干爹何尝不天天在为他操心，天下父母没有不望子成龙的，可眼下这个穷得叮当响的家，对孩子哪敢有半点奢望呀，压根儿就没指望有朝一日能显亲扬名光耀门庭，只要能混上一口粗茶淡饭，有人管就是"上上大吉"，这口现成饭又该上哪儿去找呢？

老天爷终于开启了一扇机缘之门。11岁那年，开电料行的姑妈在家办生日，干妈带他前去拜寿，也好让这个平日少见荤腥的孩子吃上一顿鱼肉饭。饭后大家余兴不尽，有人歌有人曲的，王金璐平时爱哼上几句不太合弦的京戏，他一高兴，便跳上炕唱开了《打渔杀家》："父女打鱼在河下……"倒也像回事。正巧中华戏曲专科学校的庶务教师胡玉生那天在场，见王金璐这孩子高鼻梁、大眼睛、天庭饱满、长相俊秀且临阵不怵，便随口说了一句："这孩子是个唱戏的坯子。"姑妈家的表兄与胡先生同住一院，彼此熟稔，正好借机求助，为表弟谋上一条生路，他便对胡先生说道："您既然看着他行，就拜托您给他找个吃饭的地方，让他考考戏校吧！"胡先生一口应承，他对这小孩显然有了好感。

少小的王金璐早已识得愁滋味，一颗无邪的童心已明白一个人生的道理：要当男子汉，不再吃闲饭。他头脑里只有一个朴素的憧憬：不管去哪里，有饭就成，唱戏总比要饭强。"以食为天"求生存的硬道理连小孩都懂。

考试那天，胡先生把他领到南城木厂胡同的戏校，走进一座大院子，迎面便见一块大牌子，上写"中华戏曲专科学校"（以下简称中华戏校）几个大字，很有气势，随着往里走，四周望去，好大的一片天地。一位老师模样的人对他上下打量了一番，捏捏他的身子骨儿，用两个拇指吊吊他的双眉，还让他啊咦地喊上几口，就算初试过关。

王金璐第二次进校遇上的考官是业务主管沈三玉，考得比上次严格多了。先问会不会唱，又问会唱什么，他自报"我会'父女打鱼'"，他站在校长室门外张口就唱，自然还是那不知唱过多少回的老四句："父女打鱼在河下……"边唱边比画的一副认真样儿把沈老师逗乐了。接着让他把嗓门一步一步往上拔，他还真不含糊，憋足劲儿——喊够调门。沈老师又摸摸他后脑勺，并跟胡先生说道："后脑勺够大的，勒上头不易掭。"他"啪"的一声，拍了王金璐一巴掌，说了一声"行啦"，就这样他似考非考地被录取了。

全家人欣喜无限，开始打点行装为王金璐送行。大姐黯然神伤，默默祈祷：愿兄弟命硬，自己闯出一条活路。干爹为他高兴，与其在家挨饿，不如出门闯练，天地之大，五行八作，千品万类，各有造化，唱戏也未必不能成器。王金璐行装简陋得出奇，可没少兴师动众。戏校有规定，学生被褥都要罩上白布套，床上得铺白床单，还需自备洗漱用具。亲友们穷帮穷，东拼西凑好不易装备成了一副铺盖卷，一看便知够寒碜的。他的洗脸盆比饭盆大不了多少，放进两手不见盆底，很难想象他洗脸洗脚怎么摆弄得开。

入学须付10元押金，还要立字据打两个铺保，穷亲戚中谁也无力作保，还是表兄挺身而出做了一名保人。另一名保人只能请姨父出面，姨母没忘了再三嘱咐："千万别从学校跑了！"不然押金没了，还得赔偿损失。

报到的日子到了，街坊亲朋都来送行，大家一再叮咛："好好学，千万别让人轰出来，轰回家里，咱也没饭辙。"这句话，在他小小的心灵中留下了深深的印记。

此时此刻，他记得最清楚的就是，学校那儿是个吃饭的地方。

第二节　走进学堂

1931年春的一天，王金璐来校报到。这个看上去不过一米一十、体重不过六十斤的小男孩今天可是装扮一新。他外穿一件新做的蓝布大褂，里穿的小夹袄还是邻居送的女袄，全凭那件外衣把破烂的内衣遮得严严实实。脚下一双旧布鞋，鞋袜倒也干净，反正看上去表面光就行，穷人家实在没法再讲究了。

沈三玉向表哥特别交代："学校规定一年回一次家，平时不准回去！"王金璐一旁听了，脑袋里"嗡"的一下，他从小哪离开过家呀，家里虽穷，一家大小、左邻右舍整天可是热热闹闹，如今来到一个举目无亲的陌生地方，从此孤零零的可怎么办？方才的高兴劲儿霎时间不见踪影了。他闹将起来，任凭表哥好言相劝，把临行时大家嘱咐的话重说了一遍，仍然无济于事。表哥说完"过年我再接你回去"，转身即走，他顿时"哇"地大哭起来，嗓门比面试时的干唱调门还要长出许多。表哥蒙了，心里不忍，回身再哄着，此时走来一位老师，一把将王金璐拨拉过来，大声喝令："别哭了！"直似一个响雷，王金璐一惊，心头一怵，哪敢再哭。那位老师接着又发第二声喝："拿起来，走！"他这才老老实实地拿了行李跟着走进院里。原来这正是训育主任丁怡仲先生，王金璐正巧撞他枪口上了。

王金璐走进一间大屋子，一看便知是教功的所在，墙的四周都是横挂的杉篙把杆，学生们一字排开，全在那里耗腿。他的位置是角上的第一个，听老师吩咐，他乖乖地抬起一条腿放到杉篙上……表哥已经走远，一道道门横在自己身后，休想逃得出去，好好地熬吧，反正饭辙是有了。

学校处处透着新鲜，王金璐眼前一亮，多大的一个四方院子呀！男部和女部正对门，这里不封建，不像旧科班男归男、女归女，而是男女生同班又同台；明明是学戏的地方，却开起了文化课；学生都有校服，别提多精神了；更衣室里一人一柜，宿舍里自叠床铺，清洁又整齐；外出演戏，备有大轿车接送，风光不小；专有训育老师看管学生，管头管脚，管吃管睡，什么都管，严格得出奇，王金璐初来乍到，学校的第一印象是美好的。

每到吃饭时刻，金璐倍长精神。饭厅在前院，足有好几间屋子大，里边是一排排的方桌。大家鱼贯而入，8人一桌，厨师端上饭菜，四菜一汤，还有白面馒头。饭菜油水少，说不上什么滋味，其实跟清水大锅汤差不太多。学校特色菜是鸡血汤、豆芽菜，别人厌腻了，他则食欲大开，这菜比起家里黑面疙瘩汤强多了。11年来一直与他为伴的饥饿一去不复返了，高兴得他在梦里都会笑出声来，他福中知福，这里真好，天天似在过年。

练功之苦令人咋舌。清晨5点，睡梦中即被喊醒，在教师的督领下，学生们打着灯笼排着队到城根儿去喊嗓子，即使在大冬天，一个个也得从热被窝中钻出来。队伍开拔之时，街上寂静无声，家家关门闭户尚在梦乡，这批孩子却天天赶一个五更。喊嗓回来便是练功，毯子功、把子功、腿功三管齐下。练功，都有看功老师拿着鞭子镇在一旁，谁也不敢偷懒怠工。有一门集体功——耗顶最让人惧怕，大伙贴着墙脚蹲下，口令一下，全体头朝下脚朝上一字排开，大清早肚里空空如也，倒挂着身子，滋味好受不了，时间一长，眼花了，手软了，呼吸也急促了，脸憋成紫色，涕泗交流，一个倒下，接着倒下的就是一大串。学生们的"耗腿"则是必修课，先伸直一条腿，放在窗台上搁定，绷直的另一条腿必须按劈叉要求撕开，再以身压腿，愈压愈紧，如此耗上半个小时换腿重压。耗腿拉松了韧带，正好接练踢腿，走一步踢一下，左右腿轮着来，从院子东头踢到院子西头，二十多步，来回来去地踢，足足好几个往复，直把学生耗得筋疲力尽。

为使学生长功成材，按梨园旧规，教师打罚学生天经地义，手底下从来不留情。学校章程明文规定不准打罚，但教师全是笃信"打戏"的老艺人，校方着眼于效果，自然睁一眼闭一眼马马虎虎装糊涂。王金璐的"淘"到哪儿也收不住，练功时难免多看周围几下"野眼"，于是得到的是劈头盖脸的板子。学校大院子四周是一圈新式教室，老师也有在廊子里上课的。有一天，王金璐正对面的另一边廊子里郭际湘先生正在教女生，他好奇地扭头看了几眼，走了神，还没等他分辩，板子直向脑门飞来，打得他两眼冒金星。老师喝令他转过身来背对那一边廊子，他乘老师不注意，抽空子转过脸去又瞧了一眼，这下可惨了，板子竟把他的脑袋打在了廊柱上，几乎打晕过去。这种日子太难熬了，时时担惊受怕，邻居大爷说过："坐科好比蹲大狱"，不由得他不信。

戏校生活节奏没有【慢长锤】，只有【急急风】，校方用心良苦，把学生作息时间安排得没有一刻闲工夫。赶五更喊嗓，接着便是练功，下了课直奔饭厅，再上课就快九点了。上课时，先搬开课桌椅，只在两头排两张桌子、一把椅子。老师居中坐定，沏上一壶茶，学生围着站，桌上一把厚戒尺，好比杀威棒，既用来拍板，又是学生人人心中生畏的"刑具"。中午12点方才下课，谁下午有戏，学校会用布告牌通知，每天谁出场、演什么戏，布告牌上一目了然。那时戏校演的绝大多数是日戏，傍晚学生回校，晚饭一毕，除有上夜戏的外，一律听文化课。一天满满登登，不等全天"功课"结束，眼皮早已抬不起来。

中华戏校创办不久，社会上时誉颇著，有人说是新式科班，有人说是皮黄学校，皆因其与传统科班不尽相同，推出的是一种崭新的艺教模式。它有别于旧式科班处甚多：男女合校是一大突破，"国内首创"的头一份；开设了大量文化课，如国文、历史、英文、法文、音乐、美术、习字、算术等，更有中国戏曲史、艺术概论、中外剧本分析、文艺理论等专业理论课程，这一先进的、科学的课程设置体系为旧时科班所未见；学校生活管理很有特色，尤其强调卫生面貌，每人一床，被褥、被单全是白色的，折叠整齐，干净醒目，不似科班大伙挤在一个炕上滚，易染疾病，慕名前来参观者还真不少；在戏校吃零食也是受管辖的，校外送来的食品一律由学校经手保存。男女学生一律穿校服，十分精神，男生冬天外出全是黑色中山装加斗篷，夏天白色中山服、铜扣子加大沿帽，个个笔挺，不同于科班学员大多长袍帽头，小小年纪老气横秋。女生穿月白色上衣，短发黑裙，显得十分淡雅秀美。学生上戏园子，当时最大的科班富连成社尚且是以步代车，而戏校却有一辆大轿车以车代步，由此成了人们口中一桩新鲜的话题。

中华戏校由问世走向兴旺，创始人校董程砚秋、金仲荪和校长焦菊隐厥功至伟。程砚秋先生从小学艺，深知旧戏曲教育的弊端，故立志加以改革。1930年与金仲荪在中华戏曲音乐院南京分院（北京）共同发起并聘请当时年仅25岁的焦菊隐先生负责筹备中华戏校的建制工作，是为第一任校长。焦菊隐毕业于燕京大学，属学贯中西的戏剧界新派人士，他平时西服革履、文质彬彬，办起事来讲究效率，立竿见影。学生们因他动作迅速，给他背后起一个外号——"飞机"。

身穿中华戏校校服的王金璐

程砚秋、焦菊隐二位推出一套新型教学模式，既重视继承传统，又坚持改革开放。焦校长以极大的魄力废除了供奉"祖师爷"的梨园定规，把饮场、检场旧习一概取消。当时社会各行各业无不祀奉本行祖师爷，木匠祀鲁班，铁匠祀老君，理发匠祀吕洞宾，有的地方浴室还祀武则天，梨园行祀奉的是唐明皇。不少伶人家里皆供祖师爷，戏园子后台几乎没有不供的，不管是谁，进后台先得礼拜，求祖师爷保佑。焦校长逆潮流而动，定下一条严厉的制度：学生中谁对祖师爷顶礼膜拜必重罚不贷。焦菊隐冒天下之大不韪，触怒了保守的梨园社会，被痛斥为"欺师灭祖，大逆不道"；有人挖苦"戏校不拜祖师像，拜孙中山"；有人讥讽"中华戏校的祖师爷是戴红胡子的（指妖魔鬼怪）"。梨园公会还发出了"将来不准入会"的威胁。对于纷至沓来的社会舆论的大讨伐，焦校长根本不予理会。

京戏大盛年代，科班兴旺繁盛，20世纪二三十年代之际，富连成社处于鼎盛，执科班牛耳者非富社莫属。王金璐入校是1931年，这一年富社毕业生侯喜瑞、马连良、于连泉、谭富英、马富禄、雷喜福等人的大名如雷贯耳，李盛藻、叶盛章、叶盛兰、杨盛春、高盛麟、刘盛莲、陈盛荪等"盛"字科尖子也毕业在即。其时中华戏校正值含苞待放，显然还根基不深积淀不足，比起那些根深叶茂的老牌科班尚不能同日而语，但不少有识之士却已意识到富社从此将遇上一个强劲而可畏的对手。

中华戏校崛起于京剧鼎盛年代后期，王金璐躬逢其盛赶上了"鼎盛"的末班车，这大概就是所谓的"天时"吧。

第三节　少年立志

王金璐进校之初，学校的学生不多，各人俱用原名，后学生渐增，学校便定下了"德和金玉永昭令明"八个字为学生取名排班，如傅克为取名傅德威，宋宝禄取名宋德珠，他排在"和"字班，因"王和禄"三字叫不响亮，即改为王金禄（后改为王金璐）。实际上排字并不严格，沈金波本应名列"玉"字，因犯其父名讳，故改为"金"字；"何"和"海"也叫不上口，便改为金海；孙玉祥应在"金"字，却归到了"玉"字。旦角如是男性，取名很是秀气，如德珠、和雯、金鸿、玉群等；如是女的，都加草字头，像赵金蓉、冯金芙、侯玉兰、邓德芹。

学戏之初，轮不上分行当，也轮不上到戏园子扮一个角色。中华戏校学生一律先得跑龙套、当上下手、扮院子过道、来旗锣伞报，到了"扫边"，已上了台阶，就这样一步一步顺着台阶走，能来个有名有姓的角色就算不含糊了。金璐入校晚了一年，分行也略迟，第二年他归到陈少武老师处学老生。陈少武是深谙传艺之道的好教师，开蒙的第一出戏是《渭水河》，演周文王飞熊入梦、姜太公八十遇文王故事。王金璐喜武不喜文，爱看武生组那边练功，陈少武责备他不守纪律，学戏不专，故少不了挨打，有时为了学一个动作，打罚不下十多回。学到文王入梦飞熊现身，唱完"只见飞熊在帐中，手持宝剑将它斩"一句，因一个戳剑动作不合要求，挨打少说也有二三十次，简直被打蒙了。陈少武冬天怀里常揣着蛐蛐葫芦，进门就放在桌上，优哉游哉地在那儿一坐，一边闻着鼻烟，一边合上眼皮听着蛐蛐叫，这是他一大乐趣。有一次正遇上沈三玉先生查课，陈急坏了，用平时打罚学生的戒尺使劲地猛击桌子，催着学生拼命大声地唱，好把蛐蛐声压下去。金璐怕他，不敢不遵，他手里家伙不长眼，一不合他意，一阵皮肉之苦难免。金璐等学生也送他一个外号"新老文"，正与"陈少武"三字对应。可怜的金璐早早地同戒尺攀上了缘，天天在"打戏"中苦熬，他有过逃跑的一闪念，可是看到逮回来的"逃亡者"被加重责打，甚至还会当着家长"用刑"，他那非分之想也就吓了回去，哪里还敢造次。"别跑回来，我们这儿没有饭辙儿"，邻居亲友送别时的那句话重又在耳畔响起，唉，谁让自己命穷，逃而受饿，不如挨打饱肚，不逃也罢！

少年王金璐（左）与师兄萧德寅在对练

礼拜天是家长例行的探望时间，每到那时，学生全瞪圆眼珠隔着二门望大门，翘首以盼自己家人的到来。家长们带来的大包小包都是给孩子补身子加营养解口馋的。训育主任在大门口放一张桌子，边登记边把食品留下，写上名字后一一送进贮藏室，分批发放，以防撑坏肚子。干爹除了带来几个烧饼外，真难为他每次总还留下几大枚铜板。过不多日，干爹也不济事了，礼拜天再难见到这位好心人，代干爹出头的是兄弟庆寿，他为二哥每次带来些许干点心，别人家是方的圆的有形有状的，兄弟手里拿着的是大栅栏庆乐戏院门口贱卖的碎点心渣，一枚铜板一大包。尽管如此，这日子也不长久，家境太难，兄弟也不露面了，至于姐姐就更难见到了。

学校制度极严，家长们虽不少都是梨园同行或熟人朋友，但同样不给通融。于是家长们八仙过海各显神通，千方百计逃避检查，有的把食物掖在长袍里，有的藏在裤腿里，有的夹在雨伞里，也有的混在鸟笼里……学校贮藏室里，学生一人一个小衣柜，人手一把钥匙，家长夹带入内的食物都被偷偷放在柜子里。大师哥们常会逼着师弟师妹交出钥匙"洗劫"一通，唯有王金璐不，因为他一无所有，学校里论穷他是拔了尖的。他毕竟不过十一二岁，见人有好吃的不禁犯馋，师妹李玉茹的妈妈常带糖饼，他左一声右一声地叫着"李大妈"，然后就站在一边干瞪着，李大妈打心眼里喜欢这个孩子，就常让玉茹掰下半张给他。吃完了，他便又去别处觅食，照例"大爷""大叔"地叫个不停，别人出自恻隐之心，多少给些"施舍"。

渐渐地，王金璐一颗躁动的心平稳了，随着光阴的流逝，他感到了同窗情谊的温暖。大师姐冯金芙比金璐大不了几岁，见他衣服破了个口子，便把他按在那里，不缝好不让走，临走还打一下屁股，提醒他以后心疼衣服。金芙师姐常把吃食留着，谁饿了可以向她要，金璐受惠不小。袁金凯个头小，长得像姑娘，学的却是勇猛武生；何金海也是淘气鬼，脑子好使，连戏里的龙套角色都能记得一清二楚；李德彬学小生，外号"李谱"，活像学究先生，平时总面带一份严肃，走路全是四方步，对师弟们极谦让；此外储金鹏、徐和才、周和桐、孙玉祥等全是金璐的童年好友。不过以"淘"成性的王金璐欺侮师弟师妹的事也是有的。吴玉蕴（素秋）那时又黑又小，但很秀气，当上了小班班长，金璐有点气不忿儿，于是故意刁难，在黑板上写了"忐忑"二字故意考她，玉蕴念不上来，金璐便有意损她一通，把她气哭，但这丝毫无妨于师兄妹情谊，反倒成了几十年后一段美好的童年回忆。

王金璐每天过着又忙又累的学戏生活，心头上总摆不开饥饿的阴影。他此时心里明白，"戏"就是希望，学会演戏就有了饭辙，唱好了，将来还能养家糊口。从此，他梦萦魂牵的全是戏，心头踏实了，思家情结淡化了，"要我练"成了"我要练"，王金璐的发轫开始了。

烈日当空，太阳像火盆似的，他一个劲儿地疯练，噼噼啪啪砸脚面的是黄豆粒大的汗珠，练功场上见到的王金璐，厚厚的戏衣被汗水层层浸透，脚底下常被汗珠打湿一大片，把老师都看傻了。北风呼啸的日子里，天空飘洒鹅毛大雪，寒嗖嗖地透入衣襟领子，钻心的冷啊！他偏还要练得头上直冒热气。北平冷在"三九"，朔风卷起泥沙，扑面打来，生疼生疼的，在这滴水成冰的季节，功未完兀自不歇，说来奇怪，在他身上，戒尺、藤条渐渐疏落了，陈少武老师开始喜欢上他了。

来到中华戏校已一年有余，王金璐开始参加实习演出，派给他的是二三路老生的里子活儿。第一次登台，他在宋德珠、傅德威二位师兄的《青石山》中扮关老爷，肃坐不动，闷头唱唢呐，用的是他那一条高而脆亮的好嗓子。论嗓子老生班里没有一人能与他抗衡。第二次上台，扮《定军山》的刘备，连二路老生严颜都轮不到，应的是三路"扫边"的活儿。实习演出中也常跑龙套，不管应的是什么，这就算是上台了。《青石山》和《定军山》两出戏暗喻穷孩子将来有饭吃、有好运，因为关老爷是"驱邪大帝"，刘备是一战成功，原来这里边还真有学问。

王金璐身居"绿叶"心有不甘，主角戏明里没份便偷着学，尤其是武戏。他饥渴极了，总觉学而不足，平时老师经常关照扮龙套的"要看着点儿"，提醒学生不要错过台上现学的好机会。金璐早已留下心眼，明捋叶子，暗练私功，背地里底功大长，师友们竟多有不知。果然不出三年，他《定军山》扮上了黄忠，《青石山》扮上了关平，此乃后话，按下不表。

1932年5月14日，戏校假座开明戏院唱日戏，第一出开锣的便是《渭水河》，金璐主演周文王，这是他第一回唱正戏。首场唱正角，心里难免紧张，今天毕竟是站台中间儿，他脸上直发烫，但一想到今后就仗这吃饭了，一下子勇气陡增，豁出去了。好不容易磕磕碰碰地把戏演下来了，没有大差错，也谈不上光彩，台下人根本就没看出他身上有什么灵气。当然，所有的艺术家童年时代首次唱主角戏并不都是光彩照人的。

金璐始以文戏为主，如《无底洞》的托塔天王、《龙虎斗》的赵匡胤等。学校老生行以他的调门最高，够得上"乙字调"，唢呐戏几被他一人包下，看来学校看中的还是他那条旁人难及的嗓子。他参加大班学生演出，有时连二三路都轮不上，扮上《五花洞》的张天师、《龙门阵》的唐王、《四进士》的杨春就算不错了。

金璐受陈少武启蒙后，又受业于昆曲名家曹心泉和老旦名宿文亮臣。文亮臣长期辅佐程砚秋先生，嗓了高亮激越，唱念响堂，其韵味固不及李多奎，却以表情逼真闻名一时。校方选中王金璐兼学老旦，似乎还是同他那条嗓子有关。

焦校长对学校师资队伍建设高度重视，经他四方延聘，俊彦毕集，旦角有余玉琴、王瑶卿、郭际湘、孙怡云、阎岚秋、吴富琴等；老生有蔡荣贵、王荣山、鲍吉祥、高庆奎、马连良、李洪春、包丹庭等；武生有丁永利、迟月亭、沈三玉、朱玉康、诸连顺、曹玺彦等；净行有讷绍先、胜庆玉、陈富瑞、孙盛文、范宝亭、程永龙等；丑行有郭春山、陆喜才、罗文奎等；小生有姜顺仙、冯惠林等；老旦有文亮臣、刘俊峰、时青山等；武功教师有王仲元、张春瑞、刘佩永、李春益、张善亭等。

1932年12月1日，吉祥戏院日戏的第二出是王金璐主演的《氾水关》，他饰杨衮一角，此戏仍属陈少武所授。那一天对金璐具有特殊意义，经剧界文豪陈墨香先生之手，他改名为王金璐，这一艺名显得雅多了。尽管上台有主、配角之分，但角色不分大小，在戏校印制的戏单上，姓名尺寸俱是一个规格以示公平。他明明在《战宛城》中扮一削刀手，戏单上的名字却同扮张绣的傅德威一般大小。学校考虑得很周全，为不致教师功绩埋没，故于每出戏的戏名下面都特地注上教授人的尊姓大名。

从戏剧文化环境角度讲，北平作为六朝古都，原是人文荟萃、艺苑集英的"首善之区"，这里有着千百年来历史与文化的沉积，就看那金碧辉煌的琉璃黄瓦宫殿群，内外城郭巍峨伟岸的古城楼，无形中就平添了浓郁的梨园文化气息。北平的戏迷不分富贵贫贱，也不分男女老少，听戏如同品味美酒，在戏里各自寻找自己的乐趣。20世纪30年代的戏园子，台下座客构成极其复杂，有从官僚胥吏转变过来的政客或有产者，有从士大夫、文人墨客转变过来的高级知识分子，有从贩夫走卒转变过来的小商品经营者或手工业者，还有数量可观的清廷贵胄的遗老遗少，也有从各地来北平过往的一支庞大的流动观众大军。观众席上什么人都有，政界的、军界的、学界的、商界的、报界的，他们均为台上名角而来，对于未来的角儿——童伶也同样热衷。北平这地方捧童伶成风，台上即便出错，也不苛求责难，由于燕都戏迷对童伶的格外垂青，童伶少小成名便成了可能。

舞台小天地真能使人出人头地。第一科"德"字班的师兄师姐不少人已有小名声，其中赵金蓉尤为露脸，关德咸、傅德威、陆德忠、宋德珠人缘全不错。师哥师姐榜样在前，王金璐激情满怀："我也要奔这个方向走。"小小年纪他已开始懂得几分"置之死地而后生"和"华山一条路"的道理。他们能冒尖，我为什么不能？我只要比人家练得苦，就一定会超过他们。王金璐开始跟自己过不去了，脑子里盘旋的东西也逐渐地多了，他想起了老师们常用的训词"想吃香的喝辣的吗？就得好好练！""要改换门庭，就得成好角。"这些浅近的道理，如今在他心里都一一扎下了根，他有了自己的梦。以他的贫困身世和在梨园的举目无亲，他不可能有金色的童年，不过，有梦就好，人间许多奇迹皆由梦始，有了梦，阳光会变得明媚，蓝天会变得透碧。

"父母生其身，儿女自立志。"13岁的王金璐混沌初开，代之以兴的将是一片灵性与悟性的天地。他真的爱上戏了，戏中有他的"饭缘"和"命缘"，还有不断滋生的无穷乐趣。色彩斑斓的舞台画面，铿锵昂扬的锣鼓氛围，那悠扬悦耳的唱腔，那火爆炽烈的武打，还有那股扑面而来的热浪，时时拨动着他的心弦，亢奋着他身上每一根神经。自己本是一个穷小子，扮上戏则出将入相，蟒袍玉带、紫衣金甲，这种感觉神奇极了，随着戏中人物上天入地神游八方纵横古今，使人魂牵梦绕。苦中有甜，视苦为甜的王金璐初尝了演戏扮人的乐趣，不经意地触摸到了艺术之门，艺术的春泉正一滴一滴地滴进他的心田，他那智慧的潜能在萌发，一句唱腔、一个身段，看上两遍，听上两回，即能得其要领，他过人的资质和悟性正在一天天显现。

父子见面难。金璐利用一天假日，特地赶去探望为人帮厨的父亲。他已14岁了，学戏将近三年，长了身高，气质姿态和同龄人显得不一样，总爱抬头挺胸，像个小大人。父亲领着他往院里走，斜里走出一个孩子，那是东家小少爷，他猛拍了王父两下，高兴得又蹦又嚷："你儿子来啦！你儿子来啦！"小孩本无坏心眼，金璐则被深深地刺痛了，他认为对方是一种侮辱性的举动，一时怒从心头起，猛地高喊一声："干吗？"对方一愣，哪有佣人儿子可以这样呵斥主人的，见金璐一副好斗的架势，便喏喏着走开了。对此"奇耻大辱"，金璐心里发了狠：今后我要把戏学成了，唱红了，一切就甭提了，要是戏没学好，即便拉洋车也要把爹接回来，不给人当佣人使了。他懂得人是要有几分志气的。

第四节　马门立雪

一

严以治校的焦菊隐校长办学十分灵活，只要让学生真受益，一切皆可变通。在焦先生请到的一批大名家中，诸如马连良、高庆奎、王瑶卿等个个都是响当当的梨园顶尖人物，但他们从不来校，学生学戏必须上门，况且时间全在晚上，乃至午夜，焦校长接受了。又如王荣山、文亮臣，白天不照面，晚上才露头，金璐心里纳闷，这几位老先生何以人人都是"夜来欢"？后来才知道有的老先生沾上了"烟霞癖"，白天无精打采，晚上吞云吐雾之后才来精神。王金璐被"点卯"中的，半夜睡梦中被叫醒乃常事，学生们累了一天睡得死沉，连叫几声都没动静，还没说戏先挨打，这在王金璐一点不稀罕。他对老旦提不起一丝兴趣，既被点中，不敢违抗，无奈加委屈之下，倒也学了《甘露寺》《四郎探母》等好几出老旦戏。他能把文亮臣先生身上动作和脚下走步学得惟妙惟肖，平时稍一模仿，便会逗人大乐，类此出乎常规的上课安排，焦先生也出人意料地接受了。

身怀绝艺的票友亦是焦先生重点延聘的对象，他高接远迎请来包丹庭先生就是一次大手笔。在北平当时第一号票社"春阳友会"里，包丹庭与梅兰芳、余叔岩、王瑶卿、程砚秋等都一起参过事、上过台，是一位有"票界圣人"之誉的大名票。金璐有幸成了包先生帐下的一名学生，从而学会了《雅观楼》《八大锤》《别母乱箭》《战岱州》《探庄》等包丹庭的拿手戏。

中华戏校推行一整套开放性的办学方针，大力组织学生去戏园子观摩名家演出，从现场教学中获取可贵的教益。学生观摩的名家很多，有国剧宗师杨小楼，有四大须生首席的马连良，有四大名旦之一的程砚秋。王金璐最爱看的是杨小楼，只要杨在台上，他整个魂灵儿就会飞上台去。杨老板那身份、那功架、那气派，在王金璐心目中找不到第二人。他几乎沉醉了，迷得几乎痴狂了，杨小楼成了他的第一偶像。

戏校学生集体上门求艺，常去大名鼎鼎的王瑶卿家。清末民初之时，王瑶卿曾开旦角挑班之先，熔青衣、花旦、刀马旦于一炉，创下花衫新行当，并与谭鑫培一起被时人誉为"梨园汤武"。8年前嗓子塌中毁了他的舞台前程，退出舞台后便成了名扬梨园界的通天教主。在大马神庙王府熏戏，通常都在夜间，每晚戏园子散戏，不少著名演员自会三三两两地从前门外不约而同地赶往大马神庙28号。王瑶卿先生心里偏爱这群孩子，让学生们天天陪着干耗几个钟头也不是事儿，因此只要戏校大轿车一到，先让吃偏饭，这样王金璐等便可直接排队走向王老先生的客厅"古瑁轩"。在这所名人云集的沙龙式学府中，贤如程砚秋、荀慧生、筱翠花等名家也俱在"古瑁轩"，能到此深造，这批娃娃可谓福分不浅。王老教戏不少，有一出群戏一至八本《雁关门》，王金璐任杨延昭一角，他的地位正在不断地上提。在大马神庙这座特殊的学堂，他又学了好几出大嗓小生戏，如《吕布与貂蝉》《天河配》《洛神》，还有《缇萦救父》《芦花河》等老生戏。学来学去王金璐都觉得不对胃口，他念念不忘的是大武生，至少也得是靠把老生，这在古瑁轩是解不了渴的。

1934年6月中华戏校首次赴天津，学生们一听要出门跑码头了，人人兴高采烈，他们早就盼着津门之行。二百多人的一支队伍浩浩荡荡，打着旗帜、穿上制服上下火车，列队上街，别提有多威风了。男生披着斗篷，女孩短发黑裙，走在天津闹市中心，引来不少津门老乡的尾随围观，两边行人大多驻足行注目礼，只因看着新鲜。

天津地界男女老少都爱看童伶戏，中华戏校登台，戏园子挺上座。仗着人多势众、阵容整齐，台上生机盎然，一片红火，一个个全像小大人似的一本正经的样儿，唱做念打满是那个意思，还真有几分韵味。不用说，天津人把中华戏校的学生都当好角儿来捧。大伙儿太兴奋了，只是四至六人一间的天津旅馆远不如戏校宿舍干净。

1934年，王金璐在天津中国大戏院演出戏单

王金璐在春和戏院演出了大轴戏《连环套》，前有赵金蓉与李德彬的《花舫缘》、宋德珠的《蟠桃会》等。此时《连环套》是当成武老生戏来演的，念白要求很高，而这正是他的强项。他能唱上《连环套》，兴奋极了，心里头早从老生转向了武生。他排的戏大多是应的"里子"活，如《四平山》秦琼、《安天会》老君、《一捧雪》莫怀古……《珠帘寨》他会李克用却唱程敬思；《洪洋洞》他会杨延昭却扮八贤王；《定军山》他黄忠、严颜全行，应的则是刘备，虽说演的是"里子"老生，上得台去总能屡屡现出光彩，不过他的精力投向或明或暗的已在转移之中。

斗转星移，匆匆过了3年，王金璐进步神速，老师夸他多能，同学戏称"杂拌"，他几乎天天在等着有朝一日能蒙校方恩赐，准予归入武生班，做一名朝思暮想的武生。他常在一边远远地站着，看武生组师兄陆德忠、傅德威练功排戏，他的神情是那样的专注，目光是那样的贪婪。他早听说武生组来了一位名震梨园的大教头。丁永利的大名如雷贯耳，孤陋寡闻的他也知道丁先生是众多京派大武生公认的杨派大教主。王金璐变得益发地"身在曹营心在汉"了。丁先生见远处经常站着一名"旁听生"，当时并不在意，日子长了，无形中等于给王金璐发了"听课许可证"。

丁先生四十多岁，身躯魁伟，脸膛子微黑，两眼不大可特别有

神，表情永远是那样严肃，很少见到笑容。他身上穿着一件又肥又大的长袍，赛似一截铁塔，令人生畏。金璐见他教戏严格，动辄张口训人，因此不敢太往前靠，只能离他远远的。丁先生太博学了，似乎什么都知道，王金璐打从心底里佩服，望着他高大的背影，王金璐总不时会冒出一句戏词来："先生真神人也！"

晚上看杨小楼的戏，白天听丁先生的课，大长见识，大过其瘾，但他好不苦恼，"人事关系"至今还冻结在老生组里。他在陆德忠的《铜网阵》中饰公孙策，"审贼"一场大段独白颇为动听。他平时对念白下过功夫，字儿、劲儿、味儿都很用心，故能念得有板有眼，有韵有调，宽圆而浏亮。老生名师蔡荣贵和鲍吉祥均说"这小子嘴里干净、有劲"。经校长要求，鲍先生教起了念白重头戏《审头刺汤》和《乌龙院》，蔡先生教起了《四郎探母》《清风亭》……王金璐心里不免暗暗叫苦。校长又见他靠背戏出色，便请王荣山先生重点培养，于是他先后学下了《战太平》《定军山》《阳平关》《珠帘寨》《南阳关》《汜水关》《伐东吴》《下河东》《凤鸣关》等不下二十来出靠背老生戏，渐渐地，王金璐在焦校长的"尖子"名册中已赫然在目。焦先生每周日举办一次星期家宴，约上几位"尖子"学生叙谈一阵，王金璐常在被邀之列，他显然跃升了。

金璐靠把戏渐居学校首席，1934年7月他新排《临潼会》，演伍子胥临潼举鼎故事，居然以大轴列陆德忠、殷金振、宋德珠《三岔口》和侯玉兰、关德咸、李金泉《秋胡戏妻》之后，学校可真捧，可对武生心仪已久的王金璐却不因此而"回头"。有一天排练《洪洋洞》，大伙找他半天，就是不见其人，原来他躲在后院一个劲儿地在猛练大刀。同学再三催促，他仍一味地磨时间，经大家三番五次地紧催，他才光着膀子汗水涔涔地走到张连福老师跟前。没等王金璐说话，厚竹戒尺立即来了三下大力快板，张老师手上有功，这板子来势又快，王金璐愣是没躲开，他也实在太目无"法纪"了。张老师不依不饶，边追边打，直把金璐打趴在桌底下。"排戏！"大声呵斥之下，他只能唯唯从命。他的老生戏虽屡获好评，可心里离老生愈来愈远。同学们规劝他，老生唱得蛮好，好端端地去改什么武生，这何苦来？何况武生对手也不少啊！陆德忠、傅德威已显小名声，齐和昌、张德治、曹德润也先行了一步，中途改行，利少弊多，还不知校方是否同意呢。"我喜欢武生，我一定能学好它！"王金璐吃了秤砣铁了心，鉴于他老生戏称职，演来出色，所以学校对他兼学武生也就听之任之了。

二

王金璐兼学文武进步神速，凡教过他的，无不对他前景看好，曾见一篇报评："此良驹也，若经名师雕琢，日后必成大器。"果然，王金璐的造化到了，焦校长决定破除科班陈规，进一步把校门打开，让高才生立雪名门求得深造。当时王和霖是老生台柱子，王金璐是靠把老生第一号，焦校长就把中华"二王"推荐给了马连良先生。马先生既喜欢王和霖"小马派"的马腔马调、马形马状，又喜欢王金璐演戏的直呼直令、人小显大气，焦校长属意"二王"，恰与马先生不谋而合。当金璐得知马先生要收他为徒，雀跃不已，这回运气真的轮上了自己，拜上马先生无异撞上了大运，可他又有点担心，今后学了"马"能否再学"杨"？

"二王"马门立雪，校长下了大本，和霖、金璐穿上了全新的袍子马褂，换下了原先的中山装和大壳帽，洋学生装束一下改成了传统披挂，这是出于对名家礼仪的尊重。校方还在王府井南口东边路北的长安饭店举办了隆重的拜师仪式，一切开销全由学校负担。戏剧界、新闻界受邀前来参礼的名人不少，除了本校老师，另有杨宝忠、马春樵、马富禄、凌霄汉阁主、萧振川、张验年等，还有几位北平城支持中华戏校的"大少"。拜师典礼由校长主持，为尊重校规，废除磕头大礼，改由鞠躬礼作代。师生当场做了即兴表演，金璐唱了《群英会》中孔明的四句【原板】，使的全是马腔。马连良当天十分高兴，对这二位新弟子他当然是满意的。

"二王"拜师的1934年，正当马连良如日中天。马连良自1927年以来一直挑班领衔，誉满南北。35岁的马先生虽大红大紫，已是马派艺术的创始人，但门下弟子仅寥寥三四人。1921年马连良在上海教开了当时才11岁的李万春，万春称马连良为"三叔"，实为不是徒弟的徒弟；1929年，也是在上海，马先生收下了同为富社出身的马盛龙；1931年在长沙又收了李慕良和朱耀良；至于收言少朋已是20世纪40年代初，王金璐后因杨派武生戏显山露水，其为马派嫡传弟子反少有人知了。

"二王"拜师后两个月，杨小楼先生收徒了，收的是戏校学生傅德威、延玉哲。杨小楼素不收弟子，因此这消息无疑带有一定的爆炸性。杨收徒后的某一天，大伙正在后院廊子下听丁先生说戏，忽然间校园骚动起来，都说杨小楼来了。王金璐赶紧奔出去看个究竟。嗨！杨老板果真威风八面，大皮帽子大皮袄，特别惹人注目。看着直奔校长室而去的杨小楼，王金璐等都看愣了，好大的个头，同台上一样，那股威武劲儿没人可比，门口还停着他气派很大的专车，引来了孩子们的一阵围观。杨小楼特地去了一趟后院，原来冲的是丁永利先生，临走前还向丁先生抱拳一拱："您多受累！"杨老板忙于演出，带教徒之事皆拜托了丁先生，足见眼前这位丁先生谱儿可不小。王金璐憧憬着有朝一日能名正言顺、堂而皇之地唱杨派戏，希冀来年有望成为丁先生一名重点栽培的学生，从武生组站外围的变成站中间儿的。

"二王"得的确是马先生亲授，《清官册》《四进士》《甘露寺》《群英会·借东风》等无一不是实授。老师偌大身价，从不训斥徒儿，态度之和蔼可亲简直让两个孩子受宠若惊了。平时每逢老师上戏，二人必去后台侍候，他们尤其注意老师的化妆，淡淡的、匀匀的、柔柔的，不张扬、不过火，和谐而中看。至于老师家里送到后台精美可口的清真点心，可解了二位"小王爷"的馋。马先生不但不生气，反让家人多送几份，老师真好，金璐愈发地毕恭毕敬了。只要马师在座，必垂手侍立，拘谨端肃，不敢调皮捣乱。对"二王"而言，马演戏则熏聆于剧场，马居家则习曲于门墙。王金璐几乎天天上门，学马派艺术可谓虔诚，然难免心有旁骛，他脑子里装的仍是挥之不去的杨小楼。

"二王"结成和霖应正角、金璐应副角的演出对子，《四进士》和霖扮宋士杰，金璐则毛朋、杨春兼演；《珠帘寨》和霖扮李克用，金璐扮程敬思；二人最卖座的是《群英会·借东风·华容道》，和霖前鲁肃后孔明，金璐一赶三，前孔明，后鲁肃，再接关云长，成了当时戏校一出热门戏。马先生心里惦记着他们，还常赶去戏园子现场指点。

尝过了马家精致的回民点心，王金璐变得不知足了。食堂里常有一种叫"金裹银"的花卷，两头白面多，因此一上桌他见了就抢两头吃，这比原来家里白薯稀粥强上百倍。头几年他吃着挺香，吃多了似乎也不过如此。大伙儿总在用餐时用斜眼儿紧盯老师餐桌，只要老师用后一抬屁股，大伙便一哄而上，犹如风卷残云，顿时把剩余残羹一扫而光，个中先锋自然非王金璐莫属。马门长子马金仁（崇仁）也是戏校学生，家里常送来回民饭，却也难逃一场"浩劫"，常闹得他吃不饱，马先生吩咐多送，可再多也难"赈灾"，"打家劫舍"之中，王金璐无疑又是一条好汉。

马师教戏绝少大道理，有时短短数语，却耐人咀嚼。"小角色只要用心，也能演出彩来。"马先生的学戏过程，就是从底包零碎起步，当初也曾在公案戏中演施仕纶、彭朋、王殿臣，直到《金雁桥》饰孔明始露峥嵘，从此开始学上了正角戏。"至于能否崭露头角，就看是不是可造之才了。"想起马师当年也曾是偷戏高手，这对习惯于平时连偷带挎的王金璐可是不小的鼓舞。艺多不压身，戏学到肚里馊不了，就跟杂货铺一样，不怕不卖钱，就怕货不全，那平日耿耿于怀的"杂拌"雅号，此时也竟释然了。

渐渐地，王金璐的心气儿高了，眼界开阔了，虽在花季之年，可心里装的却是马连良、杨小楼。"我要成大角儿！"王金璐默默立下了心愿。要说是梦，那梦境一下上了好几级台阶。

第五节　三番请缨　破围而出

机缘悄然走来，造化如何，全凭自己把握。

王金璐学戏，有着比他人更多的艰难，他受的累、流的汗、用的心思总要比他人多几分，他是一名小小的苦行僧。他学武生起步就落后一大截，一批学武生的同学都跟丁先生学，一个一个地轮，一遍一遍地练，就是排不上他，谁让他身在"副册"呢？他明里不露，暗中使劲，坚信总有一天会出头。颇有心计的金璐常在就寝前把剑放进被窝，不让任何人知晓，天不亮便蹑手蹑脚地起身，溜到后面去练私功。学生宿舍通常有老师值夜，他特地事先做关照："我起得早，练功去！"要不是招呼打在先，定招逃跑之嫌。练完后他重又偷偷地钻入被窝，神不知鬼不觉地把老师教的、台上看的全练熟了，此即所谓"山后练鞭"。对于明面不动声色、背地自强不息的人，"山后练鞭"是一句自励的格言，要的就是一股横劲儿。

学校有位武生教师诸连顺"打戏"手狠，金璐早已见识过，谁知怕什么偏来什么，焦校长让王金璐同齐和昌、林金培等一起向他学《虮蜡庙》，从此他一见到这位诸老师头皮就发麻。诸老师叫大伙儿在台口站成一排，自己坐在后边，喝令众人听他喊锣鼓点，一起练甩髯。慢喊，慢甩；快喊，就快甩，不许交头接耳，不许回头偷看。甩了许久，背后喊声由缓而歇，谁也不敢回头瞧个究竟，只是力乏之下放慢了节奏。突然间"啪啪"一阵响，身后飞来了竹板子，一边打，一边吆喝，催逼着大家继续甩……有人壮胆回头看老师怎么不发锣鼓声了，原来他正坐在那里打盹呢！许是烟瘾又犯了，待等醒过神来，见学生都"歇工"了，第一件事，便是操起了这块无情的板子……甩胡子把人折腾得够呛，没几下脑袋就发晕，有的不用几分钟就跪下了，有的甚至趴在了地上，更有吐出苦水来的，但还得站起来再甩，甩完后脑子要晕上一整天。王金璐想得明白，我本是穷孩子，生来不知娇贵，不吃苦受累，哪来出头之日？他可横下一条心了。一口出色的髯口功夫全凭汗水浇灌而成，他几乎天天在咬牙中度过，毯子功外，刀枪剑戟、棍棒拳腿……几乎没有不练的项目，何况戏中不少独门招数，不见得全是一色大路活儿，这便更触发了他的"山后练鞭"。

另有一位武生教师曹玺彦见金璐可造，便主动教他《两将军》和《平贵别窑》。老师课堂进度开得再快，金璐学来仍是饥而不饱。过不多久，眼看《两将军》就将瓜熟蒂落了，曹先生心中得意，就等看学生给他露脸了。

1935年春某日，戏校日戏贴出了王金璐和萧德寅的《两将军》，今天是他第一出武生主角戏，也是他演武生戏的开张第一炮。到了吉祥戏院所在的东安市场北口，曹先生十分严肃地要王、萧二人立下"军令状"：演砸了罚20下板子；演好了赏20只包子。王金璐是竞技型选手，压力愈大，愈出状态，仗着平日里学得瓷实，到台上马战、步战全数放开，打得十分火炽精彩，一看便知是地地道道的一块上

1935年，《平贵别窑》，王金璐（右）饰薛平贵，侯玉兰（左）饰王宝钏

好的武生料子。台下老观众对他的老生戏有过不错的印象，一下变了行当倒是让人惊诧不止。"好一个小马超，玩意儿不赖呀！"吉祥戏院呈"吉祥"，开了一个好头。他好不兴奋，等着他的还有20只包子的犒赏呢！

虽然学武生提上了日程，但他心中的偶像始终是杨小楼，遗憾的是，在丁先生那里王金璐至今未能"入围"。听丁先生说戏，简直就是一种享受，他能说能排能示范，一人包下整出戏。那时没有京剧导演制，执排戏的主儿非六场通透、文武昆乱全才不可。丁先生能把戏中生旦净丑各路角色从上场到下场的唱念做打、锣鼓琴弦都交代得清清楚楚，且能把各种把子、各类武技的用法安排好、组织好，连服装、扮相、脸谱、布景、彩头、砌末都一一布置妥当。那年代，要说京剧导演，最理想的莫过于丁永利这类"老法师"了。王金璐对他崇拜得五体投地，丁先生则根本不知道这个远远站在一边听说戏的孩子竟是他的"小知音"。

某日，吉祥戏院贴出戏校《战宛城》的海报，傅德威是校内唯一的张绣，白天排戏之时，他拉肚子告了假，但票已售出，无法回戏，这下可急坏了老师们，临阵换将乃兵家大忌，演戏也不例外。老师出于无奈，被迫临时招贤："谁能演？"半天没人应声。

"我能演！"一个瘦瘦小小、个头还未长足的孩子挺身而出，一瞧，原来是王金璐。老师们惊异不已，他没有这出戏呀！平时在武生、老生戏里常应个零碎角色的王金璐别是疯了吧！"你？你有这出戏吗？"

"有！"王金璐答得十分干脆。老师依然困惑不解，"你走给我瞧瞧。"

"哪一场？"金璐反问。嘿！看来这小子有根，老师便点了很见分量的第二场。王金璐不假思索，当场拉起了身段，沈三玉老师看他还真会，这下不由得不信了。

沈三玉把他带进一处教室，"你怎么会的？""偷的！"金璐坦率之极。他道出了真情："我在戏里来兵，台上老注意着，边看边记下了。"他还是不敢提"山后练鞭"，那可是违反校规的。

　　沈老师不胜之喜，拍拍他的脑袋，并请丁先生临时由头至尾为他规整了一遍。今晚要上杨派武生戏了，还是大轴戏第一主角，又有丁先生的单独辅导，王金璐能不亢奋？白天没作什么响排，晚间直接上戏，圆圆满满地演了下来，不洒汤、不漏水，全按丁先生要求。他原当"兵"出身，这下鲤鱼跳了龙门，成了第一张绣，自此再贴《战宛城》，傅德威改饰典韦，原扮典韦的洪德佑相应改了许褚。

　　《战宛城》一战成功，同学们议论纷纭，如今方知王金璐含而不露有心胸。看他演来头头是道，准是在台上现捋的叶子，不过能从旁心领神会一偷无遗也算真有本事。看他平日不见练，台上张绣又极帅，靠把本是强项，官衣又是本工，那几场"会阵""观操""刺婶"比傅德威有过之而无不及，他的秘密武器或许就在"山后"吧！同学们似乎找到了答案。果然时不多久，王金璐又来了二次请缨。

　　学校首席武生陆德忠是一棵好苗，却一直在闹退学，校方不准，他便"泡"上了，三分病，七分装，甚至跑出学校，抓回来后仍是一个劲儿哭，当"逃兵"已不是一回两回了。戏校贴出《安天会》，谁知排戏时"猴"又逃得无影无踪，怎么办？学校犯难了，哪儿去找现成的齐天大圣呀？救场关头王金璐再次挺身应卯："我来！"老师见这位"小救星"又唱起"勤王救驾"的戏，立即放宽了心，先前那次带有怀疑的"你？"不再有了。上《安天会》当天，丁先生例行要加工一番，眼前还是这个娃娃，他心中暗暗称奇，这小子真有一股心劲儿。

　　王金璐台上偷戏行家里手，台下听课则点滴不漏，心胸加悟性，天赋加勤奋，促成他《安天会》的再战成功。台下人看得目瞪口呆，这名小老生怎么又是张绣又是大圣的，居然把陆德忠、傅德威比了下去，看得出他在勉力学杨派艺术，毕竟他才15岁呀，非一时即能入范，但假以时日终会登堂入室，台下人都看好他。

《龙门阵》也是陆德忠主演的戏，演的是薛仁贵征东的故事，排戏时陆德忠哇哇地哭个不停，"叹薛礼……"这句简直是哭着唱的，丁先生又抓瞎了。"我能演！"王金璐第三次自告奋勇，接下了《龙门阵》的令，丁先生对他从头到脚反复扫视好几遍，点点头："好！"丁永利开始看重这个灵性、悟性出众的学生了。

3次请缨破围，3次试阵成功，机遇只有勇者才能抓住，王金璐凭的不只是运气。

不久，《夜奔》一戏要做教学汇报了，实习主任对一批"小林冲"宣布："谁练好了谁先演！"丁先生采取"大拨轰"的办法："好，让他们一个一个练，单来！"这戏原本没有王金璐的份儿，作为旁听生他只能排在最后一个上。众人俱已轮完，丁先生脸上毫无表情，轮到王金璐了，他身上一如丁先生平日所教，劲儿、尺寸大致不差，口念锣鼓经的丁先生面露惊讶之色，"嗯"的一声，不由得对金璐多看了几眼，怎么又属这孩子最利索？他接着往下瞧，"数尽更筹，听残银漏……"嘴里曲子、脚下步子皆合轨合辙，还真带几分杨派的味儿。这下使平时轻易不夸人的丁先生也连连点头，喊出一声"好"来。戏拉至20分钟，头场未完，丁先生一拍大腿站起身来："行了，打住。"沈主任紧问："谁上？"丁先生用手一指："就是他！往后这出戏就是他的了，别人……"他略作停顿，接着念了句《拿高登》的戏词："闪开了！"

王金璐孺子可教，承蒙丁先生垂青，他终于站到了武生组的行列里。

1935年北平舞台上武生新老名角荟萃，前辈名家声势显赫的有杨小楼、尚和玉、马德成和周瑞安；20世纪20年代打出牌子的有孙毓堃、茹富兰、吴彦衡和李万春等人；少壮派武生则有刘宗杨、杨盛春、高盛麟、李盛斌、孙盛云等。王金璐恰在好角如云竞争日炽的年月里改习武生，前景自然十分险恶。不过从他年仅15已显示出的潜力来度其今后，备不住若干年后又杀出一条好汉。

其时，日本侵占了东三省，华北危在旦夕，北平经济不景气，人心惶惶，戏院受形势之累，颓势难免。堂堂梅兰芳有时不得不在《汾河湾》后加一出《刺虎》，也不过卖了六成座；杨小楼与郝寿臣的《连环套》轻易不露，如今贴演，卖座儿也是疲软，独有戏校营业不淡反火。童伶特有人缘，不仅角色齐整，小孩学大人，看着也觉新鲜，何况票价低廉，难怪营业优势明显。根据当年足迹遍及燕都九城大小戏园子的吴小如教授载文所述，20世纪30年代北平各戏班中最廉价的是富连成社和中华戏校。富社广和楼日场三角五，夜场四角（加捐在外），在华乐、哈尔飞全是一个价；中华戏校在吉祥戏院，日夜场票价全同富社持平。票价最贵的是梅兰芳，1932年已卖到两元，挑班老生都在七、八、九角，谭富英最多一元左右，戏校每场戏码一般皆为六七出，历时不低于五个钟头，三四角一张票，可谓大众化消费。1935年的富社随着"盛"字科学生毕业离校，实力大跌，营业遂不敌中华戏校。

就在这一年，"中华"百花园中奇葩异卉争芳斗妍，红得最早的赵金蓉盛势已过，新的"科里红"接踵而来，侯玉兰、王和霖、宋德珠、傅德威、关德咸等个个绽蕾吐艳，其中尤以侯玉兰为最，李玉茹此时正在最底层"苦熬"，尚罕为人知，独有王金璐正以一种特殊的方式在显山露水，大步走进"科里红"的行列之中。陆德忠、傅德威已不再占有武生的一、二把交椅，一出《挑滑车》（又名《挑华车》），王金璐与傅德威开始双演高宠，与陆德忠的合作戏也渐处上风。《落马湖》中王、陆双演天霸，金璐演"回船""访褚""问樵""酒楼"；陆则演"改装""开打"和"水擒"。另有一台由王金璐、陆德忠、袁金凯、齐和昌、萧德寅等合演的《洗浮山》，黄天霸一角归陆德忠，而第一主角贺天保由王金璐担纲。很明显，后来居上并取而代之之势业已出现。

初出茅庐的王金璐的武戏颇见分量，在花团锦簇的整台戏中他常占有较为显要的一席：如《战冀州》《独木关》都能排在倒三出；《龙门阵》《洗浮山》《落马湖》《安天会》等还能居于大轴。武生戏当了家，老生戏随之增值，再动靠把戏时，凭借武生功底，兼取武老生技法，手里头、脚底下无疑更帅了，枪、刀下场更"溜"了。他的《定军山》唱上了压轴，竟挂于李和曾《奇冤报》之上，至于介于老生和小生之间、不挂髯的靠把戏《临潼会》，还是出压台戏呢。

就在王金璐蒸蒸日上的这年，时近夏末，焦校长突然辞去了校长职务，全校师生一片惘然。"国"不可一日无"君"，学校很快便迎来了一位继任的新校长金仲荪。

中华戏曲专科学校第二任校长
金仲荪先生

据闻金校长大有来头，他参加过护国战争，响应过孙中山号召，出席过当时非常国会，南北议和后曾回北京参加参议院工作，因目睹国事日非，激愤之下辞职挂冠，改号"悔庐"，野鹤闲云，纵情诗酒，流连戏院，与名士罗瘿公甚是相投。罗先生临终，虑及程砚秋年事尚轻，遂重托金先生扶之克成功业。金先生临危受命，毅然放弃政治生涯，开始了他的剧作春秋，接连为程砚秋写了《碧玉簪》《梅妃》《文姬归汉》《荒山泪》《春闺梦》《沈云英》等不少好戏。他们有着共同的办学宗旨，均致力于戏曲科班和普通中学的合二为一，旨在创建一所新型学校，以培养既有文化又能从事戏曲改革的梨园新人，金仲荪的接任，当是十分理想之人选。

　　焦校长的离去，使王金璐心生忧虑，新校长是否也能像焦先生那样青睐于自己呢？这位新校长举止派头一副慈祥，一身长袍马褂，脸上总挂着笑容，待人宽厚和善，动作慢条斯理、文绉绉的，每天来到学校，必先在校门口踩响座下洋车的脚铃，提醒师生们赶紧进入教学状态，这才慢慢步入……于是学生们也给他起了一个外号——金菩萨。金校长很快注意上了王金璐，看他的老生戏，台上一戳一站，很有几分大角台风、功架和气度；看他的武生戏，竟是杨小楼、黄月山两大流派风格的双管齐下，他学戏之快当属戏校之最，此乃学校日后之麒麟也。幸运之神开始向王金璐招手了。

第六节　玉不琢不成器

一

　　大步走红的王金璐近日不见喜笑颜开了，"杂拌"雅号成了众人笑谈，他无时不在渴望早日名正言顺地划入武生营垒。仗着金校长的宠爱，他壮着胆跑去哭鼻子："人家都说我杂拌了。"金校长没开口，默默地沉思了一会儿，金璐这孩子有慧根，会十门不如精一门，也该让他有个专行了。"那就学武生吧。"校长一言九鼎，金璐终于同"杂拌"脱钩，跳槽成功。时隔60年后，王金璐曾对后人评说金仲荪是"忠实长者，学识渊博，仁爱之心泽及全校，培养人才无微不至，使人终不能忘"。感激之情，随时光流逝一个甲子未尝稍减。

　　金校长怀着"切望嫩苗快成树，急盼粗铁早成钢"的迫切心理，烦请丁永利大力传授杨派戏。杨小楼贵为"国剧宗师"，杨派也是京剧鼎盛年代武生主流派，领导着武生艺术的大潮流，中华戏校不能没有自己的杨派武生。于是，在丁先生麾下就多了一名学生，而且是金校长授意重点培养的学生王金璐。

当今凡学杨者莫不以丁永利马首是瞻。据杨小楼外孙刘宗杨所述，丁先生曾在一个夏日的下午于笤帚胡同杨家客厅里给刘宗杨说他外祖父杨小楼的《夜奔》，丁先生全神贯注于说戏，没注意到杨小楼就在屏风后的竹榻上抽烟。杨小楼不现身，带着一番猎奇心理看丁先生怎样把自己的绝招一一传授给他的外孙。事后刘宗杨向丁先生透露了消息："那天您说《夜奔》，我姥爷在屏风后听了整出，佩服您教得地道。"杨小楼太清楚丁永利教戏的功力了，因此刘宗杨实际上成了丁永利的徒弟。丁先生常去杨府教杨派戏，很快传遍了京师梨园，丁永利曾对徒弟们说过："你们大胆地唱，杨老板考过我。"足证丁先生戴上杨派大主教桂冠是经杨小楼本人批准的。李万春、刘宗杨、孙毓堃、高盛麟等皆有厚重的梨园背景，只有这位"如来"方能镇住众家罗汉。

丁先生家学渊源，其父丁俊早先是清末内廷供奉，以教戏为生，执教的全是小荣椿、福寿班、鸣盛和、喜连成等大牌科班。其门人多为赫赫有名人物，如瑞德宝、田雨侬、杨小楼、余叔岩、迟月亭、李鑫甫、沈华轩、周瑞安、李洪春、许德义……富社武戏大教头王连平也因常侍老丁先生左右而得真传。

丁永利是丁家长子，少时随父学戏，后专应武戏，年青时已自度非舞台良驷之材，暗把心思投入研究、琢磨各大武生名家表演特点和艺术风格之上，渐而渐之，功力丰实，即致力于教戏了。他同时兼任不少戏班的后台武管事，舞台阅历丰富，他同时还是杨小楼班社里的武行头。更奇特的是他记忆力、鉴别力、分析力、模仿力样样俱佳，那非凡出众的记性，那惟妙惟肖的"仿真"，令人叹为观止。老丁先生之后，他承继父业，克绍箕裘，可谓青胜于蓝。在丁永利手里，大批第三代、第四代出色当行的武生尖子人才脱颖而出，京剧史上记下了他功不可没的业绩篇章。

因老丁先生同第一代武生翘楚人物之一黄月山是师兄弟，熟知黄的身手，教黄派戏属元老人物，丁永利耳濡目染，竟把黄派戏中的大半精华都烂熟于胸了。他几乎没有哪路名武生不研究的，其中就有与杨小楼齐名的尚和玉。他一人教三大派，说得清、道得明、点得透，能说不是一位天才？更有一件事令金璐惊愕不已：某年大年初一，吉祥戏院贴演《英雄会》，杨小楼应黄三太。当时此戏正属冷灶，杨也搁置有年，现已记忆不清，于是特地把丁先生请来府上，老哥儿俩一起凑凑。谁知丁永利当场不假思索从头至尾把《英雄会》大到场子、人物、唱念、身段，小到搭架子、砌末使用都如数家珍细讲了一遍，很快使杨小楼熟过戏来，杨宗师自然对丁永利赞不绝口，彻底地服了："丁先生真比不了。"

王金璐爱听丁师说梨园的事，也包括皮黄史话，丁师平日"散装"的戏话说得不少，金璐头脑中渐而"集装"起了武生流派沿革的大致轮廓。徽班进京之初武戏精彩纷呈，然而封建士大夫中大多热衷于捧旦，讨厌并排斥武戏。咸丰、同治时起，帝王均好武戏，同治、光绪还能串演武生，还有那位西太后兼爱文武，致使武生行之兴有了上行下效的趋向。在老生"新三鼎甲"谭鑫培、汪桂芬、孙菊仙三家兴起的同时，主持春台班以演武戏为主的俞菊笙开创了武生行当，俞同稍后崛起的黄月山、李春来一起成了第一代武生的三大代表人物。

俞氏同代的武生名伶不少，南下发展的有任七、孟七和张七，还有牛长宝、罗七十、夏奎章等；北方称誉的除俞、黄、李外，另有杨月楼、谭鑫培、杨隆寿、张淇林等。自俞菊笙为京剧武生开门立户以来，以他为代表的武生三大贤和同代俊彦为武生一行争得了一席大轴地位，渐与老生、青衣成鼎足之势。进入清末民初，武生大多隶属俞、黄、李三派，1900年黄月山故去，李春来久居南方，俞菊笙基本退出舞台，武生行渐趋沉寂。杨小楼此时脱颖而出，民国初已跃登武生首席，以杨小楼为首，出现了第二代武生名家群，使武生表演艺术走向成熟的应属这一代，其中代表人物是杨小楼、尚和玉和盖叫天新的三大家。第二代武生的长足进步，不但使武生艺术本身被贯注了情感，彰著了美感，而且使武生这一后起行当具有了与老生、旦角相抗衡的力量。自俞、黄、李至杨、尚、盖，武生挑班领衔者不算少，除创建武生三大新流派的杨、尚、盖外，李吉瑞、马德成、瑞德宝、周瑞安、沈华轩、李兰亭、杨瑞亭、薛凤池、高福安、夏月润、张桂轩、张德俊……俱是高手，是他们一起打出了京剧武生的火红局面。

有了理想的大气候，第三代武生人才有如雨后春笋大批涌现，如孙毓堃、茹富兰、吴彦衡、李万春、张翼鹏、沈富贵、刘宗杨、钟鸣歧、李少春、高盛麟、厉慧良，还有王金璐。由于杨小楼的成就高人一筹，无可否认地被行内外一致尊为武生流派中之魁首，杨小楼本人身价达到极致，其"宗师"的至尊地位无可动摇。缘于此，后起武生大多追随，皆以杨派自诩。

二

丁先生十分钟爱王金璐，常带着他去看杨小楼的戏，千学不如一看嘛。他把金璐安排在花楼二级包厢里或是楼下后座。听杨小楼的戏，即使座位再靠后，票价也是不菲，学校肯下本由此可见。"会看戏才会演戏。"这是丁先生历来强调的一项教学原则，戏渐渐看多了，懂多了，就能分出良莠，就有鉴别能力，就能看出道道来。

杨小楼晚年的赵云戏，《长坂坡》已不常演，丁先生抓住杨小楼难得的几次上演机会，让金璐去一饱眼福。头场，夜宿荒郊，赵云对刘备的那句念白："主公，且免愁肠，保重要紧。"杨小楼除了嗓音响亮他人莫及，更难在他脸上还带出忧国忧民的神情。刘备【叹五更】开唱，杨小楼的赵云时而闭目假寐，时而警觉巡视，那种镇定自若，那份胆大心细，真令王金璐佩服不已："杨老板，那才叫赵云。"他见杨的假寐姿态犹如一尊佛像似的，美不胜收，不由得反复端详起来。金璐看杨老板的模样，以为赵云真闭眼入睡了，心里嘀咕:"赵云哪能真睡呀?"受好奇心的驱使,他朝台口一侧走去,为的是看个究竟。杨老板两眼本就细长,略眯几分,眼缝即比他人长出许多,乍看之下,还以为真把眼皮合上了,实际上杨老板是眯缝着眼,这才叫假寐,原来如此。

在王金璐台下拜佛求经的年代,杨小楼已临晚年,台上很少有技巧表演,《安天会》连"旋子"都免了,只有"虎跳""合拢豆汁儿",不过那份气魄可了不得,全无一丝毛猴样,一看便知是有身份的得道神猴。只要有杨小楼的戏,王金璐决不肯放过任何一次,几到了愁雨愁晴、患得患失的程度,仗着丁先生后台为杨老板当武管事,哪怕溜到后台远处看看杨老板的魁梧身材,也是一种莫大的满足。

看完戏的次日,丁先生总要提问,顺便提纲挈领地说上几句节骨眼上的话,让金璐独自一人去消化、去琢磨、去操练。老师画龙点睛的几句话常使他陷入苦思冥想之中。丁师言语不多,可全是杨派心谱和至奥至秘的决窍,联想到杨老板台上一比画、一动弹,处处熟悉而不陌生,一看便知同丁先生平日所教一模一样,即使是细枝末节也不走样,他益发觉得丁先生神了。

每当为王金璐单独授课时,丁先生一边喝茶一边抽着旱烟袋,王金璐则一边耗腿一边学词,接着学唱,最后才是身段动作。丁先生既然认定了这名学生,自然暗暗地下足了劲儿,在王金璐身上,说理、启示、鼓励、激将、训话什么法儿都用上了。丁师单教他《八大锤》时,他一遍遍地模仿老师拿双枪的动作,却怎么也找不着感觉,杨老板那种"美"的劲儿始终出不来,心里发急,动作更加走样,急上加累,额头沁出的汗珠滚滚而下。他问丁师:"我怎么老没有那个'美劲儿'?"丁先生狠狠地捅了他一句:"练!就得叫它美。"说到陆文龙一角,前武生后小生的分演目前竟成了习以为常的"分工",而一人到底的演法反倒鲜见时,丁先生又不免感叹起来。他似乎在讲故事、说道理,一边似乎又在"激将",王金璐果然中套，他冲着老师表了一个斩钉截铁的态："我要是演这戏就一人顶到底，决不让人'抢'了去！"丁先生这一招既有道理，又很有效，就此促成了《八大锤》王金璐饰陆文龙一人到底的传统。

在丁先生亲炙之下，王金璐的杨派大武生戏步步登高拾级而上。初演长靠大戏，丁师唯恐他体质未壮独力难支，便先采取双演方式权作过渡，与傅德威的《挑滑车》和《长坂坡》均属此例，此乃丁先生用心良苦，旨在让他更好地循序渐进。果然不多久，王金璐变双演为单挑，一跃而为中华戏校武生的第一块牌子。接着，《战冀州》打响，《铁笼山》出台，在戏校同学通力合作的《龙凤呈祥》一戏里，以当家武生的身份扮赵云一角。头二本《连环套》和《安天会》也是他叫座的杨派戏。《连环套》的窦尔墩是萧德寅、王玉让、赵德钰扮演，朱光祖由殷金振扮演，此戏大受欢迎，远远出乎校方意料。《安天会》经丁先生的加工深造，王金璐成了此戏继"神童"李万春之后，童伶中出色当行的又一位。打从1935年秋富社杨盛春、高盛麟、李盛斌、孙盛云等的相继离去，童伶武生中的王金璐渐成佼佼者，随着他频频出台，他的小名气已在北平观众群中不胫而走。

丁先生最看不上眼的一是懒怠，二是娇气。艺术人生学问太大，这本生活教科书浩渺如海，学戏有术，做人也有术，关于为人之道的德育，竟也是丁先生对金璐肩负的天职。人如同戏中角色，也有

少年王金璐（右）与师兄赵德钰合演《连环套》

身份品质，不能搞损人利己的勾当，不可耍阴人拆台的花招，吃戏饭的，戏德和戏品缺一不行。丁先生平时讲梨园典故，说戏界人事，就为使徒儿万不可糟蹋了艺德，自毁形象和自堕其志的危害同样是致命的。这条师训，王金璐奉行了六十余年。

丁先生的教诲近乎教训，他对王金璐教戏又教人，可当时谁也没有想到，大名鼎鼎脾气古怪的丁永利最终呕心沥血倾注全身心的居然是一名孤苦无靠的穷孩子。

三

金校长上任不到半年，中华戏校迁址北皇城根椅子胡同。这七进院子原是程砚秋先生的房产，对学校属于无偿提供，这下校园环境出奇地宽敞了。

在学校众多名师中，丁先生有着特殊的地位。当时梨园界有一条约定俗成的规矩：要想得杨派实授，打杨派旗号，非在丁先生处镀金不可，若非如此，绝登不上大雅之堂，行内也不认。早在学校迁址之前，丁先生已感校方薪金同他执教水平不相符，一不如意便托故辞去，丁先生赖此养家谋生，对报酬焉能不做计较。事实证明，少了他就是玩不转，故每次校方必定毕恭毕敬地把他请回，每请回一次，便涨一次工资，渐渐地，丁先生的工资高居校内教师之最。

有一天丁先生正教《麒麟阁》，未及其半，便对金璐说："小子，打明儿起我不来了，看他们怎么着！"果然第二天他又辞校了。学校转请与杨小楼同代且长期同班的大牌武生迟月亭，不少人觉得出了口气，有人说道："丁先生脾气也太大，动不动就撂车，偌大一个北平城，难道就没有第二个教杨派戏的人？"在大家心目中，杨小楼的老搭档迟先生必通杨派戏。迟先生来校第一天，听说金璐想把《麒麟阁》学完，不由得一打愣，半晌没说话，过了好一会儿才说："你先把丁先生教你的走一遍给我看看。"看完后不发一言，第一天就这样交代了。从第二天起迟先生教开了《麒麟阁》，但每天教的量极少，金璐好不纳闷，迟先生怎么这等慢性子。迟先生有时搁下《麒麟阁》不教，却教给了他的拿手戏《神州擂》《武当山》《白水滩》。在杨小楼班里，迟先生扮的是《金钱豹》中的悟空、《拿高登》中的花逢春、《落马湖》中的万君兆，短打之利落，跟斗之精彩独步北方，让他教杨派戏可是勉为其难。迟先生几乎天天去杨小楼家请教《麒麟阁》的演法，杨小楼颇觉奇怪，迟先生告以实情后，杨小楼哈哈大笑："唉，你接这个干什么？丁爷擅长教戏，把台上台下这点事全研究到家了，你没有他琢磨得透，你的本事是在台上演戏！"迟先生不肯误人子弟，便对杨小楼说："我看王金璐这孩子是这里的事，丁爷不干了，我不能看着这孩子荒废了，我现买现卖，也得把这孩子教会了。"他们的这段对话是事后刘宗杨对丁师泄露的。王金璐得知后，不禁对迟先生油然生敬，心中再也抹不去迟先生的师德形象。

校方无奈重新请回丁永利。一日早晨，丁先生穿着一件灰洋绉面貂绒皮里的大皮袍，一手端着大烟袋，另一手托着两套夹好油饼的烧饼，绷着脸，大步走到廊下高声叫唤："大璐，大璐！（只有丁师对王金璐用此称呼）"正在压腿的王金璐听到这一亲切的喊声，全身如同着了电一般，赶紧几个箭步迎上前去："老师您……"一时呜咽几乎话都说不上来。第二天报上还特地登上一条消息："丁永利返校，乐坏了王金璐。"

丁先生把烟袋往嘴里一叼，把烧饼往金璐手上一拍，双手抱拳向大家作了一个罗圈揖。他看着正在津津有味地享用美味的大璐，不住地在徒儿身上上下打量，此时丁师的目光和蔼慈祥，全无一丝严厉，隐隐间似有一种父子情结在悠悠而生。金璐不愿再度割舍恩师，他带着恳求的声调央告："您可别再走了。"不料一下子勾起丁先生一肚子的气，猛然冲着他厉声说道："要不是为你在这儿，给6万紫金子也不来！"金璐听了直发呆，丁先生哪来这么大的气儿？丁永利弟子众多，但一心一意唯丁先生教诲是从的弟子并不太多，他找了好多年，总觉心有所憾，"只有这小子跟我有缘"。要不，凭丁先生的高傲脾气，赌这口气也不至于又吃"回头草"。

王金璐，未成年的孩子有心胸，他知道"成龙飞天，成蛇钻草"。做人须胸中怀上大目标。当初入学是为充饥求饭而来；后又企盼来日唱戏养家；拜上马先生，便生日后成角儿的念头；现归丁先生教帐之下，目标直奔杨派大武生而去。他有了自己的梦，等着自己去"圆"。每当苦累至极、不堪忍受之时，咬牙直咬到心坎上。1936年夏的一天，金璐在他平日常执在手的一把白折扇上，写下了"心里咬牙"四个大字。金校长对他以扇明志感慨不已，在家还以此激励其子女，每每称道王金璐小小年纪志存高远。

丁先生响鼓用重锤，硬性规定王金璐半个月里学会一出，但他怎么也想不到这个"心里咬牙"的徒儿居然还是吃不饱，果然王金璐又请求道："半月学一出，我嫌日子多，我想一周一出戏，你看成不成？"这下轮到丁永利发愣了，他心里一边打着激灵，一边暗暗喝彩："好小子，有心胸，你有志气，我就成全你！"

四

光绪年间，俞菊笙、黄月山呈一时瑜亮之势，北京梨园人士曾喻俞、黄二家如诗家之李白、杜甫，互擅胜场，各不相掩。黄月山武工底子极佳，其唱音节清越，有燕赵悲歌之气势，不少唱段悠扬动听；其念淋漓激昂，极铿锵脆亮之佳境；其身段重雍容舒坦，清雅而无火气。黄月山拿手戏极多，如《独木关》《铜网阵》《刺巴杰》《落马湖》等。他的靠把老生戏和武老生戏如《反五关》黄滚、《绝燕岭》定燕平、《凤凰山》马三保、《潞安州》陆登、《百凉楼》吴桢等俱为侪辈所叹赏。黄月山的白髯口老头儿戏最负盛名，如《剑峰山》《溪皇庄》《虮蜡庙》均称精彩。据戏界前辈所说，谭鑫培武戏手段多模仿黄月山；杨小楼身段动作不少也取法黄月山，故二人都显雅静，绝少火气。正因黄月山一派全材要求极高，故后学者难以为继，自李吉瑞"封刀"，瑞德宝南隐……黄派第二代仅年近花甲的马德成先生偶有演之，至于第三代少壮派，真能得黄派实授，能演黄派风格者确已寥若晨星。

丁先生虽说教王金璐以杨派为主，实则上采取的是杨、黄双管齐下的路子。鉴于金璐有上好的老生底子，兼具一条高亢脆亮的嗓子，一点就通的悟性，学黄派戏应属理想之材。南校后期他已学过几出黄派名戏《铜网阵》《龙门阵》《刺巴杰》《翠屏山》等，有此基础，丁先生特地给排了一出《九江口》。此戏演《大明英烈传》张定边救驾故事，早时三麻子以武老生应工，以演《九江口》名闻遐迩的程永龙则以净角应工，两家各领风骚。丁先生按黄派风格传授，张定边一角文武兼备，做念繁重，王金璐大有发挥，上演之日阖座击节，效果大好。金校长拨冗往观，不胜之喜，还特把剧名改为《忠义臣》。在一个劲儿地向丁先生道乏之后，金校长又向丁先生建议："还有没有这样的戏？再教他几出？"见校长正在黄派兴头上，丁先生便把另一出黄派名戏《枪挑小梁王》教给了大璐。王金璐走杨、黄并举的戏路，是金校长和丁先生再一次形成的共识。

《枪挑小梁王》出金校长改名《求贤鉴》，此戏写北宋宗泽与岳飞故事。主角为挂白髯的宗泽，"武科场"时以做派念白为主；"追岳飞"时的"趟马"伴有大段唱腔；"出征"时又有扎大靠开打。显而易见，这是一出典型的累工戏。王金璐主演宗泽，他出场时一步一步地迈着台步，马鞭在手中一颠一颠的，既不失主帅非凡仪态，又表现白胡子老头的动作特点，一个马趟子就使喧闹的广和楼变得鸦雀无声。小孩演白胡子老头，身上得让人看出确是黄派的意思，本身便是一件稀罕事。令人颇感意外的是他的黄派戏居然也大有人缘，或许是物以稀为贵之故吧。有一小池子包座的常客，曾在戏园子门口手指戏校海报说："王金璐这白胡子老头儿戏（现在）没有啦！"捧王金璐黄派戏的人还真不少呢！《忠义臣》《求贤鉴》每贴必居大轴；初演《剑峰山》，一出折子戏，仅居赵金蓉、侯玉兰、王和霖、储金鹏、关德咸、李金泉诸人合演的后部《梅玉配》之前，列压轴，戏中主角邱成由他担纲，亦属他颇有人缘的一出老头儿戏。还有一出《百凉楼》，通常也是大轴戏身价，剧中主角吴桢由金璐扮演，常遇春、朱元龙、蒋忠各角则分别由傅德威、关德咸、赵德钰饰演。每逢《百凉楼》唱大轴，侯玉兰、王和霖、宋德珠等尖子同学往往在前唱压轴或倒第三。王金璐黄派戏叫座能力直赶他的杨派戏，"小黄月山"的雅号此时就在戏园子里戏迷嘴中叫开了。

1936年春，中华戏校第二次浩浩荡荡挥师津门。天津地界确是一块梨园热土，这里戏不好唱，随便糊弄人可不行，一般"江湖郎中"非挨倒好不可，最为激烈之时，任你多大的角儿也逃不过"倒好"之灾。可天津老乡也好侍候，只要有真本事在身，定会捧你一通，本地起家的更享有一份"家乡彩"。如果台上是老伶或童伶，则网开一面，会给你打上同情分、爱护分和鼓励分，中华戏校尝足了甜头，上回来津红了赵金蓉便是一个极好的征兆。

今番赴津景况远胜去年，学生羽翼渐丰，显然老练了不少。戏校演出地点定在北洋戏院，此乃中国大戏院落成前天津上演京派戏的最大阵地。学校带去了连台好戏，最受欢迎的有《孔雀东南飞》《探母回令》《九江口》《长坂坡》等。高才生中，"神童王金璐"的称号几乎在戏迷中家喻户诵，其武生戏之艺兼杨、黄，实为现时童伶中之仅有。《忠义臣》公演之日，场面热烈，王金璐饰张定边，初侦华云龙，再诘胡兰，三审假张仁，直至孝服谏君，"口白神气之激昂愤慨，烈石崩砂，粘天荡日，最后之操舟救驾，单桨施威，犹如玉嵌狻猊，银装螭豹"。炮戏一上《忠义臣》，北洋戏院立即成了一座热场子。津人大捧王金璐，还缘于他与宋德珠精彩的对儿戏。德珠时已青云直上，他受武旦权威名家阎岚秋、朱桂芳的双重施教，武旦一路，于同代后生中直指首席。宋、王二人展演的《翠屏山》《青石山》《湘江会》几乎出出反应强烈，对此津门顾曲家已有预言，戏校来日定是宋、王之天下。

五

中华戏校对文化课是认真的，课程设置类同普通中学。文化课不设年级，按基础和成绩依次编入甲一、甲二、乙一、乙二和属补习性的丙班，甲一班功课最好，王金璐还算不错，编在甲二。文化课的纪律令人怵头，晚上若有戏，第二天规定必须把课补上，考试不及格者如同学戏出错，照样打罚不贷。学生们练功、学戏，上台忙累了一天，挨到晚上哪来精力对付枯燥烦人的文化课，不少人都打起了瞌睡。不改调皮习性的王金璐自然取起巧来，上课闭目养神，课外请英语出色的白玉薇指导；遇上测验考试，让前排孙玉祥背上写下答案，监考老师走开时把衣服翻上去，走来了再翻下来。国文老师吴晓铃是北京大学才子，对于教戏班的孩子们心里没底，曾向他的前任华粹深先生请教，华先生告以锦囊妙计："没什么特别的，不过戏校学生淘气不服管，只要能把王金璐制服了，这个班就好管了，要打就先打他。"奇怪得很，吴先生一如华先生竟一次板子也不曾动过。当时金璐正学《五人义》，吴先生结合戏给他讲了《五人墓碑记》；如学《麒麟阁》，吴先生便把曲子抄在黑板上，把昆曲唱词的曲意词义一句句地讲解清楚。课中有戏，教学对路，金璐听课渐渐认真起来。华、吴二位先生后均享名于学界，此乃后话。

文化课教师颇多名家，另如关楚材、杜颖陶、翁偶虹等。翁先生是学校新设戏曲改良委员会主任，既会唱戏，又能执排，且有一手锦绣文章，是梨园史上第一位专业剧作家。他主讲戏曲常识，兼讲戏曲理论，在他的课上可以学到唱念中不少解释和来历，诸如梓童、陛下、三生石、斧柯媒证、"冰人系赤绳，月老为盟定"……学用能结合，学生们听来自然兴致勃勃。他讲《水浒传》中的武松，连表带做，还使上身段，课堂气氛一片活跃。上课听故事多来劲，有历史的，有演义的，有戏曲的，王金璐简直入了迷。下完课他总是朝着"戏改会"办公室跑，翁先生很快察觉到王金璐的思路和悟性不同一般，便在答疑同时，让他参加写戏词的练习，又辅导他做一些关于戏情戏理的分析，好动又好学的王金璐在翁先生那里又吃上了"偏饭"。

翁偶虹是一位公认的编剧高手，其作品文学性、表演性兼得，严谨而立意深刻，重于人物塑造，故凡翁先生所编剧本，大多皆能雄飞于舞台。以彩灯佳话戏《平阳公主》为例，新本脱胎换骨，王金璐和宋德珠分饰柴绍和平阳公主，剧中用上了如意双钩对腔峒单剑的新把子，比武时出现24个侍女演习48盏孔雀灯的绚丽场面，学生们且做了一次自我表演设计的成功尝试，尤令校长兴奋不已。尝到了甜头的王金璐不再把文化课当成负担，对立情绪一旦烟消云散，文化考核的成绩立即扶摇直上。在一次全校性的考绩榜示中，青衣第一名侯玉兰，老生第一名李和曾，老旦首席是李金泉，净角魁首是袁金绵，武生头名破天荒轮上了王金璐，论总成绩侯玉兰冠军，王金璐荣升次席。

六

20世纪30年代舞台上老爷戏颇吃香，王金璐心里羡慕，再说扮上了关老爷"提份儿"长气派，于是就央求丁师教上一出。丁师真的教了他一折《白马坡》，由傅德威陪演颜良，效果尚可。王金璐上了瘾，天天央告不休，丁师被缠不过，就说："行啊，你等他本人教你得了。"丁师这一指"本人"，就此引出了另一位通天教主，以关戏享誉梨园的李洪春。王金璐有了目标，便转向金校长处恳求，搬出丁先生的话当"令箭"，非请李爷来校不可，为了开拓戏路，金校长一口答应。

红生，是用红色勾脸的生行，多扮关羽、赵匡胤、康茂才一类角色，尤以关羽为主。红生嗓音力求高亢浑厚，比花脸秀气悠扬，比老生豪放挺拔，艺术特色独树一帜。红生有特殊功架造型，演者非有坚实的武功和专门的训练不可，童伶演关老爷实不相宜。金璐固然有嗓子，毕竟不脱童年；虽有武生底子，肃穆、凝重、儒雅很难出得来，十六七岁的孩子，显然有目标超前之嫌。说直了，学校请来这位北方红生泰斗，就为了让金璐学会最繁重最吃工的《走麦城》。金校长点了戏，李洪春客随主便，按旨行事。王金璐朝思暮想的便是这一出，他又如愿了。

李洪春第一天来校，时值初冬，他一件水獭大衣、马褂和大皮袍子，胸前一条金表链，看上去讲究得很，纯是一副大角儿派头。他对学生讲了见面话："只要你们好好学，我就把这点玩意儿全教给你们。"大伙听了很高兴，但王金璐心中明白，李爷主要是冲着自己来的。李洪春是老丁先生的弟子，与丁永利有师兄弟之谊，还因他们间另有一层盟兄弟的情分，关系莫逆非同一般。李洪春的来头不小，他是老三麻子王鸿寿的得意门生，与林树森、麒麟童同门，其老爷戏及文武老生戏均为近代典范之一，传艺王金璐时他年纪未及四十，肚里已装了不下千八百出戏。李洪春亦出身贫寒之人，当初以家传武术授徒保镖为生，同王金璐自有一段"贫缘"。他教戏虽不及丁爷骂得凶，可也不含糊，谁知教上了金璐，一筒子火旺脾气竟消失得无影无踪。李先生一上手，就教唱与做，且上了韵，并不是手把着手的初级教法。他也重示范，哪儿不行就在哪儿重来，教法与丁先生有异曲同工之妙。使王金璐大感惊奇的是《走麦城》的所有角色凡唱念做打、站位走向、舞台调度、乐队配合，李先生无不烂熟于胸，好一位"戏包袱"，又一位"丁先生"。原来李先生随三麻子学艺之时即兼演诸角，角色面之宽，罕有人及，甚至连《过五关》普净、《单刀会》鲁肃、《古城会》刘备、《斩车胄》陈登等都演过。至于《走麦城》，关平、廖化、华佗、诸葛瑾、徐晃、马童、送信人他无一不扮，难怪他说开戏时包罗万象一网全收，也难怪丁、李二位高傲又火暴脾性的教主会这样惺惺相惜。

李洪春、王金璐这一老一小很快成了亲密的一对。金璐学戏之快，求知欲之旺，同样令李先生为之惊奇，这小子常缠住不放，总有答不完的"疑"，可实在也讨人喜欢，他太有灵气了。《走麦城》学得飞快，眼看即将安排首演了，校方请李先生估算一下老爷行头的开支预算，不料李洪春摆摆手："先别做了，瞧瞧这小子唱得怎么样吧。要是还行，再做不迟，现在上台先用我的吧！"关老爷一身装扮确也够价，前半场的靠与盔头、靴子全是浅黄色，后半场又全改成绿的，一置便是双份。

1936年，17岁的王金璐（中）主演《走麦城》饰关羽，演毕与程玉焕（左一）、周和桐（左二）、傅德威（右二）、王和霖（右一）合影

首场《走麦城》演于广和楼，戏报上写"李洪春先生亲授，王金璐主演《关羽走麦城》"字样，冲着大红生教小老爷的稀罕，把广和楼挤得爆满。是日角色阵容不弱：有傅德威的关平、王和霖的廖化、周和桐的王甫、洪德佑的徐晃、程玉焕的周仓、萧德寅的吕蒙。王金璐后台扮上戏，三绺长髯飘拂胸前好不威武潇洒，绿袍金甲夫子盔、虎头厚底靴好不气魄，更有一把弹眼落睛的青龙偃月刀，金

杆大刀面，长有六尺五，刀面上雕起鼓凸的青龙，比起过去戏班里用的黑杆木头大刀，威仪气派自不可同日而语。根据戏班规定，关公是武圣人，扮者得先"净身"，扮好后只许规规矩矩，不可乱说乱动，别人也视为神明，敬而避之，不然就是亵渎神灵，演员上台前必须磕头、点香，以求关圣人保佑平安。戏校按新制办校，不摆神龛，不供祖师牌位，这类繁文缛节一概免去。

《走麦城》成绩喜人，师生中捧场人不少。李洪春先生此时对负责演出的老师发话了："这小子行了，给他置行头！"王金璐仅一仗就领到红生戏的"上岗证"。在他之先，从李洪春先生处领取过"上岗证"的就有李万春、曹艺斌、宋遇春等人，而在16岁就能贴老爷正工戏且人缘不错的，仅李万春、王金璐而已。首演那天，李万春也来凑兴，开演前他问李洪春先生，教这位师弟的《走麦城》是否百分之一百。李先生点头称是，李万春似已感知金璐在师父心目中的地位，从此老爷戏的竞争中将多了一个强劲的对手。

"井淘三遍出好水，人投三师技艺精。"金璐得马先生亲授，更有丁永利、李洪春二位"法师"的合力栽培，16岁那年成了他学艺猛晋的一年，成了他在童伶世界里崭露头角的一年，他在北平观众中获得愈来愈多的"选票"。时到1936年年底，他终于显山露水，荣登《立言报》举办的童伶选举的生行首席。

1936年秋，北平各大学校爱好京剧的学生和戏迷大众投稿各报社，倡议发起童伶选举，各界响应踊跃。《立言报》承办了这件盛事，选举对象规定为中华戏校"德、和、金、玉"四科和富连成社"世、元"两科中未离校的学生。投票十分热烈，选票还有来自上海、南京、汉口、长沙、福州、昆明……甚至美国纽约、日本东京、大阪。1937年1月17日《立言报》发行选举特刊，公布选举结果：李世芳高居榜首，当选为"童伶主席"，生旦净丑四行各取前四名，旦部依次为毛世来、宋德珠、侯玉兰、白玉薇；净角为裘世戎、赵德钰、洪德佑、沈世启；丑部为詹世辅、殷金振、艾世菊、赵德普；

生行中王金璐居首，二三四名为叶世长、黄元庆、傅德威。17名入选者中戏校和富社分庭抗礼，各占半壁，得票数上万张的仅有李世芳、毛世来、宋德珠和王金璐四人。

选票是最公正的评判，一颗耀眼的明日星辰正在冉冉升起。

"世上岂无千里马，人中难得九方皋。"金校长的政策倾斜，丁、李二师的不遗余力，王金璐悟性得以启动，天才得以起飞。

第七节　干殿下

一

17岁，对于王金璐是生命中一段流光溢彩的时光。他在"童伶选举"生部夺魁，一时佳评如潮，"神童""全能大将""小杨小楼""小黄月山"……一连串的雅号桂冠飞将过来，追踪报道不断，周围出现了一批年轻的"追星族"，更把这位小小的新闻人物捧得腾云驾雾起来。在一片捧场和赞美声中，王金璐最注意丁先生的反应，他想在老师脸上找答案，可除了淡漠之外，什么也没有。

1937年1月中华戏校二百余名学生第三次踏上天津码头，演出地点已升级为"冠绝华北唯我独尊堂皇富丽剧场模范"的中国大戏院。3天打炮共5场戏中，王金璐四度出台，其中《忠义臣》《枪挑小梁王》两出黄派风格的戏唱大轴；与李和曾合作的《斩黄袍》居压轴，他饰演的是靠把老生高怀德；另一场是全本《王宝钏》，充分发挥戏校人才繁盛的优势，侯玉兰、宋德珠、赵金蓉、李和曾、王和霖、关德咸等悉数登场，金璐应"别窑"一折的薛平贵，现出几分黄派风味，与麒派不尽相同。从打炮戏码看，属他和侯玉兰最为抢眼，何况此番挟生部冠军余威而来，声势自然与前大不一样，令人不解的是津门凯旋之日丁先生表情依然一片冰凉。

对徒儿学业的长进，丁先生常有一句言简意赅的评语："远着呢，别忘了现在是小班唱戏，有人捧！"金璐心有灵犀，他怎会不知此话分明冲自己来的，于是同丁先生一样，他也不露声色了。眼下一切照常，似乎最近什么事也没发生，丁先生有两句在金璐听来早已双耳长茧的老调："要在人前显贵，必得背后受罪。""你小子想嘴里蹦虾仁吗？那就得好好学！"在眼里容不得沙子的丁师严厉的训教之下，他不敢越雷池一步，老师的执着激发徒儿的执着，要不然，外界盛赞的"问跻于杨，抑俪于黄，斐然成章"所从何来？丁氏门人学生多"门里"出身，上辈至亲皆梨园角儿，师父处学罢，家里还有人给拾掇，王金璐不具"先天"条件，唯仗老师一教到底，没有第二条路可走。丁师桃李满门，独对金璐最疼爱，这早已不是什么秘密。丁先生做得十分坦荡：他见徒儿又瘦又小，一出大戏下来气喘吁吁，心中不忍，于是凡大璐在前门外上戏，他不是买热烧饼夹月盛斋的酱羊肉，就是买都一处的炸三角，揣在他的肥袖里，带到戏园子给大璐"加加钢"。要是在"长安"上夜戏，他便带上火烧夹天福号酱肘子，也有时给买点福建肉松"进进补"。营养接济几乎一天不落，偶有闲空，还把大璐带去家里同桌吃饭，谁也没想到丁先生会对一个穷学生视同己出。

　　王金璐名气见长，可挨丁师的骂却更多了。他不时在想，老师动辄骂人，可为什么总在玩命地催着我呢？他老人家总绷着脸，可心里处处在想着我护着我呀！人非草木，他变得益发地贴近丁师了。丁师若是几天没来校，他会天天牵挂，以致请了假去丁师经常出入的鼻烟铺寻找。丁师见大璐找上门来，脸上虽无表情，嘴上却有反应："你这孩子又来干吗？"穷孩子没尝过什么娇惯滋味，经得起骂而经不起疼，渐渐地，他懂得了"师父"二字的含义，既是"师"，又是"父"，自己领受的是师与父的两重爱。

　　《走麦城》接连演了好几场，营业上佳，李洪春先生一高兴，便一出又一出地掏出了他的拿手戏，陆陆续续地传给初识不久的得意学生王金璐。李洪春排开全本《薛家将》，此戏又名《徐策》，徐策一角一分为三：王和霖学"法场换子"，关德咸学"举鼎观画"，王金璐学"徐策跑城"，一人一出折子，一唱一念一做，重头全然不同。人们只知《徐策跑城》乃南方麒派戏，殊不知还有金璐所学的三麻子老王派这一路数，二者根同枝不同。李先生把另一出徽派老生戏《扫松下书》也说给了金璐，18年后与麒麟童上海同台之时，说起早年曾演过这两出徽戏，麒老牌还真惊讶不止。

李洪春在金璐身上下了大功夫，教了不少"岳传"戏，如《小商河》《镇檀州》《锤震金蝉子》《风波亭》……但金璐最仰慕的还是李洪春的老爷戏。凡李先生有戏，他必跟随上戏园子，把戏看熟，用心记下，渐而渐之，熟悉了老爷戏的大体路子。李先生说戏只要一提头，他即能顺利地往下接，怪不得他学得比别人快，且效果也好，师生间混熟了，李先生什么都教，王金璐很快又成了李师家里的小常客。

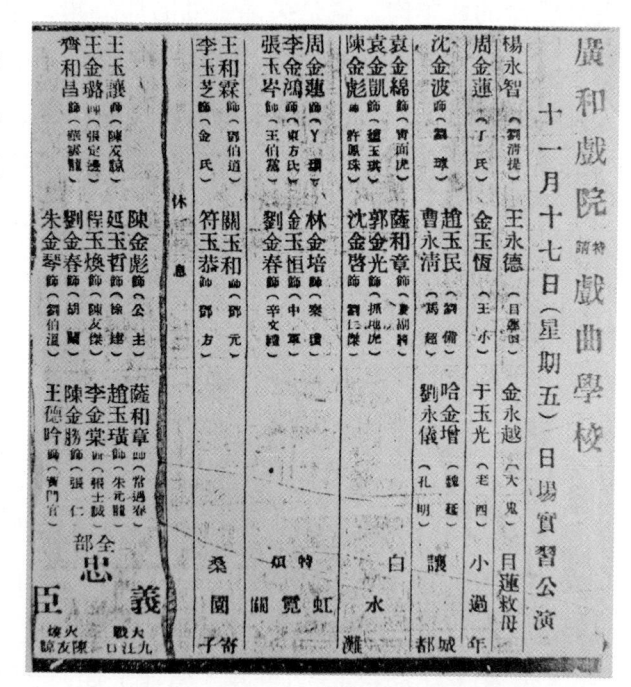

说起这位李爷，先后搭过杨小楼、王瑶卿、高庆奎、程砚秋、马连良等大班名社，所到之处，皆被大角儿倚为长城，除老爷戏无敌于北边，一些二三路原不见彩的角色，经他一演个个增姿生色，如《逍遥津》的穆顺、《斩黄袍》的高怀德、《穆天王》

1936年，王金璐主演的《忠义臣》戏单

的杨延昭……不用说，这些戏也全留给了金璐。见这名学生的"肠胃"功能实在好得出奇，李先生把有些难度相当高的如《秦琼表功》《截江夺斗》等戏也一股脑儿端给了这永远喂不饱的娃娃。李先生曾对不少人夸过："我这些学生里，教金璐最省心，他能像聊天似的就把戏学去了。"李洪春在校两年多，王金璐足足学了四十来出戏。丁、李老哥俩同在中华戏校执教，重点培养对

《枪挑小梁王》，王金璐饰宗泽

象同是王金璐一人，可谓无巧不成书。二位"教主"有着吸鼻烟、侃戏经的共同嗜好，他俩常坐在前门外大栅栏一家有名的鼻烟铺里吸烟说戏。二人所谈，古今南北，天方夜谭，什么都有，学生徒弟们找到这家"天蕙斋"来听二位聊天说戏的还真不少。丁、李一左一右，分坐桌子两旁，如同说书。有时犯了性子，二人又会一起当面责罚起学生来，只因身份、才学太高，故没人不服。二位各有藏本两千出不止，凡所教皆有出处，概不造魔。老哥俩树大根深，俱是梨园才高八斗之士，然而二人彼此尊重，谦让有加，不因个性倔强高傲而生隙。凡丁师所教，李师皆从之；凡李师所教，丁师概不问。出于对大璐的共同关爱，平时逗乐中难免会有几分"争"。李洪春有时对丁永利自诩："我的儿子能演不好吗？"丁永利也会反唇相讥："我不介绍，你哪知有个大璐呀！"二人一争之后接着一打哈哈，似乎什么事都不曾发生过。

金校长待人宽厚，原则问题则寸步不让。他由报上得知王金璐沾上了鼻烟，十分恼火，把金璐当面狠狠训了一通："不行的（金的口头语，实是最严厉的批评）！戴上帽头儿，闻鼻烟，你又不是老先生，这成什么样儿！你现在还是学生嘛！再说，抹上两道鼻烟活像《打渔杀家》里的教师爷，有什么好看嘛！"王金璐本觉新鲜，抹几下打个喷嚏还觉挺香，经校长一训，就此断了鼻烟的缘。

金校长得知金璐喜欢跟着别人练写字，觉得这孩子内里有几分秀气，第二天便抱来一大摞字帖送给他，说练书法可以陶冶人的性情，让他好好养成练字习惯。同学里书法出色的有傅德威、李德彬、费玉策等人，王金璐也算上一号。他们的字常拿到画廊里展览，居然也有人跑来让他写扇面、题字，他至今还保留着那时给《戏剧报》写的报头和发表过的扇面题字。

凡王金璐上戏，金校长场场必到，第二天必把他叫进办公室，对他指出昨晚演出的优劣，并让他自己发表评见。每当他唱完大戏喘着大气走进后台，校长总不免心生怜悯，这孩子又瘦又小，显然是营养不良，看上去怪可怜的。校长也真有心，把家里的鱼肝油、牛奶一类当时的高级营养品一一带到办公室，叫金璐前去享用。有时还给上两块零花钱加加"油"。如果长安戏院有夜戏，校长常用他的私人包车把金璐接到绒线胡同家中，晚饭后再用车送他上戏园子。校长夫人也喜欢这名小小的大武生，冬令时分还给他做件棉衣或送上双棉鞋什么的。此事传扬在外，报界不明所以，只当金校长认了干亲，于是"干殿下"的称谓开始见诸报端。那时宋德珠已被选为"四小名旦"，深得副校长李伯言喜爱，媒体爆炒，又称"小千岁"。这类颇具票房新闻价值的戏称，校长听了并不舒服，但既已叫开，也只能徒呼奈何。

"干殿下"的封号使王金璐不禁有了几分飘飘然。有一天，食堂饭菜稍差，他的"军师"徐和才怂恿他去校长处告状，他果然跑去哭诉了一番，校长立即把管伙食的庶务叫来，打着浙江官话责问：

"金璐他们饭吃不好怎么演戏？为什么饭菜不好？"校长发了火，伙食果然大有改善，调皮的王金璐自然得意非凡。

又有一天，王金璐上演《扫松下书》，那天身上所穿是特制的崭新行头，一个才17岁的青年，要从表情、做工、脚步、眼神把一个白发老头儿张广才演出神来，的确为难。他演的跌跤身段全无一丝精壮气，一副老态龙钟模样十分老到，台下每逢喝彩声起，金校长即环顾四望好不得意。

《徐策跑城》，王金璐饰徐策

"干殿下"的《徐策跑城》，竟是出乎意料的抓人，其身段舞蹈驾驭自如自不待言，捧袖、摔袖、踢蟒、抓蟒、抖髯、吹髯、甩髯、亮靴底，无不到位，把盼来薛家忠良后代根、终于到了锄奸复仇这一天的狂喜刻画得十分细致。圆场、跌坐虽有难度，对本工武生的王金璐算不上什么，难就难在一系列技巧不能以武生本色显示，而要化为衰派老生的路数。每贴《徐策跑城》，他不用担心台下开闸起堂，这类非本工戏尚且令人击节，何况杨派、黄派与关戏。"干殿下"称得上威风八面，他几乎天天带着喝彩声入梦。

二

中华戏校老戏虽越磨越精，但剧目不出新，营业终有见绌之日，有必要未雨绸缪。金校长对上海红极一时的连台本戏《宏碧缘》印象颇佳，当时名闻遐迩的"小达子"李桂春就曾演过此戏，头本主轴《四望亭拿猴》、二本要目《巧设哭丧计》，文武皆有可观。金校长勃发此兴是有的而为，他托专擅编剧的翁偶虹负责编写本子，并定下演出阵容的最佳人选：由王金璐饰骆宏勋，李金鸿演花碧莲，傅德威扮花振芳，李金泉扮骆母，费玉策的任正千，萧德寅的余千。

戏校第一出南派本戏应是此前的《七擒孟获》，此戏为盖叫天始作俑，在南方相当叫座，李洪春为中华戏校开排这一出，也是鉴于情节、场面、人物角色的热闹火炽。王金璐扮主角之一的马岱，戏中与孟获有水战，有水擒孟获的重点场子；"探泸江"一场还有【二黄倒板】【回龙】【原板】大段唱工，马上身段也颇为繁复，很得发挥。与王金璐同台的傅德威、李玉茹、费玉策等分饰孟获、祝融夫人和魏延。由于戏本色风格已定，虽由京派出身的学生出演，仍不免招来"外江"之讥。对于不日开排的《宏碧缘》，金、翁二位本着"南戏北用"的原则力求"京化"，可哪里去找点"海"成"京"的高手呢？此前不久丁先生又一次负气出走，校方只能另求高人。

说起《宏碧缘》，不得不提上海饱享盛誉达11年之久的"小达子"。他在风格上尊重海派欣赏趣味，在装备上动用庞大而先进的机关布景。《宏碧缘》不但红了"小达子"李桂春，同时也红了戏的本身，一时上海各大戏院、各大戏班竞演不让。"小达子"把《宏碧缘》作为他本戏的开山力作，同他黄派武生根基颇有关联。黄月山当初亦以骆宏勋戏享名，《刺巴杰》《巴骆和》一类折子戏在黄派传人手里都炙手可热，李吉瑞、马德成尤称冠一时。骆宏勋这个角色王金璐并不陌生，好在他也有黄派基础，只是恩师丁先生不知去向。丁师不在，李师绝不越俎代庖，王金璐无疑少了主心骨。

情急之下金校长与实习主任沈三玉想出急招，请来范宝亭、九阵风、钱富川、陆喜才，加上沈三玉，组成5人导演团。这5位虽全去过上海，可未曾见识过这出本戏，对戏路子仅知只字片言，全属"黑场子"。金、翁二位给大家松开绑，关照不必尽学上海，完全可以按北派戏路设计。"绑"是松了，奈何举步维艰，排了好几天还不曾进入《桃花坞卖艺》《四望亭拿猴》的主场子。无计可施之际，正逢卢沟桥"七七事变"，北平城外已是一片枪炮声，学校被迫做出停课决定，学生暂且回家，企盼多日的《宏碧缘》在难产中歇搁。

　　北平沦陷，人心惶惶，燕都各戏园戏班演出停停打打，极不正常，不少索性歇业以观事变。北平居民忧国之心如灼如焚，渐而淡化了琴弦鼓板之好，菊圃梨坛顿呈寂寥。王金璐校内不得栖身，遂投奔干爹家暂住一阵。憋在家里的滋味不好受，他已经一天也离不开铜筝铁板、金鼓齐鸣的舞台小天地了。

　　幸好停课日子不算久，接到返校通知已时近七夕。他赶上的第一场戏便是应节的《天河配》，演的自然是牛郎。他兴冲冲地扮戏出台，谁知一句【倒板】声音出了岔，这怎么了？嗓子不对劲儿呀！当天上午说话声音还豁亮得很，是不是赶上"倒仓"了？后几场虽是唱出来了，可声音非粗即宽，亮音若有若无。勉强把戏对付下来，急急忙忙找老师问个究竟。啊，果真是"倒仓"！

　　戏校同科班一样，对倒仓学生的调治养息缺乏科学方法，愈需静养，却愈让唱大累工戏，片面地认为加大嗓力负担可以挤出一条豁亮的嗓子，这种成功的范例实在太微乎其微了。王金璐也难逃此厄运，天天上台，场场累活，且大唱黄派戏，从此以后王金璐的嗓子再不能横竖宽窄随心所欲，虽日后稍有几分复苏，仍能对付杨、黄两派的唱念，但毕竟费劲多了，此乃伶人大命，想抗也难。

　　嗓子不痛快，心生苦楚的王金璐无时不在思念自己的恩师。就在一个秋日，丁先生又大摇大摆地露面了。"大璐，大璐！"金璐听到这亲切的叫唤声，浑身好似过上强电流，顿时全身如同上足了发条，直向丁先生狂奔而去，他一把拉住丁师，"老师……"声近哽咽。丁永利刻板的脸上露出了一丝笑意："我不是回来了吗？还不是为了你这小子！"全校师生有谁不明白，没有了丁永利就是推不开磨，就是排不成这本《宏碧缘》，开明的金校长以大局为念，重又迎回了这尊"大佛"。

校长不再推行"议会制"，改行"导演负责制"，烦请丁先生一人执排。开排之日，丁先生对翁偶虹说："你掌握本子，我和六哥（朱玉康，擅长武场子处理，教把子的专家）留下，其余的人——闪开了！"丁氏不用看本子，便能不假思索地从头到尾把戏统讲一遍，如数家珍，熟得流油，把金校长和周围师生惊得目瞪口呆。排到最后一场戏，骆宏勋有一大段【流水板】，长达好几十句，唱句字数有多有少极不规律，七字、十字，甚至还有二十个字的长句，安腔可成了难题。昔日"小达子"在上海唱《宏碧缘》，一有长句必用【垛板】，丁先生一张口，哪知唱的竟是一口"小达子"的腔，人惊而问之，丁先生戏曰："这是我从前学"小达子"逗着玩的！"翁先生事后对人说起丁永利"唱得八九不离十，真叫人叹服，这样好的记忆力，太神了！"好在丁先生执排的戏，怎么也导向不到海派戏路上去。丁先生的执导，行内从来认可，没人会说造魔。

经过好几个月的冷寂，北平梨园渐渐恢复元气，各班社纷纷复业，戏园子显得供不应求起来。北平观众听戏一向重前三门，如在城内上戏，营业必然落潮。戏校学生怎敢与大班大角儿相抗，故演出偏安在城东的吉祥戏院。头本《宏碧缘》上座平平，但观众好评仍多。李金鸿拍着跷尖走"矮子"，在亭子上与高德仲快如旋风的小跟斗都引来不少掌声。王金璐仪表堂堂，器宇轩昂，一招一式尽显黄派风范。他的人物模拟很传神，台上一洒孝母之泪，令人动容。傅德威的花振芳粗犷拙实，尚派风貌鲜明。头本《宏碧缘》的最大亮点不在火爆，不在炫奇，而在于完成了一出脱胎于海派的京派本戏。当然，吃惯了"西来顺""谭家菜""全聚德"的故都观众今日忽然尝到了带有烟火气的烤羊肉，也换了胃口。

当年年底，中华戏校第四度出征津门。王金璐每次来津，一次一个台阶，此番除《长坂坡》《挑滑车》《忠义臣》《百凉楼》等中坚剧目外，给天津观众带来了新鲜感的还是他学自李洪春的老爷戏，而最上座的却是初排初演不久的《宏碧缘》，成绩之好大出所料。想当初，20世纪20年代的津门舞台李吉瑞的骆宏勋妇孺皆知，《宏碧缘》或许在天津特别有人缘吧！

头本《宏碧缘》既开戏校南戏北演的风气之先，于是一发而不可收，戏校同人纷纷进言，请求金校长批准二本《宏碧缘》出台，为营业计，金校长也是无可奈何。有丁永利在，二本排练照旧扬起了顺风帆，排成之日，总算挤进了戏园群集的前三门，中和剧场的上座明显优于吉祥戏院。丁先生难掩得意之色，快人快语地对翁偶虹吐出自负的内心话："五位排戏先生没排成，今天咱哥儿俩就端出这热乎乎的'两卖'……您撒开手儿写，我撒开手儿排，这是学校的运气，学生的造化。"丁永利就是这等性情中人。

北平剧界的疲软不景气在继续，学校经济拮据的局面也在继续。金校长到处寻觅剧本，请人协排了《独占花魁》和《劈山救母》，营业仍呈颓势，众人苦于无计，翁偶虹遂提出排演《火烧红莲寺》一议。在中华戏校素重古典传统的氛围中冒出此议，似有不合时宜之嫌，谁知此议居然得到手握重权的几大主任的大力赞同，学校已临困境，再拘泥于"正宗"，岂不显得"迂"了。二本《宏碧缘》的成功已启初绪，《火烧红莲寺》定然大有可为，大家既认定《火烧红莲寺》是灵丹妙药，便纷纷劝进。令人始料不及的是，最讲古典文学的金校长一口答应了，竟是十二分的干脆。《火烧红莲寺》是典型的机关布景连台本戏，"外江"的味道比《宏碧缘》大有过之，金校长只是用了"未能免俗，姑试为之"一句话道明了他的无奈。事虽如此，翁先生仍不愿离"京"太远，坚持"南戏北演"，幸得丁先生在校，有丁先生在，就有"京"在，全校这才再次响起【急急风】。

《火烧红莲寺》一戏来自上海滩，采用的机关布景悉由魔术秘笈中得来，奥妙玄秘令人莫测。戏校热火朝天排练《火烧红莲寺》之时，北平尚未有过类似上海的连台本戏的专业剧团，也谈不上有上海彩头师傅这一专行，只知有一家"保安公司"，专营布景租赁。剧中往来如飞的空中剑客套用《酒丐》中"飞人"路子；"飞鹰"则用清宫演戏使的"天井下降"的现成老办法；最伤脑筋的是"飞剑"，台上处理十分原始：两口短剑用两条细绳缚住，由藏身在舞台上方天井里的彩头师傅把剑向下垂降，互作碰撞以示飞剑格斗之状，结果台上一露，台下立即大哗，这也太糊弄人了。后来请到电光专家，把剑套在玻璃管里，用明暗变叠的电光效应示意双剑互击，才平息下观众的喧嚣声。《火烧红莲寺》说是彩头戏，实在简陋到家，但比起《七擒孟获》时只有若干画片，比起《宏碧缘》搭个"四望亭"就算是有了立体布景毕竟强出许多。不过眼下这水平比之天津有如小巫见大巫，若与上海相比，那更是天上人间之别了。

《火烧红莲寺》把子功极吃重，戏中有一笑道人雄霸一方，手下大弟子十二人各怀绝技，为增强戏剧效果，"十二大弟子"的武打套路决定走武术路子，以求得逼真和惊险的效果，这非得请真正的武术名家指导不可。未过多久，著名武术家高紫云先生突然光临戏校，高紫云先生何以屈尊下教一群娃娃，这是谁的金面？原来他是应程砚秋之邀而来。程先生曾投在高氏门下学剑。这下把王金璐乐得连蹦带跳的，他确实太迷恋武术了。

一心想练武术的王金璐得遇高紫云先生，终与武术结下了缘。高先生教了"龙须剑法"，使王金璐主演《火烧红莲寺》中杨天池一角时倍添光彩。这种剑法十分罕见，一出手就让人醒神。高老先生为金璐的诚心和悟性所动，教会他刀术、剑术、棍术、拳术等许多武术套路，他后来用于《翠屏山》的一套"六合刀"即得自高氏真传。有了武术的融入，王金璐与宋德珠的对儿戏《平阳公主》面目大变，戏里柴绍与公主比武招亲的几次对剑，均有高先生所授的乾坤剑和罗汉剑成分。王金璐同时又得高氏太极剑精髓，高曾说过："我这太极剑一共只教过7个人。"程砚秋、宋德珠、王金璐就占了其中三席。

《火烧红莲寺》排出强大阵容：男主人公杨天池由王金璐饰演，女主人公红姑由侯玉兰扮演，宋德珠毕业在即，其时挂牌最高的实是王、侯二人。其余诸角是李和曾的卜文政、关德咸的笑道人、傅德威的陆凤阳、李金鸿的甘联珠、赵德勋的柳迟、袁金凯的陈继志、谭金曾的吕宣良、李金泉的朱道姑、萧德寅的常德庆、周和桐的智圆和尚、洪德佑的罗传贤、于金骅的欧阳净明、程玉焕的知客僧……其他如李金棠、姚玉刚、延玉哲、殷金振、贺玉钦、张玉禅、郭和涌、林金培、朱金琴和李玉茹、李玉芝、周金莲、王玉芹等悉数登场，堪称全校通力合作。

似乎早知戏校演的并不是纯种彩头戏，蜂拥而来一睹为快的观众还是为着他们心目中的"小天使"，大家都以欣赏传统戏的审美趣味来看头本《火烧红莲寺》。常言道，货卖与识主，《火烧红莲寺》一炮打响，全在于万千戏校知音的捧场。其时李盛藻的"文杏社"拥有毛世来、高盛麟、孙盛武、刘连荣、高世寿、张连廷、江世玉、高富全等富社好角演于新新戏院；叶盛章、李世芳、迟世恭、黄元庆、叶世长、阎世善等富社好角演于华乐戏院。而在吉祥戏院，由中华戏校连演《火烧红莲寺》，"中华"对"富社"，以一敌二，丝毫不居下风。

《火烧红莲寺》在北平的轰动效应惊动了天津中国大戏院，天津方面专诚来邀，演期为24天，掐指算来，王金璐已是第五次登上津门码头了。天津时值彩头戏高峰，前几年，"外江戏"几乎控制了津门剧坛，从1929年年底蓉丽娟《开天辟地》、1930年初华慧麟《洛阳桥》《七擒孟获》到1931年李桂春《狸猫换太子》、1933年麒麟童《封神榜》，一浪高过一浪。待"天华景"赵美英、梁一鸣、朱小义、张德发、娄廷玉等《西游记》问世，到1937年春稽古社子弟班接过"天华景"，开拓《西游记》连台本戏，终于迎来了天津彩头戏的大繁荣。《火烧红莲寺》若以彩头戏论，面对道深魔高的"天华景"，实难望其项背，难怪校方对天津之行忧心忡忡。不料公演之日场面出奇火爆，天津老乡把《火烧红莲寺》中微不足道的那点"彩头"不过看成宴席上的凉菜一碟，调料一杯。他们看待"中华"，纯以京派规范评定优劣上下，王金璐、侯玉兰、李和曾、李金鸿等在唱做念打中凡有"一卖"之处，必有彩声回报，消息传至北平，金校长终于放下了悬已多日的忐忑之心。

中国大戏院真是一块福地，《宏碧缘》打红，《火烧红莲寺》更红，天津的反响甚至超过北平，"南戏北演"这条路子走得还挺顺。有一天，王金璐边卸装边问王和霖："这出《火烧红莲寺》怎会这么红？"未等和霖答话，斜刺里冒出程玉焕，他打趣说："我的师哥，你真糊涂，我早算定这戏准红。你想呀，'火'是红的，寺名是红的，戏里又有红姑，你和侯玉兰又都是学校里红人儿，编戏的又叫翁偶虹，五红相聚，真是红成一片了！"真亏他想得出来。不过戏名也确应了大吉大利，有"红"有"火"，能不红火？

三

1938年夏秋之际，整个北平剧坛渐见复苏，戏校行情接连上扬。戏校之盛集中反映在人才鼎盛，凡戏校出台，必是满台群星璀璨、云蒸霞蔚。戏校群角尤以生旦为盛；老生一路，关德咸、王和霖、李和曾"三驾马车"，谭金曾、沈金波、赵金年亦实力不弱；小生一行，李德彬之后，储金鹏、徐和才渐而冒尖；武生一头，王金璐以下，傅德威、齐和昌、袁金凯、何金海、延玉哲、米玉文、贺玉钦、张玉禅等全势头不错。旦行强势更显，时赵金蓉盛势已过，侯玉兰取而代之；白玉薇继起不久，李玉茹、李玉芝亦先后崛起，社会上一时有了"四块玉"的美誉。"四块玉"的兴起是戏校鼎盛的重要标志之一。此外，张玉英、周金莲、王玉芹等均有底子，武旦中接宋德珠而起的有李金鸿、陈金彪，足有独当一面的实力；老旦中李金泉、王玉敏、孙玉祥人缘俱不差。净丑两行虽相对稍逊，可也涌现了周和桐、王玉让、赵德钰、萧德寅、张金梁、殷金振和郭金光等角儿。1938年5月，宋德珠、赵金蓉等师哥师姐到了毕业年限，却也未使学校演出阵容伤筋动骨。1938年秋，王金璐、侯玉兰、李和曾、王和霖、白玉薇、李玉茹等承接了"挑梁"重任，尤其是王金璐与侯玉兰。中华戏校由于演出多、戏码多、好角多，社会上拥有一定号召力，常见水牌子一挂出，戏票即出售一空。中华戏校与吉祥、中和、广和三处戏园子依次订有年度合同，喜好童伶戏的老观众不少人还定下了包座。许多报刊开辟专栏，戏校某些学生的轶事趣闻都上了报，哪怕谁置上一套新装，连上面绣的什么花都介绍得一清二楚，这种盛况，就是那些大牌角儿也难有这份青睐。

"四块玉"名声乍起之时，王金璐早就坐稳生行第一把交椅，因此与"四块玉"同台频频，台上台下饶有风趣的事也屡有发生。侯玉兰是"四块玉"中的大姐，性格安稳娴静，是程砚秋先生最得意的戏校女学生，其《孔雀东南飞》在校时已录制了唱片。王金璐同她曾在头、二本《火烧红莲寺》《长坂坡》《貂蝉》《雁门关》《清风亭》等戏中同台。有一次二人演至《长坂坡》"跳井抓帔"，王金璐突然发现侯玉兰饰的糜夫人帔上扣子没解开，这帔可无从抓下手呀！那时台前没有乐池，台上离观众近在咫尺，容不得二人说话。王金璐当场急得不知所措，只听玉兰念："将军你看……"，按理，王金璐应顺侯的指向朝左边望，但此时顾不得这些了，他向左急急地看了一眼，马上转过头来向后看，低声告诉她没解纽扣，侯"噢"的一声，想必知道了。说时迟那时快，场上起了锣鼓，侯玉兰脚踩锣点正走向倒椅所示的井口边。王金璐心急如焚，若凑合地比画一下，必挨倒好。管它呢，他上去照抓不误。谁知这一抓真抓了下来，心里纳闷不已。这场一完，王金璐匆匆奔进后台，侯玉兰早在那里等着了，二人见面不约而同地齐声叫出："哎呀，吓死我了！"原来侯玉兰经金璐提醒，一急之下用尽全身力量，把扣子给揪开了，"就是把行头毁了，也不能把戏砸了"。此事二人印象至深，40年后王金璐与侯玉兰见面之时，还想起那次险情，侯玉兰不由得冲着他喊了一句赵云的台词"马来呀！"

白玉薇常去王瑶卿家学戏，与金璐在大马神庙熟识，白玉薇爱问戏校事，似抱有浓厚兴趣。王金璐据实相告，在戏校学戏要吃大苦，劝她千万莫考中华戏校。哪知没过多久，白玉薇还是来了。她毕竟出身知识家庭，说得一口流利的英语，金璐把她当成英语课的小助教，有她辅导，免了不少打罚。这位师妹才华出色，几与侯玉兰同时红出，金璐与她的"对儿戏"有过五六出，如《宏碧缘》《长坂坡》《芦花河》《女斩子》《翠屏山》《雁门关》等。

李玉茹是一位旦角全才，冰雪聪明，悟性很高。入校后跑过宫女、丫鬟，应过不少零碎，她人小有心胸，"偷"功极出色，不论哪路风格，凡偷即得窍要，学演四大名旦戏，很有几分样儿。她曾为金璐师哥配戏不少，如《战太平》《洗浮山》《南阳关》等戏中扮的都是夫人。两人配合尤好的是《平贵别窑》，金校长称"表情逼真"。正因台上颇有默契，这戏闹过一次笑话。曾有一位俞姓的戏迷，是中华戏校的常客，他看到《平贵别窑》中平贵为宝钏擦泪时的依依不舍、缠绵悱恻的感情表露，一时兴起，在台下忘情地大喊大叫："像真的，像真的！"金璐一听立时火冒三丈。那时台上演员与观众伸手可及，临下场时金璐冲台下轻声地对他发出威胁："你等着我的……"他到后台匆匆洗了一把脸，顺手抄起一根鞭，走向观众席的过道口，挥手叫他离座，到外面去比个高下。老师见状，急忙把他喝住："人家为你叫好，你怎能打人啊？"时过数年，二人在北海大桥"遭遇"上了，相视之下都觉不好意思，旧事重提，还站在那里笑个半天。

王、李二人《长坂坡》也闹过大笑话，"事故"同样发生在"抓帔"一场。玉茹的糜夫人演到用手一指"曹兵又杀来了"，按规矩，此时应有转身带弯腰的动作，把背后"线尾子"顺溜滑到胸前。赵云回头发现糜夫人已到井边，急忙上前抓住糜身上帔的后领往下拽，糜夫人把略作倒剪的双手反向一提，帔便离了身。这一套"抓帔"表演为杨小楼和王瑶卿之拿手，技巧性极强，抓圆了，满堂彩；抓砸了，全场"通"。那日广和楼王、李千钧一发之时，李一扬头，线尾子重又滑向身后，王金璐一手抱阿斗，另一手无法拨弄开线尾子，间不容发之际，他心里一慌乱，一把抓去，竟把线尾子和"大头"（旦角头上假发）一起抓将下来。玉茹在前边大叫一声"哎哟"，金璐怕她从椅子上摔下，冲前一拦，结果玉茹"啪"地一下摔坐在地上，金璐不知怎的也跪下了。这下可热闹了，玉茹露出了剪着短发的学生头，迎来了台下一阵少有的大倒好，她连忙站起身，哭着跑进台去，这场戏"满砸"。完戏后金璐直赔不是，连声道歉："都怪我，都怪我！"玉茹更号啕大哭起来，结果老师把二人齐骂了一通。牢记前车之鉴，再不重蹈覆辙，后来二人屡演《长坂坡》，凡"抓帔"处必是满堂好。

李玉芝是"四块玉"中最小的一个，人也长得小模小样窈窕玲珑，金璐叫她"小孩大嗓"。她擅长青衣，练功极负苦，无论冬夏，五时必起身，常悄悄地独自在练功棚练私功。金璐某日夜戏归来，天色昏黑，不见星月之光，他刚走到校长室门口，脚底下一绊，细一看，原来是李玉芝，才知她同自己是一条道上的朋友，也是在"山后练鞭"呀！"四块玉"在王金璐主演的《长坂坡》里都扮过糜夫人。

四

1938 年，王金璐尽显"千殿下"的王者之气。此时侯玉兰在旦角中名列首席，戏码非大轴即压轴，包括单挑与合作在内，她贴演过的大轴戏已达二十出以上。在这期间，王金璐参演的大轴戏与侯玉兰大致相等，之后依次为李和曾、王和霖、白玉薇、李玉茹。翻阅那一时期的戏单，在王、侯同台的演出记录中可以发现，凡二人同台，多半不是合演大轴，便是王为大轴侯为压轴居多，即使合演大轴戏，除《雁门关》《王宝钏》等外，余者皆以王金璐为主，如《长坂坡》《溪皇庄》等。若王金璐大轴压台，几近半数由他单挑主演，因此 1938 年领衔之频王金璐略胜于侯玉兰。

中华戏校地处市中心稍北的沙滩，演出却常在城南。20世纪30年代的北平曾有"里九外七城四"之说，指的是戏园子的分布。南城有西珠市口的开明戏院、西柳树井的第一舞台；前门大栅栏一带，由西向东数，有广德楼、庆乐园、三庆园和中和戏院；与大栅栏隔街相望的鲜鱼口有华乐戏院，往北不远处的肉市有广和楼；1936年西长安街新建了长安戏院和新新戏院两家一流剧场；此外还有东安市场内的吉祥戏院和西单的哈尔飞戏院。中华戏校演出常在广和楼、华乐戏院、中和戏院、吉祥戏院，1939年1月与广和楼订下长期合同，富连成社则立足华乐戏院，双方竞争激烈，各贴看家戏相颉颃。相距不到一里地的两家戏园地处一"鱼"（鲜鱼口）一"肉"（肉市），北平观众戏称为"鱼肉之争"。对台一打就是两年，戏校稍占上风，王金璐功不可没。

1938年秋后的7个月中，金璐少说也演了150场。把当时戏码归纳一下，计有杨派戏《安天会》《连环套》《八大锤》《战冀州》《回荆州》《长坂坡》《夜奔》等；黄派戏《忠义臣》《枪挑小梁王》《龙门阵》《独木关》《溪皇庄》《百凉楼》《剑峰山》《莲花湖》《刺巴杰》等；三麻子老爷戏《走麦城》《白马坡》《单刀会》《温酒斩华雄》等；其他还有大嗓小生戏《貂蝉》、靠背老生戏《平贵别窑》、文武老生戏《大名府》、徽派老生戏《徐策跑城》、新排本戏《火烧红莲寺》《宏碧缘》、反串老旦戏《清风亭》……一人身兼黄、杨、三麻子三大派，这在武生大牌也属少见，何况是十八少年郎。

略举若干戏码，见戏校人才之盛，并显金璐佼佼地位：

《安天会》王金璐主演大圣，萧德寅饰天王，齐和昌饰哪吒，延玉哲饰二郎神，李金鸿饰月孛星……前有侯玉兰、李玉茹、储金鹏、关德咸、李金泉等的《梅玉配》。

《溪皇庄》王金璐主演褚彪，袁金凯饰尹亮，殷金振饰贾亮，洪德佑饰花德雷，李金鸿、李玉茹、白玉薇、王玉芹、周金莲等分饰胜玉环、蔡金花诸美。压轴为李玉芝和赵金年的《秋胡戏妻》。

《走麦城》王金璐主演关羽，傅德威扮关平，王和霖扮廖化，关德咸扮华佗，周和桐扮王甫，延玉哲扮赵累，洪德佑扮徐晃。压轴为侯玉兰、李和曾、邓玉峥的《二进宫》或李和曾、谭金曾、白玉薇、李玉芝的《珠帘寨》。

《八大锤》王金璐主演陆文龙，王和霖主演王佐，李金泉饰乳娘，王玉让饰兀术，贺玉钦、齐和昌等饰四锤将。压轴为白玉薇、李金鸿、李玉茹头二本《虹霓关》。

全本《白马坡》王金璐主演关羽，傅德威饰颜良，赵德钰饰曹操，萧德寅饰文丑，洪德佑饰许褚。压轴为侯玉兰、储金鹏、李金泉、张金梁的《金锁记》。

《长坂坡》王金璐主演赵云，侯玉兰扮糜夫人，李和曾、王和霖的前后刘备，费玉策的曹操，李玉芝的甘夫人，赵德钰的张飞。压轴为李玉茹、白玉薇、徐和才、李金泉的《得意缘》（下山）。

《忠义臣》王金璐主演张定边，李德彬扮华云龙，赵德钰扮陈友谅。压轴为侯玉兰、储金鹏的《玉堂春》。

《宏碧缘》共排6本，3天演全。头二本为《卖艺桃花坞》《巧定金兰计》；三四本为《拿猴四望亭》《比武闯龙潭》，五六本为《大闹嘉兴府》《二打扬州擂》，骆宏勋一角由王金璐一人担纲，全校独一份。李金鸿的花碧莲，王玉芹的贺氏，李金泉的骆母，傅德威、王玉让的前后鲍自安，傅德威的花振芳，贺玉钦的朱龙，萧德寅的佘千，齐和昌的濮天鹏，殷金振的朱彪，白玉薇的梅佟氏，赵德钰的任正千，济济一堂，花团锦簇，堪称中华戏校一景。

头本《火烧红莲寺》收入颇丰，小报上屡对学校发难，指责堂堂学府不该大力奉行彩头戏，批评戏校为营利而入歧途，金校长因之抑郁不快愤懑生愁。为了抑制舆论抨击，鉴于"四块玉"的发迹，翁偶虹又发巧思，把不少旦角折子戏连缀成大戏，全本《穆桂英》、全本《姑嫂英雄》就在此时一一出台。"四块玉"成绩确实不错，校长心感欣慰，便请翁偶虹改编《三妇艳》，正好一戏用上"三块玉"。

翁先生于是笔分两枝，在众人力催之下，未几二本《火烧红莲寺》和《三妇艳》两个本子同时杀青。

《三妇艳》阵容拍定，由侯玉兰、白玉薇、李玉茹"三玉"演"三艳"。二本《火烧红莲寺》再次推出硬整阵容：王金璐和侯玉兰主演陆小青和红姑，傅德威的桂武，李和曾的卜公，李玉茹的甘联珠，谭金曾的吕宣良，袁金凯的陈继志，周和桐的智圆，李德彬的飞虎寨主……《三妇艳》由金校长亲自导演，翁先生协助；二本《火烧红莲寺》由丁永利、李洪春双导，全是黄金搭档。

二本《火烧红莲寺》无新奇彩头，丁、李二位增添了大量精彩的却是传统的表演技巧，戏中按十二生肖设计特制兵刃，由高紫云先生授以技法，什么"蛇尾鞭""首鼠两端锤""兔耳分心叉"……名称新颖，全是生铁所造，使法俱有巧妙。再经丁、李精加工，融入传统武打程式，使之武术京剧化，煞是精彩。

1939年2月《三妇艳》与二本《火烧红莲寺》同一天响锣。首演前夕，《三妇艳》告满，当日白天，丁先生到后台把二本《火烧红莲寺》道具、布景细细检查了一番，他撩开台帘一道缝，见台下果然满满登登，即对身边王金璐等参演二本《火烧红莲寺》的学生正色而言："看见没有？人家'三妇'就卖满堂，晚上可要瞧你们这几十号人啦！"实际上夜场票预售已现"天罗网"，四周座儿早售一空，只等时辰一到，自会把中间座儿填满。

日场高奏凯歌，金校长在广和楼北边鼎盛居饭庄设宴慰劳，吩咐用校长本人的包月车冒雨去接丁永利、李洪春二位。李洪春因搭李万春班，夜间有戏难以脱身赴宴，丁先生则如约而至，并夸了一通白天的《三妇艳》。席间听得探马来报，晚上宣告客满，丁先生一仰脖子，杯中酒一饮而尽。酒意正酣之际，后台文武管事连连来催，二本《火烧红莲寺》响锣了。

二本《火烧红莲寺》红势压过头本，王金璐再次壮了声威。他扪心自问，筚路蓝缕，终未负老师、校长的苦心一片，也不负朔风刺骨、大雪纷飞或是烈日暴虐、溽暑逼人下专程前来捧场如云如雨的戏迷知音，想得多了，又不免顾盼自得、自鸣得意起来。周围一片夸奖之声，眼前不少褒扬文字，把这名初涉艺海的19岁青年熏得有些飘飘然，但他最在意的仍然是丁先生的表示。奇怪得很，任凭他在学校怎样威风过人，丁先生嘴里就是不吐一个"好"字。丁先生一开口，百分之百是挑毛病，责备人，真要丁先生没说什么，兴许这戏已马马虎虎过了关。

王金璐踌躇满志的得意劲儿有增无已，一天下午，正与几位好友念叨起丁先生，徐和才等人说："他不说就不说，你唱你的。"但王金璐不死心，趁课余有闲，凑近丁师身边壮胆问道："唱了这些戏，人家都说不错，您说呢？"丁先生看也不看他一眼，歪着脑袋把耳朵凑向徒弟嘴边，待等听明白了，霎时把脸一沉，从嘴里撤出烟袋，瞧着徒弟一声不响。过一会儿，丁师猛然扬声："差远啦，你们是群学生，有什么可美的！你练得将来跟金少山、侯喜瑞唱上两出再美！就这点出息，什么东西！"说完径直走了，把徒弟晾在一边。金璐愣了，接连几天不好意思见老师，丁先生这一帖大剂量的猛药把他自满的火苗一下给扑灭了，从头顶到脚底，得意之色一扫而光。

遗憾的是，中华戏校捷报频传之日，因为剧目意见相左，李洪春先生一怒而辞。丁先生重义气，李洪春既由他所荐，李洪春辞校而校方不予挽留，等于驳了他丁永利的面子，于是丁先生亦拂袖而去。

可喜的是，王金璐在中华戏校寒暑交替，八度春秋之后，在行将毕业之际，迎来了即将衔泥筑巢喜订鸳盟的大喜日子。

第二章　闯荡篇

第一节　三生石上缘

一

老天爷睁开了三分眼,月老终于没有遗忘这个无家可归的"苦人儿"。王金璐恋爱源头始于他的花季年华,1935年一个金谷飘香的收获季节。

那个年代,京剧有"国剧"之尊,社会各界入迷者颇众。尤其一些女学生,"捧角"旗帜鲜明而目标专一,斯人演毕,翩然离座者大有人在。王金璐南校后期已是台柱之一,拥有众多的淑女戏迷,捧客之中唯有一对佳丽引起了台上王金璐的注意。个子较高的一位小姐亮丽过人美艳出众,她是某老生的千金,思想新潮,举止开放,中学尚未毕业已然韵事频传,她力捧的目标便是王金璐。北平各报时有"捧角嫁"之谓,"家"旁有"女",不仅意指女性,且蕴有先捧后嫁的含义。报章所向,她无疑是这群"捧角嫁"里的领袖人物。另一位身材相对姣小,比不上前者那么灼目,也不会入场后到台口做一番溜步亮相、一展芳容。她总在座位上默默地坐着,不动声色也不胡乱走动,更不找人搭讪,颇有几分莫测高深。日子久了,王金璐发现捧他最为心诚的少女中,首推那位高挑的小姐和这位素不相识的"冷面女郎"。

他开始注意台下了,有时幕侧撩开一缝,有时台上抽冷子捎上一眼。台下光线不足，这位仪态端庄的小姐姿容不甚分明，后经日积月累地细细端详，才渐渐从"雾"里看清了"花"。这位雅淑文静的大家闺秀自有一种内敛的秀美，双眸中隐隐透出的是含蓄的灵气，大有无声胜有声之妙，也蕴有一种东方仕女的风韵，典雅大方之中更有一股凛然不可犯的气派。怎样才能探明这位小姐的底细呢？他显然对台下的"冷面女郎"发生了兴趣。王金璐睁眼便是"戏"，一年唱戏不下三百场，虽养成"凭本事吃饭"的信条，可对人情世故、男女情爱却是混沌不清。他见她身边总带着仆人，猜想准是富贵千金，他又不禁自惭形秽起来。他在怀疑自己莫非想入非非了，可"浮想"插上了翅膀，又怎能收得回来？

这位戏迷小姐芳名李墨璎（原为"嬰"字，后多用"璎"字），山东历城县人，在北平一所颇有名望的教会学校读书。她生于官宦之家，父亲曾是东南五省军阀孙传芳手下的师长。几位舅父均有来头：大舅乃护卫慈禧太后銮驾的御林军统领；二舅同父亲皆黄埔军校出身，在日本军官学校与蒋介石有同学之谊；三舅是国民党高级将领，曾任陆军参谋长。李父安家北平，李母王氏生女三人，她排行第二。李父一心得嗣，娶下二房后果得一子，家里因之常生不和。因原籍山东大明湖有大宗买卖和大片水产，李父便携妾抱子回山东坐享清福去了。三姐妹一起说服母亲留在北平过日子，仗着有三舅在，一家女眷四人多少有人照顾。李母手头有积

少女时代的李墨璎

蓄，且有一处房产，吃喝不愁，但心情抑郁，终日消磨时光的是麻将、鸦片加念佛。大姐长她8岁，嫁给舅家，亲上加亲；妹妹不幸因误服了药变成了聋哑人。李家条件优裕，家里雇有保姆、厨司、裁缝、车夫多人，渐渐地，少而更事的墨璎开始边上学边代母亲掌管起家政来，分派佣人、内外应酬、理财调度全由她做主。在这样一个气氛沉闷的家庭里，她养成了刚强果断的性格，小小女孩儿家极有主见，就连三舅家的少爷们也得让她几分。

李家人都爱看戏，墨璎四五岁就进戏园子，因赶的年代早，故陈德霖、钱金福、龚云甫等老前辈的戏全没漏掉，也没落下杨小楼的戏，还看过余叔岩的《盗宗卷》。在她十二三岁光景，家里订了不少有关戏剧的报刊，如《立言报》《三六九画报》《时事白话》……家里的唱片也层层叠叠好似小山一座，这出那出的唱段她全能背诵如流。富社和戏校演出多在日场，票价低廉且演员年龄与己相近，故李二小姐后期看戏以童伶为主。她通常订下长座，不去也照样付钱，因家无男丁，出门看戏总由保姆梁妈随行保驾。

一出《南阳关》，让李二小姐脑海里留下了王金璐的第一面印象。戏中这位伍云召文武兼长，唱得中规中矩合弦合辙，又是一副英姿勃勃的扮相，很能抓人视线。由此而起，她渐渐成了王金璐的台下常客，也渐渐由对戏的欣赏转向了对人的兴趣。尽管那时的感觉是十分的微妙和朦胧，但女孩子的心也不见得全是天上的云。金璐每次登台，常会下意识地对台下第一排某一固定方位投以一瞥，面对一位名媛，他焉敢造次，至多仅是示意而已。台下的小姐照例毫无反应，自始至终保持一个普通观众的身份。在金璐眼里，愈"冷"反觉愈"艳"，他怀着强烈的好奇心，不时在后台扒开台帘看台下，轮廓果然愈看愈清楚。这位小姐长得黑里透俏，左眼边还有一块胎记，从不见她涂脂抹粉珠光宝气，倒是一位正宗"青衣"。"瞧她上下，一片乌云把她罩住了"，金璐对她的表现，印象就是一个"青"字。让他颇为得意的是黑、白二小姐捧的都是他一人。有的小报对"捧角嫁"的话题开始爆炒,此事八字尚无一撇,报刊之上竟描绘得有根有据绘声绘色,让人不得不信。认为"无风不起浪"的真还大有人在呢。看戏校唱戏,女学生众多,这里也有"追星族",由于台口离座近在咫尺,向台上扔信掷物轻而易举,抬手之间情笺一片就飞上了台,于是很快便成了翌日报上的花边新闻。李二小姐是头排常客,观众席上众目睽睽,不少人都在等着捕捉她的飞笺画面,可眼前的这位小姐始终如同菩萨一尊端坐不动。即使如此,那些新闻狩猎者也从不曾对她放过手。

李家有女初长成,上门提亲者渐多,一直在经济上支持她们母女的三舅家尤为热衷,当然,人选不外乎富家公子与纨绔子弟一类,墨璎一个也看不上。三舅家的二太太也找李母叙话,问道:"你二闺女的事怎么办?"做母亲的怎不知女儿性格刚烈,这事非得从长计议不可,答道:"要同她商量,这二的不好办。"二太太十分热心:"我给你二闺女说一家,今后到手一笔房产,也好有个依靠。"李母似有所悟:"你是否有了目标?"二太太高兴地笑道:"有了,我特为此事找你商量,某家的大公子三十多岁,要找个年轻、像样、能干的偏房,答应给三进院子有廊子的大房两所,还有一笔相当可观的聘礼。"李母心存犹豫不敢拍板,一再推说:"我得找她商量商量。"姑嫂俩烟榻上的一番机密话全让梁妈听得一清二楚,她如数告知了二小姐。墨璎显得十分镇定,她心里有底,仗着母亲平时疼爱,必不会相逼,她不加理会,治家、上学、看戏一切照常。威胁既已露头,务须速作良谋,与其找个游手好闲、养尊处优的富家子,宁可下嫁唱戏的,李二小姐已然悄悄倾心于年长她两岁的王金璐了。

"情人眼里出西施",男女都一样。王金璐长相、身材出挑适中,双目炯炯英气逼人,戏由他演来,富清新之气不似旧科班里的小"老艺人";王母早逝,王父远出谋生,贫且无家,投以关爱,他日感情回报必专;戏界评说、观众谈艺,无不称其来日必成大器;更何况本人嗜戏许也不在他之下,共同语言有的是活水源头……李二小姐被王金璐身上太多的诱人光点所吸引，心田里的情苗不经意地在萌生，难道他真是自己要寻觅的未来郎君？

王金璐见惯了贵妇名媛的逢场作戏，但他禁不住台下这位楚楚动人的闺秀日复一日投向他的那种特殊眼神。他美好的憧憬被激发了，第一次为女性打破了心里的平静，不知不觉中有了一股心潮涌动，即使在散戏时刻也不忘稍稍在帘幕后窥视一眼这位心仪已久的女郎。台上台下，一对少男少女，无心蕴涵着有意，有意又表现于无心，是，又不是，就妙在似与不似之间。"青年男子谁个不善钟情？妙龄少女谁个不善怀春？这是人情中的至清至纯。"

无巧不成书，梁妈和王金璐的干妈年轻时当过邻居，梁妈一次外出收房租巧遇干妈，说起东家二小姐放下书包就看戏，自己也经常陪着上戏园子。干妈顺便一问："常看哪儿的戏？"当梁妈说起中华戏校，干妈不由自夸起来："我干儿子王金璐是那儿最好的。"说着说着，就说起了王金璐的家境，她正为干儿子毕业后没处安身而犯愁，眼下也许是段缘分也未可知，便竭力主张让二人见上一面。那边梁妈似也摸透了二小姐的心思，看出她对台上这位美少年情有独钟，既然所见相同，自当居间促成。勇敢的墨瓔小姐果然心动，她立时写下一信托梁妈借金璐干妈之手转送金璐，定下某一礼拜天，相约于北海公园。经老姐妹俩一番策划，冥冥之中二人缘定三生石上的那根红绳来到了他们中间。

首次约见在大冬天，李二小姐为使金璐不致因穿校服而惹人注目，特意先为他置办了一件黑呢子大衣，同时也使心目中的人儿气派一些。可没料到，当这件"礼服"由远而近直到映入眼帘之时，本应装出几分绅士风度的"他"居然踮起脚尖，一路踩着花池子边沿的立砖，练杂技似的走将过来。眼前一幕实在叫这位淑女小姐啼笑皆非。王金璐在这非常的礼仪场合都改不了猴子属性，他那过于淘气的猴性来得确实不合时宜。大度的李二小姐双眉微微一皱，立即恢复常态，头次见面，怎可过分计较。

1936年，王金璐和李墨瓔在北海公园

那天暖日融融，天气晴朗，无风无沙，空气也清新宜人，大冷天不见寒意，这是一个好兆头。梁妈和干妈完成了联络接头的"使命"后便走开聊天儿去了。头次见面，王金璐、李墨瓔二人互致一躬，全然学生礼节，继而缓缓作散步行，彼此之间距离盈尺。今天王金璐总算见识了芳颜。他首先注意的是对方肤色，看来并不那么黑，大概小姐在戏园里不抬头的背灯之故吧。他心里高度紧张，时时感到手足无措，拘谨之中动作都显得略略变形。王金璐在台上叱咤风云英武绝伦，多大的"份"呀！可在李二小姐面前不见"份"只露"怯"，说穿了，他打从根子里的自卑感在作祟，墨瓔小姐只当没见。他们在一张长椅上开始了第一轮"会谈"，率先打开话匣子的是李墨瓔，有意思的是开口除了戏还是戏。她先是夸了他一通，又问现今在学什么、演什么，其实报上全有，看了便知，此时无非找个话题而已。李二小姐操起轻软甜脆的北京腔闲闲地、款款地大侃起戏经来，竟也是有经有纬。花蕊初绽的李二小姐长得身材适中、灵秀大方，水灵灵、黑晶晶的双眸如秋水、如宝珠、如粲星，这目光含蓄中见热情，兼有一种女性特有的敏感和警觉，虽是富家千金，可绝非絮聒撒娇之人。太叫人有好感了，小小年纪，那老到的对答、沉着的气派、典雅的举止，又有浑身上下的青春气息里透着些成熟女孩的韵味。王金璐愈来愈发怵，想找些文绉绉的词憋出几句有水准的话，可怎么也憋不出。二人似乎年龄颠倒，李墨璎反成了姐姐。

第二次见面在景山，金璐依然木讷，堂堂大武生变成小媳妇似的，看来李二小姐岂止道高一尺。王金璐犯上了心事，变得深沉起来，人家体面小姐，每次都换行头，自己穷唱戏的怎能攀得上。对方稳重而矜持，自己万万不能犯粗，他走道斯文多了，身边的姣小姐娉娉婷婷、款款盈盈，自己哪能再走什么四方步、弓箭步、骑马蹲裆式……冰雪聪明的李墨璎不会让王金璐发窘而语无伦次，交谈尽在共同话题中展开，渐而渐之，他消除了身上的拘谨，变得轻松自然，话也多了，嗓音也大了。小姐确是懂戏，谈到《锤震金蝉子》，谈到马德成的黄派戏，也谈到《八大锤》中的"云步"……看着她脚下比画的"样步"，他不觉走了神，李二小姐漂亮的腿和高跟鞋牵走了他的视线。金璐总有一种梦幻感，他爱慕和感激同在，竟不敢相信这位富家小姐最后会垂青自己这个穷小子。

缤纷的红梅还未落尽，鲜艳的桃花已捷足占领了春的时光。在这明媚的春色里，谁不憧憬爱神的降临呢？说偶然也偶然，说必然也必然，几次约会过后，少年子弟开情窦，闺阁千金动春思，李二小姐发现自己已经坠入情网了。见面多了，由相识而相知，由相知而相恋，初恋的情丝已牢牢缠住了这对年轻人，互递的玫瑰枝很快被双方接过，爱情的火焰愈燃愈旺。

李墨璎有一定的处事之规：绝不以富欺贫，显出哪怕是纤毫的娇贵气，更不能宽容自己有半分轻浮之举，用她本人的话来说："我就认定这个做人的道理，姑娘家要的是自尊和自珍，我绝不会被人指着脊梁骨笑骂。"二人的恋情在升温，李墨璎的矜持在继续，彼此相敬如宾，见面仍保留着第一次见面的鞠躬礼，从未有过任何形式的肌肤之亲。出于对李二小姐的尊重，王金璐时时刻刻在注意自己言行的规范性，不敢越雷池一步。

李二小姐既把自己的一切紧于王金璐之身，其之壮举岂非《彩楼配》《三击掌》的王宝钏再世。王金璐开了情窍，尝思墨璎小姐不惜背叛家门，不计名节损失，置世人讥笑于不顾，敢于向礼教挑战的无畏勇气，对于这样的恋人，足有一百个理由为之奉献。

二

8年"大狱"少自由，请假约会只能偶尔为之，每隔一个多月约上一回就算不错，彼此过从往来全凭鸿雁传书。李二小姐传信须经三道环节，先梁妈，再干妈，最后转至金璐手中。这条"地下邮路"走线隐蔽，但百密一疏也会出岔。有一回"邮差"犯了马大哈，竟把信扔进了邮筒，按校规凡学生的信一律由校方检查，老师拆阅之后，见与"干殿下"有涉，便把信交给校长处理。金校长仔细地把信看过两遍，见信里没有一句情话，全是劝善之言，不禁心头一动，特在信上批了两个字："给他。"

自从信归原主，学校不再截获王、李间的通往信件，金校长不失时机地规劝金璐："她的信我看过了，让你学好，你要好好听她的话，好好地做。"可见校长对李二小姐产生了好感。通信自由了，却是苦了王金璐，逼得他每每为了回信伤透脑筋，同窗好友徐和才仗义相助，一起查阅"尺牍大全"之类的工具书，搜集诸如"台鉴""敬启者""即颂大安"等深奥难懂的词句，简直用上了"吃奶"力气。

"干殿下""童伶生部冠军""小杨小楼""神童"……种种封号一一飞来，王金璐着实的骄傲了一阵，变得有几分忘乎所以了，脾气暴烈到了十分，性情也入了左道旁门，走路挺胸凸肚昂首阔步，说话时眉毛一挑，那个劲头神儿就别提了。墨璎小姐见到报上有关的几则报道，心甚不安，王金璐眼下不过有点区区小名气，就发这么大的角儿脾气，今后怎么得了，她提笔写信，依然站在"理"上用"情"字说话。没过多久，王金璐变得温和、谦虚了，那种怪相亦无影无踪了，李二小姐真有驱邪大法，灵验得很。金校长天天台下看戏，对于同样场场必到的李墨璎不会不识，他对眼前这位既陌生又熟悉的李二小姐能对自己最心爱的学生产生令人难以想象的神奇魔力也觉得不可思议，因此当他远远望着这位少年女郎时，心里不免暗暗喝起彩来。

"幽会"加"情书"，报上炒得沸沸扬扬，"捧角嫁"李墨璎小姐身居深闺人已识。王、李之恋爆炒之下尤多花絮，涉嫌绯闻，李二小姐一时知名度大增，成了报刊上的一名新闻人物。李墨璎面临的是一个永恒的主题：爱情能否经得起门第和流言的考验。

每走一步不得不深思熟虑，棋错一着会招满盘皆输，李墨璎不得不倍加小心。与其梁妈有朝一日泄露"天机"，倒不如自己摊牌彻底讨个了断，不能再耽搁了，必须及早刹住"好心人"上门说亲的路。舅父家里表兄太多，他们有在南开大学上学的，也有在燕京大学上学的，暑假一到全会上门找表妹叙叙，她唯恐有朝一日落入表兄之手，便当机立断公开宣布："别打我主意了，我要嫁给一个唱戏的了！"从而把打"明牌"的日子大大提前。令人难以置信的是李墨璎此时芳龄尚不足十六，同金璐也仅在初恋之中。

家里爆炸了，背后说什么的都有。有人指责李母："怎么让她去看戏？不学好。"姐夫跳将出来，他不甘心让这个吃开口饭的戏子来当自己连襟，他不明白岳母怎么昏头了，直说岳母赔了女儿又赔钱。墨璎知悉，当面把姐夫狠狠地骂了一通，渐渐地舅父家都不上门了。凡有人出来说三道四，一概被她严词驳回，根本不把豪门望族的富家子弟放在眼里，她软硬不吃，仿佛成了"尤三姐"。李母不愿相逼，天天念佛诵经，反正女儿尚未及笄，婚嫁大事一时还提不上日程。这就给了墨璎以足够的回旋余地，去一章一章地奏响她自编的爱歌，一步一步地构筑她自主的爱巢。

沟通心灵何需什么海誓山盟，金璐与墨璎吟唱的那首"恋人曲"

清淡如水，却雅致如画。"平平淡淡就是真"。他们没有繁文缛节，没有信誓旦旦，没有那套情场上的虚情假意、甜言蜜语的男士包装，也没有那套依偎中矫揉造作、骄娇恣意的女性惯招，一切均相知在不言之中。他们心有灵犀不点也通，不用直露心意、直述婚约，而各自心里均已认同，彼此心领神会，彼此心照不宣，彼此心灵感应，彼此心曲相通。

日月轮流催晓箭，李墨璎芳龄已到17，卷入女儿婚恋漩涡的李老夫人已到了不得不作决断的当口。娘家人都以为墨璎疯了，做母亲的也终日忐忑不安。老人家差人跟踪，女儿也有所察觉，她豁出去了，全然是一派无所谓的态度。女儿自然理解母亲的一番苦心，家里人不是看不起金璐吗，要让母亲接受这位戏子女婿，对金璐的形象气质改造乃当务之急。摊牌后的李二小姐早已按部就班地稳扎稳打起来，金璐他根本就不曾意识到心上人正在逐步实施针对自己素质形象的"改造工程"。

幸好老太太对女儿终身大事格外慎重，眼见墨璎芳心已许、志如铁坚，最终还是在叹息中默认了。佛家讲缘分，这也许真是命里注定的吧！二闺女如此好强，居然被一唱戏的勾了魂去，想必王金璐其人必是北平梨园中的人杰了。老人家提出要先听金璐的戏，看看此人长相外貌如何。经墨璎两年来的不懈努力，原先走没走相、坐没坐相，一派猴相的王金璐已在文明礼仪上有了长足进步，墨璎一直压着金璐不露，实在是用心良苦。

这一天果然来了，是日广和楼日戏是《潞安州》，金璐饰武老生陆登一角。李家到场一大批人，中间座席足足占了两排，其中对此事持反对、支持、中立态度的均来了。开演之前，王金璐先着便装站在台帘口，这一"相"是专亮给老太太看的。他眼角朝台下一瞥，见老太太容颜宽和、慈眉善目，看来兆头不错。《潞安州》一戏他原已烂熟，今又分外"铆劲儿"，戏演得很出色自不待言。一位在军界供职的表兄连声道好，他原持反对意见，转而投了墨璎的赞成票，有不同意的也没说出理由来。这位表兄倒也有趣，脑子一转，为金璐找出一条绝好的理由："他不是过去一般的戏子，他是戏曲学校的学生，不一样！"

　　老太太终于提出见面了，相亲地点定在北海漪澜堂仿膳饭庄。王金璐面临大试，兴冲冲却又战战兢兢，面见老太太，与广和楼气氛大有不同。老人家身披大斗篷，不梳髻，留短发，很有气派，席间话语不多，更不随意谈笑。金璐上前深深一躬，侍立一旁，老太太"赐坐"后，问一言他答一声，岁数、家庭、学校生活……言辞简练，斯文极了，这哪是平时的王金璐呀！他不时侧目偷觑老太太脸色，晴朗不带一片云彩，看上去情绪不错。但他还是牢牢记住了墨璎为他"备课"时一再告诫的"可别拿出孩子气来"的那句话，真的做到了站如松、坐如钟，毛手毛脚的举止一扫而空。老太太面露笑容了，这小伙子长得挺好，同二闺女甚是般配；人也很老实，胸中无城府，怪不得墨璎这等信得过。老太太临走给了一张紫色大票，100元哪！好重的一份见面礼，敢情是老太太已然相中了自己。那时四十五斤装的一袋洋白面粉不过块把钱，置办一身武生穿的上等大靠，才三四十元呀！他从来没见过这么多钱，不知从何花起，拿到学校又怕被老师扣下，为此不免又同徐和才、费玉策、周和桐等一批"高参"着实地费了不少脑筋。

　　墨璎小姐心里明白，相亲本身，事成八分，相过亲又赏下礼，把握到了十分。她由拒婚、交友到定情、相亲，一手执导，一身主演，为这道少年情话的风景线画上了一个漂亮的句号。

三

　　两条不同走向的生命轨道在爱的天空中交叉出美丽的彩虹。

　　老太太发了通行证，王金璐心中如阳春三月的田野，一片葱郁芬芳，却对"男女授受不亲"的旧法视为清规奉行不贷。他们楚河汉界各守其身，"发乎情，止乎礼"，二人并非柏拉图式的恋情，而是在各自心灵里，保留了一个极为重要的意念——"圣洁的爱"，谁也不能去亵渎。3年的恋程，没有一句"我爱你"，没有一次拥抱，没有一回亲吻，令人难以置信，这对恋人简直成了一对"圣人"。曾有一次，二人在北海五龙亭喝茶，金璐不会嗑瓜子，连皮带仁乱嚼一气，墨璎见他十足外行，便亲口为他剥仁，金璐放在嘴里咀嚼，感到甜丝丝的，心中恰似一波湖水荡漾开了。又有一次寒冬会面，墨璎身穿皮大衣，手带皮筒子，在河边椅子上二人坐着谈天，王金璐不胜其寒，边呵气边把手搓个不停。墨璎从皮筒中抽出一只手，留着给金璐伸进一手去，两手相触，霎时激出"电光石火"。所谓肌肤相亲，莫过于这一遭。他们3年来谈的话题少有家庭琐事，更少社会时事，从戏开头，由戏结尾，"戏"成了情话的基调，真成"戏恋"了。

老太太同意了这门亲事，女方的资助渐渐公开化。李二小姐常让梁妈给金璐送钱去，金璐则把大多数的钱留给收旧货为生的干爹干妈。过了一阵，金璐得寸进尺，开口要起皮袍来了，这可惹恼了墨璎："这么点年纪穿皮袍干什么？那是旧戏班里的爷儿们，哪还像学生？"她的接济有一条不变的原则：只给补营养，不给摆派头。有人道："王金璐加以功候，来日必有成就，然非虚心不可。"墨璎对他的骄纵绝对不会宽宥，哪怕只是露个头也不行。对于原则问题，平时温文恭顺的李墨璎是从不退让的，这似乎又与丁永利异曲同工。

老太太给山东的丈夫写去一信，通知女儿婚事。不出墨璎所料，父亲果然大发雷霆，责备母亲不该把女儿留在北平，声称只要还归他家的"李"姓，就得吹了这门亲事，说什么"吹了就算，不然脱离父女关系"。多年对妻女不负责任的父亲，此时却在强硬地维护家族的"声誉"。父命严厉几近绝情，墨璎本不抱幻想，但在父女恩断义绝之际也不免隐生几分伤感，但她认准了是决无反悔的，从此李墨璎的生活中再也没有这位生身父亲。舅父家也以"断交"作为"制裁"，连身为舅家少奶奶的亲姐姐也不敢再走动了。为了这门贫富悬殊的"不般配"的婚姻，墨璎已被族人和女家所不齿，身边除了早被冷落的母亲，不再有一个亲人。李墨璎为了自己不悔的选择付出了惨重的代价。有人说："剧情因一波三折而耐咀嚼，爱情因冲破荆棘而坚韧。"李墨璎的抗争就此在梨园界留下美谈。

用心血播下的种子，已到了收获的季节。1939年春夏之交，她终于走出了一锤定音的"收官"一步，她已然在有条不紊地衔泥筑巢。王金璐不用操半分心，对他来说，一切都是现成的。

四

1939年是金璐入校的第八个年头，侯玉兰3月份毕业更加重了他肩负的分量，幸好李玉茹后来居上，顶替侯玉兰与他结成了中华戏校新的"双子星座"。就在金璐、墨璎紧锣密鼓地准备婚事之时，又一新剧《鸳鸯泪》开排了。该剧原名《忠义侠》，是以小生为主的梆子戏，经翁先生之手改编成了戏校又一重头戏，戏中角色分配是：储金鹏的周仁、李玉茹的冯素蕙、王金璐的王四公、徐和才的杜文学和李玉芝的杜娘子。

翁先生讲本子采用了课堂讨论的新方式，让剧组成员各抒己见。大家边听本子边讨论，看来学生多少有了几分剧本分析能力，这些年的文化课总算没有白上，不再是"傻唱戏"的了。储金鹏、李玉茹和王金璐都能归结出《鸳鸯泪》的高潮有三处：一是刺杀未成，逼妻自刎；二是王四公屈打无辜；三是周仁不肯自辩含冤而殉。谁说学生无高见？为使几处高潮引出观众热泪，大家提出一定要把前边的戏垫好，把气蓄足将戏向着高潮推上去，真看不出学生还懂得蓄势养锋的道理。金璐深明此理，"责打周仁"一折如输光彩，全戏就有半截里由热变凉之虞，他为此精心琢磨了好几天，果然演出之日，这场戏被金璐、金鹏和玉芝演成了精彩的"三人转"。戏中王四公气势汹汹地抓住周仁，不容分说，举家伙劈头就打，周仁则连摔"抢背""屁股座子"。玉芝的杜娘子由下场门斜线急上，两次以身挡住周仁，质问王四公"是何道理？"王四公则目眦欲裂、义愤填膺地历数周仁卖友求荣的卑鄙行径。待玉芝道出杜娘子身份,【大丝鞭】锣声中王四公惊得凝住了神,一刹那水袖乱舞髯口乱甩,大叫"打鬼!"周仁按住伤处叹道:"好一个糊涂的老丈啊!"王四公托髯道:"老汉么,却是被你们闹糊涂了!"三人怀着不同心理互相用目光逼视,"圆场"中各出身段,"夺头"中同时亮相。王四公在真相渐明而未明之际难按余怒,依然频频杖打不息,周仁则咬牙不肯自辩……这段唱白相间,做"打"交错,十分有戏。王四公的身段全走衰派,是金璐按徽派老生风格所设计,一名大武生扮一个糟老头,把愤、恨、悔的眼神直贯棍尖,演得如此入神入目,弥足珍贵。直到20世纪80年代末翁偶虹先生还说:"演王四公没有一个超过王金璐的,他掌握的火候恰到好处。"

《鸳鸯泪》首演仍在广和楼,公演前夕票已售罄,戏中三处高潮处处反应强烈。在周仁示意妻子冯素蕙自刎前的一句唱:"劝娘子你快快……自刎一刀。"台下观众大半边以手帕拭泪边大声喝彩;错打完周仁,储金鹏饰的周仁又拖着伤腿瘸步下场,他以手指天地捂胸口不发一言,用"甩发"功夫表明心迹,座客叹息伤悲多有泣下沾襟者,金校长也多次以袖擦泪。《鸳鸯泪》引起轰动,广和、长安、哈尔飞、吉祥、广德楼上演之日,少长咸集,衣香鬓影,满坑满谷,中华戏校又打响了重重的一炮。

1939年9月1日,中华戏校建校9周年,毕业典礼和校友返校节一并举行。完成8年学业的王金璐领到了北平教育局颁发的毕业证书,从此他成了一名有学历的人。和霖、和曾毕业略早于金璐,白玉薇则稍迟几个月,大批"尖子"先后离校,剩下的台柱人物仅李玉茹一人。为使母校不致滑坡,王金璐应金校长之议毅然留校任教,以报学校栽培之恩。

五

婚书上与王金璐名字并肩而立的竟是"李墨璎",何年何月

"婴"字加了偏旁？令人不得而知，如今璐、璎对应，倒是夫唱妇随了。似乎此前不久报刊文章中"璎"字已见乍露，这或许出自哪一位记者先生的新创，只是往后陈陈相因，"璎"字一改便是一个花甲，李墨璎本人对此也是始料不及的。

憧憬即将化为现实，喜期进入倒计时，王金璐天天扳着手指算日子。对于李二小姐，待嫁的日子是憧憬幸福的日子，含情脉脉的眼神足以消融决定走进"围城"的最后悔意；待嫁的日子是忙碌而富有诗意的日子，快乐地衔泥，呢喃着筑巢，厮磨的恋人从此变成终身有靠的大树；待嫁的日子是少年梦幻驻足的日子，从此不再有独自一人在生活中的跋山涉水，两个人的未来将由两双手共同托起；待嫁的日子又是频频回首的日子，转瞬一切将全成过去，站在这道界线上，从此世上多了一个家庭。

一切婚事张罗归女方，找新房则由代表男方的金校长筹办。一顺百顺之下，找房也顺风顺水，结果找下了钟鼓寺五号的一套房子，房址地处椅子胡同背后，与学校仅一墙之隔。这是一明一暗加中四间的北房，胡同里闹中取静，二人都称满意。李门没男丁，招赘入府岂不省事，墨璎想得周到，虑及夫君婚后若惹人议论，会招来睥睨岳母家财之嫌，为丈夫名声计，才决定住外不住内。

因父亲不在北平，男方主婚人由伯父代任，婚礼规格远远超乎金璐预想。李老太太抛头露面当上女儿的主婚人，金校长则是当然的证婚人，男方介绍人是翁偶虹先生，女方介绍人为李兰田先生。一切均遵正宗婚礼的规范礼仪，伴郎是徐和才、延玉哲，担任彩车压车人的是袁金凯，迎亲人是学校四大主任——教导处张体道，训育处丁怡仲，实习处沈三玉，会计处胡玉生。王金璐好大的脸面，好大的谱儿。穷小子也有今天，人生 20 年，今天才算真正风光了一回。

李墨璎的新婚妆一派雍容华贵，她身披婚纱，三卷长发及腰，娉娉婷婷，仪态万方，身边两名同学当伴娘，身后两小傧相拉婚纱。

王金璐袍子马褂，两位伴郎俱是一样穿戴，加上压车的袁金凯，一起上门接新娘。

1939年9月，王金璐与李墨璎结婚照

婚宴分设两处，男方设在东安市场北口的森隆饭庄，女方设在真光剧场对面的东兴楼，两处近在咫尺。新娘坐上彩车先去东单、王府井绕上一圈，再折回王府井"森隆"主会场举行婚礼。是日学校老师几乎全数出席，马连良、丁永利、李洪春三位师尊一位不缺。两处同时开宴，没过多久，便一起集中到了森隆饭庄。

东安市场是王府井地界最繁华的所在，顾客行人摩肩接踵川流不息，其中不少是戏迷。森隆饭庄坐落在这一商场、饭庄、戏院密集之地，本就门庭若市，今日临街门口又写上了王金璐新婚志喜的贺词，其与通告何异。于是乎凑热闹赶份子的流动贺客鱼贯而入，一个个都喝起了喜酒。人和菜不断在往上续，最终竟多达五十余桌，这在当时也够排场豪华的了。马连良老师是回民，故特从邻近的东来顺叫来一桌清真宴，由金校长与当时已经大红大紫的师妹吴素秋陪同。

1939年9月10日，对王金璐而言，是具有人生转折意义的一天。在爱河里泛舟3年之后，一段佳话式的恋情终于拉上了帷幕。

第二节　拳拳之心

　　飘落无依的王金璐有了一枝之栖，在两个人的世界里，夫妻间相濡以沫，情意绸缪，平日絮话无尽，且偶有小游，好不怡然而悠然。温馨的基调，和美的旋律，天天都能奏出一曲甜甜蜜蜜有滋有味的乐章。

　　志存高远的王金璐没有游山玩水，没有沉醉在红罗帐的温香软玉里，萦于心怀的仍是几丈见方的舞台小天地。如今的他，懂得了鸦有反哺之孝，羊有跪乳之恩，在他内心深处，立下了有恩必报的宏誓大愿。他忘不了母校的栽培，忘不了岳母的玉成，忘不了师父的再造。从此，这一颗拳拳之心跟定了他10年、20年、30年……

一

　　王金璐作为中华戏校当时的第一台柱，他的去留直接关系到中华戏校目前红火局面能否得以延续。校方有意挽留，可又难以启齿，当助教薪俸低微，而按王金璐的实力，外出搭班定可卖个好价钱，他能舍高就低做出牺牲吗？还不知人家李二小姐持何态度呢？谁都明白有王金璐在，中华戏校盛势可保，眼下唯看校长金面了。

　　校长建议金璐留校助教一年，带教袁金凯、贺玉钦、米玉文、延玉哲等一批师弟；更多的是协助学校演出。说是协助，实为领衔，同时也可权宜行事，在外自由搭班。金校长的挽留不禁令他心血沸腾起来，没有母校，没有校长，哪有我王金璐的今天，校方的栽培之恩岂是一时报得了的，校长吩咐一声也就是了。深明大义的李墨璎出言更是痛快："学校下了大本，对你有厚恩，别说给钱，不给钱也得留下。"

　　中华戏校武生阵容本就不弱，袁金凯短打戏出色，他在后三科中的武生仅次于金璐；齐和昌、米玉文亦是丁先生所教；贺玉钦人称"小李盛斌"；张玉禅效法金璐路数；何金海肚里宽、会戏多，是不可多得的武戏辅佐良材。旦角里李玉茹扶摇直上，成了王金璐演对手戏的主要伙伴，瞧这位"笑坤伶"模样，台下笑窝双溢活力泛泛，台上一变而成愁眉泪眼、呜咽悲啼，别看她年纪轻轻，模拟小女儿家心态形貌倒是蛮成熟的。昔日丑小鸭，今朝白天鹅，今非昔比啦！

中华戏校仍是好戏连台，王金璐的《忠义臣》《走麦城》《战宛城》《平阳公主》等戏的号召力有增无减，他是一门心思在为母校立新功。他名为助教，实以学生自居，凡学校所派，角色从不计较。《凤双飞》贴演某日，本饰江夏县令的赵金年因故误场，情急之中，临时把王金璐推上台去，谁让他是"全能大将"呢。他紧急地钻起了"锅"，边背边演之下，仗着记性出众，总算应付下来。又如李玉茹贴《貂蝉》，还非派他的大嗓小生不可。他的吕布不仅在于"虎牢关"的武工，且在"小宴"中的文场也大有"一卖"，该场吕布突出一个"戏"字，不是一般武生所能问津的，王金璐照旧是中华戏校的大忙人。

翁先生新作迭出，未几又一新剧《美人鱼》落成。《美人鱼》故事取材于武侠小说《明清八侠》，乃摘取片段修缀而成：海寇伦贵福觊觎太阳庵主广慈师太留下的镇庵三宝，骗了继任主持妙华，使她既失身又失宝，后妙华会集同门探明真相，设计夺回三宝。她精通水性，有"美人鱼"之号，最终由她海中生擒伦贵福。戏中玉茹饰

1937年，《美人鱼》，王金璐饰伦贵福

妙华，金璐饰伦贵福，其余诸角，有张金梁的黑雪公主、赵金年的莫扶观、王玉芹的妙珠、袁金凯的云杰、储金鹏的吕元、王玉让的周浔、李金泉的云婆、周和桐的张兴德、贺玉钦的曹仁父、陈金彪的吕四娘、胡金涛的甘凤池。

阳历年底，《美人鱼》在广和楼首演，此戏新意盎然，给人以武舞兼备、服饰藻丽之感。光是新颖别致做工精巧的大靠就有李玉茹的彻银水靠和王金璐的龙盔龙甲等好几套。最后决战全用舞蹈处理，打法颇为奇特，如金泉的云婆，还有大耍棍花外带"摔踝子"的。"水战"一场，几乎把《落马湖》《英雄义》等水擒戏的套路都变通用上了。王金璐的凤尾岛寇伦贵福前文后武，"卖点"不少。与女尼调情时的风流蕴藉方寸有度，既不像游龙戏凤，也不似吕布戏貂蝉，其挑逗妙华非真情所使，实包藏着一颗旨在盗宝的祸心，此种境地，表情和心理把握殊为不易。及至追逐妙华出岛，与八侠齐打"一封书"，那种"帅"劲儿没说的了。末后入水潜逃，遇"美人鱼"时之水舞，腰腿利落而美帅，令人赏心悦目。翁先生称："王金璐不仅把海寇的凶狠狡黠，演来如鹰瞵鹗视，而假扮皇帝一局骗宝时之虚情假意，也能演出扇子小生的温存意境。"

二

王金璐的新居安在与学校毗邻的钟鼓寺，校内排戏的锣声清晰可闻。房东早知戏界有王金璐一号，月租35元，就是不肯落价，他怎知这位房客月薪仅15元。按规定每上1场戏补贴1元钱，即使每月登台20次，全部收入也不过缴清房租而已，金校长那里给予暗贴每月15元，这才解了燃眉之急。但要解决小两口日常生计，金璐尚无力应付，若无岳母做靠山，两口子对付了房租则揭不开锅。老太太的雪中送炭，令李墨璎就此得了一个"财神奶奶"的雅号，在外人眼里，王金璐根本不愁钱。

李墨璎年仅18，世情看得很透，唱戏可不容易，就是要饭的，也还得预备一个破瓦缸和一根打狗棒呢。这年头，衣帽年，出外闯码头搭班儿，穿好的就是个角儿，前后台都不敢怠慢你，要是没这一身穿戴，开"份儿"时，该给10元的，也只给开个5元，说一句现今的时髦话，少了"包装"寸步难行。高度自尊的李墨璎绝不会让丈夫在人前现眼，树有皮，人有脸，"行头"非置不可。造化不浅的王金璐总有幸福女神在为他赐福，岳母大人紧要关头再次伸出援手，在女儿婚后不久施出大手笔，竟把菜市口那边的一套私房卖了，筹备下一笔500元的巨款，资助女婿置办包括武生、老生、红生在内的全套戏装行头，这可是一座由几套院组成的大四合院的价钱。老太太送来的这份"陪嫁"好不豪华，做母亲的心疼女儿，兼及女婿，此恩此德，使王金璐暗暗立下重誓：有朝一日⋯⋯

"春风似旧花仍笑，人生岂得长年少。"古今中外，历来都是"收拾河山待少年"，所以岳少保才会发出"莫等闲白了少年头，空悲切"的感喟。李墨璎发誓要相夫立业，王金璐新婚第二天便开始了日复一日的"修炼"。在甜蜜的温柔日子里，两口子不知好好受用，兀自一个练功不辍，一个督功不休。少不惜时老来愁呀，李墨璎不肯有半点怀柔，她可以陪同丈夫外出小游，可以同意他串门访友，也可以做伴在城墙根下夜捕蛐蛐，但练功雷打不动。丈夫曾有一阵子加入了去景山练功的行列，后她得知他经常一个半天也没喊上几口，手脚根本就没活动开，时间全打在"花胡哨"上，不禁嗔怪起夫君脑子里短了根弦。金璐自知理亏，知错即改，从此练功换了一个"单打独斗"的所在。如丈夫在无所事事中排遣时光，她就会催着："你要有这闲工夫，不会跟丁先生多学几出戏？"说来也让人难以置信，王金璐新婚的一年，吃大苦受大累反胜过往年。

李墨璎心目中的尊严是人格的尊严，她不愿看到自己的丈夫成为一个自甘卑贱伧俗混世之人，故对金璐的形象看得很重。平时不让他穿着不整的衣冠、带着不曾修饰的边幅出门，也不让在家里明处挂把子⋯⋯她时时顾全丈夫的体面和名声，细心到了十二分。余叔岩有一住屋名"三与楼",意为"与人无争、与世无忤,与善人交",李墨璎处世原则正同此"三与"契合,她力促丈夫走进文化人的圈子中去受熏受教,企盼若干年后丈夫的内涵、境界登上一个较高的品位层次。她对中华戏校有一层特殊的好感,就是与那里文化氛围和学术空气十分浓郁有关,学校文化课聘有华粹深、吴晓铃、徐凌霄、陈墨香、翁偶虹等教授级的大名家;"戏曲改良委员会"群贤毕至,金仲荪、焦菊隐、齐如山、张伯驹等名士均在其中。丈夫既同不少大牌名师有过交往接触,如今何不轻车熟路拉紧这张师生网呢?金璐文化功底的先天不足,戏界狭小天地里的孤陋寡闻,对戏情戏理理解上的距离,对艺术品位认识上的欠缺,还有气质涵养方面的低水平,无一不是登攀艺坛高层次的障碍,为今之计全得凭后天调养了。丈夫需要契机,需要环境,需要熏陶,李墨璎一下抓准了丈夫的病根。

　　婚后的王金璐变化不谓不大,暴烈的角儿脾气一下回归到了常态,性情也温文尔雅了,见人说话总是笑嘻嘻地一抱拳,透着和蔼平易。他不沾烟酒嗜好,个人生活全然有序,友人见面一概文明交谈,嘴里不出贫俗之词,穿着打扮学着知识分子样,变得一派斯文不冒"土气",也不带戏班味儿。他向往水墨丹青之雅,在校曾自学隶书,婚前3天,还应邀为《戏剧报》题写报头,二十不到,即以书法示人。墨璎为他特订制一套笔砚,上写"艺人不读书,偏爱触墨宝"十个字,自我调侃中蕴含着激励。婚后半年,金璐和傅德威合作题写的扇面发表了,左边"乐天知命",由傅师兄题,右边"居敬导和",由金璐所题。丈夫有此雅好,妻子自然勉励有加。

　　在王金璐眼里,妻子是温柔的、贤惠的。她为夫君定下一张作息时间表:清晨4点半起床练功喊嗓,7点30分用早点,8点去学校上班,12点回家吃饭。如"东广"有日戏,下午6点散戏回家,夫妻间问长问短诸种慰劳,共餐共饮,其乐融融。逢"东广"无戏,双双或游北海,或逛景山,或菊花赛会赏菊作雅人雅兴之举,或弥勒院参经，一派悠闲怡然……

在王金璐眼里，妻子又是厉害的，有心胸的。常听她说起，当一个唱戏的不容易，没有出家当和尚的决心，成不了好角。"吃不穷，穿不穷，谋划不到必受穷。"她仪表出众，却不热衷夫人外交，平时很少抛头露面，看戏专坐后排，有事也不去后台，散戏独自一人回家。不过她有一定之规，丈夫外出时她可以不随同，但不让去可不行，上戏园子也一样道理，她绝不会屈从于"大男子主义"。丈夫忠厚笃诚，可封建意识相当浓重，初去岳母家时，人力车各坐一辆。新婚那年，妻子随行外出，少不了要梳妆一番，上了妆的墨璎出奇的漂亮，尤其难得的是那副秀外慧中的气质，他不让戴耳环的妻子回头看，耳坠子两边前后晃荡，他认为这是小家子气，这种场合他只许妻子看自己的脚，这不知是哪门子规矩？东安市场一家照相馆有一张李墨璎婚后新式生活照，王金璐见了直生闷气，他不愿妻子的娇容公示于众。更妙的是有一天带着妻子去治病，一听大夫要检查，二话不说，拉起妻子拔脚就走。这等小事虽说可笑，丈夫至爱可见，妻子也就顺从了。

在王金璐眼里，妻子还是一个莫测高深的"精灵"。年纪不大，却多警心铭世之语。小两口逗趣之时，妻子点了他一句："你心里想什么，我全知道。"她的预言偏又大多灵验，总有几分神乎其神的味道，怎么她老是未卜先知呢？偌大的一套房子只住着两口子和梁妈，空空旷旷的，里边还出了个"精灵"，莫非她真是《聊斋》里的人物不成？

三

丁先生平时话不太多，就在金璐毕业前夕的一天，丁先生与他做过一次振聋发聩的长谈。

那天偶尔无戏，午饭前丁师把金璐叫住，狠狠地吸了两大口烟，还没把话说出来，金璐一琢磨便知今天师父有要紧话。他瞟了师父一眼，见老人家的脸色较往日更严肃了几分，丁师一指椅子示意他坐下，开口第一句便是："小子，快毕业了，你打算怎么着？"金璐回答："唱戏呀！我可得先结了婚，要不……"丁师一摆手："我知道，不结婚，你连住处都没有。"他接着又说："孩子，你家是外行，又什么都不趁，这老戏班里你没人，可不易混好了呀！"那时的金璐对梨园道上多荆棘知之甚少，他不解地问："什么叫没人哪？"这话一下就把丁永利惹恼了，气得他跺脚发狠："你连有人没人都不懂，还想混饭吃。"金璐连忙央告："您别生气，我不知道。"丁先生略停了一会儿，这才徐徐道来："戏班这行，外界都瞧不起咱们，外行的闺女也多不愿意跟咱们唱戏的，所以大部分尽是行内结亲，慢慢地祖祖辈辈全成了环套环的亲戚了。父一辈子一辈都干这行，搭班唱戏全有照应，你行吗？唱戏的里边谁是你亲戚？"王金璐听到这里方才明白。丁师把大烟袋锅里的烟灰往鞋底上磕了几下，又装上一锅，点着后吸了一大口，一边喷着烟，一边接着往下说："父一辈子一辈，就是爸爸唱戏，儿子也唱戏，以至孙子还唱戏，像谭老板，儿子谭小培，孙子谭富英都唱戏。拿我们武生行说吧，杨小楼女婿刘砚芳，外孙子刘宗杨，高庆奎儿子高盛麟，徐元珊是徐兰沅的儿子，杨盛春成了谭家门婿又进了谭家的班，李少春的父亲是李桂春，李万春的父亲是李永利，张云溪的父亲是张德俊，王又宸是谭家女婿，他班里武生是他儿子王士英，这就是父一辈子一辈，这就叫有人。人家学成出科，唱戏家里是内行，懂得怎么抄近，出哪门进哪门都错不了，这些都是武生，你家有谁？人家班子里都是亲戚，你进得去吗？就拿我自己说，开头若没有你师爷爷给打好底，我也不好混哪！"一席话，如醍醐灌顶，金璐突然从浑然不觉的状态中悚然有悟。

王金璐低头寻思，旋即昂首表态："我就不信比不过人家！"见徒儿信誓旦旦，丁永利觉得话还没说透，便紧着往下说："我问你，一个没人没钱的要跟梨园这些人争，凭着什么？小子，台上你唱得比人家高一点儿可不行,要比人家高一大块才有你的戏饭吃。嘴里光说不怕苦,拼一阵不行!"丁师说着站起身来,瞪眼注视着徒儿,金璐跟着也站了起来,"您只要带着我,不用说苦,拼了命也得争这个高一大块儿,要不然我不如改行"。丁师见徒弟言语铿锵,就毅然决然地说:"好,就这么办,我给你张罗,你一毕业,咱爷儿俩就干。要是有一时半时不顺心,可千万不能泄气。听我的,有能耐,有德行,好好唱,早晚得成了,像河漂子一冒头可不行!"说完话,转身就离去了,把徒弟丢在一边让他独个儿去咂滋味。

1938年,王金璐与恩师丁永利合影

自那日师徒对话,丁先生音犹在耳,逾月不息。此后丁师又告诉他:"你看,斗子(尚长春的乳名)出科了,入了他爸爸的班,管事、行头一切现成。""钟鸣歧成了程砚秋侄婿,进秋声社担了当家武生;梁慧超成了经励科陈幸勤的门婿;连傅德威也不得不和经励科佟瑞三搭上了关系。怎么样?我没说错吧,这一行不这么着没法混哪!"听丁先生一再念叨这档子事,他的心里可益发的警钟长鸣了。丁先生说到做到,为全力扶持金璐,丁师辞去了他在北平各戏班的全部事务,专一地为徒弟担任管事,举凡演出合同、戏码、包银由丁先生全权处理。师徒俩,一个边当管事边教戏,一个边当助教边学戏,两人一诺千金,开始了他们永久性的合作。只要是大璐的事儿,丁永利干的全是掏心窝子的活儿。在后来的岁月里,爷儿俩可以说从未分过手。

丁先生明知不少人对他的脾气发怵,可老爷子坚持自己的道理:"我不哄孩子!"要学就得一丝不苟,如有胡乱造魔的他便骂个不休,那些颇有名声的徒弟大多在他的骂声中溜了,忠于"传道"的丁先生无疑断了自己的"俸禄"。老爷子家庭负担可不轻,丁师母辞世早,留下一子二女,没奈何请来一位姨姐带教孩子。于是一家五口的生计全落在丁师一人肩上。教戏收入的锐减,师父的日子过得艰难起来,王金璐看在眼里心有所动:只要徒弟站住了,奉养师父责无旁贷。他索性把话说直了:"我是您骂大的,今后不论发生什么事,您别想把我骂走,我反正是跟定您了。"毕业的日子里他依然对老师恭逾子侄,敬事如父,每次演出必让师父在"脑门钱"里拿最多的一份,再从本人戏份儿里拿出半数奉归师尊,克尽弟子之道。

有妻如是,有师如是,王金璐莫大之幸;有伯乐校长如是,有开明岳母如是,亦王金璐莫大造化。人非草木,何况王金璐天性良善,今生今世他胸中将怀着一颗弥久不变的拳拳之心。

四

王金璐一边当着助教,一边在酝酿着组班,可金校长另有一番考虑,他一心想通过毕业生中尖子学生的联袂合作再振中华戏校的声威。宋德珠已然组班"颖光社",开武旦挑班风气之先,但他一系列与武生的对儿戏常成"瘸子"一头软,他太需要金璐师弟的加盟了,为此金校长竭力主张金璐搭班"颖光"。关于组班事宜,虽李洪春先生摩拳擦掌愿助徒弟一臂之力,但丁先生似有重忧,对组班热情不高。李墨璎见丁师决心难下,就劝丈夫暂时歇搁以俟后举。金校长既开"金口",何况"小千岁"和"干殿下"的重新合作也是母校事业的一种延续,王金璐承诺得很是干脆。

第一次搭班"颖光"时演于庆乐戏院,贴《翠屏山》《青石山》双出。王金璐一出黄派,一出杨派;一出舞小刀,一出挥大刀,倒也有趣。《翠屏山》中他扮石秀，头场唱到"我一见潘家女就把牙咬"，潘老丈应答的原词该是"石伙计你别生气，我问问她去"，可那天的这位"潘老丈"却临场改词，"石伙计，你又怎么了？"金璐一怔，问话不对呀！不说吧，台下以为自己忘词；说吧，又接不上话。幸好他还沉着，定了定神后慢叫一声"老丈"，然后一把揪住他的手腕，走出两步，改说："令爱待我不如当初，故而如此。"然后再由"潘老丈"接念下去……戏刚下，就听丁先生在后台大骂："阴我们！你想砸我们饭碗啊！也不瞧瞧他师父是谁！"对方赶紧忙不迭地赔礼："大爷，大爷，我哪儿能阴大兄弟呀！"金璐和善，不愿交恶，心理上则留下了一层阴影，戏班这口饭不易混，备不住时时有人会"欺生"，非得处处小心才是。

1940年4月王金璐正式搭入"颖光"，因二牌老生用了迟世恭，故金璐由原双头牌改为"特别牌"。戏码安排依然是宋、王二人最为吃重，戏迷也全冲着"千岁""殿下"而来，特别是宋、王二位璧合的对手戏《湘江会》《平阳公主》《夺太仓》《巴骆和》《青石山》等大受欢迎，这种挂牌与戏码轻重颠倒的现象在颖光社是司空见惯的。

1937年，《翠屏山》，王金璐（右）饰石秀，合演者为宋德珠（中）和关德咸（左）

由于金璐的加盟，颖光社日益红火，天津方面来邀，宋、王仍以"双头牌"出台。这是金璐毕业后首次闯津门，过去留下的红底子属于一去不复返的童伶时代，现今搭班唱戏一切从头开始。常听人说，天津打不红，北平也难立足，正因此去非同小可，惊动了丁、李二位师父，于是一齐开拔，双双"保驾"，特为徒儿去牢牢地把住场子压住阵脚。结果此次演出非常红火，一炮打响。

俗话说："父母之恩，水不能溺，火不能灭。"声誉鹊起的王金璐不因岁月消逝家有妻儿而稍减桑梓之情。他忘不了幼年曾发下的重誓，只要混得出个人样儿来，一定不让父亲再为有钱人家当下人。如今事业和家业两兼，当然毫不犹豫地把在关东帮厨谋生的父亲接回了北平。

幸运一再眷顾王金璐。甜蜜的爱情酿成了结晶，当年7月，一个新的生命为王金璐这个美满家庭增添了新的欢乐，他当爸爸了，尽管自己还活像个大孩子。儿子生肖属龙，金校长给取名"展云"，含龙吟云端之意。"有儿万事足"，这话说到了初为父母者的心坎上，概括了他们全部的心理满足。

1940年11月17日，金校长突然召开全校教职工大会，以资金不足为由，宣布停办戏校，请大家自谋出路。这一消息不啻晴天霹雳，一下把大家击晕了。金校长那段简短的话颇堪玩味，他再也不肯细说，只是两眼透出充满无奈、使人心碎的目光。谁能料到，中华戏校竟会在如火如荼的时候终止了她的历史，画上了遗憾的句号。金璐等日后方知散校真实缘由是日伪当局对学校觊觎已久，学校同人不肯屈从于汉奸淫威而为虎作伥，故一筹莫展之下唯有解散，以示民族气节。

自1930年6月至1940年11月，中华戏校全部校史为10年5个月，校龄不长，却在中国京剧史上留下了光辉的一页。她以新型的办学模式，先进的办学思想培养出近三百名戏曲新人，并为戏曲改革事业做出了大胆而成功的实践，王金璐无疑是其中最大的受惠者之一。60年后，他仍对母校耿耿然而不能忘情，追忆大半个世纪前那八年戏校生活，王金璐感慨万千："8年所学，我终身受用。"

天下盛筵无不散，王金璐失去了学校的依托，从此开始了他百分之百的搭班生涯。

第三节 "中华"弟子下江南

一

中华戏校人去楼空，学生无枝可栖，只得"飞鸟各投林"。群龙无首之时，恰好李玉茹筹备组班事宜，李母请出翁先生协助，同时又邀丁先生任武管事，并约华乐戏院经理万子和兼经励科，于是中华戏校不少同学望风而归，一个以中华戏校子弟为基本阵容的新班就此诞生，金校长还特为之定名"如意社"。

如意社在北平的打炮戏是新编翁剧《琥珀珠》，此戏有几处"卖点"，李玉茹、王金璐、储金鹏均能胜任愉快。11月下旬首演长安戏院，连满数场，但时入冬令后上座见跌，不如预想。吉人自有天相，"如意社"正在"呛水"，驶来了一艘"救生艇"，一股来自南方的海风吹来，如意社真如意了。原来上海黄金大戏院掌权的"五虎将"早闻中华戏校之名，有意相邀，只因戏校学生难卖高价，故未敢轻动，今见如意社组班，中华戏校高才生云集，其中李玉茹、王金璐几位童伶大角奇货可居，正好让上海人尝新。黄金大戏院邀角人找万子和洽谈，开出条件十分优厚，佳音传至如意社，众人雀跃。双方约定腊月二十三启程，新正初一登台。

如意社少一员嗓佳善唱的老生，南下之行，老生疲软其害莫大，故万子和把票友下海的唱工老生纪英甫推荐来社。纪英甫有一条高亮嗓子，学的大多唱工戏，正好补缺。但黄金大戏院要的是清一色中华戏校毕业生，经大家商议决定，纪英甫改名"纪玉良"，权当中华戏校的一员。纪玉良在玉茹、金璐之后挂三牌，往下则由金鹏、金泉、玉让、金梁等鳞次排序。上海实行包银制，玉茹1000、金璐8000、玉良3000、金鹏800、翁先生2500，另付丁先生200元为武管事酬金，一切就绪，百事圆满。

"七·七"事变后，日寇铁蹄无情地踏在北平古城的胸脯上，市面很是萧条，弦歌之乐自然不景。许多人演不成戏，纷纷南下，那些站稳地盘的大角儿也把目光投向上海。常听人说，上海是块风水宝地，站住了，名利双收。又听人言，要成全国性大角儿，只红平津是不够的，必须在上海打红，身价才能上得更高。从谭鑫培、杨小楼、余叔岩到四大名旦、四大老生，凡梨园名伶，大多都在上海潇洒地走过几回。同代人中李万春、叶盛章、李盛藻、吴素秋、童芷苓……俱从黄浦江边带回了耀眼的光华和不菲的包银。即使二三路角儿，如在申江混得得法，回来同样长"份儿"，上海这地方确实诱人哪！

人们传闻中的上海滩遍地是黄金，指的无非是黄浦滩头机会多。梅先生在北平每周轮上演出二三场，开支大，维持而已。谭富英北平演出每场收入不到一百，在上海有望上千，演完一期足可坐享半年。通常天津包银两倍于北平，上海包银再翻上一番不止，这对北方伶人构成了一种挡不住的诱惑。大上海这幅绚丽迷人的美景，把如意社同人那颗早已神往的心撩拨得狂跳不已，他们整天憧憬着南下马到成功，对上海滩唱戏的风险，则不甚了了。

王金璐对于南方京剧，他多少略有所知。丁、李二师加上翁先生闲时没少神聊梨园掌故、皮黄史话，也常涉及南边"外江"。听得多了，他脑子里自然也有了一幅百余年来南方京剧的历史长卷。那里有着京剧天地的另一半，打从京戏传至江南，喝了黄浦江水，久而久之自成馨逸，由附庸而成大邦，渐而形成了一种与北派对峙的地域性大流派。

南派武生的代表人物首推李春来，他擅长短打，讲究技巧，与北方俞菊笙、黄月山并称第一代武生三大派。南派武生名家多，自李春来以下，有何月山、盖叫天、高福安、李兰亭等，不少主工老生的均有一身上好的武生功底，20世纪二三十年代大红于沪上的四块大牌麒麟童、李桂春、林树森、赵如泉，其武生戏造诣均非同一般。有谚言曰："出处不如聚处。"名伶多出于北平，次为秦晋，再次为苏昆，而海上袍笏登场者其人皆自他方来，故上海虽非名伶产生之地，实为名伶荟萃之区。

二

如意社浩浩荡荡地启程了。初为人母的李墨璎对丈夫叮咛谆谆，但愿夫君莫负春光，在上海唱好一曲迎春开篇。金璐引以为自豪的是南下的"装备"，那可是百分之百的私人行头，自己凭此亦不会让人小看。至于此去赔与赚，他不犯此愁，因行前手头已然净得包银8000，除部分留作家用，又添置了一身豪华冬装，从头到脚几乎全是皮的，这一身包装想必不致输给上海人。初时他心里不免嘀咕，自己的玩意儿到底能不能得到上海人的认可，但不久他便说服了自己：有丁先牛在此百无禁忌，怕从何来？黄金大戏院老板既点名邀我，想必掂量过，他们可不是吃素的，我要是站不住，3000里外跑来找我干吗？

火车途中需经两天两夜，到浦口还须换摆渡，一等便是两三个小时。车站气氛让人窒息，日本人端坐椅中，说话的全是那帮干伪事的走狗，进站须行礼赔笑脸，亡国奴的待遇同北边没什么两样。平津一带奴役政策此处亦随处可见，动辄搜身，国格人格沦丧殆尽，助纣为虐的狗腿子多如牛毛，稍一反抗便会被扣上赤色帽子。平民百姓见了日伪，无不裂眦激愤，淫威之下唯有敢怒而不敢言。大伙生怕金璐等几个烈性汉子一时按捺不住会捅娄子，忙簇拥而走，好汉不吃眼前亏，能忍则忍吧。

火车停止了它的呼啸，缓缓地开进了上海站。出站后，人人露出猎奇而惊讶的目光，东张西望，眼不够用了，不知周围看什么好。王金璐在校坐惯了大汽车，他习惯性地在寻觅接站的大客车，谁知主人把他一个劲儿地往小汽车里请，他不由得愣住了，忘了自己是"黄金"方面约来的角儿了。他独坐车中好不拘谨，真不知和陪同人作何应对，干脆把双眼转向车窗以外，浏览起了上海市容。小车风驰电掣般地向闹市中心驶去，扑入眼帘的是川流不息的人和车，耳际一片喧闹声，从宁静的古都一下来到嚣腾的上海，似乎天地全变了。本来嘛，上海就是另外一方世界。

　　小车停靠在黄金荣"老公馆"门口，此处原是黄金荣的私宅，现已改为专门接待南来黄金大戏院的"北角"的地方。公馆离黄金戏院不远，也分等级安排住房，王金璐是角儿，一人独居一室，他反觉不自在，便请丁、翁二位先生同住，也可随时向二位讨教。除去丁、翁二位，如意社百分之百少壮派，男性成员几乎清一色北方"老头"打扮。金璐头戴水獭帽，身穿水獭皮大衣，脚下蹬一双"老头乐"，这在北平够阔气，到上海却显一派老气，原想借新装长"份儿"，谁知竟花钱买寒碜了。

　　"黄金"方面摆宴接风，戏院的接待无可挑剔，这一手瞒不过老于世面的丁先生，东道主无非要看如意社的苗头，让大伙多多卖力气。及至赴宴的大饭店，大武生脚底下没根了，一迈步便是一个屁股座子，赶紧站起，又来一个梅开二度。打蜡地板光闪闪的成了溜冰场，大厅上此起彼落，一大群人摔得好不热闹，一个个吓得不敢跨步，真"露怯"到了家。没辙了，只好两两结对互相揪着走，但也不免一人跌滑一人株连。这顿饭非常气派，也相当可口，可就是吃得费劲，场面话和礼节话太多，叫人应接不暇，一顿盛宴，王金璐破天荒没吃饱。

　　第二天有人提议换装，一身非皮即棉的实在受不了，见上海人穿的夹大衣既洒脱又实惠，大伙群起仿效，一下全上了街。"老头乐"棉鞋装进了行李包，个个换上了上海式样的翻口式棉鞋，还没登台，如意社已是人人二度"装潢"。

暮霭已在四周飘浮，室内的一切变得半暗半明。王金璐早闻夜上海之艳名，俟到了华灯初上时分便信步出门，向人声喧嚣的场所走去，向色彩斑斓的地方走去。他车马劳顿，丝毫不带风尘之色，他以十二分的好奇开始了对大上海的观光。街上亮起了霓虹灯，举眼望去，大酒家、大旅社、大商厦、大影院、大马路、大舞厅……什么都大；洋车、洋楼、洋货、洋装、洋人……处处是"洋"；大街两边鳞次栉比的商店灯火通明，货架上琳琅满目，没见过的东西太多太多……最离奇的是掌灯时分的一大景观，大队"青楼群芳"在夜幕初垂之时齐集在大街两边商店檐下作集体亮相，虽说身世让人怜，但那恶形恶状的淫荡之相，见了犹令人作三日呕。金璐阅历尚浅，他焉知这一切全是上海孤岛时期的畸形繁荣。

在大马路大新公司方圆二三里内，他见到的大戏院真不少。北边除北平的新新大戏院和天津的中国大戏院尚可与上海戏院一争高下外，余皆远为不及。就在这小小的一块地盘上，千人以上的场子多达九家。听东道主介绍，"黄金"原是1930年黄金荣盖的新楼，后来又花巨款改建成一座影剧院，专以北来名角名班相号召，北来名角大多在黄金大戏院亮过相。上海老板的精明是出了名的，戏院的广告很舍得投入，通常在报上占有很大版面，排版充满巧思，颇有一套学问。戏院门口霓虹灯赫然入目，广告文字弹眼落睛，头衔之上加头衔，一个更比一个高。最有直观效果的，是在黄金大戏院大门两侧，分立着两尊同真人一般大小的全身广告画像，左侧是李玉茹的《铁弓缘》，右侧是王金璐的《连环套》，周围全是小灯泡，镶成霓虹灯的边框，别提有多醒目了。登台之日将近，上海《申报》撰文捧场，称"李玉茹一副面孔，能如镜照八面，各具声容，七情表演，明透如画，作剧之真，纤毫必到……一切花旦剧，不啻留香拓本；而青衫唱工尤具吐珠之喉，漱玉之齿；武工刀马，则彩凤双

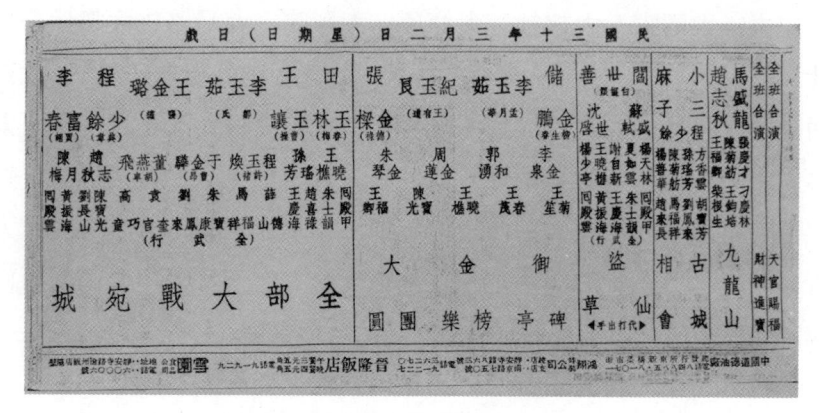

翼，无异天生……"，溢美到了无以复加的程度。此文同时又大捧王金璐为"戏校中富于天才发展者……第一当推王金璐。金璐工文武须生兼武生，而武生中又兼黄、杨两派，无不模拟酷似，一时小杨小楼、小黄月山之誉，同萃一身。最近复致力于红生剧……一鸣惊人。武生中之翘楚也"。金璐、玉茹一时被上海报界捧成了金童玉女。

1944年，王金璐与李玉茹挂双头牌戏单

上海老板更有一手"底包制"的高招。戏院常年聘下会戏多且有名望的演员作为基本阵容，他们约角不必以整个班、社为单位，只需邀一个演出小组即可。底包中高人甚多，南来北角不敢小觑，同台奏艺之时，身处"底包"的包围夹击，也不敢不尽力。"黄金"的"底包"十分耀眼，有芙蓉草（赵桐珊）、苗胜春、李吉来、刘斌昆、韩金奎，还有裘盛戎和阎世善等，实力可观。"底包制"已成上海地方特色，金少山、李永利、孙毓堃、俞振飞、魏莲芳、高盛麟、袁世海等皆有此经历，连南方海派旗手麒麟童20世纪20年代也有天蟾舞台"坐包"的记录。

出门跑码头，拜客是少不了的，王金璐跟着戏院经理一连拜访好多家，"黄金八仙"中的赵桐珊（芙蓉草）和苗胜春二位那是非去拜会不可的。这两尊"菩萨"若能伸出援手，大功必成。

芙蓉草，人称"上海王瑶卿"，声名几与四大名旦相当，少年挑班时也曾驰誉南北，他自认青衣不如梅芳、秋艳，花旦逊于翠花、牡丹，便毅然由"正"转"副"，渐成"二旦"之王。凡得芙蓉草为配，有如王瑶卿先生所说："多冷的戏也能让他唱热了。"老板认定奇货可居，便邀他长期坐班，芙蓉草由此一变而为"上海牌"。当丁先生把金璐领到芙蓉草跟前，王金璐怎么也不能相信眼前这个又干又瘦、面目清癯的小老头竟是大名鼎鼎的芙蓉草。幸好芙蓉草发话了："小子，大胆上，你放心得了！"

苗胜春，同属"能派"高手之一，戏路之广令人咋舌。他受三麻子赏识，收为义子，曾随同演艺二十余年，颇得实授，一时成了众名伶争相罗致的辅弼奇才。论资排辈，苗二爷当为王金璐师伯。由于行当关系，他对苗二爷兴趣更浓，苗可称得南北派的交汇，他武生戏宗黄月山、李吉瑞；武生勾脸戏宗尚和玉；老头儿戏则融合南边沈韵秋、北路黄月山两家；文老生戏唱念做表兼收潘月樵、汪笑侬之长；武丑戏演胡理、朱光祖均称画虎画骨之作；文丑戏以《扫秦》之疯僧唱大轴，在"绿叶"天地里自有其无与伦比的优势；同这等超级"杂拌"相比，王金璐望尘莫及，他的确打从心底里服膺。

"打炮"已近，王金璐尚有一道心理障碍未消，黄金大戏院台大，金璐心里发怵，头天炮戏有《挑滑车》，这起霸怎么办？丁先生看出他走台时已在心犯嘀咕，说道："不就是台大，起霸三步到不了吗？你别管这个，回去再说，不要在外面露怯。"丁先生不让徒弟当着上海东道主的面灭了自己威风，而是在老公馆关起门来面授机宜。丁先生锦囊妙计就是多："杨老板起霸三步到台口，他脚底下第一、三步都带趋步，北平台上他趋步放不开，现在大台上走，你放大趋步不全结了。""稍过台的中线，再走上垫步，不就把台走全了？"嘿，妙呀！王金璐茅塞大开，顿悟中药到心病除，丁先生此时又重重地甩下一句："你自己明白就行了！"

黄金大戏院的"五虎将"威名远扬，个个了得，全是行家里手，要在"五虎将"眼底下过，才算在上海滩站住脚。丁先生不信这邪，紧给徒儿打气："管他几虎呢，有本事的保管无事。"

大年初一首日炮戏已定，他将主演《挑滑车》，要是在北平断不会新正之日唱死人，金璐难免心中打鼓，丁先生再次拿出驱魔怯邪的精神："干咱们这行的不计较这些，已然答应人家，即使你亲爸爸死了，也得穿红戴绿的上台去，人要有信用。"

丁先生这条"强龙"就是不怕"地头蛇"，他每句话都是响当当的："别怕，他演他的，咱演咱的，欺不着你！"丁师要言不烦，切中肯綮，可谓一言点迷津。

三

正月初一日戏，如意社首场打炮。几天前炮戏的票早已预售一空，当天早早拉上了铁门。"黄金"班底先唱过3出吉祥戏，接着是纪玉良、裘盛戎的《捉放曹》，待王金璐压轴戏《挑滑车》响锣前，芙蓉草、苗胜春二位前辈左右台侧一边站一位，正为他在把场呢。丁先生真好大的金面。金璐一出台竟获一个碰头好，当他稳稳地把腿上抬时，支柱腿紧丝不动，全身一丝不晃，芙蓉草、苗二爷等人台下台上全都喝起彩来。三抬腿、三跨步加上三趋步，直抵台口，一个英姿勃发的亮相立即赢得了又一阵肥彩。邀角人马治中才看了起霸就直奔后台，对丁先生一个劲儿地道贺："行啦！光这腿就成了！"丁师微微含笑，淡淡地应了一句："这好的还在后头呢！"

第一场"闹帐"，王金璐有层次有分寸地展现出高宠急遽变化的内心世界，起先思绪平稳，渐而心头躁动，最后激动难抑，以致一股忠烈报国的豪情如山洪暴发冲决而出。这段戏豪情满怀、熨帖细腻，一下把台下人的神给抓住了。戏接着往下演，"观阵"曲牌唱起，满宫满调，全是杨派字韵，整套走边见棱见角，一如杨小楼的廓影。观者精神大振，不由得啧啧称奇，这个"小杨派"哪来这么好的身手？"大战""挑车"把全戏推向高潮，此时的金璐已然全部放开，场内不时彩声大作，一派红火。后台经理韩金奎兴高采烈："《挑滑车》成了！"丁先生独自抽着大烟袋一声不吭，这几下打炮效果本就在他的预料之中。日戏大轴为李玉茹、储金鹏、张金梁的《鸿鸾天禧》，首演之日用这出吉庆戏送客，预示着如意社新春佳节必将称心如意。

首日夜戏，金璐唱压轴《夜奔》。此戏极易唱瘟，常会落一个吃力不讨好的尴尬，敢于首日上这出，黄金大戏院方面看不透。这小子白天《挑滑车》煞是精彩，好在那是一出热戏，《夜奔》太冷，居然当炮戏唱，难道吃了豹子胆啦！丁先生还是不言不语，没有金刚钻敢揽瓷器活？嘿，瞧着吧！金璐此戏按杨小楼大《夜奔》路子，上徐宁、王伦，也上杜迁、宋万，按原昆本《夜奔》全套"新、步、折、江（曲牌名）"的结构穿插场子，构成情节，戏火炽而丰满，与昆弋社王益友、侯永奎的小《夜奔》各异其趣。《夜奔》无分大小，全套昆曲牌子要在繁复多姿的舞蹈中神完气足地唱下来，不洒汤，不漏水，就是功夫。王金璐载歌载舞，一如《挑滑车》"观阵"之轻松自如。只见他抬头之际飞起一脚直点额头，光是腿功，先已技惊四座。这出戏当然又唱热了。看热闹的多在欣赏他那"比手还利索"的腿功；瞧门道的则被他那精气神十足的不俗唱工和悲愤、惶急兼而有之的目光神态所吸引，更为他所学杨小楼的那套与徐宁交手的"剑枪"把子叫好。北来武生不少来沪皆有《夜奔》，但少壮武生中能在上海把这戏唱红的只有李万春和王金璐。难怪"黄金"韩经理命儿子韩云峰随丁、王师徒学起了《夜奔》，上海戏曲学校也让高才生之一刘正裔以《夜奔》一戏求教于丁、王两位先生。

"黄金"方面底包演员总动员，芙蓉草、苗胜春、小三麻子、阎世善、刘斌昆、韩金奎、裘盛戎、粉菊花、马盛龙、李克昌、苏盛轼、沈世启、李富春、盖三省等全梁上坝。初一至初七每天日夜两场，李玉茹连贴《辛安驿》《花田八错》《四郎探母》《大英杰烈》

《棋盘山》《拾玉镯·法门寺》《玉狮坠》《孔雀东南飞》《穆桂英》《花舫缘》等，戏码丰足，程派、荀派外加王派。王金璐则连贴杨派名剧《长坂坡》《铁笼山》《连环套》《恶虎村》《八大锤》《艳阳楼》《霸王庄》，还露了黄派戏《百凉楼》和《夺太仓》。如意社给"黄金"带来了好收成，前五天的营利已把邀角包银全数收回。依约定的演期按36天计，后30天净是老板的纯收入，"铁算盘"之精，就是丁先生也开了眼界。

王金璐开局走势大好，就看"中盘"怎么走了。丁先生的提醒此时又回萦在他的耳畔："难得，上海滩真捧你呀，你得撑住了呀！"

《长坂坡》上演了，此乃杨派武生必贴之戏，因玉茹有大轴在后，故糜夫人一角特烦芙蓉草担纲。相传杨小楼当年，演糜夫人出色当行的大多为一等一的名角，陈德霖、王瑶卿、梅兰芳、尚小云、朱琴心、芙蓉草、魏莲芳等名伶皆以糜夫人一角享誉南北。因芙蓉草与李洪春是金兰之交，故金璐口称"二叔"，他似乎心里不太有底，便称："二叔，你兜着我啊！尤其是抓帔。"赵爷笑道："小子，你放心得了。"不见不知道，见了方领教，赵爷在《长坂坡》中给王金璐上了一课：正宗的糜夫人是什么样儿的。

台上演到"抓帔"，赵先生用手向左一指，同时在向右转身之际已十分利索地一矮身把身后线尾子全搭在了胸前，赵云一上手就可放心去抓，一点不碍事。他与金璐在时间上切合可谓间不容发，只见赵先生的糜夫人上椅（井口）的当口，一双水袖下挂身后，待金璐伸手上前，糜夫人一长身，正与赵云向下用力成相反之势，帔就此轻轻一抓便到了手，顺当之极。赵爷心中也称道丁先生不止，看来这娃娃在丁先生那里还真得杨派实授。金璐今天抓帔抓得太漂亮了，可谓俏头十足，回到后台，赶紧向二叔致谢道乏，心中着实佩服，人家到底是芙蓉草，没说的。

《翠屏山》《连环套》一一贴出，金璐终于实现了与苗胜春同台的愿望。《翠屏山》由金璐饰石秀，玉茹饰潘巧云，刘斌昆饰海和尚，张金梁饰潘老丈，苗二爷演的是杨雄。说起杨雄，北边公认侯喜瑞、张春彦，南方则首推苗胜春。《连环套》由王金璐、裘盛戎、苗胜春三人合作，不用说，苗饰的自然是朱光祖，他并不以武丑为主项，仅临时客串而已，谁料其艺几臻炉火纯青。过了几天，金璐贴演《刺巴杰》，阎世善扮马金定，武丑应工的胡理一角仍归了苗二爷。日后王金璐虽与叶盛章有过几番《连环套》的合作，但朱光祖一角他始终不能忘情于这位苗师伯。

自连贴《连环套》《翠屏山》《战宛城》等剧以来，沪上舆论"行情"看涨，这几出戏均非一般武生所能为，愈是"文唱"成色高的戏，愈有他发挥的天地。有文评曰："若能假以时日，谁与此子争锋？"但丁先生认定徒儿火候还差得远，金璐虽捧者不乏，但艺事仍未离粗糙之境，确需待以时日，方能羽翼丰满。金璐此番贴了不少颇费嗓力的唱念吃重的戏，说来也怪，喝了黄浦江的水，那嗓子也痛快多了，居然唱得满宫满调，无遗无落，大大长了自己的志气。上海人有意思，头几天唱好了，以后便会宽大为怀，让你怎么唱怎么有，他演至"中盘"，似已见到了"高奏凯歌还"的班师之日。

《鸳鸯泪》终在千呼万唤中出台了，票板一开，头四天门票半日售罄。戏中凡能令人动情之处，观众席上均有强烈反应：见玉茹的周娘子柳眉倒竖，面罩重霜，刺贼未遂，终以身殉，苍天好妒，造物弄人，不禁为之一叹；见王四公疾恶如仇，错责周仁卖友求荣，在一阵怒打中周仁含冤忍羞，受杖咬牙不语……座客瞩目之余，感怀怆神涕泪沾襟，唏嘘抽泣满场可闻。人谓上海乃潮流之地，各事皆如潮流一般，看戏唱戏亦然，《鸳鸯泪》一打响，上海观众一齐来赶潮流，黄金大戏院不拉铁门才怪。北平贴戏最忌"翻头"，即使连演，最多不出三天，黄金大戏院视《鸳鸯泪》为摇钱树，强求连演，没有商量余地，如此竟连轴转贴了11天，简直是一项了不起的纪录。座客震于戏剧之新颖、点缀之精妙，众口喧腾，趋之若鹜，是以夕照未沉，戏院门口已是车水马龙，备极一时之盛，老板靡不利市三倍。11场连续之下，金鹏几被累垮，玉茹也高喊吃不消，金璐业已生厌，再说在悲切切中告别上海，多不吉利，但禁不住老板的甜言蜜语加花言巧语，喜笑颜开的老板还是让如意社再续演了12天。

整整7周，如意社大功告成。期满之日前台经理设下饯行宴，后台经理备置家宴致谢，老板则另有特酬，双方皆大欢喜收场。

四

如意社远征上海，临行之时墨璎曾写下一份信约，像灵符一样装在夫君口袋里，以规箴金璐洁身自爱，去搏一个品艺俱佳的美名。金璐抵沪后夫妻间鱼雁频仍，他恪守信约，在上海花花世界里心旌不动目不迷。墨璎读信知讯，不胜愉悦，连岳母大人每天也要多念诵几句佛号。

上海艳遇还是有的。某日王金璐突然接到一名当红舞女的情书，约王金璐在某饭店幽会，他未予答复，更不赴约，不意有一天，这位小姐突然出现在后台。金璐面对她的不期而至，落落大方地接待了她，且以严肃的态度、毫不迟疑的语气明确加以拒绝。大庭广众之下，该舞女只得羞惭而退。此事翌日立即载于报刊，赞他"品艺优良，是位正人君子"。他果然对"保重身体，戒之于色"的信约信守不渝。

老公馆内玉茹母亲李大妈屋里是王金璐常去的休闲之地，对这位大妈总是躺在烟榻上抽个没完，他不免心生好奇。据说慈禧太后当初曾给鸦片烟取一个叫"福寿膏"的美名，这膏大有魔劲儿，比仙丹灵芝还灵验，呼呼地抽上几筒，立即精神倍增、气力充沛。他正在那里学抽几口闹着玩，不想盯梢而至的丁先生已站在房门口，他就怕徒弟无知中了邪，实在是用心良苦。李大妈笑着催金璐："你爹来了，快去吧！"爷儿俩回到了自己房里，少不了又挨丁师一通责备："有多少钱的主，别管他有多少房子、多少地，也不够这小窟窿里一烧。"金璐自知理亏,直认不是。这位丁师简直就是一尊护法神。

尽管丁先生屡加关照,雾里看花的王金璐在光怪陆离的黄浦江畔还是看走了眼。他上街见一位老太太沿街叫卖镯子,绿莹莹的,说是翡翠。他见价钱便宜,又听信老太太一套天花乱坠的传奇故事,当即以 28 元买下。谁知回来让懂行的一验,哪是什么翡翠,是石头的,再找卖主,早已不知去向,本想带回家给妻子一个惊喜,到头来谁知还是弄巧成拙。

如意社上海一期,最红的是王金璐,"黄金"之行,除去 3 出新剧,金璐贴戏 22 出,其中扎靠戏 12 出,占去一半以上;杨派戏 16 出,高达 7 成,杨派戏及长靠大武生戏成了王金璐"黄金"一期的主流。

3 月申江,已是草长莺飞,杂花满树,如意社就在这乍暖还寒的日子里班师回乡。北平《新民报》《立言画刊》《三六九画报》都做了专文记述:早春二月,江南万物复苏,如意社衣锦荣归。

不久,如意社卷入内讧,在一片改组声中,社内众人各自另谋高就去也,李玉茹也加盟了马连良先生的扶风社,如意社遂成广陵散。

第四节　退后一步海阔天空

一

临近毕业之时,王金璐曾涌起组班心愿,婚后赖内子之助,做全整套行头,嗓子也大见改观,羽翼渐丰的他期盼着尽快举翅高飞,作一番惊人之举。

凡吃戏饭的,谁不想当班主?李洪春坚决支持徒弟组班,表示将竭尽全力辅佐徒弟扬威立万，一如捧李万春、奚啸伯那样。李先生讲究短线实惠，他本人就常组共和班，有力气先抓钱，一班散了再组一班。他常来找金璐，碍于师徒情分，不能峻词而拒，他多少应过几次"卯"。丁先生则不然，事关徒弟生计，他不得不谨慎从事。

沦陷时期，民不聊生，钞票贬值变本加厉，买混合面还得排队，白薯干、豆饼面的价钱也不低。国事不堪回首，谁有兴致再进戏园子？北平屈指可数的大班、长班尚且在营业上苦苦挣扎，遑论中小戏班。林立的戏班时聚时散，艺人们朝秦暮楚，大多数的班社皆无稳定性，有时仅留一块空牌子，要想在现今的艰难时刻挑班，先得估量一下有无组长班的实力，同时也得看看自己有无先人的余荫。

知王金璐者莫若丁永利。徒弟二十光景，火候尚欠，即使组班，也不过是昙花一现。人宁可多费几个钱去听头钩角儿，谁肯倒赔本钱来听才出科的子弟？与其日后散了班又搭班却又何苦，反折了士气。他多次告诫徒儿："别看人家挂头牌，顶多人家有钱赔，你小子赔得起吗？拉家带口的，别动这份心思，只要有真玩意儿，迟早会有人上门请，不就把钱送上门来了吗？还挑什么班！"一席话提醒梦中人。丁师老于梨园江湖，没有看不透的事，他一针见血地道出组班必须有几个前提：要有好的经纪人，要有上座把握，要赔得起。

随着光阴流逝更添一份成熟风韵的李墨璎说得同样斩钉截铁："我们不是富裕人家，没有挑班本钱，金璐有

李墨璎是王金璐事业与家庭的全能贤内助

好几个家要养活，赔不起。""今天挑班，明日挎刀，一会儿合，一会儿散，我们不受这份罪。""班，谁都能挑，有钱就行，青楼女子有人出钱照样挑班。"王金璐肩上负担实在过于沉重，他要兼顾三四个家：手头阔绰惯了的老岳母，要求同儿子分过的老父，一家五口的丁师和自己的三口之家。既然妻子与师父意见相同，金璐意乃决。

梨园界有一条铁律："网"中有人好办事。王金璐想通了，自己哪能同李万春、李少春等出生于梨园世家的人相比呀！

李万春，天之骄子。不可讳言，万春确是难得的武生天才，但他能走上一条令人艳羡的发迹路，其父李永利是第一关键人物。李永利是著名武净，是梨园谑称的"四大名爹"之一。他的"神通"也表现在梨园网络中的如鱼得水，他有本事让杨小楼、余叔岩、俞振庭认万春为螟蛉义子；让马连良、尚小云以叔侄关系提携万春；让丁永利、李洪春二位大教头收万春为入室弟子；让梅兰芳把15岁的万春带去上海挂三牌；让"老大王""小达子"李桂春认万春为驸马公……身为义父的俞振庭则是李万春取得成功的另一关键人物，在北平各大班主中俞振庭称得上是头号实力派，他同时主持两家有影响的班社——大班"双庆"和小班"斌庆"。俞振庭竭力提拔万春由"斌庆"领衔演到"双庆"挑梁，19岁即捧到与徐碧云、朱琴心挂并牌的地位。正是俞振庭给足了万春机缘，才一路把他送上了少壮武生第一人的金交椅。李少春，又一天之骄子。其父乃江南享大名历十余载的"小达子"李桂春。李桂春从连台本戏《狸猫换太子》赚下万贯家财，一跃而为江南伶界首富，出于望子成龙的追切心理，急流勇退，返津关起门来课子学艺。凭着他那令人生畏的财力，作多大的投资也是绰绰有余，钱是"小达子"的一大优势。"老大王"梨园更是路路通，他也是名列"四大名爹"的人物。两位"名爸"的姻盟促成了又一挑班人的崛起。此时万春已是显赫人物，20世纪30年代末，万春在武生界基业早成，无人可与之争锋，按万春地位及其岳丈的"法力"，联络面、影响面、活动面是足够为少春疏通人事的。凭着这张梨园网络，先打通余叔岩关节，少春得以余门立雪，且征得丁永利认可，又拜于丁氏门下。线，这是"小达子"的又一优势。钱与线的结合，加上自身的禀赋才华，李少春顺风顺水地挑起了班。不过家庭的关系仅仅为李万春和李少春提供了较有利的外部环境，他们最终的成功主要还是凭着自身的秉赋和不懈的努力。

　　王金璐伉俪是求稳思定的性格，虽行内宁当鸡头不当凤尾的大有人在，但挑班的诱惑对王金璐已渐渐失去了它的光环。人生的明智就在于会权衡利弊，两利相较取其重，两害相较取其轻，忍一下，心平气和，退一步，海阔天空。他之首先加盟"颖光"，一因宋德珠坚请，二因金校长促盟，故心甘情愿地接受了二牌。后又搭过几个班，均挂特别牌，即实际上的"二牌"变通。加盟"如意"时也一如"颖光"挂二牌，如真能定位在"二牌"，他也别无奢求。

　　如意社返北平后，他下了很大决心辞去了不少班社，一门心思在颖光、如意两社唱起了二牌。谁知半截腰里杀出一位组班未成甘居次席的李和曾，这一来"颖光"的"二牌"一下变得敏感起来。宋德珠设下一席，把金璐、和曾等人邀在一起，金璐哭笑不得，好不易俟到席散，回家路上他对赵德勋师兄和盘托出了心中苦衷："我这一肚子委屈，就您能体验得出，二牌降三牌也好，让和曾一头也罢，德珠既然指到我这儿，我能说个'不'字吗？我要是稍微一咬牙，先对不起一大片人，第一，叫德珠跟着为难；第二，也不能给和曾添堵；第三，有周和桐在前，已代人先跟我好话说过八车了，还叫我说什么？"

　　王金璐在"颖光"的不如意事竟也出现在"如意"，纪玉良留沪不返，三牌老生改用赵金年，可时隔不久，"二牌"一事也如出一辙生出变卦。赵金年无论如何也高不过王金璐去，这一颠倒令"中华"常客迷惑不解，不知其间葫芦里卖的什么药。看来这服"委屈药"也得让王金璐强咽下去，怎么不叫他终日闷忾忾。

　　京剧到了20世纪三四十年代，生旦领衔制根深蒂固，武生退让到了第三位，梨园戏班中除杨小楼和李万春等个别例型外，大牌武生们已程度不等地渐次降位到了"三牌"，此乃大势所趋。当家武生挂三牌，王金璐感情上扭不过来，只因戏校年代太撑顺风船了，那时老生、青衣"领"不了他的"先"，如今要来急转弯，自然免不了有"阵痛"。自清末民初至20世纪20年代，杨小楼以外，尚和玉、俞振庭、李吉瑞、马德成、沈华轩、田雨侬、杨瑞亭、周瑞安、薛凤池、高福安等前辈武生均有过领衔或挑班的记录。打从20世纪20年代起行情急转直下，连尚派创始人尚和玉也不得不屈从于生旦领衔的格局之下，在声望造诣皆远不如他的王幼卿名后挂三牌。名重一时的周瑞安1935年在孟小冬、李慧琴之下唱三牌，其时孟小冬二十岁不到，李慧琴其名不彰。眼下北平著名武生孙毓堃、吴彦衡、杨盛春、高盛麟等等均无例外。当局迷的王金璐有旁观清的师父和夫人的明辨事理和指点迷津，很快就从闷葫芦里解脱出来。这便是他性格中的亮点，他服理，理清人也通了。

师父为他拿准了主意：不在挂牌上有伤师兄弟的和气，也不让德珠、玉茹难做人，不过不图名便得谋利。金年等虽居二牌，每场戏份儿却依然是二十之数，而金璐则四十不动，"颖光""如意"两处同按此规，此即金璐退居三牌报酬却超过二牌的反常事例。他记住了师父的话，"只能顾一头了，好好的多挣钱养家吧"。就这样，王金璐用牌子换取了"戏份儿"。明眼人谁都清楚，金璐舞台效应不在宋、李之下，班里少了他，岂不塌了半壁天下？尤其是颖光社，最上座的莫过于德珠与金璐的合作戏，拆了黄金搭档，"颖光"盛势难再，德珠跺脚也得用呀！如此圆满解决，谁也称不得签"城下之盟"。

二

王金璐认了"三牌"的命，搭班依然如越关山。他搭"颖光""如意"，多少有同学之谊在。他又搭奚啸伯忠信社，因李先生门下有师兄弟之份，但时隔不久，"如意"散班，"忠信"当家武生也常易人，盛麟、彦衡、德威先后为奚啸伯挎过刀，"三牌"一席并非王金璐所独占。那时北平武生粥少僧多，相对资深的武生少说有十好几位，组班人求得稳妥起见，多用出道早的，有背景的，王金璐要后来居上其难可知。何况梨园行内"世家"效应无处不在，大大小小"世家"间血缘关系犬牙交错，构成一张浓密坚厚的梨园血缘网。"网籍"上有名的自然捷足先登，即使出道略迟的黄元庆、尚长春、徐元珊、茹元俊等搭班前景也肯定要比王金璐光明得多。在自己师父马连良先生的扶风社，先后启用过的多名武生，不少也是子侄亲属中人，金璐压根儿不抱幻想，免得马师作难。平日里他几乎不上马家的门，只在春节新正去给师父拜趟年，其意无非是在避嫌。丁先生早已对他点开了窍，他很平静地接受了眼下的现实，一切顺乎自然，不做勉强的事。

年过20了，王金璐已经知道许多偶然和必然都不可能在空空的企盼和守望中降临。合抱之木，起于毫末；泰山之高，起于垒土，要比他人"高出一大块儿"，"充电"一刻不能停，自己道行尚浅，便当一如既往孜孜求教于丁、李二师，借师尊之力，继续登攀。目前既以现有技艺"逐鹿中原"，更指望以来日造诣谋求当然的一席，王金璐在继续他"心里咬牙"的历程。

丁永利心知肚明，徒弟以退为进，已蕴鸿鹄之志。这位严师从不当嘴把式，尽在实处发力。金璐有了小名儿，有时爱在戏里加些花哨活儿以显自己能耐，有一天被丁师抓到了，没等完戏，就在后台骂上了，等金璐赶入后台，丁先生早已走人。第二天他赶紧去赔不是，丁师还在生气："怕挨骂呀，躲开我。徒弟大爷我可不伺候！"说完扭过头去，不看金璐一眼。金璐急忙"更正"："我不是徒弟大爷，是您徒儿啊！"丁师沉思了半晌，慢慢地说开了他的道理："你加的是外江派玩意儿，人家'外江'单有一套，不能给人拆了胡安。唐伯虎山水画里的房子都是小茅屋，画阔的也是起脊的楼阁样儿，你愣给画上洋楼，合适吗？懂行的见你这么演，骂我！"这一骂，把金璐骂了个明白。

又有一次，王金璐发烧38摄氏度，上得台去头昏眼花，脚下如踩棉絮，晃晃悠悠的。戏未及半，就听后台传出高骂声："杂种的，还没学好呢，先会偷油了……"金璐硬着头皮对付完了这场戏，进后台大汗如注。丁师见徒弟一身狼狈，大声说："就这样唱戏还累得着啊，甭跟我做戏装着玩儿，人家是买票听戏……"金璐有气无力地表白："我还发着烧呢。"丁师又骂了："你小子拉家带口，玩什么命？想坑死我呀！这几年我容易吗？我……"显然老师的骂声变了味，心疼起徒弟来了。接下来便张罗着给徒弟治病，忙得团团转，平时少有掉泪的王金璐不由得湿了眼眶。东家常被管事骂，此事不见古来有，他不仅被骂得服服帖帖，而且还在主动求骂，怪不得丁先生常说："就是你没给我骂走。"

三

王金璐不会为了搭上一个有名利可图的戏班作攀扯性的谈笑，阿谀奉承抬轿子，再说心比天高的丁永利焉能让自己的爱徒追在他人屁股后面乞饭嗟食。偏偏李墨璎又是极自尊自重之人，从不在牌桌饭局之上开展夫人外交，为丈夫拉搭班渠道。多亏前世修来丁先生，这个"戏呆子"才不致被经励科玩于股掌之上，梨园行没有什么事情能骗得了丁永利这位武生"教主"，没有一个经纪人能吓得倒丁先生。《群英会》上那种"对席宾主假谈笑，各有机谋暗隐韬，且用词锋试比高"的蓄锋敛势式的斗智斗心眼的技巧，金璐哪有呀！这全得仰仗丁先生了。

丁永利有他的原则：第一，上门邀；第二，不二价。徒弟有多大道行，师父最清楚不过，只要是真佛，不愁没有上香人。要约王金璐，必须上门请，每场40元，戏份儿没商量。40元的标价始自颖光社，以后丁先生便按此办理，不管谁邀，俱是40元一口价。那时的40元属于相当高的戏份儿，他所带的鼓师、堂鼓、两个净角加管事10个人的脑门钱还不在内。

某日，金璐在后台扮戏，丁师走至他身边耳语道："后天晚上跟侯喜瑞的《连环套》，星期日晚上《恶虎村》。"王金璐以为听错了，紧问："您说跟谁？"丁师又重复一遍"侯喜瑞"，金璐又接着问："是您跟人家说的？"丁先生回答了他的问题："我能泄那个气，叫人带着？是人家找咱们。"丁师的语声爽朗而洪亮。金璐还问："您瞧我成吗？"这下丁师以肯定的语气说了个"成"字，他不由得心里一阵高兴。丁先生看了他一眼，平静地关照了一声："戏就得这么唱，没什么可高兴的，先把今晚这出给人家唱下来。"王金璐兴奋难抑，侯喜瑞先生人家多高身份，南北公认的第一窦尔墩，往日是杨小楼的黄金搭档，举凡武生，谁想打响《连环套》，必须打从侯先生手下过，人家可看丁师金面，后天千万出错不得！

侯喜瑞得黄润甫真传，20世纪20年代初与郝寿臣双双崛起，从此，架子花身价一跃龙门，远远超过了铜锤一门，一时瑜亮的侯、郝联辔并进，驰骋纵横，春风得意地延续了16年之久，直到金少山北平挑班，方出现后人所称的"三大净"时代。侯历来当场不让步，金璐则以丁氏所授的杨派技法从容以对。侯的窦尔墩浑身是戏贯全台，确是咄咄逼人，孙毓堃、刘宗杨等台上均有过被威慑的经历。侯见金璐年轻，却有丁爷专为管事，这娃娃或许最得杨派实授，故是日台上一如既往，狮子搏兔用全力。

侯先生把前面"坐寨盗马"唱得全场沸腾，后面出场的黄天霸便显十分被动，"就这样演！"丁师临时只说了这一句。有丁先生在百无禁忌，王金璐一步一个脚印、一招一式走的纯是杨小楼的模式，规规矩矩又稳稳当当。台下掌声在侯的"盗马"后并未沉寂，这是一个极好的征兆。"拜山"伊始，窦尔墩摆队相迎，侯念到"如此你我就挽手而行"。一个"崩、登、仓"，左手反腕子掏翎子，右手抓天霸的左腕暗中使劲下压，考验对方反应。黄天霸出身江湖深谙此道，立即抬腕回敬，敬中有抗，抗中有礼，一抓一抗中，表现了江湖朋友间的默契，并不全然在比试膂力。"挽手而行"可谓戏中有戏，此时侯、王二人眉梢眼角全有戏。因侯的细腻精到，金璐浑身戏细胞全被激发，见过杨小楼和侯喜瑞《连环套》的老观众见之不由得暗暗点头，面对大牌，不知什么是"怯"，还演得头头是道，欣喜今日又出了一名演杨派黄天霸的少年英雄。

"拜山"的一段对手戏，侯喜瑞不时在掂量着金璐的斤两，二位唇枪舌剑式的对啃念白疏密有致，一隐一显，一刚一柔，此起彼伏，跌宕生姿。侯先生把窦尔墩的刚直和豪迈演示无遗，王金璐把黄天霸的机警和刁钻刻画得细腻入微。《连环套》奠定了王金璐今后同侯先生经常合作的基础，值得高兴的是，王金璐这位"小杨派"很快得到了侯先生的认可。

金璐十分欣赏侯先生的唱戏主张："把戏唱好了比什么都强，别管来什么活儿，来好了都露脸，抢着来主要的，唱不好照样挨骂。"他不争牌次，不争主演，大班也罢，短班也罢，你约我唱，按价给钱，班社盈亏，与己无关，侯先生这等大名家尚且实惠如此，金璐便更觉坦然了。

当时，《连环套》是北平武生标身价的戏，窦尔墩也是净行中够份儿的角色，除开金、郝、侯三大净，马连昆也称得上是一位高手。马连昆浮沉于辅弼行列数十年，有人视为"宝"，有人视为"蝎"。"宝"者，马连昆文武全才，铜锤、架子全能，且置于各工本位之中，不辨楮叶者。"蝎"者，指他动辄骂座、台上爱"开搅"的乖僻性格，常使人想用而不敢用。马连昆虽是绿叶，其光彩不让正梁，余叔岩极为看重，裘桂仙故去，即用马连昆以代，以余叔岩之慧眼，断无错识人之理。马连昆也曾在马连良处搭过班，就因快人快语口出戏言，失和于同科师弟兄。

金璐一天去天蕙斋，正巧刘宗杨在老师处"状告"马连昆，原来他撞在马连昆的刀口上了。他二位在天津演至《连环套》"拜山"的紧要处，刘宗杨的天霸说完"……天下英雄好汉也"后，马连昆突然改了词："噢，山下出了好马，待某二次下山盗马。"说完起身，径自下场去也。台上不见窦尔墩，还拜什么山？宗杨被撂在台上尴尬至极，台底下倒好声叫成一片。此事全无宗杨过错，纯属马连昆开搅病又犯了。宗杨在北平也是扬威立万的人物，竟被马连昆搅得落了荒。金璐当时权当听故事，哪知没过几天，他真同马连昆碰上了，凑巧也是这出《连环套》。

金璐心中暗暗叫苦，要求改戏，丁先生则蛮有把握："他不敢，放心唱。"可金璐依然免不了嘀咕：他跟马连良老师台上都敢起哄，哄我还不现成？我哪有本事驾驭这匹"咬槽马"呀！心里总觉不踏实。上演那天，他早早扮完戏，和马连昆隔桌对坐着侯场。此时丁先生大步走进后台，当面关照："连昆，今天你可别开搅。"马连昆笑着说："先生，跟大兄弟我哪能呐。"丁师又补上一句："好啦，我可嘱咐你了。"丁师祭出"翻天印"，果然降住了"咬槽马"。那天《连环套》出奇地好，马连昆嗓音洪亮，咬字真切，无含糊吞吐之弊，台步、身段全有规范，于洒脱中见有剽悍豪犷之气，确是好身手。因双方合作愉快，老少二位还一起去过一回青岛。

在金璐初搭班的日子里，他一度被各戏班挤得够呛，但为时不久，他便杀出了重围。有人走投靠权贵大户或自费拉客捧场的路，一旦冷了场，这口饭以后便更难吃了，王金璐全凭实力，没有虚头，不用担这份心。

孟小冬要学《定军山·阳平关》的扎靠身段和开打把子，余叔岩让她向丁先生求教，"身段动作跟丁先生学没错，我的戏路子他全清楚。"孟小冬于是每天命包月车把丁先生由西城接到东城家里，扎上靠，戴上盔头，挂上髯口，由丁永利嘴里念着锣鼓经边说边示范。金璐常随同前往，凡动把子，则由他和孟小冬对练，小冬见金璐技艺不凡，即主动提出"让师弟在我头里唱吧"。金璐遂于孟小冬的戏班里唱过一阵子。孟小冬常演于"开明"，上座极佳，这无疑对金璐也是一种宣传。

20世纪40年代初剧界流行"马跳潭（谭）、溪（奚）"的说法，奚啸伯时已同马连良、谭富英并称为"三大须生"。奚啸伯组忠信社，正是他的鼎盛时期，奚啸伯有一出看家戏《哭灵牌·连营寨·白帝城》，整段【反西皮二六】唱得悲风四起，真是一字一泪几由呜咽中出之，音韵沉郁，闻之凄然动容。此戏虽好，苦无铺垫，若前缀以《走麦城》，连成一台一至四本《走麦城》的大戏肯定大长号召力。当时少壮派中擅长此剧的，当以万春和金璐为最，万春早树大王旗，金璐师弟自然成了最佳选择，何况他前演关羽，后在《连营寨》中还能再应赵云，冲着这出戏，王金璐加盟忠信社已然身价不菲。

王金璐开始在大牌荟萃的大型合作戏中露面了。在一次《龙凤呈祥》的义演场合，马连良前扮乔玄后扮鲁肃，王凤卿、谭富英的前后刘备，金少山的张飞。王金璐饰演的是赵云，过去，杨小楼便经常应此一角。不用说，在如今内行眼里，王金璐确已今非昔比，大长"份儿"啦。

以退为进，是一种韬晦；以多胜少，是一种积淀。人勤春来早，一切全在自己。李墨璎看得透彻，只要像过去一样精进不懈，日后定会艺出时冠；只要艺处上乘，不怕没有大路可走。

丁先生的话简洁明了："有本事的各保无事。"王金璐顽强地在夹缝中求生存，犹如一根嫩草兀自在泥石堆的隙缝里艰难地冒出头来。人比人，奋起人。他，一个"白丁"，就是这样在荆棘重重的艺路上步步奋进。

第五节　"千岁""殿下"闹申江

宋德珠是王金璐10年搭班生涯头3年的主要合作者，金璐的加盟，对颖光社3年红火厥功至伟。宋德珠开武旦挑班风气之先，虽红火得出奇，终难弥补其固有的行当局限。以剧目论，武旦先输一筹，班里若无铢两悉称的得力武生，他拿手的武旦武生对儿戏都成了一条腿的瘸子，戏码安排捉襟见肘，颖光社怎生维持？宋德珠约过吴彦衡，也约过高盛麟，但最称心的还是出自一校之门的王金璐。宋、王联手的颖光社在戏班林立、格斗激烈的北平梨园是一家呈上升趋势的戏班。

1941年夏，宋德珠请出翁偶虹先生协助改组颖光社，尽管众家师兄弟全力烘托，但此时传统戏已难敌《纺棉花》一类玩笑戏和机关布景的彩头戏，局面不容乐观。宋德珠的单折戏最多十来出就得翻头，凡金璐与之联手贴演《青石山》《湘江会》《夺太仓》《美人鱼》等营业额反见上扬。颖光社里二牌老生先后换过杨宝森、赵金年、迟世恭、王琴生和李和曾，有如走马灯一般，唯当家武生一席王金璐雷打不动。常言"一山不容二虎"，明知王金璐功高震主，可他又是须臾不可离的"股肱之臣"，德珠还是拿准主意，倚为长城。金璐重义，登台必悉力以赴，多累的戏都上，对颖光社可谓捧足了场，只是有一条原则不容更改：每场戏份儿40元雷打不动。

国难方殷，时局维艰，戏业不景。北平玩笑戏、娱乐戏、彩头戏成了人们光顾的三条风景线，戏是愈来愈难唱了。颖光社每场勉难卖上四五百座，这在北平戏园子已然够上五六成了，不如颖光社的戏班还多着呢。面临营业额的继续下跌，翁先生被迫亮招了，他的新作《蝶恋花》（后名《改容战父》）有《通天犀》"罗圈椅"的技巧，又用上了《战宛城》双戟套路，创出武旦新的把子招数，后面再戴上面具起霸对枪，煞是新鲜。1941年秋首演，营业额斐然，《蝶恋花》成了"及时雨"，让颖光社喘过了一口气。翁先生本子的特色是因人写戏，几出新剧无一不是为了宋、王二人，也无一不是王金璐的累工戏。

一

风光只觉生意满，始知春色到天涯。不意间日历翻到了农历腊月，一年一度的春节又将悄然降临人间。是年春王金璐又得一子，取名展翼。

上海"更新"舞台北上邀角，"颖光"雪中接炭，老天爷送来扬帆出击的大好机缘。"更新"老板生意门槛一如"黄金"，找上"小千岁"和"干殿下"自然打过铁算盘：宋德珠、王金璐都曾在申江露过脸，上海滩有他二人的红底子；上海人听多了程、荀、谭、马，也想在"新生代"身上换换胃口；是时黄金大戏院、皇后大戏院、更新戏院三足鼎立，俱以邀京角登台相号召，不久天蟾舞台加入战圈，遂成"四角大战"，老板看上已然在沪打响的新角参与对台竞争，也不无道理。

天寒地冻，大雪纷飞，又值腊月底重上江南路。反正注定在北平过不上大年了，索性一家三口拔寨南下，去上海过一回江南年。丁先生不愿再出远门受颠簸之苦，金璐心里难免有几分慌，赶紧抓住登程前的有限日子天天去天蕙斋向丁、李二师求援，临时把带去的戏找补一下，归整一遍。

旅途之中，他的腰腿没闲着，不是在车厢之间的衔接处踢腿，就是在列车厕所的有限空间里压腿。夫人难得出远门，可她熟知艺人跑码头的受气事，一路关照丈夫旅途小心。其实路上凡有刁难、找茬、寻衅、敲诈之类，全是为了索取"红包"。这伙人要是缠上身来，尽早花钱消灾，如是得罪了他们，行李破坏则罢了，有时连箱子盖也会砸坏，甚至毁了你赖以吃饭的行头，没奈何出门都把箱柜打上箱夹子以防不测。

列车在浦口上摆渡船，金璐心疼妻子，从她怀里接过一周岁多的展云，他一手抱着儿子，一手举着良民证，向检查口子走去。出示良民证是日伪的规定，是为在国人前耀武扬威的，总是那帮甘作鹰犬爪牙的伪军警在检查，人人通过时都得脸上赔笑挨搜查，敢怒而不敢言。此时展云闹着要喝水，金璐加快脚步朝船上走，哪知江面卷过一股北风，他只顾着怀中的孩子，不慎良民证刮到了空中，愈飘愈远，掉在了江边引桥下的泥旱地上。这可闯下大祸了，没有良民证，岂不成了"黑人"？也是他命不该绝，桥下正巧走过一位当地员工，捡起良民证高高地举过头顶递给他，金璐单腿跪地接过证件，连声道谢不止，可已吓得冷汗一身。

雨雪霏霏的岁末，上海依然是一派锦绣申江不夜天，虽时近阴历岁除，毫无急景凋年之象。大上海，李墨璎陌生中也有不陌生，虽然她是第一次登上上海滩，上海作为远东第一大都会，开发虽迟，却有着悠久的吴越文化和丰富的戏曲遗产，她最想领略的正是大上海的都市风情和带有吴越文化养分的南方戏曲，金璐初来申江的新奇感在相对理性的李墨璎身上再度出现。

更新戏院的舞台规模与黄金大戏院相当，这回金璐又一次领教了上海老板生意经之精妙。听说黄金大戏院已废除了时间拖沓的开锣戏，上场即由名角出台；天蟾舞台且采用对号入座新举，雇上女职员使剧场平添了几分"雅"气；更新戏院也出新招，奉送戏单……颖光社此番落脚更新戏院，也许与宋德珠是老板董兆斌的干儿子有关。

白天闲来无事，墨璎逛街看戏，金璐却同王琴生聊得天昏地暗。琴生随谭小培学过戏，对谭、余、马皆有涉猎。他是大夫，正宗的知识分子，金璐问他缘何下海，琴生告以实情："我的戏瘾常犯，洗瓶子时头脑里响起【急急风】，瓶子戳破了，手也出血了，不下海不行了！"金璐一次脸上被家伙点破，王琴生不用三下五下便把血止住了，身手之干净利落远胜他在台上的举手投足。墨璎同德珠夫妇极熟识，但她不随口说话，不过问前后台，不涉班里"公事"，此乃高明处。

"双子星座"唱热了更新戏院的舞台，宋德珠、王金璐各自贴出拿手的单折戏，更为上座的还是二人的合作戏，如《湘江会》一戏，宋德珠袭尚小云，王金璐宗杨小楼，宋不沿旧规，无盐娘娘不勾脸，乃扎硬靠俊扮上台，王不勾红三块瓦，以戴黑三俊扮、一身白靠的吴起亮相。开打中有一套108枪的枪套子，脚下急，手上快，家伙应接电光石火，全在弹指间。二人《平阳公主》的对剑也精彩纷呈，开打起处，剑如彩蝶穿花，步若灵猫扑鼠，身似柳絮轻飘，双方如同裹身于一片白色寒光之中，稍有迟缓，立时带伤，彩声之烈，令人脑为之胀。《扈三娘》中宋的三娘与王的林冲交手一场最为火炽，德珠一上场就像疯了似的，"快枪"本有一定的尺寸节奏，宋却一出招便把节奏升至最强点，金璐接下德珠的招，一阵急风暴雨的快枪，使台下目瞪口呆，这简直打疯了，大有"撞上亡，碰上死"的味道。宋施展这套独门快枪，也就王金璐吃得上劲，打到间不容发处，连场面上打锣击鼓的都会情不自禁叫起好来。

宋德珠的美、媚、脆锐征服了沪上观众，他扮相、身材的优势亦尽显无遗，纤巧而苗条的他不论怎样快打斗狠，始终不乏女性的妩媚，以上海人的欣赏心理，武旦行中宋德珠无疑技压群芳。

颖光社比之上年奚啸伯、侯玉兰的"黄金"一期大为上座，几乎天天客满牌高悬，不过最大的赢家还属更新戏院的老板董兆斌。去年年底，高盛麟、李少春、梁慧超皆在上海登过台，王金璐的势头比盛麟有过之，也不弱于挑班的李少春。

李墨璎活动日程排得满满登登，大马路、大公司逛了不少，领略了令人目迷神摇的花花世界。游山玩水算是免了，因为上海滩根本没有什么山水景点。温婉宜人的墨璎丰姿嫣然，她自由自在地出入上海各大戏院，绍兴文戏、申曲、海派本戏全是她的猎奇目标。看戏，是她在上海唯一感兴趣的事情，但最终也只能是走马看花而已。

上海报纸登了一条消息，涉嫌秘闻，说上海著名的米高梅舞厅的舞女小姐上门约会王金璐，李墨璎采取开放而友好的做法，把对方礼貌地让进屋里，以不卑不亢的交谈促使这位名舞女羞惭而退，不伤人家颜面，可谓巧应得法。

演期及半，新剧《紫塞香云》上演，宋德珠刀马旦加武旦出手又出新招，金璐头几场新式将巾、佩剑、穿褶子，后改扎靠簪翎。戏中《铁笼山》一折原为金璐本工戏，但新角张垍尚须他来完成塑造，故姜维一角另约前辈名净范宝亭老先生串演。以武净行应《铁笼山》，钱金福后当推范宝亭，范老功架凝重，亮相俊俏，跨腿盖步，玲珑矫健，有其独到之处，与杨小楼、尚和玉风格迥异。武净自创风格的还有许德义，他是杨小楼辅弼多年的老搭档，风格严整悍勇，手里狠、步眼稳、膀子沉、亮相整，其《金沙滩》《战金山》等名戏皆在搭颖光社时与宋、王同过台。这位好佬《战金山》中所饰的金兀术，全然是堂堂金邦四太子的"份儿"，他横提着枪，臂拉成弓状，枪离地三尺，几乎水平持枪，那得多大的劲儿，再看他脸上，直像一头大老虎。他那时年过半百，还来三个"漫头"，接着又一甩枪，一亮相，威武勇猛之极。王金璐目睹高艺，心中感叹，老先生的活儿可真不简单。

颖光社内当初如意社的梁柱全在，上海人钟情《鸳鸯泪》，情商之下，德珠难却盛意，只得勉为其难。此戏德珠原不对工，嗓音又难如人意，声腔自然难调众口。是剧最抓人的一场是"王四公错打周仁"，储金鹏和王金璐把这一折演得如火如荼，《鸳鸯泪》二度走红上海，二位功不可没。

3月15日，演期逾36天，颖光社终告功德圆满。更新戏院方面留下王金璐和王琴生，并邀来梁小鸾组成一班人马续演一期。老板"瞄准"金璐，看中的是他的号召力，与其说是董兆斌中意，不如说是上海滩认可。

二

北平的大热天各戏班照常歇夏，王金璐唱的全是大武生戏，台上汗水涔涔，遍体湿透，若是战高温，岂不跟行头过不去？行头乃唱戏本钱，谁又肯去糟蹋？再说酷热难耐的场子，没有现代化的冷气设备，上座哪来保证？因此宁可贴补生活费，也要躲过这段"恶时辰"，有时还得典当一些首饰物品以度生计。

"颖光"交了"更新"运，同年7月，董兆斌又来约角，金璐心中打鼓：上海滩比北平热得多，那些顶尖大角尚且把南方的大伏天视为畏途，"颖光"难道就能飞过这座火焰山？上海出台太频繁似有重蹈奚啸伯、侯玉兰覆辙之嫌。但风险归风险，应约归应约，即使收支相当，也强似在北平闲居。在行里人看来，宋、王这两头初生牛犊这下真的要进老君的"炼丹炉"了。

上海剧界行情从来七八月份见淡，到了九十月菊黄中秋，上座踊跃，是为鼎盛季节。夏天的申江，京角稀有南下者，演连台本戏的当地班社也常改演清装或时装戏，求的只是保本。恰恰颖光社不识厉害，冒冒失失地一头钻进火圈里，沪上一批老朋友莫不为"颖光"捏把汗，刘斌昆担心地对翁偶虹先生说："恐怕你们是要乘兴而来败兴而归。"

上海盛夏窒息人，打静坐尚且汗流浃背，别说披挂上台了，谁知"颖光"这期营业红火得邪门，报刊爆炒之下，行情日趋上扬，海报甫出，坐票即抢购一空，真没想到已然失去新鲜感的"颖光"居然还能作这么大的"妖"。宋、王还是那些戏，间而露几出翁剧《蝶恋花》《太平公主》《美人鱼》，轰动效应始终如一，把"更新"闹得不亦乐乎的还是"小千岁""干殿下"这对黄金搭档。

金璐除了登台，遍处走的几乎全是戏院，他早消除了对上海的陌生感，好奇的他开始对海派考察开了。不到上海，感受不到具有强烈震慑和刺激作用的海派氛围，平津彩头戏的规模水平和商业噱头相比之下差之千里，实难望其项背。他亲眼所见各大剧场门口及各报刊载的演出广告，确实开了眼界，什么"马达布景""玻璃布景""真水真瀑布"，什么"大舞真蛇""生吞活蛇"，什么"草裙舞""四脱舞""玻璃浴衣"全成了广告字眼。他看的多半是连台本戏，如大舞台张翼鹏的《西游记》、林树森的《彭公案》；荣记共舞台赵如泉的《济公活佛》《怪侠欧阳德》和白玉艳的《荒江女侠》；

还有天蟾舞台的《白蛇传》。这些海派本戏广告光怪陆离极工心计，每本戏无不炫奇斗怪卖足噱头，在上海可谓红透了半边天。

1941年秋，《蝶恋花》，王金璐（右）饰万鸿飞，宋德珠（左）饰万香友

他有幸赶上了麒派名剧《明末遗恨》《董小宛》，甚至还有《四郎探母》和《打花鼓》，麒麟童对他吸引力不小，不然他不会在天津因夜间私出看麒老牌的《走麦城》而遭校纪处罚了。他又同吴彦衡结伴去看盖叫天的武松戏，盖当时已五十开外，身姿动作仍是迅疾敏捷，矫健过人；虽说精于短打，但并不专求勇猛斗狠，招式之间，随锣鼓点子交代得清清楚楚。尤在下场时顺势间一脚踢起大带，"啪"的一声，爽脆又响亮，正与锣鼓"仓"的一击契合，锣音未落，金璐一时兴起，给了盖五爷一声同样脆亮的彩声。

南方曾有"四大老生"一议，指的是麒麟童、李桂春、林树森、赵如泉四大位，金璐南来，一心想见识林树森师伯高艺，此番他如愿了。林树森魁伟的身材、高亮的嗓子、精到的功架实在让人羡慕。据李先生说，他这位师兄老爷戏功架最肖三麻子王鸿寿，背部造型几能乱真，金璐带着敬仰的心理观摩了《战长沙》和《关公显圣》，也看到了林《徐策跑城》《扫松下书》一类的徽派戏。李先生曾说起昔日三麻子抬腿甚高落脚很重，走步之际肩背皆有微微震动，京班走法与之相反，全在腰腿上使劲，多半上身不动，三麻子不少造型都因带了古朴的质感，能与古典画像暗合，令人产生一种追慕古人的意境，所以李先生教这戏时总强调步法上的要旨。今天见了林师伯的台步身段，便知是"老王派"的风格气韵，始信盛名之下决无虚言。热闹的上海戏报天天少不了"林树森"的大名，凭这三个字，便能叫响上海滩。

机缘说来就来，上海方面邀他参演两场堂会戏，恰好都与林树森同台。第一天戏码是1至4本《走麦城》，角色分配是林树森的关羽，老赵松樵的潘璋，李如春的黄忠，李和曾的刘备，王金璐应了《连营寨》一折的赵云。另一天是林树森的《举鼎观画》《徐策跑城》，金璐前场演的《夜奔》。林师伯的唱工韵味很纯正，嗓音之好能颉颃金少山，他一张嘴就是"正宫"调，南方演老爷的谁有这条佳喉？

翁偶虹先生来了兴致，在《杨排风》首尾增添了不少情节，定名《花猫戏翠屏》，沪人喜在老戏里看到新情节，这一脉络被翁先生抓准了。剧中德珠前饰韩翠屏，后饰杨排风，"五打"一个不少，全戏吃重之极；金璐前饰杨宗保重文场，后饰岳胜重武打，全得发挥；李和曾扮演前杨延昭，这出热闹戏成了他的歇工戏。颖光社后半期的戏码不是上的新剧，便是上的宋、王对手戏，双头牌实质依然。

演期将满，"更新"出面情商续延15天，"颖光"同人个个都在兴头上，既然赶上了"财神月"，再烜赫半期有何不能？不料"黄金"方面使出大手笔，约来盖叫天、叶盛章、吴素秋三班合演，这三位单凭《三岔口》《大劈棺》和《武松与潘金莲》便足可连满一个月。颖光社"花期"已过，今以一抗三，前景颇险。众人认为手中必须有亮得出的王牌，方能立于不败，可不能打无准备之仗，金璐变着话儿建议："只要百鸟齐鸣，凤凰出世，足抗'松连棉岔'。"

("松连"指《武松与潘金莲》,"棉"指《纺棉花》,"岔"指《三岔口》)。众人同心,旋即全力备战,对外则不露声色。院方见"颖光"毫无动静,不禁沉不住气了,于是老板特备一席,辗转情商,婉请急排新戏对阵,并允以增加包银、排戏加餐,且出资制作全部砌末道具,演毕全数奉送。老板如此慷慨,原来他早从社内同人口中得悉翁先生此番带来了《百鸟朝凤》的本子。

赶排连熬通宵,进度奇快。宋、王二人照例最为吃重,宋的全部殷凤珠(王大娘),王金璐先文后武,一人饰王合瑞、丹凤王二角,慈少泉的韩成,后串土地变镴缸匠,储金鹏的祝痴生,王玉让的钟馗,李盛佐的茅厕神,许盛奎的灶王,赵德勋、萧德寅、何金海、宋金声分扮金翅大鹏、锦羽孔雀和绿、白鹦鹉。"黄金"与"更新"两边一对垒,首演双双大满堂,沪上新闻媒体和万千观众莫不诧为奇迹,以久战之师对抗三路联军,险中弄险,败局不败,太神了!《百鸟朝凤》连演12天不衰,同"黄金"那边居然分庭抗礼平分了秋色。

《百鸟朝凤》可看性很强,宋德珠全面发挥了花旦、武旦、刺杀旦的表演才能,妩媚泼辣兼而有之,又创"出手"新招数,几乎施出了他浑身解数。王金璐真挚老练的做表不少来自马派,他先演王合瑞,初遇韩成一折,"几番对话,絮问而惊,睹钗而愤,愤极而怒,恨极而杀,春云三展,展开了层层向上的矛盾,使观众屏息静听,唯恐漏掉半丝戏文"。后演丹凤王,背上锦色羽毛一对巨翅,雉尾凤凰冠外搭彩球,扮相夺目,华光四照,与殷凤珠一套紧凑利落的对打凝重有致,用的是《青石山》中"勾刀"招数。储金鹏把祝痴生刻画成一个好色而上海人称"瘟孙"式的纨绔子弟,涎色而痴,单思成病,笑话浑成,很富戏味。余如许盛奎、李盛佐等俱有发挥,各有妙招。

《百鸟朝凤》空前大捷,颖光社再次荣归故里。

三

王金璐脱身不得，这回是天蟾舞台留人。天蟾舞台当时由沪上名票陈大濩、张哲生组班，又邀上青年坤旦李韵秋，如此阵容算不上一路强师，而面对的却是三支劲旅："皇后"有王玉蓉、周啸天、吴彦衡；"更新"有李宗义、李玉芝、李多奎；"黄金"有吴素秋、叶盛章、芙蓉草、俞振飞。为使对台不致落败，"天蟾"把目光盯住了王金璐，王金璐三次来申成绩斐然，自然使"天蟾"动了心。老板把底细行情摸了个一清二楚，王金璐不争牌，挂一"特别牌"即可，老板只需多付包银，至于戏码，当然得烦王金璐挑起一副最累最重的担子，"天蟾"方面卖的本来就是王金璐嘛！

天蟾舞台是个"老虎洞"，三层楼面座位多达四千，这在全国是蝎子屎独（毒）一份。上千座的戏园子来了六七百人不显难看，换上"天蟾"，即使过千，场内也显空空荡荡，遇上这种"冷局"，戏会越唱越冷，过不几天就得挪窝。金璐走出这步险棋有他自己的谋略：走红上海滩，"黄金""更新""天蟾"三家乃必经之地，哪一家闯不过去都不算站稳上海滩，眼下状态正好，申江连红三期，此时不搏，更待何时。

有闻余（叔岩）派名票陈大濩申演"天蟾"系尝试性质，成则下海，不成则磨砺，以待再做深造，成败利润概非所计，故显得十分轻松悠闲，不似金璐涨了包银，便须使出全身解数。老板坐等盈利，票价定在最高12元，均高出其他三路略许，可见老板的黑心黑肺，也真难为票友先生。凭着金璐的发威，果把营业促上去了，每见他完戏后，就有随之抽签者，甚至还有"开闸"的场面。他自10月1日登台，16天内共贴15出，几无"翻头"之戏，除《潞安州》外，贴的全是杨派戏：《连环套》《铁笼山》《八大锤》《阳平关》《长坂坡》《挑滑车》《艳阳楼》《恶虎村》《洗浮山》《蚱蜢庙》……申江一时"小杨林卷"名声鹊起。此时沪上活跃的北派武生知多少，独让王金璐占了春光。

第六节　安营扎寨

日伪时期，名家多有不登台者，梅兰芳蓄须明志，杨小楼、言菊朋、高庆奎、余叔岩先后作古，程砚秋淡出舞台……京剧鼎盛年代延续到了1937年，进入了令人扼腕的悲愤之秋。

在相对沉寂的日子里，荀慧生、马连良、谭富英、筱翠花、孟小冬、奚啸伯等年富力强的盛年名家成为中流砥柱，大批后起之秀风起云涌，展现出梨园长江后浪推前浪的壮阔前景。1940年至1944年，北平少壮派呈群雄逐鹿之势，天天在演春秋战国，渐成气候的有李世芳、毛世来、张君秋、宋德珠、李万春、李少春、叶盛章、叶盛兰、李盛藻、言慧珠、童芷苓、吴素秋、李玉茹、高盛麟、杨盛春、裘盛戎、袁世海和王金璐等人。如果说王金璐搭班头3年初创名牌效应，那么眼下的当务之急便是在北平安营扎寨，站稳脚跟，打出真正的大武生名牌。

一

王金璐的扬威立万，离不开与金少山、侯喜瑞的同台。

金少山，一个京剧史上光闪闪、响当当的名字，一个创净行挑班风气之先的人物。他1937年来到北平，只手擎天挑起角色并不整齐的松竹社，跻身于燕京各大名班之列，以"十全大净"的威名一举打破郝寿臣、侯喜瑞双峰插云的格局，直红得鲜花着锦，烈火烹油，构成了古都梨园一道奇景。王金璐有幸在一次合作戏场合得遇这位"金霸王"。是日金少山在《四五花洞》中饰包拯，金璐饰大法官，只要金少山一张嘴，即使在后台听来也觉轰轰然直震耳膜，这条令人穆然神往的好嗓子，真是天下第一神品。金璐曾有过同这位

"十全大净"合演一出《连环套》的一闪念,只因金三爷的谱儿实在太大,他一时不敢心存妄想。

《连环套》是金少山五年前北平挑班的首日炮戏,他此戏最欣赏杨小楼,故邀演的黄天霸全为清一色杨派武生,如周瑞安、孙毓堃、刘宗杨,偶尔也有高盛麟,他的第五个合作伙伴便是比他小30岁的王金璐。王金璐同侯喜瑞唱过多次《连环套》,金少山早有耳闻,丁永利手把手所教,金少山对此岂能不知,既是杨派,不妨试试。王金璐毕竟是23岁的娃娃,金少山并未把金璐放在心上,金璐那头却在做着精心准备,看金少山个头,不扮戏已是1.78米,戴盔头、登厚底、簪翎子便有两米出头,金璐自思身材明显不及,怎么办?丁先生又是一句话妙计:"跟他演多上半步,抢阳!"对!抢阳之外,还得抢"神",气魄决不可矮下去,王金璐心里有了谱。

金少山出场必有炸窝似的满堂好儿,【点绛唇】用调面翻高八度唱出,嗓音压过海笛,说是高亢入云,声震屋瓦,一点也不过分。"盗马"时的一句叫白:"嘚,马来呀!"也铿锵如雷鸣直冲云天,金璐后台听得真切,不禁暗自心惊。金少山嗓子、脸谱、个头三大优势的综合占尽了净界风流,祖师爷几乎把所有唱花脸的条件统统给了金少山,这才叫得天而独厚呢!

金少山把《盗御马》唱到一百度沸腾,金璐稳稳地沉住气,从"五把椅"一场场唱到"见彭""拜山",处处按杨爷路子不差分毫,场子并未见由火转凉。演至"拜山",当窦尔墩念"你我挽手而行"时,昔日周瑞安为使火爆,常是用足力气骤然向上直拒,而王金璐则是斜眸睨窦,徐徐用力抬腕。金少山心念一闪,这可是杨小楼演法,接着他相应地徐徐抬臂,同时渐展笑颜,金璐也随之笑脸微绽,表现出心照不宣地暗中角力。随着金少山笑容可掬的频频颔首,"请请请!"金璐则是一副不卑不亢、礼貌和身份都到位的神态气度。自台上第一次"交手"起,金三爷便注意上了这名后生的杨派气韵,"铁罗汉"个头胜了一筹,气魄一点也占不到这位"小杨派"的上风。

"拜山"演开了对手戏，精华多在对白处。金璐嗓力稍差，面对天下第一嗓，他全在技巧上着力，牢牢驾驭着字音字韵，吞吐收放，念至摊牌时，节奏突紧，势若喷泉，把黄天霸一股色厉内荏的激烈心怀奔放地一泻无遗。金三爷台上竟不敢有丝毫大意，不得不抖起他的全副精神，丁永利看在眼里，嘴角不禁浮上一丝令人难以察觉的笑意。

金少山《连环套》固不及郝、侯二家精致细到，其实他活儿并不粗，总在凝练之中别有剽悍豪犷之气，是一种"大气派"。睥睨一切、傲岸自豪的金少山也不吝褒词，直夸王金璐玩意儿地道，自此，王金璐成了金少山《连环套》中黄天霸一角的主要候选人之一。自郝寿臣1938年隐退，新生代中得金、侯二家首肯并乐于与之同台的就称翘楚了。

侯先生对《连环套》甚是自得，不轻易许人合作，钟鸣歧称得上名武生，若非程砚秋居中劝进，丁永利专给说戏，侯先生硬是不唱，后碍于情面，也仅对付着唱过一回。孙毓堃精力稍减，盛麟又常年在外，《连环套》渐而被王金璐后来居上，成了大热门。他被侯先生认可，也始于同台《连环套》的一战成功。

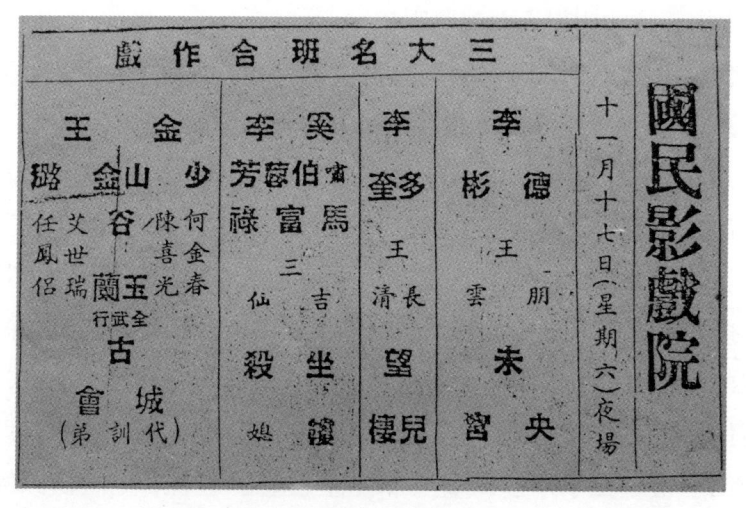

1945年，王金璐与金少山合作《古城会》戏单

三国戏出将入相，为大武生展示了大可用武的广阔天地，金璐三国戏受教于丁、李二师，总计不下六十出，如加上靠把老生戏和配角老生戏，则更不止此数。20世纪40年代的北平以演三国戏为其特色的戏班不少，"忠信""文杏"等班常邀金璐，其"结盟点"即在于三国戏。奚啸伯的"忠信"和李盛藻的"文杏"能常以三国戏相号召，也得力于李洪春和王金璐师徒俩。有李洪春先生在，有如王瑶卿所言："老洪1块牌能抵10块牌。"李洪春能把大量的三国折子戏串成一台台连锁大戏，且他本人又是北方红生泰斗、天字第一号关老爷；有王金璐在，就连车胄、华雄、颜良这类武生角色都能胜任，重大角色赵云、马超、关羽、关平、吕布、张绣等还有什么担纲不了的呢？

郝寿臣先生退隐，侯喜瑞先生堪称曹操戏唯一权威，因演三国戏之故，常搭班"忠信""文杏"等社演曹操，金璐便有了一再与侯先生同台的机会。侯喜瑞《战宛城》《长坂坡》《阳平关》俱负盛名，此三出恰恰也是王金璐的必备剧目。侯喜瑞历来当场不让步，碰到台上永远天不怕地不怕的"小杨派"，一老一少就算铆上了劲儿，谁演来都觉浑身通泰，侯喜瑞台上也是时时留神，不然反会被这娃娃给"欺"了。

奚啸伯，原票友也，他宗谭宗余，唱工爽朗、端庄兼而有之，尤多细腻工巧和舒畅流利，属于典型的雅致婉约一类，听他的《白帝城》《空城计》《捉放曹》等戏确实过瘾。奚的全本《捉放曹》，常由"过关公堂""行路宿店"至"会诸侯""试吕布""泗水关""斩华雄"，奚演刘备、陈宫，王金璐则饰关羽。如把戏幅加大到前连《斩熊虎·三结义·破黄巾》，后续《虎牢关》《打督邮》，则王金璐为前张角，后吕布。奚、王二位合作戏以1至4本《走麦城》最为上座，该剧刘备由奚啸伯一人到底，金璐是前关羽后赵云；《连营寨》的赵云是他常演的角色，在忠信社尤其如此。

李盛藻私淑马连良，且得翁岳高庆奎亲授，出科后已红了整整八年。他把马先生《青梅煮酒论英雄》做了拓编，从"许田射鹿"演至"斩车胄"，金璐担任关羽一角。盛藻有若干本多折子缀合的"三国"连续剧，如《汉阳院》《长坂坡》《汉津口》起演至《临江会》便是其中之一，盛藻的刘备实是不弱，金璐还是前赵云，后关羽，戏比盛藻还累。又有一台10折子连缀的三国戏，从"七擒孟获""祭泸江""割麦装神""关公显圣"至"七星灯""斩魏延"，盛藻饰孔明一人到底，金璐先饰马岱，后饰关羽，戏确实够得上热闹二字。

王金璐常在《虎牢关》《吕布与貂蝉》中出演吕布，前者武生应工，后者是大嗓小生，举凡石秀、陆文龙、杨再兴、岳云等小生和武生两门抱的角色，他无不左右逢源。演三国戏的武生多如牛毛，关公戏、赵云戏、马超戏三者兼优的已属少有，再加上吕布戏，就更不得其人了，难怪各戏班竞邀不止。

旦角挑班当时时尚得很，班里当家武生如同头牌旦角有够大轴份儿的合作戏，必将大受欢迎，但这类武生所占比例极小，一般来说多不对工，诸如《武松与潘金莲》《翠屏山》《吕布与貂蝉》《战宛城》《刺巴杰·巴骆和》之类的戏，并不是仗着斗狠、翻跌、搏击即能奏效，它更需要的是"演"，是做戏。金璐受挑班旦角青睐，乃至邀班频频经常赶场子，就因他特别擅长这类寓文于武的戏。他的《占宛城》《武松与潘金莲》和《翠屏山》等戏就曾同荀慧生、筱翠花、毛世来、李

《虎牢关》，王金璐饰吕布

玉茹、宋德珠、许翰英、白玉薇、吴绛秋等有过合作。

小辈英雄中的毛世来兼工筱、荀二家，"四小名旦"中独以花旦专擅，他同金璐投缘，同台显得分外频繁。以《战宛城》《武松与潘金莲》《翠屏山》等戏而论，他的演技在不少著名坤旦之上，他那一笑一颦、一举一动，宛然巾帼，酷肖妇人，会让人忘了他是位男士。他也得力于身段的婀娜，加上呖呖可听的清丽唱工，颇有婉转不胜小鸟依人之概，那几年红势也够可以。毛世来的和平社尽管有了当家武生李盛斌和江世升，还是重金邀入王金璐，可见毛世来的求贤若渴。外地花旦凡来北平献艺者，如许翰英、吴绛秋等也必找金璐合作。

那几年，《水浒》中的"二潘"戏走俏，旦角们你追我赶竞演起《武松与潘金莲》和《翠屏山》，成了当时一道新景观。坤旦钟情武松、石秀，多少格于"英雄美人"之局，况且这两个角色并非一介武夫，武松粗中有细，石秀精明过人，皆有血有肉的奇男子，大有戏可做，剧终均为"美人"死于"英雄"之手，多少留有一丝艳中有怨的余味。这类戏讲究扮相，注重交流，多为金璐之强项，他自然成了热销的"特别牌"啦！

金璐搭言慧珠的班已是1944年的事了。言慧珠、李墨璎二人也是一对不结盟而胜似结盟的小姐妹，慧珠脾气暴烈，人称"狼主"，虽是威风八面，肚里苦衷不少，对外不便吐露，唯对墨璎倾诉。言慧珠每次回北平，总不忘给李墨璎带上许多高级"礼品"，她知墨璎极自尊，故绝非讨好，身为"狼主"本也不懂奉承，这纯属二人间的小姐妹感情。

言慧珠发起火来，谁也拦不住。她饮场用的小茶壶极精致，有一次就因跟包的无意中惹恼了她，她抄起来摔个粉碎。跟包的赶紧买来一个新的，质地式样俱佳，不想沏上饮场的茶水送上台去，余怒未消的"狼主"就是不喝。跟包的只道她不喜欢，便又买上一个，还是不济事，这下跟包的急出了汗，忙向金璐求计。他让跟包的把自己用的旧茶壶送上台去，慧珠认得是金璐之物，火苗一时上不来，便就熄灭了。她喝上几口，回到后台直作揖，那天二人正热热闹闹地唱着《翠屏山》。

言、王二位友情之外另有艺缘，两人一搭档，戏就是精彩，《吕布与貂蝉》便是他俩的一出好戏。吕布既是酒色之徒，又是盖世猛将，王金璐饰的吕布神采飘逸，身段活泼，做工跌宕风流，异常从容，上马时盘旋飞舞，摹出坐骑桀骜之概，更属传神。他在"小宴"和"凤仪亭"两场均抓住一个"戏"字，于英爽中时露佻挞，这才显出吕布本色，此岂一般武生所能为，慧珠确是找对了人。言、王之间并不以"钱"为重。有一天金璐临睡觉，慧珠的管事上门急请，求其速解燃眉之急，金璐穿起衣服二话没说，拿着自己的行头就匆匆赶去。叶盛兰临时告假，几把慧珠给"坑"了，这等救场本可杀杀搏搏地敲上一笔竹杠，但金璐完戏后依然二话没说，径自回家去也，根本就不提戏份儿一事，此乃友情救场，凭的全是交情。

老前辈们也渐渐地认可了王金璐。一次在与老同学白玉薇合演的《翠屏山》中，得与萧长华先生同台，萧老是日饰潘老丈，自然精彩可期。他在后台直夸王金璐："好，太有出息了！"萧老对后生鼓励之言固然说过不少，但说这个"太"字，似乎很少有耳闻。

马德成先生是颇孚资望的武生界老前辈，20世纪二三十年代他作为黄派武生第一传人，与杨小楼、尚和玉在北平并称三大武生流派的代表人物。某日马先生因伤脚不克登台，老先生不禁想起了"小黄月山"，便差家人捎上自己名片带信给丁永利，信中要义是"小老板（指金璐）多受累"，意即请这位"小黄派"代劳。马老身份高，居然烦小后生王金璐代唱黄派戏，这无疑是对王金璐黄派戏的艺术水准的认可。

只要金璐不出北平，每年农历岁末的"窝窝头会"总有他的一席。在日常的合班演出或义务戏场合，他的亮相也变得频繁起来，如与筱翠花、奚啸伯、侯喜瑞的《翠屏山》中他扮后石秀，与金少山、奚啸伯、尚和玉、马德成、马富禄、侯玉兰的《蚍蜡庙》中他扮黄天霸，与金少山、叶盛章的《连环套》中他扮演黄天霸，与筱翠花、侯喜瑞的《战宛城》中扮张绣……在翁偶虹举办的十二生肖合作戏专场，他以一出翁氏临时编的《白猿盗盒》，与叶盛兰《白兔记》、孙毓堃《拿飞龙》、李盛藻、言慧珠《苏武牧羊》等同台，也算应了一景。

二

日伪当道，市面不景，剧界竞争空前激烈，拼搏全为"生存"二字。20世纪40年代《纺棉花》一类娱乐戏、玩笑戏盛行，其情可原，谁不想挣钱养家呀？前台经理能赚钱，伶人就是财神，赚少了多少算是一头老虎，赔钱的货就成狗了，于是乎，李少春也照样"盗"起了"魂铃"；李万春甚至一人连赶五角，拼足力气，卖足噱头，实是不得已而出此下策，毕竟生存是第一位的。王金璐庆幸自己没有挑班，如今落个自由身，哪儿邀就上哪儿演，一手交钱一手交货，多演多挣，反倒处于主动，班社亏了，也亏不到自己头上，他步的正是侯喜瑞的后尘。这类"自由人"，必须手里有"真经"，才不怕没有进香人，他们手中一般都有多张王牌，金璐的《连环套》《翠屏山》《武松与潘金莲》这三出便是他有演必邀的热门戏。

《连环套》北平公认的杨派黄天霸不外乎孙毓堃、高盛麟和王金璐三家。孙毓堃精力日衰，难现昔日光彩；高盛麟艺事纯正，可常居南方不思返；王金璐是北平"常住户口"，势头蒸蒸日上，故邀演频频。

武松戏，当盖叫天在江南唱热，北边还属于冷戏之列，那几年行情有变，武松戏逐渐在北路行俏，李万春当起开路先锋，《武十回》慢慢地被他打响了。金璐的武松戏是毕业后去天蕙斋学的，丁、李二师所教与南方路子相近，只是表演风格有异。过去一出《打虎》，按昆曲足要演45分钟，二老嫌戏瘟，改成唱胡琴的，还视徒儿演出效果不断加工，戏就热闹火炽多了。平心而论，盖派之身手矫健，招式利落，外加一股艮劲和剽悍豪迈之气，胜过北路。而万春、金璐等人的北派在描绘武松胆大心细和内心活动的文场方面，则比南派精致，唱念更为讲究。金璐心目中的武松不同于石秀、任堂惠、十一郎、燕青，举手投足抬头间都透着"站如松""行如风"的凛凛威风，艮劲儿是少不得的，身段动作处处讲究"脆"。如果要掌握人物基调，武松应是一位敢作敢为、豪侠正直的草莽英雄，就外形论，金璐中等个头，正合武松身材；武松扮相朴素，与黄天霸相比，简直天渊之差，何况侉衣最欺人，穿上它全身线条毕露，身材缺陷即会暴露无遗，这也没能"欺"倒王金璐；武松的妆，不求一般俊扮武生的秀气，脸上光打红底，再抹印堂，嘴唇紫中透红，不抹红唇，可一旦扮在金璐脸上，依然不掩其俊美，他的武松具有"寓柔于刚"的特色，很容易一下被北方观众接受。他认为自己的武松戏不过"中上"之选，却开辟出不小的市场，除形象优势外，主要在于表演。他太会运用眼神了，《打虎》中是"惊"，《快活林》是"憎"，《狮子楼》是"恨"，他都能把握住武松不同戏中的"心之苗"，把武松性格形象生动地凸现出来。

著名戏曲评论家景孤血有文赞王金璐的《狮子楼》，特别夸奖武松与西门庆怒目相对时的对话改得合情合理。当武松怒斥对方"你害死我兄长，又霸占潘金莲"时，说到"潘金莲"三字，显出欲语又止的难处，愤恨之中又带蒙羞成分。景孤血指出："别人没有这一细腻做派。然后他一亮脸，手直指西门庆，颠起后脚他有够上对方之势，情绪很逼真，别人也没这一手。"豫剧大王陈素真看过《狮子楼》后也赞赏不已："谁都没有他精彩！"

《翠屏山》是王金璐的又一出热门戏。戏中石秀属老生、小生、武生三门抱，演者不乏。此戏杨小楼不过偶有演之，《翠屏山》实是黄派拿手戏。黄派重唱，文武两手都能拿得起来，小辈英雄中李万春、李少春和王金璐都够水准，因这几位全有扎实的老生底子。以小生应工的当推叶盛兰；以武生应工的，孙毓堃、高盛麟、吴彦衡也称不弱。潘巧云一角筱翠花与荀慧生二位各有千秋，论泼辣，筱占上风，演不安于室的思春心理，荀则稍胜，老辈中芙蓉草也极老到。三人以下，后起者有毛世来、言慧珠、李玉茹、吴素秋等，论做派，毛世来占得先手，论人缘，则慧珠等坤旦占尽风流。杨雄一角历来有名角担纲，净行中之侯喜瑞、硬里子之张春彦，"能派"名家苗胜春均称高手，张春彦退出舞台较早，余二位北侯南苗，王金璐均同过台。至于潘巧云，同过台的至少也有二十来位，其中就有筱翠花、毛世来、言慧珠、李玉茹……

王金璐的《翠屏山》所以受欢迎，因他的石秀做工刚猛且富有心计，比之武松，更能演出武中有文。为他如虎添翼的还有一场"耍刀"，那是人人见了都要大喝其彩的。谭鑫培昔日演此必舞"六合刀"，李万春为显火爆，还加上八卦刀、滚堂刀的俏头。金璐所舞"六合刀"乃武术大师高紫云亲授，为使武术招数不致在台上施展时露怯，丁、李二老为他作过一番精加工，既保留了武术成色浓郁的"开式"和"收式"，又兼顾舞台表演的节奏和尺寸，因此他的"六合刀"武术风格和京剧特色鲜明不悖，武术的愣劲在这趟刀法中化为京剧把子的圆劲。"行家一伸手，便知有没有。"武术界看了认可，顾曲者看了也认可。

筱、毛、言、李四位是金璐"杀"得最为频繁的潘巧云，尤以言慧珠为最，她爱唱"二潘"双出戏，一个晚上被金璐的武松、石秀连"杀"两回，尚乐此不疲。他们都把《翠屏山》视作年底封箱戏之一，在北边，他同筱翠花、侯喜瑞、萧长华有过珠联璧合；在南方则与芙蓉草、李玉茹、苗胜春、刘斌昆有过联袂演出。慧珠居然在开明戏院还烦金璐一场唱3出：《长坂坡》《武松与潘金莲》《翠屏山》，言慧珠饰演"两潘"，叶盛兰的西门庆和前石秀，王一人三角，俱吃重的累工大戏，此举焉能不把开明戏院闹得热火升腾，拉上铁门。

言慧珠为王金璐充当过穿针引线的中介人，她曾约他一起去会见某南方来客，待见面时金璐才知是位生相姣好的女郎。经介绍，这位小姐竟是有名的广州交际花，有南国佳人之称的陈文绮。她爱票戏，也很富有，来北平想演《翠屏山》，遂转求言慧珠推荐一位北平最有名的石秀，慧珠引见的自然非金璐莫属。言慧珠对陈小姐有言在先，邀王金璐代价不菲。陈文绮早闻王金璐大名，欣然接受，"份儿"一跳好几倍在所不计。结果在中和、吉祥、开明各演一场，戏码全是言、王经常合作的热门戏：《翠屏山》《武松与潘金莲》和《吕布与貂蝉》。

《连环套》《翠屏山》《武松与潘金莲》在1942年至1944年3年中成了王金璐的财神戏，他曾对友人说起："北平只要贴这3出，多半先找的我……"，话中不屑于谦谦之名，却也坦坦荡荡。1943年北平《立言报》对多名武生有过点评，称《连环套》以金璐、盛麟为佳，《铁笼山》各有长处，红生戏金璐称得上善演，余皆不论。可惜对黄派戏未作点评，不然金璐准是鳌头独占。上海一位已故教授把王金璐这3年光景的闯荡努力称之为"安营扎寨"，此话不无道理。

三

山东是京剧大省，常有大角登台的济南、青岛、烟台等处都留下了金璐的足迹。他在齐鲁大地唱响，发轫于济南的北洋戏院。当地蒋少奎等名角同他甚是融洽，一出《古城会》唱罢，戏中扮演张飞的蒋直说："你小子真能造魔，我都快掉泪了。"只要王金璐来到泉城济南，首场必派《恶虎村》，没有商量余地，金璐此戏在那里打得雷响，却给自己带来过莫大烦恼。王金璐胯下长一脓疱，疼痛异常，正居家养息之时，济南方面死活要他"起驾"，连哄带骗地说什么到那里先养病再登台，盛情之下却之不恭，他只得登程上路。谁知到了济南，头天炮戏《恶虎村》的戏票早售一空，唯独等着王金璐的大驾光临，明知上了友好的"当"，也只能为台下知音两肋插刀了。

上得场去，还没使上几分劲，脓疱迸破，血水直流，奇痛无比，他咬牙"杀兄弑嫂""烧完庄子"，及至众人扶入后台，已折腾得迈不开步。稍歇数日，他又鼓起余勇演了一阵子杨派戏，而没来得及一览"家家泉水，户户垂杨"的泉城风光。临别院方直赔不是，不过此行舍命陪君子的王金璐倒是得足了当地的"选票"。

有一年在山东跑码头，他想拜访一下从未谋面的岳翁，墨璎认为时机未到，故过翁门而未入。其实大姐早同墨璎重新走动开了，凡在北平的亲戚也全见了面，父亲处转来口信，让二女儿去取好几箱皮衣服，可就是自己不出面。李父焉能不知女婿剧坛成名，报刊上斗大的"王金璐"不会见不到，备不住老人在台下还看过戏呢。老爷子或许还有保留，凡事不宜勉强，好在来日方长，暂时不见也罢。

1943年初夏，李玉茹重组如意社南下，王金璐照例受邀挂"特别牌"，掐指算来，此番已是第四次赴申了。李、王登台之日，上海竟同时有四家戏院接纳南来北角：童芷苓在皇后大戏院，李世芳在黄金戏院，毛世来在金城戏院。更有谭富英在更新戏院。多路强师逐鹿沪上，如意社的戏不好唱，多亏有俞振飞、芙蓉草、苗胜春、刘斌昆、储金鹏、王玉让、娄振奎、李金泉、班世超、艾世菊等不少实力派帮衬，且有马德成加盟南来，声势尚属不弱。

"打炮"以来，玉茹连日双出，诸如《四郎探母》与《战宛城》双出、《牧羊山》与《翠屏山》双出、《法门寺》与《甘露寺》双出……简直把命拼上了。金璐也休想轻松，他所贴的，除杨派戏及对儿戏外，还有与马老先生合作的黄派戏。上海人对黄派本不陌生，李吉瑞、李桂春、瑞德宝、露兰春等皆为沪人所熟知，时至20世纪40年代，第三代黄派鲜有其人，即使像王金璐那样杨黄兼学的也是凤毛麟角。这期与马老一齐出演天蟾舞台，丁先生多有叮咛，要好生侍候老先生，他愿演什么戏，先让他挑，还得用心傍着他把黄派戏演好。金璐领了师命，台上处处顾着马老，老先生心里明白，一老一少就此结下了黄派的缘。

天蟾舞台合作好戏连台，有李玉茹、王金璐、马德成、苗胜春、刘斌昆、韩金奎的《翠屏山》；王金璐、李玉茹、马德成的《刺巴杰·巴骆和》；王金璐、马德成、苗胜春、王玉让的《连环套》；王金璐、马德成、艾世菊的《铜网阵》……凡王、马同台，必双演黄派，一出《翠屏山》特色尤为鲜明，马老扮的前石秀，一如黄月山，沿用的是[正宫调]西皮唱法，与一般人的皮黄大异其趣，王金璐的后石秀"耍刀""杀山"袭的也是黄派风格，他另有"抓帔"这"一卖"，演至一把抓住演潘巧云的芙蓉草，只见他飞起一脚之时，芙蓉草随之同步飞身而起，一个又飘又帅的屁股座子着地无声，令人惊奇的是潘巧云身上的帔居然已被他抓在手中，轻盈、清晰、醒目、边式，精彩不让《长坂坡》。

如意社 42 天演期几乎天天在与暑热抗争，可喜的是上座尚可维持在六七成，近乎一天卖满一场"黄金"或"皇后"，旺盛之日，也有挂出客满牌的记录，多少有些让人意外。

近四五年里上海舞台上北派大武生贴演过的主演剧目约八十来出，其中杨盛春、王金璐、高盛麟三人均在三十出以上，李少春、吴彦衡、傅德威均二十出左右，就天蟾舞台一期，王金璐就贴戏 24 出，创一期中来沪武生贴戏数之最。不少外来角儿，沪人初几日图新鲜，场内座无隙地，讵料为日无多，即门前冷落车马稀矣。上海滩最捧的少壮大武生是王金璐和高盛麟。20 世纪 40 年代头三四年，应是王金璐上海闯荡的黄金时期，也是他安营扎寨的上升时期。

第七节　小杨小楼　小黄月山

岁月更迭又一年，日历翻到了 1945 年。8 年前王金璐有"小杨小楼"和"小黄月山"的"二小"称号，那时童伶受捧。8 年后的今天，"二小"之誉重现，却是凭着自身的闯荡创下的名牌效应。

一

杨派风靡一时，步武者蜂起，燕都为武生者，大多以执贽于杨门为荣，学杨者谁都明白，只有打出丁永利的招牌，方能归入杨派正宗，不然内外行皆不认，李少春便吃过这亏。初来北平的少春，《战马超》里用了"出手"，北方道其"外江"，不买他账，无奈之下少春只得公开重补拜师仪式，才算认可了他的杨派。丁先生闲时常在前门外天蕙斋鼻烟铺消遣，那里是他和李洪春先生常给人说戏的场所，不少武生哪怕已经捧着铁饭碗的也常去天蕙斋报到，坐一会儿聊聊天，学上两手，那儿简直就是武生行的"麦加圣地"。不过丁永利学生虽多，心有旁骛者不少，浅尝辄止者并不个别，一知半解的多，稍有几手便志得意满的不少，当然架不住丁先生骂的就更多了。无独有偶的是举凡丁先生所教，无不打杨小楼的大王旗，也无不称得上是丁先生实授，有的甚至爆炒得厉害。但仅从媒体宣传力度和广告规格大小并不能完全确定与真才实学间的必然联系，有时还会形成一种"剪刀差"，造成有名而实不符的误导，当然也会有人落入实至名不归的怪圈。

众人道杨派，似是而非，似非而是，唯丁先生可仲裁真伪，这话不假。也有人说，谁得杨派"真经"最多者？无人可作客观评定，唯丁先生心知肚明，这也不假。事实上，能与丁永利朝夕相处达10年之久的徒弟仅金璐一人；没被骂走的徒弟也仅他一人。他是丁永利最疼爱的门生，师父一心专为徒儿管事，天天师徒练戏不止的同样也仅有王金璐一人。但他从不以此炫示于人，更不借此傲视他人，"本分"如此，叫人看不懂。丁先生对舆论"炒作"从来不以为然，也不屑一辩，于是乎，一对最具典型、最具成果的师徒渐渐地被传媒淡化了。值得宽慰的是25岁的王金璐以其自己的真正实力让北平观众重新唤回了8年前关于"小杨小楼"的回忆。

王金璐始终有着清醒的头脑，不因演杨派戏略有小成而沾沾自喜，杨派难学难精，他心里清楚不过。杨小楼的禀赋谁人能及？谁也休想唱到杨小楼那个份儿上，他也很清楚。杨小楼在台上"天人合一"的神采更非常人所能，这是一种意境上的高度，谁又攀登得了？20世纪40年代观众看待一名青年武生，重在看他学得像不像，是否有模有样，毕竟不会把二十多岁的王金璐放在杨小楼的尺度去衡量。王金璐之学杨，由刻模子入手，竭力模拟杨宗师台上一举一动务求形似为第一步；讲究精当贴切，描摹人物形象则为第二步；至于意境，那是八字还没一撇的遥远事儿。迄至25岁，他一直以刻意求工为宗旨，不造魔，不胡编，不离经，不叛道，不越雷池一步。

杨小楼有"活赵云"美誉，丁先生几乎教全了金璐全部杨派赵云戏。《长坂坡》是杨派武生必演之戏，亦赵子龙最出风头的一出戏，一般看热闹的，多注重武打，此戏精妙实不尽在此。"宿营"一场赵云枕戈待旦，神情警觉，其微合双目，略以眉宇间的细微表情显示人物内心的高度警惕；见简雍之时，一段上马时的随做随念身段，讲究身手干净、口齿沉重、举止合度，于仓促之间表忠勇之态；糜夫人投井，其推垣掩井、阵前夺剑的种种神情身段无不入细入微，极显赵子龙身份。在赵云怀揣阿斗大战曹营兵将时，王金璐效法的杨氏技法十分讲究，步法、枪法稳准精确，不出现空招废招，约而不繁地塑造了赵云这一万夫不当之勇且忠义可嘉的大将形象。他没有一味横冲直撞式的猛冲蛮打，不然同三本《铁公鸡》的张嘉祥何异。杨派武生真能演出戏情显其儒雅者，寥寥数人而已。

《阳平关》的赵云念白很吃重，不少戏情是由大量白口来表述的，这戏能否出彩，与念白水平关联莫大。武生多白口干渴之病，一味求亮求响，失却嗓音的滋润和弹性，让人听来费劲，遑论美感。金璐念白全在技巧上驾驭，高虽吃劲，脆也略欠，可字韵风味不走。对黄忠进劝的一段念白，口吻顾及身份场合，尤为得体。

《战宛城》是王金璐另一出杨派重头戏，杨小楼昔日的台上搭档有过侯喜瑞的曹操；有过筱翠花、荀慧生的邹氏；也有过杨春龙的典韦，金璐均赶上了与这几位前辈合作的机缘。这名后生一如侯喜瑞，当场不让步，举手不留情，极会做戏，又极善传情，直令老辈们在台上兀自大意不得。与金璐《战宛城》有过联袂的典韦先后有过傅德威、邓金昆、程玉焕、洪德佑、萧德寅、鲍盛启、娄廷玉等，其中最有身份的是杨春龙。这位老先生虽比不上许德义、钱宝森、范宝亭，可也是一位好佬，因抽大烟，渐被冷落。他获悉金璐跑码头有这出戏，便来对丁永利说愿傍金璐出演，丁先生应允后便对徒弟说："这次你师叔跟你去，这下好，小子你杨小楼了！"意即身份有了，开销也大了。上演之日，金璐好奇地扒开台帘看这位"好佬"起霸身手如何，他眼里看到的杨春龙却是一副怪模样，杨揪着靠腿子出场，台口亮完相，并不撒开靠甲，继续做开了他的"云手"动作，这老头可是舞台老手，今天怎么了？丁先生赶紧派上检场人硬把他的手掰开，不然戏就砸了。杨春龙一进后台，只见丁先生在他嘴里塞进一样东西，正当金璐担心老头是否还会接着出洋相，场上情况起了突变，老头变得身手不凡了，他饰的典韦愈念愈有精神，马鞭、步子全恰到好处。到了开打当口，金璐小心翼翼屡施缓手，谁知这位师叔招式快极了，把子节奏一下子赶在金璐之先，一看老头真来了状态，金璐这才手上加紧，把节奏拉平。事后丁先生说："一片大烟泡早塞他嘴里了。"哦！原来如此，老头打过强心针了。这位好佬倒也没忘了给眼前的"小杨小楼"一句好评："是杨老板（小楼）的活儿，真像回事。"

自杨小楼时代起，观众看武戏已不单纯满足于开打火炽、武技出众，人们的审美意识正在悄悄地发生变化，欣赏品位已日益提到了"武戏文唱"的高层次。金璐由科里红至弱冠显名、绚烂姹紫，都时时循着杨小楼的"经纬坐标"去潜心修炼，如何演好武戏中的文场子，一直是他苦修的重点课程，其中就有《恶虎村》这一出。他饰演的黄天霸出场开唱的头一句"离了扬州江都县"，带着若有所思的情绪在王栋、王梁接"腿"唱"哪有绿林乐安然"一句后，"扎扎仓"中，他一下左右微瞟的眼神，接着又发出一声有气无力的"咳"字，这便使人感到方才唱的那句纯属颓然有失的情绪，他不能对施县尊身入虎口而坐视不救，心情矛盾而又无奈。当他保施大人的决心已下，即在"豪杰马上紧加鞭"的"紧"字上耍了一腔，精神顿时倍增，看来他决意要同自己的盟兄为敌了。演至"进庄"一场，金璐眼神脸色极是细腻，他已然发现濮、武二位遁词，大有"此地无银三百两"之疑。在他念完那句"背供""今日为何冷淡而去？"此时的王金璐眼一眨、眉一挑，罗帽上绒球一颤，"欸"的一响，内心之惊呼之欲出。这一惊，表情上立时有了反应，二义兄必有暗害施县尊之心。他随之边招手边牵马的精彩下场和高喊"二位仁兄慢走，小弟来也"的同时，把黄天霸内心之惊、之急从前台把戏一直带下场去。

《战冀州》是又一出颇见文唱功力的杨派名戏，当马超见妻小被缚城头，不少武生皆作鹞子翻身状，花哨中反显肤浅了，这不是杨派演法。金璐演这一出，此刻身子不动、双眼紧盯城楼，两眉紧拧，两颊颤动，身段不多，却一身是戏，马超内心之急怒迸发在以静衬动的手法中入木三分。演到妻子被绑上城楼，一时昏厥，从马后摔下，此谓"后僵尸"；醒来后被手下扶起，又接城楼上扔下的儿子尸体（彩人），他两眼死死盯住"彩人"，然后紧抱胸前，一阵昏迷中身子向前栽倒，此谓"前僵尸"。两次都讲究摔得干净利落，更重在描绘马超悲痛欲绝时癫狂昏眩的反常状态。他按杨小楼"文唱"风格，致力于把马超的心理突变、精神痴狂、悲不能言的戏做足。在他认为，《战冀州》的马超只摔不翻，摔之成理，翻之悖理，王金璐日益推敲起戏情戏理来了。

演猴戏，素有"人学猴"和"猴学人"之别。杨小楼演《安天会》的悟空，真够猴王、大圣的"份儿"，舞台上的猴王是人格化了的，一味地人学猴，越酷肖越似真猴，则离人越远。王金璐在《安天会》头场，头上草王盔加翎子狐尾，身着黄蟒，足登厚底，上场即载歌载舞，显示的是齐天大圣的王者之气，一长身、一踮脚，探身远眺，平平常常的一个造型，立时显现了猴王的不凡气宇，这番气派绝不会被人看成是万牲园里的小毛猴。他戏里不学有人惯用的爪式，而是手掌向下，略作按掌手势，意到而已，不在猴子原型上过多渲染与模仿。他上马身段是先掖蟒，再飞脚骑上，虽求利落，却也在学人动作。悟空偷完蟠桃背着口袋下场时，斜走矮跨步，由高而低越走越矮，越走越快，机灵中透出调皮，但还是猴学人的样儿。从他念对儿"仙名永驻长生簿，不入轮回万古传"起，接唱【醉花荫】"前呼后拥"、【喜迁莺】"望瑶池"、【刮地风】"万里祥云不见绕"，"只当作炒豆儿吃一饱"，及至斗天君、斗月孛、斗罗睺、斗巨灵、斗哪吒……脸上总是一派笑容可掬，两眼眨眨，双眉上扬，嘴角微翘却不露齿，颧部微颤而不僵板的眉开眼笑的神猴喜相，全属杨派经纬。

王金璐频频演于平、津、沪、鲁等地，皆以杨派戏为根本，侪辈武生中以杨派戏立足而处不败之地的，现今不过高盛麟和王金璐而已。他首次南下，在黄金大戏院贴演20出戏中杨派戏占了80%；首演天蟾舞台时贴戏15出，杨派戏高达93%；二次出演天蟾舞台，20出戏中杨派戏仍占有3/4，在津、鲁各地何尝不是如此。

有行家称，杨小楼代表作中的代表应是《长坂坡》《连环套》《安天会》，因杨小楼有唱好这三出戏的特殊条件。杨小楼本人说过武生要能来《挑滑车》《铁笼山》《恶虎村》《落马湖》这四出戏，别的就不怕了，故说这又是四出杨派基本戏。凡此四出，金璐没一出不够"谱"的。20世纪20年代始末杨小楼有一批指定的堂会戏，包括《长坂坡》《战宛城》《安天会》《战冀州》《麒麟阁》《连环套》《夜奔》《阳平关》等共20出，经丁先生的悉心传授，这些戏一一成了王金璐的常演剧目。杨派武生行列里，以剧目多寡而论，王金璐显然名列前茅。

20世纪40年代，在业已形成的阵容强大的杨派武生人才群体中，有牌子有名号的太多了，但宗杨派艺术有成者毕竟有限。资格最老的当是周瑞安和沈华轩，他们和杨小楼相差不到十岁，年龄与丁先生相当，俱属前辈行列。孙毓堃是数得上的杨派人物，曾带艺入俞振庭斌庆社，后由俞转杨，颇具声威。因俞派根底扎得深，有人道孙"杨表俞里"，是为高论。孙毓堃身材颀伟，长身玉立，宽肩细腰，扮相英俊，实是上等良材；其演技以稳重凝练为主，气势雄伟，成名绝非偶然。因俞派成色高，是以勾脸戏比素脸戏更现精彩。周瑞安之后，比金璐年长15岁的孙毓堃应是当时杨派武生代表人物。与孙同时，吴彦衡也曾自张一军，吴以用心专勤，故成绩亦斐然可观，其未尝以杨派标榜，而实浸馈于杨尤深，每逢杨氏演戏，苟有少暇，无间于风雨，必往观之。熏陶既久，于杨之所长，辄能心领神会，吴之杨派，自有功力。

李万春童年即显山露水，至1938年声望尤隆，侪辈无可争锋。万春初时宗杨，身上杨派名剧不少，声名大起后急于创建个人风格，故京师有曰："万春名声愈显，则离杨愈远。"周瑞安、沈华轩老去，孙毓堃称雄难以为继，盛麟、金璐尚未丰满，少春正处发轫之始，杨派旗手本非万春莫属，只可惜他志不在此。

刘宗杨，杨小楼外孙，以宗杨命名，亦原冀衣钵有所递授也。可是宗杨资质并非上乘，又不能刻苦自励，提命虽力，终少收获。虽随丁师学演过不少杨派名戏，也略有些名声，惜天不假年，去世太早，遂鲜为后人所知。

高盛麟出科后从丁先生深造，学杨派戏早金璐3年。盛麟长靠优于短打，幼功精湛，一招一式准确瓷实。丁先生曾叮嘱他把所有学过的戏一律"下挂"，丁教戏有原则，杨就是杨，杂拌不成，既授杨艺，不准许其中掺水，盛麟因之得实授颇多。其嗓子条件天赋独具，后起杨派武生中属他第一。

李少春并非全以武生挑班，他余（余叔岩）派、杨派的戏都演，虽然拜丁永利先生为师，但因他演出频繁，真正向丁永利先生学杨派戏的时间并不长。他武戏中第一是猴戏，第二是短打，难得见他演长靠大武生戏。

丁先生面授过的还有张云溪、梁慧超、钟鸣歧、傅德威、延玉哲、袁金凯、尚长春、齐和昌、米玉文、言小朋等人。张云溪博采南北、兼及关东风格，在短打戏方面卓有成就；钟鸣歧海派风味较浓，难以通盘宗杨，故说过两出，不再续教；梁慧超所宗以李兰亭为主，戏路特色稍重南派；傅德威拜杨，却随丁先生学了尚和玉一路；其余皆金璐师弟，虽艺事各有高下，然均可归入杨派。

北平《立言画刊》曾载文点评北派武生，着重指出："王金璐为近年武生中最有希望的角色。"他出科6年，终于在众多对手中杀出重围，同孙毓堃、高盛麟一起，成为当时杨派武生的重要代表。"小杨小楼"称号重现之日，并没有冲昏他的头脑，内有贤妻、外有严师，两贴镇静剂药力无边，不允许他有任何踌躇满志的飘飘然，也不允许他有任何忘乎所以的昏昏然。他看得清楚，这是来自观众知音的捧场语、捧角词，其本身并无多大意义。他逢人常说："我算个什么呀！比起杨小楼，连人家一个手指头也够不上。"幸好，他没有糊涂。

二

抗日战争进入后期，日军节节败退，北平市面不靖，各戏班均在勒紧裤带过日子。此时剧坛刮起一阵不要武戏的风，风源来自一批经励科的人，他们认为武戏调集的人员多、开支大、不经济，由此激发了剧界的一场轩然大波。众多武行义愤填膺奋起抗争，为了维护自身的生存权利，李洪春先生振臂一呼，孙毓堃、王金璐大力协同，各武行群起响应，未隔几日，一个声势浩大、人强马壮的武生联盟雄起于北平梨园。"武生大会"旗帜既张，八方来归，人心果然很齐，凡是北平的武生、武行和带"武"字的几乎全数加盟，连捧铁饭碗、有生计保障的也入了伙。

从来是一盘散沙的北平武行，此番精诚团结的局面给人耳目一新，人人服从命令听指挥，派什么演什么，不争戏码不争牌子，实在是剧界难得一见的新风。"武生大会"斗争策略很是讲究，他们一方面针锋相对，夺下各戏班文戏里的全部武行应扮的角色，这样一来，大多数文戏就难以演出；另一方面又把武戏的角儿们常攒在一起大演精彩的合作戏，如此一来，营业额直线上升，几乎场场告满。收入分配按"共和"性质做到老少无欺，摆得很平。"武生大会"不仅内部安定，而且显示了它强大的生存能力，经励科们眼看架不住了，于是个个前倨后恭，主动上门"打和"："我们要武戏，我们请武戏。"各戏班文武戏并举的局面恢复如初了，而且众武行还都长了戏份儿，"武生大会"大获全胜，王金璐无疑是这场生存斗争中的先锋人物之一。

"武生大会"期间不乏好戏，可谓连出重拳。1945年1月，华乐戏院贴《武十回》，由张玉禅、王金璐、高盛麟、钟鸣歧、黄元庆、杨盛春、江世升、高世寿、李金声等十演武松。同年2月的一场戏，头出为四演《万花楼》；第二出是王金璐、高盛麟、钟鸣歧、李凤翔的《挑滑车》；第三出由李洪春与高盛麟、钟鸣歧上《五五铁公鸡》；大轴是李洪春、王金璐、李凤翔的《走麦城》，戏码、人员都够热闹。此后还有过两回李万春加盟的五演关公，一回由李洪春和万春、桐春昆仲、杨菊笙、王金璐五位合演从《屯土山》到《白马坡·战延津》的关老爷，后再加演大《蚘蜡庙》，李洪春扮褚彪，万春反串张妈，桐春扮费德功，金璐演的是黄天霸。另有一回是五位演全一至四本《走麦城》，从《失襄阳》一直唱到《连营寨》《生死桃园》，五位老爷一人饰两角，而金璐与万春皆一唱三，万春最后应刘备，金璐后场演赵云，二位师兄弟以大轴《连营寨》收场，这也是李、王二位难得的一次同场同台。在北平凡有合作老爷戏的场合，通常总会有李洪春、李万春、王金璐师徒三人，《走麦城》一戏若由李洪春主演老爷，关平一角则多由万春、金璐应下，二位为捧师父，常把关平戏演得格外火炽，偌大北平，也仅李洪春有这"份儿"。

1936年至1937年间，正当金璐学第一出老爷戏《走麦城》时，李万春的关公已是赫赫有名，小辈英雄里早成独执红生牛耳的人物。20世纪40年代初，金璐的老爷戏随杨派戏一起打响，他演的关羽平正大方、恪守法度，以工稳见长，演法上没有越分僭行之举，1943年《立言报》曾在除万春外的武生中作老爷戏的比评，结论是"唯金璐能演，余皆不论"。金璐报界无背景，此论想必不是邀来的捧场文字。

"武生大会"常演《铁公鸡》，台上动真刀真枪，金璐素无此戏，为串演角色，向李洪春老师急就章似的抱了一下"佛脚"，便应个向帅上场了。有时后面也贴《连环套》，此戏必列大轴，王金璐与裘盛戎有过联袂。一旦要唱《连环套》，大多少壮武生就不接了。值得一提的是裘盛戎大非昔日可比，他运腔方面以柔衬刚的探索十分成功，把净行的刚健和生行的婉约糅在一起的实践卓有成效，回想四年前裘、王二人同台黄金大戏院时的《连环套》，都觉对方艺事猛晋，当刮目相看啦！

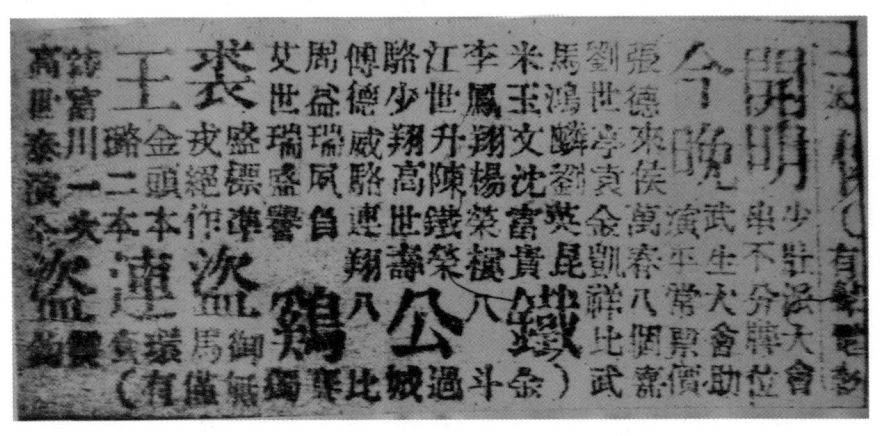

1945年5月，王金璐与裘盛戎合作《连环套》戏单

三

每日里王金璐与丁、李二师聚首，因听得多了，对黄派的流传渊源，他已略知大概。黄月山的辈分高出杨小楼一代，与谭鑫培、杨月楼等属同代人。第二代黄派代表人物除马德成外，大多皆津门所出，如李吉瑞、李玉奎、瑞德宝、李桂春等全是，其他如沈华轩、周瑞安、杨瑞亭、盖春来等也程度不等地接受了黄派的熏染。时至20世纪20年代，大体上由李吉瑞和马德成先后支撑着黄派"大厦"，只是李吉瑞退隐过早，金璐无缘一见。据行家所言，传黄派者，最为理想的"掌门人"当是马德成。

王金璐喜欢黄派，他喜欢黄派那荡气回肠的唱腔，娓娓唱来，彩声连连，自己也觉过瘾；他喜欢黄派戏浑身是劲儿和"神儿"；他喜欢黄派戏的口白，慷慨激昂，念来带劲；他还喜欢黄派的髯口功，套路变化繁多，太漂亮了。自随丁先生学戏至今足有10年光景，学得黄派戏二三十出，在少壮派中也堪称数一数二的角儿了。

唱黄派戏能得马德成的认可，才是真正的认可。1943年6月王金璐在上海天蟾舞台与马德成先生频频同台，合演了《洗浮山》（王饰前贺天保，马饰后贺天保，唱"托梦"【反二黄】）、《铜网阵》（王饰前白玉堂，马饰后白玉堂唱"托梦"）、《落马湖》（马"问樵""酒楼"，王"走边""水擒"）、《酸枣岭·刺巴杰》（马、王前后骆宏勋）。一老一少，对比着演，焕发出一种同中有异交相辉映的黄派风采。黄派人物本已寥寥，此举可谓破题儿也。马老接受这位丁氏门生并与之同台演黄派戏，就是对王金璐一种认可。

黄派知音少，同道也少，李万春受教于丁永利，黄派戏且有过李吉瑞和李桂春的传授，底子之硬，比金璐有过之而无不及，然而金璐日积月累，他所演的黄派戏日渐成熟，反观万春之黄派戏今风格渐变，更多的则是他自己建树的特色；吴彦衡也有黄派戏，不过成色有限；盛麟等也时有露演，多以杨派路数演黄派剧目。要说黄派戏，李万春的《独木关》《铜网阵》等戏确是出色，只因志不在此，致使黄派少一传人。黄派戏少有人演，也就少有对手，故王金璐"小黄月山"无疑成了铁定。20世纪40年代的北平舞台黄派戏愈演愈少，金璐却依然孜孜以求，照演不误。

1945年1月吉祥戏院多班联演《蚆蜡庙》，王金璐主演褚彪，金少山露了他颇为自得的金大力一角；前场另有金璐与李金鸿、李盛斌的一出《巴骆和》，如今黄派戏演双出的实不多见。

1945年3月，北平梨园公会组织武生三派会演，请出尚派创始人尚和玉和黄派第一传人马德成两位老先生，眼下如有杨小楼在，三派代表就齐了。当时资深杨派俱春秋已过，举目后起英才，举办者把目光投向了25岁的王金璐。尚和玉高龄72，马德成过了63，三派会演成了两代人的合作。金璐杨派戏唱出了名堂，唱出了梨园公会的认可，这无疑为"小杨小楼"的称号提供了权威性的依据。丁先生脸上照旧铁板一块，听到徒儿佳音仍是一副老姿势，坐在一边抽着旱烟袋。按丁师看来，轮上金璐代表杨派合情合理，只是平日里徒儿吃的"白丁"亏太多了，今天不过体现了一次公平竞争而已。

尚老先生对眼前的杨派娃娃王金璐不觉陌生，尚老的戏金璐也观摩过不少。他曾有幸与尚老前辈同台双演《长坂坡》的赵云，先由"当阳歇马"演至"掩井"，后由尚老从"大战"演到"过桥"，《汉津口》再由金璐上后赵云。那天丁先生特意来看金璐状态如何，到场时正赶上尚先生接戏，待见到金璐再上，不由得摇头不止，皱着眉直在一边生气。戏刚落幕，丁先生大步走进后台，说道："下回我们再不跟他唱这出了！"金璐听了不知就里，丁先生接着说道："尚和玉不出场，你还真有个相，真是个赵云，等他一上，他比你大上一号，你成他的儿子啦！"哦！原来为了这个，尚老前辈的身躯体格也实在太魁梧了。

尚先生创派很早，约在民初年代，至今桃李繁盛，名徒不少，韩长宝、张德发、朱小义、娄廷玉、孙盛云、路凌云、侯永奎等济济一堂，年轻弟子也有傅德威、黄元庆、尚长春多人。德威这些年全然以尚派武生面目出现，其之学尚派艺术，一如金璐之学杨派艺术，皆招招有规范，式式有出处，所学虽不一路，可师出一人，法度相似，尚老确也佩服丁先生不已。

三派会演戏码既要兼顾三大派，又要照顾两位前辈，一时不好排定。丁先生那里发了话，一切以尚、马二位为准，金璐只要把戏衬好了就行。演前他对徒弟又有明训："你别尽耍花活儿，别什么都跑在头里，多看看……""只许他们碰着你，不许你碰着他们……"他当然要维护徒弟的名誉利益，但前提必须是"戏德"二字。

会演在吉祥戏院、长安戏院轮换进行，共计4天。3人合作戏有4出：《闹昆阳》（飞叉阵），尚和玉的牛邈，马德成的马援，王金璐的马虹；《蚍蜡庙》，马德成的褚彪、尚和玉的费德功、王金璐的黄天霸；《翠屏山》，马德成的"吵家"、王金璐的"酒楼""耍刀""杀僧"、尚和玉的"杀山"；《百凉楼》，马德成和王金璐的前后吴桢，尚和玉的常遇春。戏码排得有学问，3人各有用武之地，金璐的天霸和马虹二角用杨派技法，吴桢和石秀二角走黄派路数，有意思的是《翠屏山》《百凉楼》二剧均让金璐唱了黄派重头段子。

马德成的褚彪显示了独到的黄派髯口功，他打从20世纪20年代已经藏起不少老

《闹昆阳》，王金璐饰马援

头儿戏，知音少，识者稀，落得省力气。老先生曾见过金璐的老头儿戏，令他大惑不解的是几近绝响的黄派技艺竟在这娃娃身上余韵再现，丁先生果真鬼斧神工，他在后台不禁喟叹："小子，好好干，咱这道蔓儿（这些戏）今后没有了。"

《翠屏山》三演石秀，金璐吃的是"肥中段"。马德成年逾花甲之人，张嘴依然够上乙字调，倾喉一放，没有挡头，音色甜美挂味，且让人荡气回肠。马老年事已高，做工把子也仅点到而已，全仗着悠扬悦耳的唱工抒情，典范虽犹存，昔日韵华已难再。尚老见谁都显辈大，常满口"小子小子"地称呼后生晚辈，觉金璐亲切，便更叫个没完，两人相差将近半百，如同祖孙一对。老头真是一副好体格，半截铁塔一般，刚完戏，还在大汗淋漓，却大碗大碗地喝冰水，咕噜咕噜地连着喝，还一边得意地自夸："你们这些小武生行吗？"再看他带到后台的刀枪把子，尺寸都比常规大出一号，台上舞将起来，呼呼生风。老头73，生就一派天神相，一身金刚神力，真不知这身硬功夫是怎样练就的。

三派会演是京派武生高层次的华山论剑，王金璐以"小杨小楼"之名行"小黄月山"之实，有报评其"萃杨黄于一身"，也有人说"王金璐艺兼多门，宛如水晶盘子里的玛瑙石，一丝一缕彩纹毕现"。其时正是北国早春，王金璐时刻不忘警束自己，不要在春光里沉醉了，春色里丧志了，春意里痴迷了。他最念念不忘的还是丁先生训过他的那三个字："差远了。"

第八节 "中华"重光

日寇铁蹄在中华大地践踏了8个年头，受尽蹂躏的黎民苍生在挣扎，在呻吟，惶惶度日的苦难同胞实在活得太压抑了。王金璐这代人正值风华正茂之年，不唱戏吧，生活无着，归他养活的几个家天天都在等米下锅，他心中有着太多的无奈，不时显得郁郁然。他不信多行不义的日军没有自毙的那一天，每当见到耀武扬威扬长而过的日本鬼子，他总会横目以对，冷眼观蟹还能横行几时。

中华戏校被迫关门后，金校长闭门谢客极少露面，1945年3月含恨辞世，财物典卖一空，留给子女的只有题名为"悔庐吟章"的四大本诗稿。金璐问起校长长子金永祁，才知校长留下一句遗言："日本投降了，告诉我一声。"并嘱咐家人把灵柩停放着不下葬，在生命的最后一刻，老人思念的唯有"王师北定中原日"。

经过8年抗战，终于迎来了胜利的一天。在一个酷热的中午，电台广播了日本裕仁天皇的讲话，正式宣布日本无条件投降。"忽如一夜春风来，千树万树梨花开"，北平各行各业纷纷以各种方式掀起盛大的庆祝热潮，一时爆竹喧天，欢声震野，欢腾的热浪一浪高过一浪。胜利后的好心情消除了积郁心头8年之久的阴霾，王金璐也和广大同业一样，沉浸在企盼从此国泰民安、国富民强的狂热之中，对梨园行萌生了新的憧憬。

有一件事情是一定要做的，他穿上灰布长袍外罩黑马褂，特地来到校长的停灵处，往里瞧不见一人，只见成堆的棺材，阴森森的叫人不寒而栗。他伸首内探，逡巡不敢入，又不能就此打"回票"，便强自鼓起勇气，站在门首处，运上丹田气，喊出"正宫调"："校长，日本投降了！"如此大声连喊三声，然后才心里释然地离去。

胜利之喜，昙花一现，除了不见战争硝烟，不见日伪逞凶，似乎一切照旧。历时不久，各地伤兵云集北平陆军医院，仗着身上的黄军装白吃白喝白听戏，谁也不敢惹，寻衅闹事天天有，戏院里摔茶壶、飞茶碗、抡拐杖、砸桌椅，大打出手司空见惯，连国民党纠察队也避其锋芒，不敢上前。演员上台，往台底下一瞧，如果是清一色的一片黄，今天的戏就算白唱了。北平戏业本不景气，折腾不起，唯有停业而已。不想美好憧憬成了"画饼"，王金璐不禁迷惘了。

马连良和李万春涉嫌伪事一案轰动一时，他们的钱囊被"接收大员"看中，于是借题发挥、无中生有，铆住不放，直铆到马、李二人倾家荡产。财已尽，官司随之告结，结论无非都是一个"查无实据"，演员再出名也不过是人家砧板上的肉。可金璐万万没想到"接收大员"的"恩泽"会波及自己。胜利后他租住的地安门大街黄花门的房子租金猛涨，后来房东索性催他搬家。墨璎质问房东："我们从不欠你房租，为什么要我们搬？"房东一个劲儿地说房子留着是接飞来的党国要人的。事隔不久，一名警察找上门来，大喊大叫："谁是王金璐？"一下把王金璐带进了巡捕房，不问青红皂白就逼他腾房子，他一再申诉："我哪来现成的房子，找房也得给我时间呀！"结果坐了一天班房，幸好没受罚，也没挨打。金璐从此发下狠心，今后哪怕有个狗窝，有个半间房，也比住人家的金窝银窝强。

忙着找房的日子恰恰又赶上一场反串演出，他串演的是《法门寺》宋巧姣，戏中有贾桂一句台词："这么好的姑娘跟嘎杂子琉璃球搭街坊……赶紧找房搬家！""宋巧姣"原本在那里跪着不发一言，谁知这时蓦地蹦出一句："我找不着，太贵！"那天台下不乏知情者在，听了这句，个个捧着肚子大笑，笑得几乎趴下了。当时买房谈何容易，"好家业搁不住三家分"，金璐经济实在不宽裕。

一

中华重光催开了翁偶虹先生才思之源，他重又在遐想中提起笔来。《史记》有"昔日荆轲慕燕丹议，白虹贯日"的故实，《战国策》也有"要离三刺庆忌也，白虹贯日"的故实，翁先生由此得启示，遂取安史之乱、张巡守睢阳死节和郭子仪收复两京的题材，写成新本《白虹贯日》，这可是借古说今，宣扬不屈的民族气节的一部力作。此本原为中华戏校校友而写，完稿之日，即邀王金璐等戏校旧人共商。《白虹贯日》壮怀激烈，全戏自始至终充满悲壮美，剧本对汉奸作了鞭挞，对日寇大加抨击，歌颂了前赴后继喋血捐躯的忠烈志士，同学们8年抑郁之情大可借此戏尽情宣泄。于是人人跃然群起加盟，组成了中华戏校毕业生剧团，全力备演《白虹贯日》。

校友聚首，酝酿着新的合作；同窗见面，重温着昔日情谊。叙旧间感触良多，只道广陵云散，怎料今又风云际会。剧组执行导演的担子搁在金璐肩上，他二话不说，只要能扬中华戏校之威，当仁不让。众人想起1940年同学星散之日，一些小师弟师妹由沈三玉先生组班光华社另谋生计，可谓惨淡经营，那时以白玉薇为主，难以为继时大师兄们也常临时加盟，以度危局，这几年陈永玲、张玉英、高玉倩等先后出道，也真让一班师哥师姐由衷的高兴。

《白虹贯日》使中华戏校同窗得以重温6年来多次合作的场景，真有恍如当年胜似当年之感。

"颖光""如意"曾是中华戏校学生的两块名牌，中华戏校声誉遍播南北，二社其功莫大。

1941年5月广和楼大合作戏《龙凤呈祥》，由王金璐、白玉薇等师哥师姐鼎力相助光华社出演，此时白玉薇已突飞猛进，身上确有几分雍容华贵的大家子气。

1941年的校友消夏大会，一直为校友们所津津乐道。很早就有人提议发起一次戏校全体同学的通力合作，让外界看看戏校精神犹在，这一愿望终于在7月23日实现于长安戏院。那天票价前排高达4元，后排也卖到2.6元，竟同马连良先生不相上下，座客中的主力部队依然是当年捧戏校的"东广"老主顾们。白玉薇的《闹学》出场便是满堂好，身段全学韩世昌，倒第二是《刺巴杰·巴骆和》，此戏应宋德珠要求而设，金璐早想串演一下胡理，恰好李和曾又极想唱骆宏勋一角，如此来得正好，皆大欢喜。王金璐的胡理，午夜蹑足提刀，来去轻如猿猴，疾如飞鹰，窃听动静之时，右手单刀一背，左手五指拢起嘴边一遮，旋而一腿矗立，一腿高抬，活似一只瘦鹤停立小塘边，专等送上口来的鱼儿。他的胡理扮相、道白统统宗法叶盛章，台上真有一片"月黑杀人夜"的恐怖气氛。"搜店"一场与德珠的马金定紧凑利落的开打，台底下都说王金璐哪里像是反串，简直成了他的本工。当天大轴戏是《得意缘》，白玉薇、宋德珠、李玉茹三演狄云鸾，玉茹还赶扮中部郎霞玉，全副尚小云派头……这场消夏晚会台上台下一片红火，金校长和当年学校教师几乎全数到场，见此盛况，忆及往昔，感慨系之。

1942年至1944年间，各戏班打破界限，把好角儿拴在一起，推出一台台精彩纷呈的大合作戏以资招徕观众。翁偶虹曾在北平多次操办此类剧坛盛事，金璐和中华戏校的学友常借这种场合实现了同台演出。如"十二生肖"合作戏，每戏皆含一生肖，12出戏里戏校校友排上5出，金璐本上《闹龙宫》，因此戏太熟，为图新鲜后改《白猿盗盒》。此戏乃《五雷阵》中一折，是据昆曲本子临时改编，至于身段表演，全由金璐自行设计，整折戏不到三十分钟，唱曲牌、走身段、上桌子，一台漫翻下，把盒盗走就算完事，此戏人多不识，故颇惹人注目，其实纯属应付差事。"十二生肖"之后，豪兴不减的翁先生又办过一次"巾帼十艳"合作戏，中华戏校校友参演十中之七，王金璐在张玉英《梅花剑》中应陈浩一角，在白玉薇《刺巴杰·搜店》中再次扮武丑胡理，另有荀慧生、叶盛兰等参与演事，盛况可以想见。

1945年11月《白虹贯日》开排，整出戏的表演设计最操心的就是王金璐。见金璐精神振奋状态至佳，同学们不由得齐声夸赞起"编外校友"李墨璎。夫人督功好严，一练便是一个上午，有时拉上戏过了中午才歇手。两口子从不红脸，但争论常有，李墨璎外柔内刚有着自己的主张："对他百依百顺那就坏了，别的都好说，原则不能让，最后我非争到原则胜利不可，不然没完。"丈夫偶生一丝松懈之想，夫人处绝无商量。再说师兄弟家里不少都摆着大烟盘，客人上门大多抽上几口，听到丈夫也曾逢场作戏过一二回，平时不爱生气的李墨璎变得怒不可遏了。金璐会烧烟，会上烟，就是不上瘾，同学们谁都知晓这与他的夫人对这个问题的态度有关。也许婚姻是一座建筑，爱情是一道风景，而王李之家年年风景如画，因为他们有共同的志趣、理想和追求。

《白虹贯日》排演正酣，金璐忙中抽闲出演天津国民戏院有尚小云、金少山参加的三班会演，金少山拟贴《古城会》，院方特地去李洪春处搬兵。李洪春知道金璐正在金三爷班里，为徒弟能上却不上而感到纳闷，便向津方言明："你们那儿有老爷啊，我徒弟不是在你们那里吗？"津方这才出面邀金璐担纲，丁先生乘势为徒儿抬轿子，答复说："演也可以，加一个翻（戏份儿），散戏后还得在金三爷那里吃饭。"金少山秉性爽快一口应下，他同台时见过金璐的天霸、褚彪和赵云，想必老爷也错不了，他对金璐倒是信心十足，不用对戏，一切台上见。

丁先生想得周到，他关照金璐："你上他那儿去一趟，叫金三爷也行，叫金老板也成，叫三大爷也可以，客气两句去，说请您多兜着。"金璐按师嘱去金少山那里打了招呼："三大爷，我陪您唱《古城会》，您多兜着我，我年轻。"金少山极痛快："没错，没的说。"金璐便问："按南边打，还是按北边打？"金赶紧说："南边，南边。"王又问："训弟时您掉不掉扇子？"金少山答："掉，掉，掉扇子。"掉扇子时场上要加一锣，不然就径自往下唱了，金璐想得不可谓不细，但回去向丁师一学舌，丁师却用眼一瞧他，来了一句："你假溜什么？"可没道出金璐有甚错处，备不住师父心中还暗自得意呢。金璐上台也真大吉大利，那天《古城会》演至一半，台上突然灭了灯，蔡阳在黑灯瞎火中"追赶关羽去者"，不料老爷帘内起【倒板】之时，台上忽又灯光大作，这明暗交替的片刻似乎有意无意地在给金璐闹场。金少山事后对丁先生竖起大拇指："这小子可不错！"

此前不久，北平开明戏院也有过一台合作戏，压轴是奚啸伯的《打渔杀家》，大轴是王金璐、筱翠花、侯喜瑞的《战宛城》，金璐担纲剧中张绣，身价斐然可观。

《白虹贯日》的排练在紧锣密鼓之中，大家把剧务分了工，有的刻写本子，有的抄写"单头"，有的张罗场面，有的租借布景，有的约角入团……演出人选则发扬民主评议，经公议论定：王金璐前饰南霁云，后扮郭子仪，王和霖扮雷海青，李金鸿的谢阿蛮，萧德寅的张巡，储金鹏的雷万春，齐和昌的许远，白玉薇、陈永玲的梅妃，高玉倩的徐菡，赵金年的李猪儿，司鼓由庚金群承担。除校友外，另有助阵的同行，如苏维明的贺兰进明，曹世嘉的耿义，李庆山的张垍，张洪祥的安禄山，慈少泉的大腹甲，萧长华老前辈客串赵丁一角。富社总教师、丑行一代宗师萧长华先生加盟中华戏校毕业生剧团，在行内引起轰动，这大大振奋了中华戏校校友的激情。程砚秋先生看过本子连声道好，他大出援手，一切服装布景，凡有所需一律借予，短短十五天，全戏排练"杀青"。

1945年12月2日，王金璐主演的《白虹贯日》戏单

12月初，北平报纸刊登中华戏校全体校友合演爱国新戏《白虹贯日》预告，12月7日首演长安戏院。戏院门口张贴写有"特请各大名伶精诚团结演出"的大幅海报，且有"惊天动地泣鬼号神，气壮山河光昭日月"的醒目广告词。金璐担纲两个重要角色，有表有念，有做有打，这出大群戏的群龙之首无疑就是王金璐。南霁云一角，他把握住一个原则，台上即使激情满怀，也不能有疾矢劲弩的火气，一定要把人物的劲头、分量和身份找准了。郭子仪一角，其勤王靖乱已临剧终，一定得把台上台下的激情推向高潮。《白虹贯

日》如火如荼的剧情，星辉月朗的表演使场内群情激昂，演出效果极佳，有人作诗褒扬，认为《白虹贯日》消了大家心中8年的块垒，今日一泄郁愤，好不痛快人也！"长安"演毕，继演"中和"，一连巡演了好几家场子，直演至翌年1月，共达二十余场。李少春、袁世海等同业都来看戏，为戏深深所感，以致埋下一项心愿，来年也请翁先生执排此戏，此乃后话。

《白虹贯日》，"中华"重光，戏校声名再次上扬，万子和等昔日如意社捧场人仍怀念旧事，期望校友团能从此中兴，李玉茹今虽不在，陈永玲、高玉倩诸人合力，元气不伤，团内四梁四柱俱全，何况已有"四块玉"之一的白玉薇加盟，实力可观。天津美琪戏院经万子和撮合，约校友团春节登台，以一个月为期，至于包银，按劳定酬，这多少带上几分共和班的色彩，好在彼此皆为同窗之交，什么都好商量。挂头牌的王金璐碍于情面，虽意有所感，终不能峻词而拒，反正他早已习惯了此类并非按劳取酬的奉献，为了母校，他一切舍得出去。

正月初一至初六昼夜12场，以王金璐为第一主演的老戏《长坂坡》《金锁阵》《恶虎村》《连环套》《虬蜡庙》《潞安州》《八大锤》《翠屏山》及关公戏等场场爆满。初六一过，本戏陆续出笼，《美人鱼》《凤双飞》《鸳鸯泪》一直演到大年十四。元宵节推出《白虹贯日》，又连卖了好几个满堂，天津人激情更胜北平，当演至汉奸张垍用妻子徐菡假冒梅妃献于安禄山时，台下大骂"好兔蛋，真不要脸"。真梅妃自尽献身、守城将士分尝"梅花羹"时，观者热泪盈眶。在李猪儿刺杀安禄山、郭子仪收复两京连战连捷时，来自台下的声震屋瓦的喝彩声和欢呼声此起彼伏……

正月二十过后，春节气氛逐渐淡化，上座率开始下跌。有的天津观众提出希望能看到北平曾成功举办过的"旗装大会""十二生肖""巾帼十艳"等新颖戏码，既有观众之请，又出剧目之新，何乐而不为？于是"旗装大会"打头阵，大轴安排《畅春园》，谷玉兰、李金鸿、高玉倩、陈永玲分饰四妃，王金璐再次反串武丑，不过这回扮的是杨香武，还增加了武打，走的仍是叶盛章的路子，他真来了瘾，对武丑戏竟这等乐此不疲。待"十二生肖"演毕，最后上的是"巾帼十艳"，这台戏又连续卖了四个满座。旧历正月近尾，上座纪录依然旺盛，美琪戏院一期36天，总算善始善终。这时万子和匆匆由北平赶来，建议校友团在津再坚持演出一期，言外之意，有长期保留校友团之想，未曾料想美琪戏院前台经理已同奚啸伯订了演出合同，且事先已约定王金璐入盟忠信社，金璐既对人有所承诺，自然恪守不移，校友团失王金璐如失擎天柱，别说续演无望，就连校友团自身也无从维持了。

二

1947年10月焦菊隐先生回到北平，办起了北平艺术馆。该馆下设平剧、话剧两个演出团体，话剧团基本阵容是于是之、黄宗英、夏淳、黄宗江、梅阡等。平剧团的筹建，按焦先生方案，拟搞清一色的中华校友剧团，仗着他是前任校长，对校友们具有一种天然的号召力。焦菊隐第一目标便是王金璐，他知道金璐对母校声誉怀有一种特殊的感情，金璐不仅是第一主演的理想人选，还有执排和导演的过人能耐，有了他，事情就好办了。

焦菊隐当初离开中华戏校后，同年考入法国巴黎大学文学院，攻读研究生，曾获文学博士学位，回国后致力于实现平剧改革和话剧民族化，中西并举而古今兼容。焦先生明确指出："咱们要编演有教育意义的新戏，要能触及时弊，表演要创新。"艺术馆的进步气息很浓，金璐根本不知有中共地下党领导的政治背景，未上戏，先发饷，这该有多新鲜。他向焦先生问个究竟，焦先生笑着说："有饭吃，有钱拿，有戏唱就行了，别的就甭问了。"此时王金璐实际上已投身革命外围组织，可他却浑然不知。

平剧团里第一忙人当是王金璐，既是执导，又是后台主任，要管事，要执排，还要当主演，虽说忙得连轴转，可也乐在其中。不过艺术馆的薪水相当低微，此外还有一条清规戒律——不准外出搭班，这下可把他套牢了。同年11月，王金璐又添二千金天慧。他一边在艺术馆里出大力，一边家庭预算出"赤字"，其势如同骑虎。

艺术馆第一出戏是《新桃花扇》，此戏非孔尚任本，而是根据欧阳予倩本改编的，执排由王金璐负责，舞台监督由李金鸿担任，王金璐先搭上"架子"，再由众人发表意见，至于各人演各角，表演设计全在自己。剧中沈金波扮侯朝宗，陈永玲、陈正薇、高玉倩先后都演过李香君，傅德威扮的是阮大铖，李金鸿扮郑妥娘，王金璐扮的是杨龙友。这本《新桃花扇》创新处甚多，老生还带髯口，胡子不直接贴在脸上，台上搭布景，打彩色灯光，很有点像话剧味道，看来焦先生采取的是用话剧改造京剧的戏曲改革主张。

《新桃花扇》在灯市口建国东堂开演，老百姓要说的话，舞台上全有了代言人，观众席里天天涌来不少学生，专为新潮戏捧场，演出效果之好超乎想象。正在此时，吉祥戏院也冒出一台《桃花扇》，全由老演员按老路子演，报上宣传甚力，演员阵容也强，一场"桃花战"不可避免。社会人心所向趋于进步，人们对《新桃花扇》且怀几分猎奇心理，故才演没几场，"老桃花"即因上座不佳悄悄地收了，自此"新桃花"势头一发而不可收，居然一连客满了好几个月。

王金璐饰演的杨龙友，据《明史》所载，本是不屈的抗清英雄，平剧中则成了一个有争议的人物。杨龙友能诗善画，名士风姿，世故圆通，游刃于清浊之间，左右逢源，他精通中国士大夫传统的处世哲学，不即不离，无可无不可，一边结交复社少年，一边追随马、阮之流；先前撮合侯、李，后又逼嫁香君……"却奁"后，对香君不满，但在危及侯、李生命的严重关头，他又出力保护，十足一个矛盾而又复杂的人物。令人意外的是这个特难演活的角色，竟被金璐演得活灵活现，成了他平生的杰作之一。

王金璐所演的杨龙友，有翰墨苑中名士气派，又带风月场中里手气息，台风奇佳，极见风雅，身上还兼有几分马派的洒脱。他运用行云流水的表演手段，多侧面地刻画了杨龙友全部的矛盾面，尤为难得的是他能把杨龙友演成集书卷气和沉瀣气于一身，两面派和利禄派交织其内。"逃难"一场他斜戴学士巾，搓起黑三的边髯，面罩油彩，步子颠簸，郑妥娘以犀利的口吻，讽刺他饥寒交加、穷途没落的狼狈相，并高高地举起一个烧饼，带着几分"损"，问道："杨老爷您饿不饿呀？我这里还有个您向来不屑一吃的烧饼。"此时王金璐脸上似哭似笑，似倨似愧，欲前又止，欲取又休，他那张开的五指，就同小孩子学抓挠儿似的微微颤动，嘴角同时蠕动不已，馋涎欲滴却又咽，双目贪婪且带羞，绝妙之极，简直把人物刻画到骨髓里去了。

《新桃花扇》的轰动效应社会各界褒贬不同，马彦祥、程砚秋等专家人士齐声叫好，台下人绝大多数均为知识界的，蜂拥而来的多半是学生。面对这股新文艺潮流的冲击，当局不免恐慌，于是层层压力自天而降，把艺术馆同"赤色"画上了等号。社会上有人扬言，凡艺术馆人员今后各班社一律不予录用，建国东堂迫于压力谢绝了《新桃花扇》，其他场子也没有一家敢顶风接纳，艺术馆处于十分艰难的境地，等待着他们的将是更大的风暴。

第九节 《连环套》

近百年来，《连环套》一直是极具层次品位的一出武生戏，俞菊笙和黄月山当年就按各自的风格打响了《连环套》，同代的谭鑫培也是个中好手。此后，俞、黄二派传人分别继承并发扬了两类不同风格的《连环套》，一派宗黄，如瑞德宝、田雨侬、李玉奎、刘春喜、李吉瑞、马德成、吕月樵等；另一派宗俞，以杨小楼为代表，把《连环套》推上极致的正是这位国剧宗师。

继俞、黄而起的杨小楼把《连环套》表演技法大加发展，连服饰也焕然一新，从此被后学奉为圭臬和极品，同时也成为杨氏"武戏文唱"的样板。杨极盛时代的《连环套》，牡丹夺目，绿叶也彰，如黄润甫、侯喜瑞、郝寿臣的窦尔墩，王长林、王福山父子的朱光祖，迟月亭的计全，许德义的关泰，范宝亭的何路通，钱金福的贺天龙，李寿山的梁九公，鲍吉祥的彭公，李顺亭的施公，福小田的巴永泰，俱为观众心目中的一时之选。经历了几代人的锤炼加工，这出脍炙人口的名戏称得上历久不衰。

《连环套》似乎成了杨派招牌戏，但趋之若鹜的宗杨者想演的多，能演的少，多有望而却步者，难怪行里有"武生不擅《连环套》，应说当行不出色"的说法。时至20世纪40年代，杨派武生中接周瑞安、沈华轩而起能演《连环套》的不乏人在，其中口碑较佳、水准相对上乘的是孙毓堃、李万春、高盛麟、李少春和王金璐五人。孙、高、王三位对杨派《连环套》刻意求工，务造工深，三人鼎足而立，皆属一时典型，万春、少春则龙争虎斗各标旗帜自树风格了。抗战胜利前后，北平凡邀《连环套》者，常以孙、高、王三家居先，孙渐显委顿，高久居沪上，因此属金璐出台最为频繁。

一

王金璐《连环套》的起步在1934年14岁那一年，及至北校"干殿下"时期，此戏即成了他叫座戏之一，当时他才不过十六七岁。在出科后的8年中，《连环套》一直是他的主戏之一，红遍平津，誉驰沪鲁。

《连环套》同样也是净行的身价戏，梨园闯荡的八年，与王金璐同过台的窦尔墩几近三十人。其中有"三大净"中的金少山和侯喜瑞；有老辈中斫轮好手马连昆；有辈分极高，常与金秀山、黄润甫切磋技艺的董俊峰；有山东第一净蒋少奎；有出自富连成社的苏连汉、陈富瑞、叶盛茂、裘盛戎、袁世海、郭元汾……有出自中华戏校的赵德钰、费玉策、王玉让，还有王泉奎、李春恒、周益瑞、王永昌等。与他同过台的朱光祖也有多人，如苗胜春、沈杰林、叶盛章、马富禄、艾世菊、高世泰和殷金振等。台下看戏人评论戏好戏坏，百十年来有条规律：戏再好，主演不成，观众也是不认，尤其是黄天霸和窦尔墩两个角色，软了谁都不行。窦尔墩一角同时是金、郝、侯三家的拿手，郝于1938年退出舞台，金、侯则始终以《连环套》名重一时，这两家的窦尔墩身份太高，并非一般武生所能高攀。侯喜瑞历来把此戏视作第一拿手，除了公事上要拿双戏份儿，对同台的武生必挑之又挑，选之又选，轻易不肯合作，唯恐砸了自家牌子。即使有幸与其同台，不用说"拜山"唷不过他，镜头全被他抢走，就是前场《盗御马》也先被他唱得如火如荼，赢足了彩，等黄天霸出场，接不上"火"，台下会立现冷落，演天霸的武生自然难堪。除却杨小楼能顶住侯喜瑞的"拜山"气势，所有武生在场上没有不给他喝倒好的。贤如孙毓堃，在杨小楼逝世后的1938年，托人向侯喜瑞辗转说项，表示了愿同侯先生合演《连环套》的意向，侯喜瑞才同意合作。侯喜瑞曾破格同钟鸣歧唱过一次《连环套》，那是一看程砚秋佛面，因钟鸣歧是程砚秋的侄女婿，二看丁永利金面，因钟鸣歧求丁先生教过这一出。侯喜瑞也破天荒同王士英有过一场《连环套》，那是卖给他父亲王又宸的一份大人情。

　　李万春机灵多了，杨小楼故去，他也有过承袭杨派土座之想，《连环套》那是非唱不可的。他约侯喜瑞加盟，戏份儿加倍，却不带《盗御马》，从"调黄"的"五把椅"起，这便意味着以黄为主的格局。李万春反客为主，头几场已落下不少彩声，黄天霸先于窦尔墩拔得头筹，总体上大致持平。侯拿大戏份儿却少唱一半戏，彼此两利，何乐而不为。

　　侯喜瑞自视颇高，对晚辈武生常不以为然，高盛麟爱演《连环套》，但常与裘盛戎、袁世海同台，其对侯先生向往已久，却难得其缘。恰好赶上一次富社五科联合演出的义务戏，戏提调派上了侯喜瑞、高盛麟、叶盛章三位的《连环套》，侯喜瑞为母校筹款，方降贵屈尊显示大度，盛麟这才如愿以偿。此番合作《连环套》，是侯、高二位难得的一次。从历史上看，同侯喜瑞《连环套》合作最多的是杨小楼、马德成和周瑞安，小辈英雄有孙毓堃，新生代杨派武生中与侯喜瑞能实现多次合作的便属王金璐了。

金少山的《连环套》另有一番霸气，他挑班松竹社前，《连环套》正在上海大红，因此享有了"铁罗汉"的雅号。金少山有侯喜瑞所不具的领衔挑班优势，凡演此戏，不仅大轴，且是头天打炮，同侯一样，金也把《连环套》视同自己的身份戏。既讲"身份"，选角必严，周瑞安身故后，约的是孙毓堃，新生代中则是王金璐和刘宗杨。1942年以来金少山的《连环套》的黄天霸一角非毓堃即金璐，抗战胜利后金璐更成了金少山《连环套》的常邀搭档。

论年龄王金璐是当时著名杨派武生中最年少的一位，却是同侯、金二大净唱《连环套》最多的一位，北平老观众说他："这小子真敢玩蝎子。"其实心里最有底的还是丁永利，没有金刚钻，敢揽金、侯这两门特大的瓷器活吗？

二

1946年6月广西闹洪灾，天津中国大戏院举行盛大的赈灾义演，王金璐作为仅有的一名武生应邀加盟。有钱送饥人，这是艺人的荣幸，自己一个平头百姓，虽无范仲淹"先天下之忧而忧，后天下之乐而乐"的济世胸襟，然忧人之忧、乐人之乐的常人心态还是有的。

义务戏阵容豪华为当时之罕见。是时梅兰芳尚在上海，程砚秋也在准备战后的南下之行，故都舞台旦角中以张君秋最为上座；老生行列里马连良正受汉奸一案之累，堪与相埒的仅有谭富英；小生中论卖力叫座谁也盖不过叶盛兰；净行一席，金少山唯我独尊；丑行顶峰非萧长华先生莫属；至于武丑，则叶盛章为天字第一号；老旦首席，只李多奎一人坐得；武生选秀，万春困于官司，孙毓堃体弱，故王金璐当为最理想之人选。当天津中国大戏院门口贴出载有这番强大阵容的海报，一条争购戏票的长龙立时排起，蜿蜒曲折地一直绕过好几道弯。人们津津乐道的首先是这难得一见的阵势：老生有谭富英、周啸天、哈宝山和李世霖；小生有叶盛兰、李玉泰；旦角有张君秋、王吟秋、王兰秋；花脸有金少山、王泉奎、刘砚亭、高盛虹；丑角有萧长华、叶盛章、萧盛萱、艾世菊；老旦有李多奎、张菊舫；武生有王金璐。义演自6月5日至11日，日夜戏共计8场，票价荣誉座3万，特座2万，普通座分1000至1.5万不等，包厢座高达4至10万，票价不可谓不昂贵，可中国大戏院照样场场狂满，天天拉铁门。

王金璐参加全部8场演出，他参演的剧目有单挑戏《恶虎村》《挑滑车》《剑峰山》；有合作戏《龙凤呈祥》《晋楚交兵》《翠屏山·巧连环》《群英会·借东风》和头二本《连环套》。《龙凤呈祥》一戏，早在5年前另一次大义务戏场合王金璐同谭富英先生已有过刘备和赵云的同场合作。《晋楚交兵》则是王金璐的杨派唐狡与谭富英的楚庄王、金少山的先蔑，这是一次难得的联袂。全部《翠屏山·巧连环》在义演众多好戏中算得上极为珍贵的一出，此戏的石秀由叶盛兰、王金璐前后分饰，3位名丑萧长华、叶盛章和艾世菊分饰潘老丈、时迁和海和尚，堪称精彩。

王金璐最见"份儿"的是6月10日的《连环套》。是日叶盛兰、王泉奎、李世霖的《白门楼》唱在第一出；谭富英、张君秋、李多奎的《桑园会》排在第二出；大轴是王金璐、金少山、叶盛章的《连环套》。戏中还有刘砚亭的梁九公，哈宝山的彭朋，艾世菊的厨子，搭配极为硬整，应属当时北平最理想的组合。义务戏中，戏码更讲究"份儿"，王金璐唱了12年的《连环套》，终于唱出一块大名牌。

三

三大净皆擅《连环套》，他们各有所长，各有绝活。金少山独得天赋，无人可比，台上一站，赛似半截金刚，嗓子盖世无双，说他声大实宏，声震屋瓦，算不上奉承；他的台风声势占有无与伦比的上风，与郝、侯相比，唱工扮相优势明显，做与白则失之为粗线条了。郝寿臣身材矮胖，嗓子发闷，但"后天"人工胜过金少山，他有一条功夫嗓，耐唱且受听，声势、武工均稍逊于金，做派、念白、表情远比金少山细腻传神，郝讲气魄，稳练中见器宇，能演出窦尔墩的身份来。侯喜瑞个头虽矮，好在不胖，比郝受看，嗓虽干涩喑哑，但字眼极讲究，念白功夫炉火纯青；至于身上边式，武功矫健，架子花里一时无两，做派也称洒脱；而刻画人物，较之郝寿臣，他有时过于粗犷，细腻不如。三大净风格概括而言，金是大方，郝是细腻，侯是谨严。

  侯喜瑞对窦尔墩别有一番钟情，能将粗犷不羁的绿林气质和刚毅豪迈的英雄性格出神入化地呈现在观众面前，有人曾用"矫若雄鹰，绚如彩凤"八个字点评侯的窦尔墩。在侯演来，无一处不漂亮，无一处不讲究。黄天霸拜山一场，最后向天霸坦言时用了一下有力的"直抖袖"，窦尔墩强鲠爽直却又胸无城府的绿林豪侠气概一表无遗；末场"释嫌"中侯念出窦尔墩全剧最后一句念白"朝廷的王法，哪有不戴之理？你们拿……过来！""拿"字上用了炸音，俯身把链搭起，在【四击头】里踢腿转身，向里撕开褶子，"跺泥"站住，褶子飘起，身手矫然，直如威棱四溢的雄鹰，英雄失计，依然英雄本色。一出《连环套》，侯喜瑞精彩之处举不胜举。

  与侯喜瑞同过台的后辈武生中，王金璐属于同台颇为频繁的一位。二位合作戏共有《恶虎村》《连环套》《战宛城》《阳平关》《蚍蜉庙》《古城会》《回荆州》《翠屏山》《牛皋下书·挑滑车》《霸王庄》《八大锤》等12出，演得最多的正是这出侯喜瑞最为得意的《连环套》。

  金少山《连环套》有他独到的优势，窦尔墩粗犷、豪放、骄狂、讲义气而少城府的形象演来也很逼真，喜、怒、惊、疑均有交代。

  王金璐与金少山同台之频繁不亚于侯喜瑞，二人合作戏有《连环套》《蚒蜡庙》《摘缨会》《下河东》《古城会》《五花洞》《龙凤呈祥》《群英会·借东风》等，其中出演最多的也是这出金少山常借以"打炮"的《连环套》。

四

丁先生对金璐的天霸戏要求极为严苛，既学杨小楼就必须拿下杨小楼节骨眼上的关键活儿和那必备的精气神。头场《盗御马》中窦尔墩已然先拔头筹，常会给后出场的黄天霸带来难度，丁先生未雨绸缪，经常告诫徒弟，《连环套》的出场要拿得住人，全凭气派台风。黄天霸此时已挂"副将"头衔，一身武将官服，出得场来，不能有江湖的飞扬浮躁。金璐缓步登场，脸上透英气，但不张扬；身上现出一番持重，略带几分官气，却又透出些许精明，一出场就把身份告诉了台下，并以气派稳住了全场。

头一场，行里人称"五把椅"，上场念"丹心灭寇扫残奸"，"扫"字上挑，声调上扬，凭这一句金璐就常获彩。以黄为首的五人一字排开，面里跪听圣旨，看似无戏，其实整段听旨全是戏。王金璐按杨派演法能演出四个层次：一听到"今有大胆贼人擅进御营"，黄不禁一惊，怎么御营里闹贼了；听到"杀死更夫，盗去御马"，抬头，又是一惊，真是胆大包天；再听到"提调副将黄天霸"时，浑身哆嗦，盔头上珠子绒球唰唰作响，这一要命的大案怎么会同自己家门挂上了号；最后听到"若无盗马贼人，彭朋、施仕纶、天霸等……"，他脸朝外撩袖一惊，一亮相，金璐平日练就一身哆嗦功，用在此处，台下人不由自主地被他"哆"出"好儿"来。接着改装辞别施公，脸上愁云密布，唱"多谢大人恩海量"四句【流水】，大祸临头，已托付后事，此时有声无腔的匆匆完事。再往下是与巴永泰十里长亭相会，王金璐的小趟马边式极了，此处的彩声是决计跑不了的。

"谒彭"一场，报门而进之时，慌乱间忘了卸下佩剑，经朱光祖以手指剑及时提醒，始恍然大悟，脸上且惊又愧，复含笑道谢，刹那间几层表情闪过，"死脸子"此时是吃不开的。报门时的那一句，"报，镇守海下，漕标副将，虚职总兵黄天霸"，一顿之后，再念出"告进"二字，字字有张力，无一字不清晰。彭朋责问他盗马贼人一事，天霸念的一段"想当年先父在世……"的禀词激越酣畅，口白爽亮，虽面里跪念，照样挂味打远，虽诚惶诚恐，仪态则依然从容。最后彭公念及昔时与黄三太的旧交，表示愿"与你担待担待"，天霸屈身谢过，连请三安，先缓后疾。王金璐所饰的黄天霸前趋请安三翻儿，此必然又是掌声大起之时。

"保镖路过马兰关"，黄天霸一行乔装来到连环套，黄擒住下山劫道为首之人贺天龙，贺报出窦尔墩名字，黄作势要杀，朱光祖夺刀拦下，王金璐脸上先露不解，当见朱目光示意，猛然有悟，此人岂不是现成的进山向导？瞬时间，他眼光一闪，立即装成一副笑脸，面带歉意上前扶起，把黄天霸的机警狡猾刻画得入木三分。

及至窦尔墩摆队相迎，二人有"挽手而行"的精彩表演，此属暗里较劲，彼此一番试探，眼梢眉角处必须有戏。金璐若遇身材伟岸的金少山，其"挽手而行"的举腕动作，眼不眈而臂高抬，不然会显现自己个头弱势；但与身材相对较矮的侯喜瑞、裘盛戎、袁世海等则眼锐视而臂微举，此时抬臂不宜高，不然显得有欺人身矮之嫌。王金璐的劲头尺寸常因人而异，有含蓄的，有外露的，有身子来回晃的，也有不露声色的。金少山较含蓄，此地不显霸气，侯仅晃两下，也显大气。金璐演多了，心里有底，他常先用眼神一扫腕部，不动分毫，再用眼角一扫对方，给个讯息，然后才缓缓抬臂……举凡名净皆知杨小楼"挽手而行"演法，故金璐与之"挽手"，常能默然契合。

"拜山"一场属难中之难，就难在对黄天霸这一人物在复杂环境中复杂性格的把握。王金璐所饰的黄天霸在"说马"之后几段试探性念白的语气、神态极有讲究：如念到"寨主哪里知晓，此马的主人，乃是个大户人家……焉能进入，不能进入，焉能到手，岂不是枉然而已"。此段语调节节高，第一个"焉"字，接着一个"不"字，第二个"焉"字俱用强调语气，一句三提，以此道明"枉然而已"。又如"啊哈哈……方才愚下讲的句句实言，寨主为何飞扬浮躁起来了？""御营之中……寨主一人，焉能进入，岂不是飞扬浮躁啊！"这一段全在语中设伏，诱人入套，明明心中火躁如炽，却强自按捺装成和颜悦色侃侃而谈，这是欲擒故纵的一手，是当初杨小楼点睛之笔。金璐牢牢抓住这段激怒窦尔墩的念白做戏，确也抓到了"拜山"的下刀之处。当窦上套之后老老实实地倾述了他那盗马经过，而黄在心计得逞之余，用了一个似狂非狂、似信非信一波三折的大笑。这声笑，将刺探、隐恨和得意的心理迸发而出，金璐不仅用酣畅淋漓的笑声笑出了复杂的心思，同时他的脸上现出不信，眼里却透出得意，实在精妙之至。

　　双方终于到了刺刀见红的时刻，窦尔墩厉声逼问："三太是你什么人？"黄天霸答："乃是先父。"窦尔墩又接问："你呢？"黄天霸接答："黄天霸，拜望寨主。""拜望寨主"四个字用力念出，无非语示窦尔墩：我虽是你仇人之子，但今天前来是客，你是老辈英雄，不该欺压客人。他甚至不惜翻脸相激："……身旁寸铁未带，你若倚仗连环套的人多，将你黄老爷碎尸万段，皱皱眉头算不了黄门后代。"又脱褶子，又拍肚子，明是英雄胆，内是光棍气，十足的色厉内荏，再度占了胸无城府的窦尔墩的上风，这一切王金璐把握得很是到位。

　　《连环套》中金璐白口，无飘、倒之字，尖、团准，阴阳清，相当吃工。他今日气口灵活，嘴皮子有劲，喷口音有力，念来卓然可听，丁先生其功莫大。听金璐念白有如清水中观鱼，头尾清晰，况又力猛字绽，声清韵响，《连环套》能得多方竞邀，其念白之精彩关系非小。

五

1946年至1947年间，王金璐演《连环套》方兴未艾，金少山、尚小云在天津两班合演，他被特邀加盟，除单挑戏外，主要还是与金三爷唱这出《连环套》。吉祥戏院举办大合作戏，金少山、奚啸伯、尚和玉、马德成、侯玉兰、马富禄加王金璐，可谓七种流派荟萃一台。主办者为贴《连环套》，总想把金、王二位邀在一块儿，此番由金少山、王金璐、马富禄三位合作的《连环套》再次成为拉得起打得响的一出招牌戏。1946年12月22日，长安戏院举办北平正风女子职业学校募捐基金义务戏，王金璐的《连环套》身价创下"新高"，是日倒数第三出是韩世昌的《狮吼记》，压轴是奚啸伯、毛世来、茹富蕙的《坐楼杀惜》，大轴《连环套》，由金少山、裘盛戎双演窦尔墩，黄天霸由王金璐一人演到底，又是王金璐《连环套》身份继续看涨的一个明证。

1946年12月，王金璐与金少山、裘盛戎合作《连环套》戏单

此后金少山渐显颓势，侯喜瑞年过半百，郝寿臣早退隐，净行后起新秀裘盛戎、袁世海正步武前贤成双璧之局。1948年冬，裘盛戎已在酝酿组班，《连环套》自然是非贴不可的。可以预料，裘盛戎定会在孙毓堃和王金璐二人间作选择，孙毓堃便上门找金璐，直说

了自己的心思："这钱不是你挣，就是我挣，别让他人挣去。"金璐有心助孙大师兄一把，便送他一条锦囊妙计："如果盛戎找我，我一定多要（包银），开价比你高，非让盛戎找你唱不可。"对方果真面邀来了，金璐按计行事，来个狮子大开口，真的把对方吓回到了孙毓堃那边。盛戎心里有数，加上居南不归的高盛麟，黄天霸的行情看的就是他三人。

第十节　恩师去矣

一

丁先生在此，百无禁忌，王金璐依然走着上坡路。作为大武生的佼佼者，他这几年一直是不少班社争邀的对象，金少山便是对他格外垂青的大牌人物之一。金少山之另眼相看，来自于王金璐本身的实力，那个年代的一名"白丁"不靠实力，无异一无所有。金少山固然赏识他《连环套》一类的大戏，但即便一些不太为人注目的冷戏也能瞧出这名"小杨派"的精彩。金曾提出要唱一场歇工戏《下河东》，本以为金璐在这出武老生戏中无多大用武之地，哪知在"诬陷"一场，当金少山饰演的欧阳芳念到"恕你无罪"，王金璐的呼延寿一声"谢元帅"语音刚落，金少山抬腿踢起，扎靠、穿厚底儿靴的金璐此时以半跪之身拔地而起，翻出一个又高又飘的大抢背，飞在空中，犹同一只彩蝶、一叶风轮，来了个"惊涛拍岸、卷起千堆雪"的屁股座子，金三爷当场心头一惊，差些在台上喊出好来。金璐起"范儿"恰到好处，同欧阳芳踢出的一脚契合无间，这一动作太精彩了，金少山不禁对丁先生直夸："你这徒弟会得多，真行！"

"十全大净"金少山在平津各地红了好多年，他烟瘾难解，渐渐掏空了身子，他患的是烟后痢，又说是神经末梢炎，颓然倒下之日，已是家境萧条之时，当初大把大把来钱的金府天天热闹得如同办喜事，如今却办起了丧葬白事。1948年8月13日，一代净王凄然归天，躺在一张双人床上，近一米八的硕大身躯被贫病折磨得竟已是皮包骨头。一眼望去，家徒四壁，冷冷清清，门可罗雀，真所谓此一时彼一时也。

梨园中身怀绝技的老艺人其垂暮之年多有贫病而逝者。"泥胎老爷"程永龙晚年走关东，力不从心而位居班底，穷愁潦倒之中愤极而将一生所存的独家秘本悉数付之一炬，咽气于奉天大戏院后台；曾与李吉瑞、薛凤池合称"津门武生三泰斗"的高福安晚年穷迫还乡，贫死在河北故里；黄派传人、内廷供奉瑞德宝英雄末路，晚景颓唐，在难得温饱的哀声中卒于南方；小生祭酒程继先、武生名宿杨瑞亭、尚派武生朱小义、南方名旦王兰芳……以亡于贫病为其归宿者不胜枚举。同行中实有不少由穷而富的红角因一招不慎，转眼贫富易主，演出了一幕幕沧海桑田的曲折人生，以穷愁潦困而结束了他们声名赫赫的一生。每一位老少同行的悒悒而殁，传至耳中，都会在金璐心头抹上一道灰暗的印痕，笼罩上一层浓浓的阴霾，由此激起他头脑中居安思危的警钟长鸣不已。

二

在金少山去世的那一年，丁先生的身体也每况愈下，金璐的心情实在是糟透了。

悲世愤俗的丁先生心多不平，他看不惯旧世道，痛恨那些骑在老百姓头上作威作福的家伙；他也看不惯同处水火之中，不但不互相扶持，反各不相容，尔虞我诈的某些行里人；更瞧不起一些技艺肤浅却总在哗众取宠，成天挂着羊肉卖狗肉的"梨园商人"。看不惯又有何用，他无处倾吐积愤，于是终日郁郁少欢，沉默寡言，难怪心头稍有不顺，无名火便会没头没脑地喷将出来，张口骂个痛快。丁先生又是完美主义者，"传道"之虔诚求全近乎理想化，老爷子眼里容不得一颗沙子，故常为徒儿犯规大动肝火。丁师晚景不如意，一条重要的原因即在于弟子们大多避他而去，他把徒弟大爷一一得罪走了，同时也把自己赖以谋生的教戏收入一发给骂走了。没人学，就少了饭辙，人一走，茶就凉，世态炎凉，本来如此。这些年来丁先生实在不想拖累拉家带口的大璐，可也事出无奈呀，丁先生的心情怎么好得了。

  1948年夏，丁师终于病倒了，平时偶有小病，一碗热汤面，放些胡椒粉，再到澡堂热水池里烫烫身子，在那里睡上一觉，多半也就没事了。这阵子见他吃饭打嗝，众人劝他上医院，老爷子就是不从，直发展到连喝水都觉喉噎，还是不让请大夫。一天金璐前去探望，正赶上有人在那里焚香祷告，这不是在施巫术吗？刚要阻拦，只见二姨忙着摆手示意，果然第二天听说师父连香灰都喝了，谁劝也不行。金璐只能同周和桐、齐和昌、米玉文、言小朋等师兄弟和丁师全家商议，经过几次哭着央告，丁师才同意请大夫诊治。米玉文请来德国名医，检查得相当仔细，大夫建议住院治疗，老爷子哪里肯依，又经众人苦苦劝说，才勉强同意。众家师兄弟在医院轮流值班守候，所有费用大家合力承担。金璐每天必去，丁师话虽不多，"白面多少钱了？"这一句是非问不可的，金璐只得以最小涨幅告知，可心里不堪苦楚，丁师无非是怕弟子们负担太重呀。其实大家早已统一了口径，谁也不准说实话，好让师父住院安心。谁知同房病友无心道出白面连涨的真情，这下老头可火冒三丈，指着金璐等几个瞪眼大骂："好小子，你们统统作弊，蒙我，杂种的……今天你们接我回家，算是你们孝顺我，病死没事，别气死我……"嚷着闹着非出院不可。众人提出转院，丁师死活不从："你们送我回家便罢，不然我一头撞死！"边说着，在车里真要翻身往车门上撞，见此情状，大家不敢再坚持，只好送他回家。这下情绪是安定了，可师父已连水都难以下咽了。不管演出和应酬有多忙，金璐天天必到病榻前端水送药，殷勤侍奉，百般安慰，他不得不强颜欢笑，佯装无事，以免师父生疑，其实他早已心如刀绞。

丁师日益消瘦，神智并不糊涂，不愿再服药的师父似已把人生看穿，他已经在静等灵魂升天的一刻。大家只有商议后事，问他有何嘱咐，他只说了一件："杉木十三圆儿（寿材规格），四五六（棺木尺寸），放样（加大），出殡不盖棺罩。"金璐等赶忙办妥，总算看到了师父略带满意的神情。8月13日下午，老爷子病情突然恶化，师徒间人天永隔的时辰临近了，见恩师弥留在即，金璐扑上前去又哭又喊，丁先生听出是大璐声音，用尽全力抬了一抬眼皮，无力地看了徒弟一眼，没有留下任何遗言，就安详地永远地闭上了双眼。

在料理后事的悲痛时光，能克尽孝心的，除了金璐和丁家姑爷周和桐外，还有齐和昌、米玉文和言小朋，丁师卧病的日子里，正是这几位和天津一名行外同门与丁府家人一起轮流守候在师父身边的。发丧出殡之日，仗着师兄弟们的力量和丁师生前的影响，葬礼办得十分隆重，金璐、齐和昌、米玉文等几个徒弟如同丁府子女一样身穿重孝，送葬路上哭了一路。恩师去矣，从此不复再见，此恨绵绵，此憾绵绵。

恩师撒手人寰，家里倒了擎天柱，断了跨海梁，二姨、大姐、二妹、小弟生计无着，弟子们岂能袖手旁观。在师兄弟几人共同商议之下，定在长安戏院组织两场义演，为丁先生家人筹措一笔赡养金，以解燃眉之急。大家四处奔走安排戏码，金璐几人约法三章，不管谁来参加，一律表示欢迎，大家都可以按既定戏码挑选角色，挑剩的由他们几个来顶。李少春赶来了，与尚长春演了《战马超》，言慧珠从外地为言小朋寄来了奠礼，万春、盛麟等均汇上奠金尽了弟子本分。最后因《刺巴杰》中武丑应工的胡理一角尚无人应，金璐主动认下，他说："我是徒弟，又是演出发起人之一，没有我扮的，龙套也得跑。"两场戏演完，除去必要开支，所余3000元全数交给二姨，总算暂时了却一桩大事。

三

诸事俱毕，一切归于平静，王金璐这才放声一恸。走过大栅栏东口路南的天蕙斋鼻烟铺，就在此处，恩师倾其所有，苦心孤诣地栽培了一个既不沾亲又不带故的穷孩子，今日重上天蕙斋这块"福地"，能不触景生悲？

走过丁师常去喝茶听书的茶馆，那熟悉的笑声犹萦耳际，郁郁寡言很少露笑的恩师唯在此处不时会开怀大笑，如今他那难得的笑声也一起被带进天堂，令人思之泫然。

走过丁师的家门口，哀思难抑的王金璐总是凝神注目，泪眼汪汪，要不是怕加重二姨、大姐的悲情，恨不得进去大哭一场。他简直被这一打击击晕了，天天茶饭不思，李墨璎为使夫君从巨大的悲痛之中早日解脱，便屡屡启示丈夫："把丁先生所言所为常常默思一遍，恩师就会天天在你身边。"仙去怎消昔日影，恩师的音容笑貌、言谈举止哪能一时忘得了的。

丁师是一位天才，但他的成功并不只是个人天赋，从师父平时点滴所谈，他成功的背后是勤奋、观察、分析、思考的八字窍要。随恩师学艺十四载，听得最多的训词就是促人奋发图强的一类朴素的警句："要在人前显贵，必得背后受罪。""咱不能露怯！""要站住脚，就得比别人高出一大块……"自己早在十四五岁就开始接受丁师自尊自强的教育，14年个人奋斗之路的制谱人就是恩师丁永利。

丁师是一位忠于师道的严师，他的原则是宁断"财路"，决不毁道，严格到了令人吃惊也令人叹服的程度。由南来北的钟鸣歧也是一位名武生，有一天上《连营寨》，丁师见他粉面扮相，问了一声："扮什么戏？"钟忙答："赵云。"丁师没好气："赵云的妹妹！还不洗去！"低头又见他脚下花靴，更是气不打一处来，不禁瞪了一眼："素的有吗？"钟鸣歧见师父真火了，忙答："有，现在家里。"丁师大喝一声"取去"，钟鸣歧无奈何，只好派人从吉祥戏院骑车直回菜市口家去取素靴，不然师父决不让演，其严可知。孙毓堃是20世纪20年代末与李万春齐名的大武生，不知何故曾一度脱离师门，杨小楼故后，他重上丁门求艺，大有报门而入的况味。孙毓堃于大门外等候，不得许可，没法入见，丁师正在气头上，硬是不见不纳，若非丁师的盟弟于莲仙求情，孙毓堃还真见不上丁师。进门之日，孙毓堃灰布大褂笔挺，请安施礼完毕，一侧站得笔直，使当时侍立在侧的王金璐对其尊师知礼的举止心怀钦佩。丁师半坐半卧，喝令孙毓堃坐下说话，孙毓堃诺诺连声。师父虽恼火之极，却也铁嘴钢牙豆腐心，既已求上门，他最终还是消了气，认真地教起戏来。教至《安天会》，师父一再告诫："你打杨派旗帜，别砸了！"孙毓堃上《铁笼山》时，丁师又特地关照："把杨派三推胡子给加上吧，别招人骂！"后见孙毓堃确有改进，丁师还应孙之请为他把了场。师父对于徒弟泼惯了冷水，并不是徒弟一无是处，师父担心的是面对肆虐作祟的溢美之词，一旦脑子混浊，祸事就不远了。

　　师父人品端正、性情刚直、满腔的正义感，对那些拿架子摆谱，动辄摔盘子打碗，欺侮底层同行，不讲戏德之人最痛恨不过，可同行有了难处，豪侠气十足的丁师重义轻利、拔刀相助的事儿太多了。他曾为郝寿臣、侯喜瑞挺身而出，大骂戏班不该欺生阴人，同时又慷慨解囊接济他人，时隔多年，郝、侯二位还挑起大拇指说："丁老师，有德行。"记得抗战后期，王金璐曾与马德成老先生同去上海，临行师父立下一条规矩："戏由他（马）挑，你得把他傍严了，好生侍候，不能有差错！"又有一次在开明戏院，马老出演《闹昆阳》，临时伤脚不能登台，便派家人送来帖子，写明"烦小老板（金璐）代演"，演毕，丁师吩咐把马老这份包银如数送上门去。看来小事一桩，实使人受教一辈子。丁师又是一位把心捧在手上的教父，教戏兼教做人，管事又管操行，有如一尊护法神，时时护卫着他心爱的徒儿不受烟、色、骄三大恶魔的侵蚀。

　　师父更是一位把握导向放眼未来的导师。王金璐14年来每走一步，几乎全由丁师在运筹。在导向，艺事上走的是以杨派为主、旁及黄派、兼收三麻子老王派精华的路子；谨慎为先，决不弄险，"班"宜搭而不宜挑，行事处处须量力；走正路不走歪道，老老实实唱戏，清清白白做人，孜孜矻矻"修行"，艺无止境，一切凭真本事安身立命，立足于当前，寄志于未来。恩师不乏振聋发聩的训导："孩子，好好练，好好唱！犯恶的不吃，犯法的不做，一颗汗珠掉地下摔八瓣的挣钱，什么都不怕。""你可不能尽眼瞧红了紫了的，经我眼见的角儿，红一阵，河漂子一冒尖的有得是，你得保持到老了也能唱大武戏才算你站得住脚，这会儿我要是夸你，你就快完了！""从小到大，学了唱，唱红了都容易；从大再唱到老就不容易了。告诉你，多练功，多琢磨，多行好事。"这些意味深长的话，既有居安思危的忧患意识，又有逆水行舟的竞争意识。有恩师这样的频频训导，当学生的能不枕戈待旦，闻鸡起舞？

四

夜深人静，更是哀思连连之时，他在缅怀，他在追忆，他在自问。恩师为我大璐，春蚕丝尽，蜡烛泪干，如今恩师去矣，报恩无门，岂非天伤我也！

恩师去矣，去得如此泰然，是否所幸桃李已成才，驾鹤西去可撒手，归梦得圆当无憾？

恩师有所不知，今天的大璐没有了方向盘，失去了主心骨，永远是孝心未尽悲复生，丁师一去终天恨。

恩师留下了一盏灯，也留下了一个魂。恩师在天之灵定会保佑徒儿继续去寻求属于自己的人生坐标，把您注入全部心血所播授给徒儿的道行薪火相传给下一代，决不让"师道"在徒儿身上断了香火。

恩师安息吧，我大璐已然许下誓愿，30年后的今天一定会以您所期盼的"红到老"的业绩告慰我师的在天之灵。

第十一节　苦行僧

一

国民党还都南京后，大上海重呈繁荣，沪上渐成最大的京剧热土。北平剧坛显得沉寂多了，这几年似难及上海滩戏市飙升、平剧行情大幅上扬的盛景。于是乎，北方艺人到十里洋场的戏界来碰碰运气的趋之若鹜。

上海舞台武生行情持续看涨。海派武生一方以盖叫天为旗手，依然牢牢把持着海派阵地寸土不让；南下的北角组成声势浩大的另一方，且在申江地界占有明显的优势，其中以李少春、高盛麟、杨盛春三位亮相最为频繁。少春重南轻北的趋向早露端倪；盛麟几成"阿拉上海人"，沪人心目中他早有了常住户口；盛春虽非上海"本乡人"，但搭班非梅即谭，露面多了，自然也落下好人缘。1948年初李万春涉嫌伪事案刚获释，奔赴的第一站正是上海。北平武生除去孙毓堃、王金璐等个别几位，凡够上名号的、在北边占有一席之地的都南下镀金无不踊跃。

上海是个让人在梦中想念的地方，也是容易让人产生梦想的地方，当然还是不少人得以功成名就、实现梦想的地方。上海戏院场子大，座位两倍甚至三倍于古都戏园，观众影响面自然明显大于北方。上海这个地方，老板个个精明过人，他们都有翻手为云、覆手为雨的神通，可以一手操持梅、程对台，一手组建"十大头牌"，一手捧红名不见经传的新人，一手制作令人弹眼落睛、过目难忘的广告效果……二三路角儿稍有几分造诣的一经包装就添了光彩，在推波助澜、炒足输赢的平剧"牛市"中，不少人一下成了红角，至于头路角还不被捧上天去。上海这个地方又是自我推销的大市场，李少春、高盛麟、张云溪，就连李万春也在其内，都是在上海演出实践中不同程度地建树起了自身风格。

北平诸多名武生中，王金璐是坐守古都的"常委"之一。那些年他老是在搬家，展云、展翼哥儿俩在地安门钟鼓寺的老住处出生，长女天香在景山后黄化门的家里出世，幼女天惠则在和平门西半壁街新居呱呱坠地。夫妻俩一步一步地把一个经济颇为拮据的家逐步引上小康，租下了西半壁街吕祖阁的房子，这可是百分之百自己的家。家庭人丁兴旺，两双子女绕膝，天伦温馨可知，王金璐在家的日子渐渐多了，家庭观念日益浓重的他自然更愿坐守北平，他一不玩悬，二不取巧，平平稳稳地便少了几分攻城拔寨的锐气。这几年金璐在北平站住了，唱红了，他头脑中的正统观念拖住了他的步子，平津一带他练就了金刚不坏之身，却低估了沪上强大的市场效应，他可失算了。

经励科的一套榨取艺人脂膏的"花手心"伎俩，金璐看了眼里冒血，他积愤在心不愿意多往来，北平有好几位经励科先生地面上势力不小，身边还有把兄弟们拍捧，他师兄弟中也有与之拜把子的，无非是有求于他们。金璐总也不甘低声下气，偏是这号人物实权在握，南下上海的不少渠道均须通过他们牵线搭桥，他不走这条门路，阻断江南路就势成必然。更何况几年前在上海为一"底包"仗义执言得罪了天蟾舞台的老板，这无异雪上加霜，何况有谁组班去上海不找上七大姑八大姨的？金璐与人一不沾亲二不带故，谁又独会来抬举他？

丁先生后几年身子板渐走下坡路，不愿南北间长途奔波，此亦金璐断了江南路的缘由之一。20世纪40年代初他3年内四度南下打下的大好基础和留下的上佳人缘，5年光景渐而被人淡忘。王金璐年方二十六七，正是征伐搏击的大好年华，居北而舍南，此举当否，仁智各见。更多的行内外人士则认定这是重大失策，以致造成来日失时失势的严重后果，丁永利先生生前，对此恐怕也是始料不及的。

二

王金璐乃一诺千金之人，1947年加盟北平艺术馆以来，受焦菊隐先生之托，不但担纲第一主演，且兼任后台经理和执行导演，成了全团最累最忙的一员。面对大锅饭式的薪金制，明知吃亏，却乐此不疲。有人说，累无结果又何苦，金璐只当耳边风，他认为，既有承诺，不该怀有二心。北平艺术馆明文规定在馆人员一概不得外出搭班，殊不知焦先生这条禁令为阻断王金璐江南之行又如同伤口上撒了一把盐。

北平艺术馆演出了话剧《上海屋檐下》和新平剧《桃花扇》等进步戏剧，跟国民党推行的"戡乱"戏唱上了对台。由于特务活动猖獗，当局随时有下手的可能，无奈之下《桃花扇》被迫停锣。等焦先生重整旗鼓，话剧团已无力维持，北平艺术馆名存实亡，从此平剧团改以"校友团"名义对外。顽强的焦先生再次推出《桃花扇》，与此同时，白天赶排他的另一新剧《铸情记》。

《铸情记》是焦菊隐自编的本子，剧本跳出莎士比亚原著的框架，掺入若干阶级斗争成分，颇有几分《讨渔税》的意味。焦本带有明显的歌剧和话剧的成色，却由翁偶虹执笔润色，由王金璐等按京剧表现手法排演，真有点强人所难。此戏舞台创意、调度均由焦本人策划，舞蹈、武打则由王金璐、李金鸿设计。他主演的罗平有大段背供独白，这全是莎翁的名句，削改是断然不行的，金璐挖空心思反复尝试，终不免含话剧味儿，不过焦先生已然十分满意。罗平等剧中人穿京戏服装，用京戏唱念做表，没有过场处理，用的是话剧分幕制，灯光极其讲究，连聚光和追光全用上了，当然还有立体实物布景，眼前所见，一片新鲜。另有"情敌斗剑"一场，经金璐和扮演贵族少年的李金鸿的一番穷琢磨，别出心裁地研究出一套带响声的虚实相间的新式对剑，兔起鹘落之间不胜惊险，拿到台上果然大受欢迎，校友们看了发笑，都道金璐真能造魔。张春彦老前辈还特意天天赶来长安戏院，说是"我对这场戏太喜欢了，我有瘾"。

为避当局鹰犬耳目，排练从公开转入地下，地点定在西半壁街吕祖阁金璐家中。师妹张玉英扮女主人公朱丽，与罗平花园分手时的难舍难分简直太入戏了,此时场上熄掉的灯慢慢地重新亮起,男女主角又走到了一起,意味着这对恋人日复一日幽会于花园。这里有一段富有西方情调的设计:二人愈走愈近,渐渐地快拥抱上了,眼看鼻尖即将对上,这时灯灭,意味着又是一天。每排到这节骨眼上,陪同前来的玉英的丈夫便在一旁开玩笑地直嚷:"金璐,得了……金璐,得了。"正因为逼真,演出效果奇佳,台下人吃不透,王金璐何年何月学上话剧了?

《铸情记》之后又排《新蝴蝶梦》,此本较之童芷苓、吴素秋等炙手可热的《蝴蝶梦·大劈棺》主题大为深化,剧中充满反抗封建礼教、赞美爱情自由和呼吁妇女解放的进步气息,庄子被推上了封建礼教卫道士的被告席。根据焦先生的要求,庄子要自扼咽喉而亡,这场戏台上有配景,并打出田氏幻影,庄子先有一段长达10分钟的独白,这哪里还像是京戏。庄子须表现出愈想愈害怕的神情,终至精神崩溃,卡脖子咽气。焦先生让金璐"自己琢磨去,我明天要看"。金璐不解:"这些事戏里原来都没有呀!"焦先生坚持不让:"没有,就去想嘛!"王金璐在妻子协助下解开了这道难题,搜肠刮肚似的想主意,居然设计出了一套京戏身段,恰当地表现了庄子的恐惧和绝望,又编出一大套京戏词儿表达了人物的思想活动,足足有十来分钟,第二天焦先生看了连连叫好,金璐拿下的纯粹是一段话剧小品。

时值1948年夏,平津战役即将打响,当局已在抓人,焦先生不敢拍板上演翁氏又一新戏《血泪城》,建议暂放一下,这一放,可把翁先生给放走了。少春、世海早就看好《白虹贯日》,借前年翁南下之机,李、袁圆了梦,征得翁先生的同意,《白虹贯日》改名《百战兴唐》,由当时叶盛章、叶盛兰、李玉茹、袁世海等组成的"十大头牌"通力合作,阵容显然远胜校友团。4000人的天蟾舞台大场子和老板生意经驱动下的宣传攻势也远非校友团所能相比。一切有利条件全让少春占尽,于是上海滩人人皆知李少春的《百战兴唐》,而不知有王金璐的《白虹贯日》,运也!命也!无独有偶,早时金璐和玉茹精彩的对手戏《美人鱼》也一变而为少春的常演剧目。两年后的今天,翁先生与李少春再度携手,北平难产的《血泪城》自然在上海得以出台,从而直接成了李、袁二位的独家戏。

王金璐南下受阻,受聘北平艺术馆失去自由身无疑是重要原因之一。终日忙碌于艺术馆的第一忙人王金璐实在是一名十十足足的苦行僧。

三

时局吃紧,焦先生暂避一时,王金璐只好率校友团演了一个短期的老戏,借以维持残局,大伙儿也意识到校友团难以持久,于是"飞鸟各投林"的结局成了不可避免。

1948年9月天津围城之前,天华景戏院派人抵京找李洪春组班,李洪春是瓢把子高手,天津人又爱武戏,他便首先找上金璐。师父发了话,金璐自然二话不说,加盟了由李洪春主持的共和班。墨璎一看班内人选,便知丈夫此番赴津又是吃大苦受大累的主儿,明摆着其中只有领衔的丈夫最有号召力,加上李先生,卖的不过他师徒二人,要不是李先生出面,去与不去,还真得从长计议一番。

天华景戏院地处天津闹市中心劝业场的4楼,座位上千,著名的稽古社及其子弟班曾先后长驻天华景戏院。20世纪40年代天津不少武生新秀多出自子弟班,天华景戏院本身亦素以武戏相号召,王金璐亮相天华景戏院,无形中占了几分地利。眼看华北战役即将打响,津门日益吃紧,戏市本不景气,但愿天华景戏院能为宾主双方带来几分景气。李洪春所邀人员多为挣钱养家走到一个临时戏班来了,阵容实力确是差强人意,好在天津人大多冲着王金璐、李洪春而来,这就注定王金璐又将扮演一次奉献远大于索取的苦行僧角色。启程之前,他曾对妻子诉说道:"……不好意思,不是老师就是同学,脸太熟,不好说……""我身体好,顶得住。"反正自己也为挣钱,就带着大伙儿一起挣吧。

此番登台"天华景"，李洪春也知形势严峻，他同金璐商定，戏尽量少翻头，剧目要多姿多彩，戏的"卖点"不能少，上台就得卖足，戏就大不就小，戏幅力求放大。李先生是有名的剪裁好手，他能把不少折子戏一一连缀成一台台有声有色的大戏。这招还真走对了，"天华景"天天戏码翻新，舞台上人人奋勇争先，千人之座无日不满，景气果然到来。这是一次王金璐个人剧目大展演，他演全了几乎所有门类的武生戏，除了他赖以立业的杨、黄派名剧及红生戏外，武小生戏、徽派老生戏、大嗓小生戏、猴戏连同清装戏、娱乐戏都一齐出台，这下天津戏迷真的吃惊不小了，王金璐肚里到底装了多少戏？他的道行到底有多深？

王金璐天天日夜两场。某日白天全本《三江口》，夜场全部《岳云》，《三江口》由"黄鹤楼""气周瑜""黄土岗"到"战张飞"，一人扮周瑜、赵云二角，最后周瑜另有大开打，这种演法李万春也有过，二人此戏俱由李洪春所授。《岳云》关目有《挑滑车》《岳家庄》《荷叶岭》《牛头山》《斩岳云》到《灭金蝉》，金璐的岳云一人到底，此戏原是李先生亲授《锤震金蝉子》的加工增益。又有一天，日场《朱仙镇·八大锤》，金璐将陆文龙一人演全，夜场《长坂坡·汉津口》接《龙凤呈祥》，他又是赵云一人全包。此外，天霸戏《落马湖》前加《殷家堡》；武松戏无分前后一锅端，一夜演全《武十回》；薛礼戏串成一台《跨海征东》，计有《龙门阵》《马三保》《凤凰山》《淤泥河》《访白袍》《独木关》《山神庙》，王金璐依然一人饰薛礼贯全场。为使剧目少翻头，平时很少搬演的《精忠报国》《洪杨豪侠传》《东汉》《火并王伦》《拦江夺斗》《双尽忠》《莲花湖》《郑州庙》《师生反目》《盘河战》《宏碧缘》等戏都一一出台了。为了赢得票房，还排演了天津本地清装戏《真假康小八》和《安三太》，前者有真刀真枪，连剁攮子也安上了，后者有滑稽开打，无非图个新鲜热闹。另有一出《花轿娶悟空》，内有戏悟空、娶悟空、遇龟精、斗龙虎、拜观音等不少情节，开打套路异常新颖，其中尤多金璐设计，他照例扮演孙悟空，一人贯全出。看客观后称"天华景"有"化学把子"，这一下涌来了更多瞧热闹的观众，别看这出瞎编的悟空戏，倒是一出不折不扣的累工戏。只要李先生编得出，王金璐就得拼上命，李洪春奇门怪招特多，作为主演的金璐可累大了，就这样拼得了由初秋到初冬整整3个月的持续满堂。

王金璐近百天内贴戏近七十出，在津门赢足了人缘。他在临时性共和班中举足轻重，却全无倨傲之性、骄横之气，台上不敷衍，绝没有无精打采之病。他有着一种推己及人的宽容，又有"戏迷如水、戏市如舟"视戏迷为知音的既定观念，台上台下均落下上佳的口碑。丁师故后，改由墨璎出面谈公事，这位贤德夫人从无诉苦哭穷的习惯，三份家三份开支，如今又有4名子女，手头之紧唯有自知，本当为丈夫在天华景戏份儿上争上一争，回头一想，这又何必，为此也就顺应了丈夫的选择：让金不避戏。

李墨璎的思路常有与众不同之处，心胸之中自有一种宽容、一种忍让、一种超脱，不拘泥于眼前，却寄志于未来。在她看来，去"天华景"是练戏，把不少久疏战阵的戏再加工一回，再过上一遍，不至于把昔日受苦受累学成的本事废弃于一旦，如今生戏重又变熟，这不是在积攒本钱吗？在她看来，去"天华景"是练功，每天日夜两场，创下个人连挑重头戏竟达3月之久的最高纪录，个中怎一个累字了得，这无异又是疲劳极限试验和意志毅力磨炼，岂不也是在积攒本钱？在她看来，去"天华景"又是学戏，丁师已逝，如今肯对丈夫百分之百筒子倒豆似的仅李师一人了，师徒同吃住同议事，多么难觅的良机啊！不争分夺秒地向李师求艺更待何时？积三个月的收成，难道不是在剧目开拓方面也积攒了一笔可观的本钱？梨园一行，吃好了是戏饭，吃不好是气饭，虽说生活中有诸多的不如意，但能磨炼人的心理承受能力。李墨璎坚信大投入必有高回报，没必要多去咀嚼心中的辛酸、委屈与不平，青春是不保值的，尽早打出自己的青春牌，就会觅得更多的拼搏良机，为日后的成功埋下更多的伏笔。

苦行僧，是终生苦果，抑或先苦后甜，当属未定之天。王金璐的奋斗和机缘能否在来日出现最佳的结合点？这在天时，也在人谋，一切全在冥冥之中。

四

正当金璐在天津忙得不可开交之时，北平全城抓起了壮丁。抓丁意在抓人，有钱便可放人，十足的花钱消灾。找上门来的一位保甲长姓李，是个喜好金璐戏的戏迷，他问起李墨璎："大哥哪里去了？"又暗暗嘱咐："等回来了，找我呀！"等于先给墨璎服下一剂定心药。过了十余天，"天华景"那头忙碌完毕，她赶紧让人暗传消息，千万叮咛丈夫回平后先去南小街岳母家藏避一时。不久北平围城了，保甲长们个个手头有了进项，抓壮丁的警报就不解自除了。

1948年冬，解放大军兵临城下，值此城防吃紧之际，散兵游勇，加上流氓，充塞于道，谣言纷传，风鹤频惊，剧场兵祸甚于天津，演剧活动难以为继，长达44年的富连成社回天无力，最终也只得在一片风风雨雨的哀愁声中宣告解散，其他班社的困境更可想见。国民党当局的"魔手"正伸向焦先生和校友团，时已紧迫，焦便把书稿剧本及一架钢琴留在金璐家，乔装打扮越窗遁走，投奔解放区去了，校友团便告寿终正寝，在梨园公会处仅留下一块空牌子。

王金璐仍在搭班唱戏，无暇去关注时局的发展，看到周围不少的人都在急切地盼着共产党早日进城，他也觉得江山该改朝换代了。

第三章　磨砺篇

第一节　北雁南飞

一

1948年的冬天特别漫长，城外炮声可闻，城内人心惶惶。北平粮价日涨3回，鱼肉蔬菜进不了城，市民天天吃腌制的咸菜，白菜涨到10元1斤，相当于平时肉价的3倍，每天时而停电，时而断水，家家门口放着水缸，以备不测，门外堆起沙袋，屋子犹如碉堡一般。梨园行中人百无聊赖，终日扑克、麻将排遣忧烦，北平城里各行各业似乎全在静候即将来到的天地巨变。

革命的曙光终于驱散了神州上空的沉沉雾瘴，1949年1月31日，古都迎来黎明，北平和平解放。大军进城的那天，金璐满怀好奇赶到西直门去看进城部队到底是什么模样。一看之下，不禁从心底里激起好感，这些荷枪实弹、一身武装的战士全然不同于想象中的"老总"，军纪之严整令人刮目，对老乡们和颜悦色，怎么也不领受百姓的一针一线，日本兵、国民党大兵见多了，这次可开了眼界，国民党溃退前散播下的种种谣言一下子不攻自破。

"解放区的天是明朗的天"，京畿九城歌声如潮，北平成了一片欢乐的海洋。王金璐内心深处也是一片晴朗，老板下台了，经励科被取缔了，如今艺人当家做起主人，可撑开腰甩开膀子大干一场了。他处处觉新鲜，"戏子""伶人""唱戏的"……一去不返，称谓变得时髦了，又是"文艺工作者"，又是"同志"的，自己这一行有了政治地位谁不高兴？他怎么也没想到现今在"大兵"面前可以享有充分的尊重和平等，能感受到一种亲切和安全，他也开口对解放军称起了同志。某夜他演完戏回家，坐着一辆拉有行头的人力车，突然间他发现车后有人紧随不舍，心头一紧，急忙抽出黄天霸的单刀，"霍"地一下从车上站起，追者立即自报身份："我们是解放军。"金璐这才舒了一口气，忙答道："我唱戏的，回家去，在庙那一边。"误会一解，两下无事，不料翌日人家还特地上门打招呼。闹了这场笑话，他对解放军反又生一份敬意，原来北平的治安应在了这支"天兵天将"的身上。

如今的演出有了新说法，称"为人民服务""为工农兵演出"，不能再说"唱戏糊口""唱戏养家"了。人们的穿着也开始变了，大街之上，解放装成了领导时装的新潮流，男穿中山装，女穿列宁装，举眼望去，一片制服化。王金璐生性散淡，喜穿宽松的中式裤袄，外面照旧穿上他的长袍大褂，他那"长靠袍带"过去乃司空见惯，今天披挂开了晃晃悠悠地遛着八字步倒显得有几分滑稽了。

二

焦菊隐先生从解放区回来了，显然他已是共产党的文艺干部。焦先生杀回故都必有所为，他约王金璐领衔重起炉灶的校友团，最终金璐还是难拂情面，重归了焦先生的麾下。

第一出新戏是宋之的写的《九件衣》。焦所选的本子总脱不开浓浓的话剧味，而表现手段偏坚持用京剧程式，金璐主演的申大成一角，光嘴巴化妆，分不出什么行当，本身就已带上了话剧色调。戏中申大成被诬陷与某女有染，屈打成招，最终被迫害致死。上刑、逼供、法场等场子金璐唱做繁重，大有文戏武唱意味。演完申大成他仍不得歇，洗完脸后急忙又扮上义军打了回来，抓住并惩治了恶霸，以大快人心的结局收尾。戏演至"公审"一场，唱得台上台下哭成一片。这一出阶级斗争主题鲜明的戏在开明戏院连演多场，颇得进步人士的赞许，可上座总难圆满。后移至东长安街美琪戏院又演半月，营业仍无起色，只得迁地为宜，到天津去换换风水，结果门庭依旧冷落，观者裹足不前，尝新者寥寥，只有来自老根据地的戏改家们观摩后一致推崇，这多半是从政治标准上打的高分，直到推出新《蝴蝶梦》，营业方得以改观。

三

中华人民共和国成立之初，王金璐出台频频，他和筱翠花、奚啸伯、侯喜瑞有过一期大合作，轮演于吉祥戏院、民主戏院、三庆戏院、中山公园音乐堂各处，上座极佳。有奚四哥在，一至四本《走麦城》必唱无疑，除金璐前关羽后赵云外，其他有齐和昌的关平、于世文的黄忠、鲍盛启的吕蒙、刘雪涛的陆逊。虽删去了《封五虎·战襄阳·刮骨疗毒》，却增添了《玉泉山》和《活捉吕蒙》，戏幅不减，前场加演一出侯喜瑞的《清风寨》，倍添精彩。有这几位联袂，必使好戏连台，如王金璐、筱翠花、侯喜瑞三家合作的《大战宛城》和奚啸伯前场的《打渔杀家》；如王金璐、筱翠花、奚啸伯、侯喜瑞的《蚰蜡庙》，前有压轴戏筱翠花、奚啸伯、侯喜瑞、马富禄和华世香的《拾玉镯·法门寺》及倒第三的王金璐的《白马坡》；如王金璐与筱翠花的《武松与潘金莲》，由武松打虎、戏叔别兄到鸩夫灭迹、开吊杀嫂，倒第二为奚啸伯、侯喜瑞二家的《打严嵩》；如王金璐与侯喜瑞、王泉奎合作的《连环套》；又如王金璐的全部《曹营十二年》，由"屯土山""约三事"直到"古城会""训弟"，戏幅之大令人咋舌，少说也有五个小时。是日《曹营十二年》侯喜瑞的张飞、王泉奎的曹操，大为增色。这一年他同台名角不少，如谭富英、毛世来、叶盛兰、王玉蓉等，他舞台状态至佳，势头有升无降，谁也不会怀疑，王金璐将是国家剧院首先争取的加盟对象之一。

天津归来不久，华北平剧院分头做开了动员，旨在吸收在京校友加盟李和曾领衔的国营团体。金璐初不知情，后发现一个个都走了，也不由得彷徨起来。李和曾最后亲自出面动员金璐，许下的月俸是两千斤小米的价，看来报酬尚可，他没多加思考，便当场许了诺。不想回到家里，岳母和老父这两边全翻了，国民党征兵抓壮丁，把人抓怕了。金璐寻思，李和曾他们穿的军大衣上佩有"中国人民解放军"的胸牌标志，此去岂不是当上了兵？这个"兵"字在头脑里长期是一个糟糕的字眼，父亲说："好铁不打钉，好男不当兵。""你不怕躲了一枪又挨一刀。"王金璐当时不可能一下便把共产党的政策和解放军品质体悟透了，因此生了悔意，谢辞了华北平剧院的盛情。

1950年7月4日，王金璐、筱翠花、侯喜瑞联袂演出《大战宛城》戏单

1950年7月18日，王金璐与侯喜瑞、王泉奎合作《曹营十二年》戏单

李和曾劝盟早在1949年秋冬之际，此时万春、盛麟均在南方，李少春忙于组建中华人民共和国京剧团，华北平剧院打算吸收的第一位大武生就是王金璐，这也意味着北京艺人中他将拥有中华人民共和国成立后第一批参加革命的荣幸。后来张云溪、张春华、云燕铭、李宗义等成为1951年4月中国戏曲研究院实验京剧团的首批主演，离金璐受邀相隔已有年余；等到李少春、叶盛章、叶盛兰、袁世海等大批角儿相继加入则又晚了半年。王金璐错过了这一重大机遇，很难说不直接或间接地对他今后的道路产生影响。

四

　　艺人跑码头一如既往，企盼重作江南游的王金璐一直在等待着机会。1950年秋高气爽季节，他接上海更新戏院之聘，与李玉茹、俞振飞合作一期。此番重新踏上上海滩，倏忽间一晃6年，不意间自己已是而立之年了。

　　更新戏院地处牛庄路，每日开演之前的戏院门口和马路两侧，老少戏迷们三五成群，中心话题之一即难得上海一露的王金璐。沪人犹称李玉茹、王金璐二人为"青年玉貌、猗旎风光"，在舞台上仍属黄金年华。上海戏迷有称："还是当年的王金璐，更胜当年的王金璐。"有称："王金璐和高盛麟才是一对劲敌。"又有称："盛麟未必留沪，金璐若能代之，足可相抵，只是人家老北京字号，北雁不会南飞。"

　　凡李玉茹沪上登台，必上《鸳鸯泪》，这戏在上海不愁百回唱，除玉茹和金璐一对老搭档之外，由俞振飞担任周仁一角，俞不谙《鸳鸯泪》，于是每天把金璐接至家中，以咖啡奉客，请金璐说戏。王金璐虽演的是王四公，说戏排戏却子丑寅卯如数家珍，俞振飞也为之心折，难以想象一位大武生竟能说"总讲"，执排全出文戏。俞振飞演周仁，缘系学步邯郸，《鸳鸯泪》本非其素擅，终不及储金鹏演来令人酸鼻。

　　在更新戏院演出甫毕，全团开赴武汉，在那里王金璐有幸与有"八骏"之称的白玉昆同台，但武汉之行更有意义的是结识了王若瑜女士，即有"豫剧皇后"之誉的陈素真（艺名）。王金璐与陈素真二位艺术见解十有九同，谈来投机，遂义结金兰，陈素真看重王金璐的人品和艺品，王金璐对陈素真亦心仪已久，从此他把这位多年来一直执豫剧界牛耳的王若瑜大姐当成自己的知己。

　　武汉这头刚演罢，青岛那头又来邀，谁知演至半路，吴绛秋先行告退，留下王金璐独自领衔。他既排《九件衣》，又演传统戏，一时忙得可以，他的《汉寿亭侯》《走麦城》《战冀州》等骨子老戏尤受欢迎，上座之好，创了青岛永安戏院近几年的营业记录。季节渐入严冬，当他得知后台同行天天大锅清水熬白菜，一连喝了两个多月的稀粥，见之不忍，心生恻隐，于是演至最后3天，他不容众人推辞，硬把当天包银留下，第二天仍分文不取，告别演出那天他再次全数献出，算是对穷哥儿们尽上一份心。后台很多人为之落泪，要不是天津方面正在紧催，要求他克日报到，他还真想在青岛多留几天。

王金璐受邀天津，事由《太平天国》而起。这是一出新戏，编剧是天津市文艺处处长阿英，参与整理的是言少朋，按理应由少朋执导，他却极力推荐金璐。剧中女主角是洪宣娇，阿英请出言慧珠，慧珠读了本子，便以肯定的语气说："不请王金璐这戏排不了。"天津方面这才知晓王金璐的厉害。

慧珠在沪一时脱不开身，排练只能延期，天津中国大戏院见缝插针，找上王金璐凑起一个共和班子。别看短期的临时班，阵容倒也整齐，有程派名宿新艳秋和李鸣盛、谭元寿、王泉奎、景荣庆、张曼君等人，开演之日定在农历新年，中国大戏院连日大满座自是不成问题。众人之中最令人注目的是王金璐和新艳秋，这一期可大大地过上一把瘾，他同元寿双演《长坂坡》和《连环套》；合演了《八大锤·断臂说书》；与鸣盛、元寿合作《薛家将》三演徐策，他重又唱起"跑城"；还演了一场难得的勾脸戏《金沙滩》，勾了一回丁先生传下的"一笔虎"的脸谱……戏码花样迭出，着实地热闹了好些天。

《太平天国》开排，天津方面提议金璐一人扮杨秀清、李秀成二角，前者重文场，后者重武场，正得发挥。再说他手里又握有执行导演的指挥棒，不管走到哪里，他永远摆脱不了"劳碌命"。此番言慧珠用上了梅剧团助阵，刘连荣饰韦昌辉、王少亭饰石达开，姜妙香饰萧朝贵，言少朋饰洪秀全。金璐把戏搞得极热闹，构思出一套八人同时起霸和八人同时趟马的新设计，姜六爷暗地里找他："金璐，我年纪大了,能不能少来点?"他立即让老先生服下一颗定心丸,说道:"您放心,来活儿的都是我们,到您出场,让台下对你们老几位叫好就是。"戏中韦昌辉和杨秀清有段对剑,刘连荣犯了难:"对剑我不成呀!"金璐有的是招,"但请放心,好儿落在您那儿,折腾是我的"。刘、姜二人心中嘀咕,结果对剑时金璐加上几句诗,围着刘连荣直转,剑套子设计得很是中看,却一点也累不着刘连荣,众老不禁佩服金璐了得,非具真实功夫者,不克臻此也。《太平天国》红火可期,慧珠、少朋高兴之余,对金璐打起趣来:"这戏干脆把名字改了吧,改《天国二秀》得了,尽是你在折腾了。"

天津方面十分赏识王金璐的才华,由阿英出面挽留,天津有院团合一建制的考虑,有意让金璐出任中国大戏院的后台经理,同时着手筹建天津市一级的京剧团。金璐一听,三魂吓去了两魂,自己哪干得了这项差使,他推之再三,阿英那头坚留不放,他只得暂且留下,再谋良策。

金璐居津的待遇极为优厚,看戏听戏有"包银",每天八十元,另加饭贴八元,家属亦不例外。他闲来无事,几乎天天泡在中国大戏院包厢看戏,剧团筹建一事却搁置一边。无功焉能受禄,他心中好生踌躇,就这样不荤不素地闷着,拿捏不定主意,岂不坏了人家的正事?"用人之道,在于量才",人给穿大鞋,鞋大也磕脚,于是他再次坚请辞去,天津方面见他去意已决,最终没有强留。金璐返回北京,还在额手称庆,功名者人生之第一诱惑,偏有见当官害怕、在功名场上"躲"字当头的人。

王金璐先京后津两度错失天时地利人和原可占全的大好良机,这似乎意味着一种命运。命运不止一次地同他开了玩笑,"天时"从此不再眷顾于他。

五

1951年农历腊月,王金璐与言慧珠联袂更新戏院。在上海滩,

《翠屏山》《武松与潘金莲》一类戏照样吃得开，他在《吕布与貂蝉》中依旧扮吕布，在《太真外传》中又扮上了李白，为赢得更高的票房，言、王还一起反串了《翠屏山》和《盘丝洞》。一出《翠屏山》唱足输赢赚足钞票，俞振飞、王金璐扮的前后石秀，言慧珠的潘巧云，苗胜春的杨雄，刘斌昆的海和尚，看这一派演员表，人们还以为是在唱大义务戏呢！戏的反串质量不低，金璐与慧珠把石秀与潘巧云调换来演，还真有声有色，非无中生有闹中取乐者可比。

"江山信是东南美"，他对上海重又萌生好感，不过他做梦也没想到上海方面竟主动找上门来了。华东戏曲研究院京剧实验剧团（以下简称华东团）已在上海成立，王、言沪上成绩良好，忙于"扩军"的华东团不会有眼不识。陈正薇带着华东团的使命，多次跑来后台下说词，动员二人入盟。陈说词很有说服力，因有一系列的优越条件在那里明摆着，有固定工资，又有劳保，不唱戏也拿钱，就是服装行头也不用发愁呀。慧珠稳如泰山，不为所动，金璐听到实处，一个念头蓦地升起，迁地为宜，亦不失为一策。他朝暮间都在推敲，慧珠见他犯了心思，知其心旌已动，就劝他："为什么进国营那么早，在外再多抓几年钱有什么不好？一进去便是死钱了。"金璐叹道："我太累了，找我的人也实在太多，不好驳面子，再说我想歇口气了。"而立之年了，应知稼穑之艰难，这些年也太难为墨璎了，如有一份现成的可观而稳定的收入比什么都强，他的心理天平开始倾向了上海。

没过几天，吕君樵副团长在刘斌昆陪同下登门来访，不多寒暄，很快切入正题。金璐当面提出三项条件：一是只练功演戏，不开会，不穿解放装。刘斌昆听了哈哈大笑："你扎靠穿蟒出去我们也不管。"这条立获允准；二是由团里负责找住房，二人亦是一口应承；三是工资待遇，按折实单位付薪，当面议妥月薪九百左右，他对工资行情并不精通，未曾调查就痛快地接受了。

王金璐一下移情上海，推究其故，另有他由也。上海收入高、生活条件优越固然是重要的一条,他想避开盘根错节的人事网络也是一项关键因素。于是,王金璐家分两处,子女们暂时安置在岳母家,仅长女天香随父母迁居上海,没想到六年阻断江南路,如今"老北京"倒成了"新上海"。就这样,在故都北京特殊文化氛围里成长起来的王金璐,以及伴随他多年的京派武生的风格特色,走出了四合院,飘过了皇城根,飞越黄河,跨过长江,落脚在似曾相熟又陌生的上海滩。

王金璐京津留不住,反应了上海之召,长年活跃江南的盛麟、少春反而一去武汉、一回北京,来了一次"大换防",造化弄人之奇,一至如是!

第二节 新锋初试

一

1951年5月,在一个细雨绵绵的晚春日子,王金璐在华东戏曲研究院京剧实验剧团正式报到。

上海剧坛变化太大了,恶性海派极端商业化的广告已在剧场门口一扫而空,各类报纸新戏气息处处可见,戏改风来势不小,他有一种强烈的预感,自己投身的那一家国家剧团是江南戏改潮流中打先锋的。对他而言,唱新戏本是轻车熟路的拿手活,何况在焦先生麾下已有过四年实践,他猜不透的只是从今往后老戏的命运究竟如何,看到梅兰芳的《醉酒》、荀慧生的《红娘》、程砚秋的《锁麟囊》尚且遭禁,他不禁犯起愁来,自己拥有的一大批戏不知哪些该"净化"。

求战心切的王金璐一下被"冷藏"起来,每天按时上下班一如公司职员,他渐而领略到了"保障"的意味,自己搭上了一个长班,而且是有政府当后台大老板的长班，是"包银"旱涝保收的长班，真是一跤跌在青云里了。他渴望着早登舞台，但不得请缨机会，仅在6月下旬参加过一场大型义演，在上海市文艺界抗美援朝大义务戏的特殊场合作加盟上海后的首次亮相，确也特具意义。

上海义演规模很大，各式专场应有尽有，有周信芳、盖叫天主演的《大名府·一箭仇》；有周信芳、童芷苓、李玉茹、赵如泉主演的《吕布与貂蝉》与周信芳（双出）、杨宝森、裘盛戎的《搜孤救孤》；有言慧珠、童芷苓、李玉茹领衔的女演员专场；还有梅兰芳、周信芳、盖叫天、赵如泉、姜妙香、张少甫等珠联璧合的《龙凤呈祥》老艺人专场。

王金璐参加的武生专场贴戏五出：开场是江南名武生李仲林、王少楼的《两将军》，第二出是谭元寿、张鸣禄的《三岔口》，倒第三是周信芳、张翼鹏的《八大锤》，大轴是担任双出的周信芳和盖叫天联袂的《莲花湖》，王金璐和言慧珠的一折《百鸟朝凤》列在压轴。当天大牌名角如云，上台者俱声誉卓卓之选，王金璐在头角峥嵘的群贤之中能唱上压轴戏，算得上优礼相待，多少意味着是对王金璐落户上海后的一个"定位"。

二

王金璐的心情就同时晴时雨的梅雨天气一样，充斥着一种沉闷感。原先团领导拍胸脯许下找房的诺言时过境迁了，领导上两手一摊，一副无可奈何的样子，王金璐不是一味纠缠之人，无奈只得自己外出找房。经友人牵线，他租下了静安寺临街的一套与人合用的三居室楼房。这套新居称不上宽敞，但至少不在螺蛳壳之列，这样在异乡客地也算有个家了。

华东团紧锣密鼓地在赶排一本新戏《皇帝与妓女》，该戏演的是北宋末年宋徽宗和李师师的故事，其中还有抗金义军浴血奋战的悲壮场面。这里本来没有他的事，不意团部找上了他，让他戏中挑选一个角色。有好心人暗地提醒，千万别挑主角吴革，因这一义军头领的角色已由院长周信芳担纲，何况周的全套新行头都已添置停当。金璐本无心去争，只不过找个差使上台走走，因此他没经多大考虑就选了皇帝一角。不料团里又生变卦，烦他改饰主角吴革，原来周院长临阵病了，请他代演是由院长本人批准的。王金璐一下陷入两难境地，不接，有违团部指派；接了，则显自己逞能。因演期近在眼前，他只能从命。墨璎似有隐忧，事已至此，唯有硬着头皮去顶，丈夫虽过了青春年少激情勃发的年岁，然而为国粹梦断云水仍发着少年愚狂，若是过分阻拦，恐伤丈夫锐气，她便百般叮咛，须知丈夫首次亮相，实是华东团对他在号脉，大意不得呀！

《皇帝与妓女》的剧组拥有一批著名演员，如金素琴、金素雯、沈金波、刘斌昆、陈正薇、汪志奎等，顶替他演皇帝的是随他同来上海的学友沈金波，导演由吕君樵兼任。排练是在闷热多雨的梅雨季节，不过此时此地王金璐的心情已从云雾升腾阴雨绵绵变成了彩虹高悬阳光满天了。

吴革是爱国志士，他招兵买马抗金救国，与李师师有共同志向。吴上前线，李为之送行，金人兵临城下，吴率义军勤王救亡，激战中受了箭伤，被人救回庙中，与逃难避此的李师师相见，李敬重吴革的气节情怀，为他护理治伤，最后吴在开战中被擒，痛骂金寇，不屈而殉。王金璐抓住几个主要笔触，重点加以勾勒，带过一些枝叶，一气呵成，人物就此突现出来了。排练时有人担心，吴革箭伤的一段表演得洒狗血，王金璐来自京派，他行吗？金璐不声不响，在排练场上露了一手周身打战的技巧，从头到脚遍体上下如同筛糠，头盔珠子唰唰齐响，场上观者俱都大声叫起好来，他却不介意地说："这算什么，我16岁就唱《走麦城》，练过哆嗦这一功。"

7月1日，《皇帝与妓女》在大众剧场首演，王金璐穿一身新潮的行头登场，开打时穿新式改良靠，再加一件改良的短蟒，一直斜披在靠外，穿蟒开打，难度虽大，并没能制约他的武打发挥。戏里

爱国主义台词甚多，尽是口号式的豪言壮语，必须念得慷慨激昂淋漓悲壮，不达到激情迸发就算不得成功。王金璐新锋初试，令南方同行侧目。他哪里知晓，《皇帝与妓女》竟是太锋芒毕露了。《皇帝与妓女》的营业额出奇地好，票子特别抢手，这类新戏观众如潮，居然3个月连演连满，实出乎王金璐所料。

1951年，《皇帝与妓女》，王金璐（左）饰吴革，陈正薇（中）饰李师师，张君屏（右）饰翠荷

《皇帝与妓女》上演之日，金璐每夜回至家中，必在夫人陪同下，夜夜登上房顶，在一块平坦的屋面上接练夜功。由于担心黑夜里不小心会把家伙掉下去，就改在马路上练，只当夜间无行人，却还是时常撞见"夜行人"。于是李墨璎另找了一个练功的好去处，天天陪着丈夫去对面马路的公墓练功。这个所在又称外国坟山，原是埋葬洋人的地方，两口子不是赶在公墓刚刚开门，便是在那即将关门、月朗星稀的时候光临他们的私家练功场。每近午夜时分，微风习习，夏夜的月色显得格外温柔，四周虫鸟轻鸣，树叶簌簌作声，在一个隐在葱绿树丛之中的平坦石台上，李墨璎抱着丈夫的衣服站在一侧，看着丈夫一遍又一遍地把功练开，夫妻二人与"鬼魂"为伴，构成了一幅别有情趣的月夜痴人图。练腿拉戏……不仅练功量他人难及，单说那份狠劲，谁听了都会倒抽一口凉气。团里人纳闷不止，王金璐打从来到团里从不见他练功，偶尔一露，身上怎会这么溜？其中只有一位

老资格郭坤泉先生力排众议："不对，他一定在练，练不练功一下便能看出来。"常言"行家一出手，便知有没有"。王金璐是行家，郭坤泉是南方著名的连台本戏执导，何尝不是行家。

三

《皇帝与妓女》天天夜场演出正酣，白天却也不闲着，另一出新戏《劈山救母》争分夺秒地同时排开了。新编本虽是沉香得斧救母，但同盖叫天、李万春并不是同一个本子，此戏反封建礼教和抗暴斗争的主题极为鲜明，何况担任执导的是以排练新戏擅长的吕副团长，新本的戏改味便益发地浓了。

为使《劈山救母》同《安天会》大战天兵天将免生雷同，昔日盖叫天曾从斧子改革入手，原戏斧子由4名石仙所赠，盖叫天改为沉香不求神不求人，由自己炼成神斧。他别出心裁地设计出"黄绸舞"，即从断开的斧柄一头抽出绸子代替兵刃，在松香"火彩"所示的火焰中，黄绸子上下拂动左右飘舞，象征炉火熊熊的炼斧情景，很有创意。

王金璐的沉香无此舞绸一段，斧子也非神仙所赠，而是由灵芝招来的8个打抱不平的铁精以身投火熔成，包含有群众支持之意，这种思路当时很吃香。斧舞设计规定由本人自理，他夫妻俩于是一起抱起"佛脚"来，用鸡毛掸子一遍又一遍地比画，整整辛苦了一夜，第二天交差时用锣鼓曲牌

1951年，《宝莲灯》，王金璐饰沉香，王泗水饰哮天犬

一陪衬，还真契合无间，导演十分满意。

《劈山救母》新本主题有"人定胜天"的含意，戏里原有沉香念书情节，今改成刘彦昌下乡种地，沉香还上山打柴，这无非是为了改成红出身。沉香因向父亲要生母而知实情，便偷着离家，爬山越岭中遇见母亲昔时侍女灵芝，找来铁精炼出神斧，这才杀退天兵劈山救母。这戏太累，几乎场场都有沉香的戏。他虽无盖叫天的舞绸特技，却在人物形象的刻画上把戏做足。斧劈华山之时，三圣母幕后呼唤"儿啊"，沉香横斧凝视悚然动容，唱起了【粉蝶儿】。全曲中三圣母共呼三声，沉香的沉痛心理由曲牌旋律中分三个层次款款诉出，戏情浓郁。他的腰腿功最为叫彩，常在撒花盖顶、盘臂缠腰的解数过后，有一纹丝不动的脆帅亮相，犹如铁板钉钉。盖叫天是华东团特邀的高级顾问，看后连声说好，其实盖、王二位一南一北，表演技法全然不是一回事。

新本《劈山救母》票房势头持续看好，卖座比《皇帝与妓女》有过之而无不及。到了8月，接上级通知，华东团赴沪宁线巡回演出，剧目即为《劈山救母》，阵容仍是上海大众剧场的原班人马，即金素雯的三圣母，沈金波的刘彦昌，陈正薇的灵芝，孙瑞春的铁精，鲍毓春的二郎神。王金璐南京之行不虚，他有幸遇上了81岁高龄的武生前辈张桂轩，张老与李春来、盖叫天、张德俊有"江南四杰"之称，往日几番南下均未得见，不意竟在金陵相逢。正巧张桂轩示范演出《金雁桥》，金璐特地赶去观摩，张老台上忘了自己的岁数，从椅子上摔抢背下，居然还有几分脆劲在，好不令人吃惊。张师事三麻子，说来还是他的师伯大爷，早在清末民初就扎根江南，曾有过"活石秀""活赵云"之称，他的文武老生、靠背老生戏俱擅胜场，又善以惊险火炽的绝技取胜，其扮相英武，嗓子上佳，唱也不恶。张老说白亦清利真挚，较当初南方不少打杀斗狠、专以真刀真枪炫人者，殆不可同日语。一名武生，具备如此良好资质，可谓凤毛麟角，乃未享高名，而一般干哑颠预之武生，反常得顾曲人士之揄扬，岂非一大不平事。张老兴冲冲地赶来看戏，散戏后又风风火火地跑进后台，到处找王金璐："哪儿是小沉香？"他高兴地拍着金璐的肩说："好，好，这两条腿难得！"

四

金璐巡回归来，继续登台，连月劳累，气力有亏，一下使劲不当扭伤腰，他照旧登台不误，拿人钱财为人消灾嘛！他的观念还停留在往昔的雇聘关系之上，把团长当老板，把剧团当戏班，他还不全清楚自己手中是只铁饭碗，有病照歇，工资照拿，自己已被装进了"保险箱"，他实在有点"拎不清"。大夫用蒸汽疗法和电烤疗法为他治伤，把他"折磨"得连饭也咽不下。大夫关照用西瓜当主食，他每天凭西瓜支撑着上台焉有不垮之理。原地养伤百无聊赖，可把王金璐这位大忙人闷坏了。团里知他有好货之癖，视戏装如命，便把他编入三人小组，与魏莲芳、陈富瑞一起担任团里戏装设计师。他是戏装的"瘾君子"，一旦钻入其内，其乐陶陶，没有美酒肥鸭，这一阵天天搞设计出图样，却也出了不少成果。华东团毕竟是"大户人家"，家底殷实，不用私人行头，一律动用公服，行头的质地也考究，每出新戏的主角另制新行头，宽绰之极。王金璐专注于台上行头，台下穿着便不再讲究，穿长袍全团仅他一人，曾被刘斌昆穷逗一气："咱们团里留一个变魔术的有什么不好。"渐而渐之，他也就舍长取短，改穿"箭衣"（短制服）了。原先享有不开会的特权，赶在"三反""五反"运动高潮显得不合时宜，他变得知趣起来，不久也就乖乖地去参加会议了。

金璐养伤半年多，重回华东团上班已是1953年的事了，虽错过了抗美援朝慰问团，却赶上了福建前线慰问团，多少也是一种补偿。大家体验了一次草台班的野外风味，演出在露天条件下进行，大风刮起，髯口狂舞，用手根本拢不住，只能大把大把地把胡子抓回来。风中唱戏别有风味，虽说戏味走了不少，可战士们自始至终秩序井然，让人钦佩。

王金璐连日上台累得痔疮复发，他叫苦不迭，幸遇一位上海籍的名医，恰好是治痔瘘的好手，可谓无巧不成书。这位大夫不动任何手术，还绝对保证无碍演出，只提出了一项条件：看戏。经与部队领导商量，勉强算是同意了，结果十多名大夫排队鱼贯而入，坐在后台台沿上看戏，成了当天的一道风景。

五

上海滩这个地方海派意识依然浓重，人们太求新求变了，申江猴戏市场旺盛许与此有关。如今华东团与"新"字也结下了缘，继《皇帝与妓女》《劈山救母》之后又排开了《铸剑》。这出写干将莫邪练剑故事的新戏戏情平淡，无甚发挥之处，王金璐扮剑子一角，他不知中了什么魔，这回演的还是小孩，他动足脑筋设计出几趟别致的剑舞，就此而已。《铸剑》一戏自鲁迅先生小说改编而得，多少是上级指令所派定，营业尚可，反响则远不如前两出。

李玉茹刚入华东团，便参加《三姐下凡》的排练。这出新戏由苏雪庵、吕仲改编，李煦、王金璐执导，由李玉茹饰演三姐，王金璐、张美娟分饰杨光道兄妹，参演者还有黄正勤、沈金波、贺永华、孙正阳等。王金璐此回兼以执导身份露面，多半是团里离不开他的"点了"，尤其是他那独出心裁新意盎然的武打设计。剧中有一段"走边"，他用上加大的双头枪，采用一种龙套常用的牌子，舍去武生戏中常有的【新水令】，改用行围射猎的【醉太平】，这样一来，就把舞蹈融入了曲牌，这段戏的动作性、表演性顿见增强，他设计的新把子以双刀对双头枪，也招来不少效法者。

王金璐在华东团接连演了四出新戏，除吴革外，沉香、剑子、杨光道皆为小孩，每戏都有出色的武打设计和套路创造，台上格拒躲闪、进退开阖的对拳，电闪风驰花飞雪舞的把子均煞有可观。他练功之狠在华东团已大有名气，郭坤泉先生钦佩他练功的坚忍不拔及敬业的精神，特地让爱子郭仲春拜在他的门下。师责在身，他就不便闭门独练了，于是师徒二人天天改在团里练功，不少人都为他俩练功的那股出奇的狠劲暗暗喝彩。王俊鹏、赵洪亮、李松达等几员武净受王金璐精神感召而提出同练的要求，他都一一予以满足，这样就得每天打一圈车轮战，一个一个轮着上，一人"五套"加3个"下场"，三名武净一练就是十五套加9个"下场"。对练完了，他一边又耗起腿来，一边还在为仲春拉戏，几乎天天特大训练量，王金璐练在明处了，同事们这才相信当时郭坤泉所言不虚。

《三姐下凡》演得正欢，王金璐的心似乎浸在3月的雨季里，思绪如同扯不断的雨帘……他的试新怎比得北京同行，人家不少新戏是冲人写的，当然能充分扬其优长，演来倍添精彩，自己没这份造化，虽忙得可以，却总有伸不开腰的感觉，他总也弄不懂一名长靠袍带大武生怎么同小孩角色结下了不解之缘。

第三节 "四大武生"一说

20世纪50年代初，京剧处于一个相对繁荣时期，昔日少壮派骨干武生如今艺术上渐趋成熟，涌现了一批足称砥柱中流的栋梁之材。在上海这块风水宝地，众多戏迷对有头有脸的南北武生如数家珍，都能说出个中道儿来。江南有过"南方四大名旦"一说，近几年上海又因坤角如云，名坤鼎立，故又生"新四大坤旦"一说，由此及彼，沪上戏迷开始议论起一个新的话题——"四大武生"。

一

1953年王金璐伤愈复出，春节出演大众剧场，连唱3周老戏，共贴戏15出。这一期阵容可观，计有王金璐、陈大濩、张美娟、金素雯、陈正薇、沈金波、刘斌昆、陈富瑞、黄正勤、汪志奎、吕君樵等十多位著名演员，他同陈大濩近乎双头牌。此时国家剧团推行"群角制"，淡化"明星制"，故王、陈既唱大轴，也得搭配唱几出前场戏。王与陈的合作戏有《定军山·阳平关》《长坂坡·汉津口》《群英会·借东风·华容道》（王饰赵云）等。他的老爷戏几乎全唱压台，如《过五关·斩六将·古城会》《走麦城》和《赠锦袍·赐赤兔·斩颜良·诛文丑》。同时他也为别人作良配，《战宛城》本是他成名戏之一，他却把张绣让给沈金波，自己扮起了典韦；《百凉楼》他原饰吴桢，今让席于吕君樵，自扮常遇春一角；为使张美娟《打孟良·打焦赞·打韩昌》更有气氛，他又应了岳胜。此外他还唱了《挑滑车》《夜奔》《拿高登》诸剧，15出戏里三国戏占了10出，主要扮的是关羽和赵云，这两个角色相去甚远，要双双演出"份儿"来，这是非常不容易的。

  王金璐在华东团演出老戏最多的是1954年。那年春节，"华东""人民"两大国营剧团在大众剧场、上海人民大舞台同时出台。时代毕竟不同了，大家手里都捧铁饭碗，上座好坏同个人收益不挂钩，剧场营业也不下指令性指标，因此两家仅是对峙而不对台。可在观众心目中无论什么时候都有高下优劣之分，王金璐的上海人缘通过他的频频出演渐渐在回归之中。该期13天中他出台10场，剧目计有《挑滑车》《反西凉》《夜奔》《霸王别姬》《长坂坡》《水淹七军》《两将军》《战长沙》《古城会》九出，非居大轴即列压轴。在生旦领衔制余风犹存的20世纪50年代，一名武生要在戏码上占据强有力的一席实在难为，戏迷对他反应之热烈直追高盛麟，要是分量不足，早被同台的李玉茹、陈大濩这一旦一生盖了光彩。他唱得淋漓酣畅，自己也觉过了一把瘾，好几年没缘唱的《水淹七军》这回还翻了头，往日因少了好周仓，戏架子搭不起来，如今贺永华从江苏调来华东团，这戏便得以复苏重生。王金璐贴演《两将军》，同样也是由于有了贺永华这位称心的张飞。有人认为金璐长靠袍带戏高人一等，但重打之戏未必称职，及至见他《两将军》中的马超一气贯注，不露竭蹶之态，方服

华东戏曲研究院京剧实验剧团王金璐演《挑滑车》《拿高登》双出的戏报

其功夫良深，于是台下群啄俱息，无人再执异词。

同年六七月，北京市京剧一团李万春和毛世来登台上海人民大舞台，梁慧超、梁小鸾合作演于中国大戏院，金璐则与李玉茹、陈大濩联袂于大众剧场，一时三处成鼎足之势。万春贴《武松》《闹天宫》《十八罗汉收大鹏》及新戏《戚继光》等，慧超天天演双出，金璐则大搞剧目展演。李玉茹休息的几天里，金璐还以《铁笼山》和《夜奔》双出等强硬戏码与万春对垒，从而保住了营业势头。毫无疑问，他和玉茹一样，都是华东团手中每打必响的"王牌"。

这两年王金璐上演的戏颇有讲究。有一期几乎为清一色杨派戏，如中华人民共和国成立后他难得一演的《连环套》《落马湖》和《安天会》；有一期他集中上演了五出平时不常唱的勾脸戏；另有一期他大唱京昆戏，《状元印》《夜奔》《铁笼山》《挑滑车》等戏之外，另有一出《麒麟阁》。尽管剧目大受限制，但入华东团以来所贴传统老戏已达四十出之多，在侪辈中绝对名列前茅。他所饰人物多为颇有身份的将帅、智勇兼备的武将和强壮稳健个性鲜明的武人侠士，扮的主要是杨小楼所演的一路角色。昔日他曾演过粗壮者如武松，勇猛者如石秀、史文恭，狡强者如华云龙，矫健者如十一郎，且武松、石秀戏在平津均占有显要的一席，但他总觉戏路不太对路，既然学的是杨小楼雍容雅致、精细舒展的风格，又何苦在短打斗狠的戏路方面去争一日之短长。他的剧目虽多，受上台机会和剧目的制约，毕竟有不少好戏难有"出头"之日，如《拦江夺斗》《龙门阵》《大名府·玉麒麟》《劫魏营》《战濮阳》《隐贤庄》《洗浮山》《盘河战》《对刀步战》《霸王庄》……不得不一一挂起，殊令人不胜江上峰青之慨。

二

1953年至1954年两年的有限演出场合中，王金璐贴演了类似《落马湖》《安天会》《水淹七军》《霸王别姬》等在沪难得一露的好戏。

黄天霸戏，是杨、黄、盖各派公有的重点剧目，自孙毓堃退隐，《连环套》《落马湖》《恶虎村》之类的天霸戏当推高盛麟、李万春和王金璐三人。行里有人说，宁演《恶虎村》，不演《落马湖》，这戏念白做派过于吃重，且有不少心理戏，故少有问津者。金璐演《落马湖》，文唱色彩不亚于《连环套》，他把黄天霸在全戏中思想脉络和行为规律归结为一个"寻"字。由寻访施大人始，经过"问樵"得遇铁臂雕褚彪，在"访褚"中引出了"探湖"，为"探湖"接上了"酒楼"，酒楼上又引出酒保无话却有话的一段"闲话"，接由酒保口中得知"歹人招聚"，进而道出"进湖秘密"，一步接一步的引中寻，寻中引，知晓了"反正有这么一天"的新闻，自此已然探明"身带黄包袱，三绺胡须的人"是王殿臣，后面那个"五十来岁，走路一瘸一点的"实是施大人，"王殿臣被秃子于亮踢落湖心"，那施大人必落贼手无疑。金璐一层紧一层地演到这一节骨眼上，黄天霸整个心理轨迹便交代得一清二楚。

施大人安危如何尚不得而知，黄天霸接着又紧紧地追问下去："此人性命如何？"直问到酒保说出"那李佩性如烈火，打量此人，是九死一生"。闻此言,不啻晴天霹雳,黄天霸几乎被这一句话击晕过去。黄天霸辛辛苦苦奔波寻访,到头来落一个"竹篮打水一场空",王金璐此时做表精彩至极,他在【撕边一击】后身子一晃二晃,两只水袖一先一后甩在桌上,两手紧紧抓住桌边,堂桌被他用力按成微倾之状,他瞠目前视,两眸凝固,从头到脚,整个身子均处在略略抖颤之中,黄天霸此时此刻内心惊慌呼之欲出。他牢牢抓住一个"寻"字,心随意生,意动而神飞,再形之于外,便有了"质感"。《落马湖》表演有杨、黄两派,丁先生俱授金璐,由于他的黄派唱工张嘴挂味极易出彩,故丁师还让他按"杨演黄唱"的路子走,他的《落马湖》风格就此独树一帜。

王金璐早在15岁时已有《安天会》,作为一名"搭班族",贴这出动用人多、戏幅又大的剧目多有不便,何况他也不仗猴戏争胜。中华人民共和国成立后翁偶虹根据周总理指示编出一本《大闹天宫》,由李少春主演,如此一来,连李万春也收起《安天会》,步了少春后尘。金璐从不演《闹天宫》,偶尔一演,还是原汤原汁的杨派《安天会》。

杨派猴戏少有猴气,杨小楼本人曾说:"悟空虽也是猴子,可是要脱形,偶然有猴相可以,一辈子装猢狲腔,不像孙悟空。"《安天会》确不好演,猴王是齐天大圣,是神猴,必须有身份、有气魄、有灵气。头场穿蟒上台的身段,灵活之中要不失王者之相,金璐按杨氏演法,动作幅度稍稍放大,通体猴相略略收敛,步子加大分量,两眼加大视角,还点缀有长身姿势,一下便把得道仙猴的气质和齐天大圣的气势显现出来。同时他又把【喜迁莺】【刮地风】等牌子唱得情景交融、满宫满调,与身段处处契合无间。猴王不能光见身段不见表情,他在偷蟠桃、喝仙酒、吞灵丹之后心知闯下大祸,肆意放荡之中脸上带出几分惊慌和羞怯,这些细节处无不有交代。

《安天会》开打与《闹天宫》有所不同,金璐的猴王得与所有神将一一交锋,除与哪吒那套棍对枪属正规打仗,同诸神动招都带有游戏人生的味道。在战二郎神那一场，大圣与二郎均扎黄靠，十分别致，此亦悟空唯有的一仗扎靠开打戏。他不折不扣地走杨派路数，包括脸谱也是杨小楼式的"一口钟"。入乡未必都随俗，在一片海派猴戏氛围中，在当前猴戏业已进入"大闹天宫"的年代里，王金璐牢守矩蠖，保持着杨派的本来面目，实在难为。

《水淹七军》是一出品位很高、难度也很高的红生戏，20世纪50年代演者日稀，其难之一在身份，关羽此时已走向人生的顶点；其难之二在周仓，戏中不少雕塑画面皆由周仓与关羽共同完成，要不是天赐贺永华，难说他的《水淹七军》何时方能"出土"。

王金璐的关羽出场先声夺人，他披斜蟒出台，于【四击头】末一锣中，右手扣带，双肩微耸，左手抓住蟒袖稍稍抬起，不紧不慢之中微眯双眼台口亮一"子午相"，气魄之大，颇有几分西楚霸王的意味。关羽阵前因未取胜庞德而心生懊恼，不由得发出岁月不饶人之叹。他重读"春秋"思计，场上词白不多，主要借助表演动作，描绘关羽从冥思苦索到豁然开朗的思想过程。此时又是吹腔又是舞蹈，歌舞极其繁重，先是称道方才阵上庞德好盔甲也，又夸对手胯下良骑手中好刀，一整套双人舞亮出了赏心悦目的系列雕塑相，关羽威严肃穆的神态跃然眼前。贺永华很能做戏，对扎屁股膀子的角色出色当行，颇合"花脸要美不要媚"的要领。"观阵"一场二人依然载歌载舞，不同的是加上关平成了"三人舞"，王金璐唱的拨子调结合种种造型，把关羽仔细观察敌阵的神态演得十分逼真生动。这出高品位的《水淹七军》，20世纪50年代尚见一演的仅盛麟、万春和金璐等寥寥数人，令人不胜惋惜。

王金璐最难得一演的是《霸王别姬》，在华东团仅与李玉茹唱过一场。那天他费了大劲儿拉哑了嗓子，自度与杨小楼相去不可以道里计，是以作罢。演霸王难，难在气魄大、悲壮意味浓重。杨小楼当年演此，武打并不繁重，重在靠架凝重，稳若磐石，不武而威，杨派武生名家不乏，即以周瑞安、孙毓堃、李万春、高盛麟、王金

1954年2月5日，华东京剧实验剧团演出《霸王别姬》戏单

璐诸人而论，也只是偶尔为之，实在是力不能及。《霸王别姬》已成杨小楼千古绝唱，王金璐曾聊以解嘲地自我调侃："人家杨小楼演绝了，咱就别太铆上了。"一想到这出《霸王别姬》，益觉自身不过沧海之一粟，他有自知之明。

1954年秋华东戏曲观摩演出大会在上海举行，王金璐与言慧珠、童芷苓、李玉茹、陈大濩等一起荣获表演一等奖。华东团时近尾声，一家崭新的国家剧院——上海京剧院即将问世，此时的王金璐却在忙着整理行装，准备随周信芳作一次走南闯北的马拉松式的巡回演出。

三

那两年，沪上京剧武戏煞是热闹，上海舞台犹如铁打的营盘流水的兵，南北著名武生在这里你方唱罢我登场，轮流演出有如走马灯，盛麟、少春之外，举凡名家几乎全露面了。

梁慧超师事李兰亭，学的是关外一路，梁慧超重火炽、重短打，也能唱大武生戏，但不以此打牌子。他最拿手的是《金钱豹》《杀四门》《乾坤圈》三出，武技把子皆有独到之处。梁慧超入关后又去北平天蕙斋丁永利、李洪春二位处学了一些。1953年与唐韵笙、李玉茹挂三头牌把天蟾舞台唱得火热，梁慧超在南方的人缘可算不错。

傅德威艺事宗法尚和玉，身上功夫极瓷实，占有大武生当然的一席。他以长靠戏和勾脸戏见长，《挑滑车》《战滁州》《状元印》《艳阳楼》《铁笼山》《四平山》《金沙滩》等皆称拿手，傅德威的功架坚韧凝重，身手严谨稳练，多以气势神韵取胜。

杨盛春常随谭富英来沪，早时其名在盛麟之上，承其杨（隆寿）氏家学，能戏极多。20世纪40年代南下共贴戏四十余出，居北来武生上演剧目数之冠，在上海也是很有些名气的老牌子。

1953年北路青年武生络绎不绝下江南，徐元珊是梅剧团正梁武生，戏路并非纯杨，但属大武生范围；李元春宗法李兰亭，常演《金钱豹》《白水滩》《三岔口》《挑滑车》之类的戏，也演全部《孙悟空》，由水帘洞、安天会到十八罗汉斗悟空，他还常贴全部《武十回》一夜演全等，爱看火炽武戏的上海人都知李元春的名号。黄元庆是富社"元"字科第一号武生，长靠短打兼擅，勇武之气过人，《挑滑车》《铁笼山》《战滁州》等戏皆具尚派风格，是颇具实力的一员。茹元俊承茹门家学，戏路尚称规矩。袁金凯受教于丁永利、李洪春，1953年6月率少壮武剧团在天蟾舞台演出相当红火。尚长春随丁永利与尚和玉学艺，身上有实授，自有其硬砍实凿处，戏路规矩，以大武生戏立足，勾脸戏也不弱。姜铁麟短打著称，长靠戏宜演悍将武夫和子都一类讲究跌扑翻打的角色，他艺宗李万春，台上形象不错。张世麟难得来沪，与梁慧超戏路相似，学的也是李兰亭，风格偏于勇猛火炽，《蜈蚣岭》《战大鹏》《快活林》等皆称拿手。剧坛武生之多，一时难以列尽。

南派武生，春兰秋菊各领风骚。自盖叫天以下，张翼鹏堪称南派武生一个时代的领军人物。他文武昆乱不挡，南派武戏如《雅观楼》《北湖州》《九龙山》等造诣很高，一身绝技一如其父。他还创下了连台本戏《西游记》唱至四十集开外的连演纪录，竟长达8年之久。20世纪50年代因病淡出舞台，从此南派武戏少了一面大王旗。相当一部分南派武生长期活跃于江南，皆以上海滩为大本营而鲜有跨越长江北上者，李仲林、陈鹤峰、张二鹏、王少楼、郭玉昆、小王桂卿、筱高雪樵、荆剑鹏、周云亮、张剑鸣、王英武等构成了一个庞大的南派武生群体，一直活跃在上海这块海派的传统地盘之上。

南方武生营垒中另有南来加盟的北方武生，如李盛斌、贺玉钦等，盛斌出道较金璐早好几年，因其戏路极其勇猛，斗狠色彩异常强烈，故择地而居迁演南方，他拿手戏有《伐子都》《界牌关》等，均属翻打为主的勇猛武生戏。贺玉钦戏路与盛斌有相似之处，其优于短打，那类"武戏武唱"的风格颇合江南观众的欣赏口味，中华人民共和国成立后加盟武汉，不复北归。

沪上剧坛出现了一位异军突起的人物，即驰骋内地 15 年的厉慧良。据闻厉慧良文武双全演技过人，故在中国大戏院刚一露面就引来了一批素不相识的观众。在当时短打武生充斥一片，长靠武生人才奇缺之时，见到这位大武生的上佳人才，确实令人心喜。壮志满怀的厉慧良深居内地多年，抱憾于"蜀中无大将，廖化当先锋"的处境，抗战胜利后东进"朝圣"，观摩过梅、程、谭、麒等多位名家，武生一行也领略过高盛麟、杨盛春、李少春几位的戏路，遗憾的是李万春、孙毓堃和王金璐均在故都，而未曾谋面。

厉慧良展现在观众面前的戏路一是"文武双出"，一是"南技北戏"。他不拘泥于任何一派，学杨小楼只是从他人身上间接领悟，而"南技"恰恰是他最为出彩之处。正因"南技"色彩浓郁，无意中贴近了上海人的欣赏心理，当时厉慧良在北京的成绩不及在上海，此是一大缘由。1954 年 11 月厉慧良在中国大戏院一期戏码效法李少春的文武双出，如《挑滑车》《盗宗卷》双出，《嫁妹》《失印救火》双出，《问樵闹府·打棍出箱》《艳阳楼》双出等。其老生戏多以做表念白为主，武生戏长靠、箭衣兼长，勾脸戏也颇有一观，厉慧良扮出相来倒是威风凛凛，举止动作也少小家子气。他此番在沪见上了王金璐，曾不无遗憾地说："我岁数赶上了，但没能见到（杨小楼）。"且对王金璐深表钦佩。厉慧良与李少春有同憾在怀，见没见过杨小楼，毕竟大不一样呀！

四

  1954年深秋，正当南北各家武生在上海大展身手之时，王金璐随同院长周信芳踏上了南下的巡回之路。翌年2月，全团抵达长沙后，喜好散步的周信芳某日出门遛弯儿之际不由得停住了脚步若有所思起来，他对身边的王金璐说："小鬼，咱到这儿，我想跟你唱一出戏。"金璐脱口而出："《战长沙》。"周信芳用手指直点他："呀，你这小鬼！"他心头盘算竟被猜透。金璐紧问："您唱老的（黄忠），还是唱红的（关羽）？"周信芳表示："我当然唱老的。"金璐明白了，老爷一角归了自己。他进而又问："是南派还是北派？"周不禁一愣，一边回答"按南方的"，一边盯着他看，这小鬼还真能，居然能让别人先挑。金璐把玩笑开到了长他27岁的院长头上："您来老的，我可收您。"周信芳哈哈大笑，叫着"小鬼，小鬼"地直乐。

1955年，《战长沙》，周信芳（左）饰黄忠，王金璐（右）饰关羽

  周信芳对金璐上台前交代过"对刀"一节，当关、黄二人用刀架住时，周信芳关照金璐先别忙，他的黄忠将先用力压住关羽的刀，等压至最低限度，然后关羽再用力，翻过刀来挑开黄忠手中大刀，使黄忠差些摔下马来……他又特地叮咛："压住刀时你先别推开我，

等看准了我的节骨眼，你再用力。"到了台上，金璐十分留神，院长毕竟花甲老人了，不可有任何差错。人称周信芳"真阳澄湖大蟹"，他的戏确有味道，老头太会做戏了，黄刀绕关刀用力下压，他连刀带腿，加上白胡子都在哆嗦发颤。金璐全神贯注，等着让他把戏做足，同时也给对方一个暗示，我可要还击了。金璐顺势撩刀往外一推，时间、劲头恰到好处，周翻身向外，在急促的【丝鞭】声中颤颤巍巍地勒住了马，一个跟跄，险些栽下马来……一老一少台上的即兴发挥产生了极为理想的艺术效果。

　　巡回正忙，半道上匆匆赶回上海，参加上海京剧院的挂牌庆典。华东团与上海人民京剧团实现了合并，童芷苓、言慧珠先后加盟，周信芳之下，便是言、童、李坤旦"三鼎甲"，王金璐退居第五，他虽是声名卓著的当家武生，终难敌上海京剧院坤旦风景独好的局面。这一格局意味着今后他领衔演出的机会有减无增，要是盛麟、慧良也在上海京剧院，处境将同金璐相仿，由此看来盛麟挂帅于武汉，慧良谋业于天津，皆不失为好去处。

五

　　阳春三月，江南正柳绿桃红，北京也春色如染。

　　"南巡"甫毕，稍事休整，王金璐又随周信芳院长"北巡"，此行行程万里，巡演6个省市，历时8个月。第一站便是首都北京，4月19日起在那里参加为时一周的梅兰芳、周信芳舞台生活50周年纪念活动。开幕式在天桥剧场隆重举行，首场纪念演出安排3出戏：王金璐的《夜奔》，李玉茹的《醉酒》，梅兰芳与周信芳的《打渔杀家》。

　　王金璐阔别首都舞台四年有余，今日得以重见行内外故人，兴奋至极。《夜奔》虽是驾轻就熟的戏，今天场面不比平日，何况嗓子正出奇的痛快，铆上一铆，有何不可？林冲戏共分四本，杨小楼珠玉在前，李万春头二本《野猪林》《山神庙》只是聊备一格，他精力全集注于三四本《夜奔》《火并王伦》，一时成了他最叫座的拿手戏之一。金璐也演三四本居多，尤其是《夜奔》，乃其赖以号召的珍贵名戏之一。举凡武生多有《夜奔》，除盛麟尚可争锋，余者皆不及万春、金璐。

王金璐的林冲黑箭衣，戴倒缨盔，一派杨小楼扮相。林冲出场亮相后，一直在警觉地察看路径，张嘴念的八句诗："……丈夫有泪不轻弹，只因未到伤心处。"都有高矮相身段，开宗明义地托出林冲满腹凄凉和悲愤，《夜奔》共唱十首牌子，每一首都离不开与之谐和的繁复多姿的舞蹈。

《夜奔》全戏的意境是一个"夜"字，情感是一个"愤"字，这两项基调被王金璐牢牢地把握住了。《夜奔》必须具备包涵丰富内心视像的眼神，能在灯火通明的舞台上表现出茫茫夜色和有家难奔、有国难投的一腔悲愤；在急奔梁山的路上创造出一个深沉邈远、格调高雅的意境。"夜"字全在眼神的运用，王金璐一切身段、走位、举手投足都以眼神是瞻。毕竟是星夜逃亡，机警中又有些慌急，除了辨清夜色外，还得有时时提防追兵踪迹的警惕，而且还不时喷射出仇恨的火焰，如此一眼多神，实非一般人所能为。因是夜行，只能蹑足潜踪，务必保持脚底下的轻悄无声，动作处处以小为规，不能有夸张性大幅度身段，不棱角凸现，又须时时达到以圆为规的效果，此戏之难可见一斑。

武戏文唱的《夜奔》，该武的地方决不含糊，他于载歌载舞之中，云手山膀、跨腿蹦子、踢横腿、转体360度飞脚、卧鱼、走边、圆场、亮相、下场……始终到位，不散

《夜奔》，王金璐饰林冲

不乱，显得游刃有余。他那一套与徐宁对打的剑枪把子，圆熟利落，脆而溜，亦属佳构。

有人说，看王金璐《夜奔》，能让人看出林冲心里有团火在燃烧，可火苗又被压着冒不出来，这一比喻太得体了。又有一位见过杨小楼《夜奔》的老顾曲家有言，杨小楼演《夜奔》，好似仙鹤临池，身上有一团清气，现在演《夜奔》的大多如白水煮白菜，淡而无味，这股清气似乎仅王金璐和李万春二位身上尚有几分。一位北京戏迷说得更绝，"看这出《夜奔》，叫人三月不知肉滋味，别提有多过瘾了"。北京方面特地为王金璐这出京昆好戏录了音，叶盛章兴冲冲地跑进后台，一个劲儿地说："太精彩了，这种演法现在没有了，你要把它保住呀！"梅兰芳的大管家李春林也兴致勃勃地直夸："这样的《夜奔》一定要留住，千万不要让它丢了呀！"

王金璐昆曲武戏功底至深，他几乎学会了杨小楼所有常演的京昆戏，如《状元印》《麒麟阁》《安天会》《挑滑车》《铁笼山》《夜奔》《武文华》《小商河》《蜈蚣岭》《对刀步战》《别母乱箭》……但是，京昆每况愈下的态势早在鼎盛的20世纪30年代已露端倪，他可是侪辈中的幸运儿，得丁永利、李洪春二师悉心之教，底子打得扎实，况又有丁师不间断的锤炼加工，其得实授常为他人所不及。

六

华东团时期的王金璐曾在大众剧场某期一连贴出了《状元印》《铁笼山》《夜奔》《挑滑车》《麒麟阁》等多出京昆武戏，这在中华人民共和国成立后的武生戏码中颇为少见。

《状元印》是王金璐演出最多的勾脸武生戏之一，常遇春勾紫三块瓦，戴紫扎金盔，箭衣黑满厚底靴，手中一杆盘龙大枪，戏中趟马身段繁重，曲牌唱工又累，手眼身法步无不讲究。马跳围墙后，教场比武接大战元将，开打场子频频，非嘴里有根、武工坚实者不敢动此戏。《状元印》实为吃力不讨好之戏，20世纪50年代演出渐少，只剩高盛麟、傅德威、杨盛春、厉慧良和王金璐等屈指可数的几人偶尔演出此戏。

《铁笼山》是一出身份戏，据闻老辈中武生应工者以俞菊笙为先，武净担纲者推钱金福第一，自杨小楼唱红《铁笼山》，武净便少有问津了。杨小楼生前曾嘱外孙刘宗杨，不到年龄不贴此戏，可见《铁笼山》非年少气盛、勇猛强悍的武生所能胜任。孙毓堃、高盛麟是《铁笼山》的佼佼者，二人轩轾难分；杨盛春、傅德威

《状元印》，王金璐饰常遇春

亦有一观；李万春仅在早期唱过。以前不常演此戏的王金璐来到上海后倒是一连演了好几场，或许与他到了而立之年有关。他有过一次《铁笼山》，列当天6出折子戏的大轴，且有张美娟、金素雯、陈正薇、董佩珠等扮演女兵，刘斌昆扮米当大王，阵容可观，上海戏迷见识了王金璐《铁笼山》，很不理解王金璐何以不把这出好戏拿来打牌子，却束之高阁不以为贵。

王金璐所饰姜维，在"超霸""观星"一场，演的是大战在即，作为四十万蜀军主帅战前的判断和思考。一招一式之间他注重的是凝重和威武，观众能从他的起霸中，发现姜维尺寸劲头、气势神态、动作节奏与《挑滑车》的高宠有着鲜明的区别。高宠要冲一些，猛一些，不然就少了勇猛骁勇无所畏惧的气概；姜维是儒将，是主帅，且已中年，故凝重、沉稳、舒展是其基本要求，因是勾脸戏，尺寸要大于武生，又因三军主帅，尺寸又得小于花脸，一切在于"度"。他精于"文唱"，"武唱"部分也毫不逊色，同司马师的一套快枪疾

如急风暴雨，同时又显得沉稳有加，不失儒帅风度。场面上即使打得再火爆，他的脚底下也不见废步，稳中见俏舒舒服服地领着节奏走，于是气派、身份、神韵什么全有了。王金璐还成功地演出了虽败仍英雄的意境，尽管蜀汉45万铁甲雄兵被打得仅剩5骑7人，姜维形象仍是顶天立地。最后一场姜维兵败趟马，大扬鞭高踢腿，连续几个大转身，快捷而干净。他箭衣甩发，抡得平而圆，好似直升机螺旋桨，好看煞人。剧终纵马疾驰，飞身下场，悦目之至，尽收豹尾之效。

见识过王金璐《铁笼山》者，有道与高盛麟不相伯仲，也有说不让杨盛春、傅德威。戏迷评说虽仁智各见，亮出高分则是一致的。

《麒麟阁》又是一出少有人问津的京昆武戏，王金璐走的是杨派戴黑三的武老生路数。《麒麟阁》中"盗令激秦""三挡九战"是精彩段子，故又名《激秦三挡》。"三挡"又有大小之分，王金璐学的是杨小楼的"大三挡"，即扎硬黄靠，戴台顶，三挡是贺方、上官仪和魏文通。此戏走边极具特色，秦琼一手枪一手马鞭，唱着一整套【醉花荫】，伴随着枪鞭并用的扎靠走边，极其吃工，且全剧一身披挂扎靠始终，光这副"辎重装备"就够分量，何况演至"三挡"愈打愈烈，尤其最后一挡，更得显出火爆和紧迫。全戏走边曲牌实在过于繁重，一句曲子配上好几个身段，一刻也闲不住。这戏演的是秦琼出潼关独身逃遁，没有什么复杂情节，前面走边，最不好演，别说台下，就是台上也热不起来，不少武生视为畏途，久而久之，《麒麟阁》便成了一出冷戏，就连能动这出的孙毓堃、杨盛春也早早地收了，李万春此戏颇有水平，不知为何，一直亦盼之不见。倒是王金璐为上海观众演过两场，让不少知其戏而不曾谋面的戏迷解一顿馋，再说他自己何尝不是过了一次瘾。

七

北京的梅兰芳、周信芳舞台生活50周年纪念演出历时1周，王金璐共演了《夜奔》《挑滑车》《战马超》《雁荡山》四出戏。北京老观众想念他的真不少，颇有企盼金璐返京的期待，如今演员已成职员，不称其为自由职业者了，他也是人在"曹营"身不由己啊。

4月下旬在周信芳率领下，由李玉茹、王金璐、赵晓岚、陈正薇、沈金波、刘斌昆、贺永华等组成的巡回团开赴东北三省。一出关外，益信"世界之大，气象万千，华夏凉热，千差万别"。北京春色盎然的季节，关外寒意犹存，一片残冬景色，就在这乍暖还寒的日子里，巡回团先行抵达纬度最北的哈尔滨和齐齐哈尔，接着又去了符拉尔基、佳木斯、牡丹江、长春、吉林、沈阳、鞍山、抚顺、大连、锦州、旅顺……几乎走遍了东北所有的重要城市。巡回期间，恰逢上海京剧改进协会筹募福利基金义演，王金璐随同周信芳又风尘仆仆赶回上海参加这场义务戏晚会。是日梅、周二位大师合演《宝莲灯》，压轴为言慧珠的《天女散花》，王金璐的《挑滑车》唱在倒第三，前场还有上海各界武生通力合作的《四杰村》等。上海滩唱《挑滑车》的武生有得是，可谁也没有王金璐这份权威性。

义演甫毕，重又投入巡回途中，邀请周信芳院长开会的方方面面实在不少，院长不在团里，自然受累的又是王金璐。为在各地打响上海京剧院这块牌子，他几乎天天都处于超负荷运转之中。东北戏市兴旺，处处观者如潮，他心头热乎乎，于是更拼上了全力。王金璐就这样日复一日地翻过了一年日历，1955年初冬，这一马拉松式的巡回"拉练"终告结束。

1956年元旦过后的某一天，上海京剧院接市文化局电话，通知当晚有重要演出任务，关于戏码、人员商定为：王金璐的《挑滑车》、言慧珠与俞振飞的《断桥》、周信芳与赵晓岚的《打渔杀家》。下午4点，文化局派车把人马接到当时的中苏友好大厦，在那里用过晚饭，即去友谊电影院后台扮戏。一会儿，一位文化部副部长来到化妆室，当场向大家宣布一个特大喜讯："今天晚上，毛主席来看你们演出！"话音刚落，一片欢腾，有人竟手舞足蹈地跳将起来。

临走前这位副部长还特地关照:"把戏演好,别太紧张。"

演出时毛主席坐在第五排正中,两边有陈毅、魏文伯等中央和地方首长。金璐明白今天主席是冲着周院长来的,他怀着一颗平常心,一如平时的劲儿、份儿,只是多加小心严防出错为是,他把《挑滑车》演得几无挑剔之处,主席还鼓了不止三五回掌。晚会结束,主席走上舞台,又是握手,又是合影。

《挑滑车》在王金璐演出剧目中占有突出的分量。15年前第一次南下的打炮戏就是《挑滑车》;搭班时期演出场次占前几位的就有《挑滑车》;华东团时演得最多的还是《挑滑车》;1954年华东戏曲会演获表演一等奖的剧目仍是《挑滑车》;1955年合肥举行十大元帅授勋典礼庆贺演出依然是《挑滑车》;此番演给毛主席看的居然又是《挑滑车》,这些场合并非构成巧合,《挑滑车》原本就是王金璐的拳头戏。

八

时至1956年,上海戏迷再次提出"四大武生"的老话题,各大剧场门口,预售座票之时,夜晚开戏之前,是老少戏迷点评武生的集中场点。各戏迷俱持一家之见,难有一统之论。据顾曲老行家们所见,"四大武生"难产的最大障碍在于评选条件的不明确。被提名的入围武生太多了,在非限定条件的范围内是决计争论不出令人信服的结果的。

老辈名家春秋已过,陆续淡出舞台,尚和玉、马德成俱已高龄,张桂轩在颐养天年,如今伏枥老骥仅剩盖叫天。处在知天命年岁的孙毓堃业已销声匿迹,在年过半百的名家中,唐韵笙值得一提。他虽是文武老生大牌,也堪称武生大家,擅长武戏极多,如《铁笼山》《艳阳楼》《枪挑小梁王》《驱车战将》,他在《刀劈三关》《十二金钱镖》《绝龙岭》这类戏里也均有高超的武功显露。唐韵笙演的皆为功夫戏、身份戏,施展的是实打实的功力,从不来巧以掩饰的花活儿。

威武的扮相、雄壮的气势、贯全场的嗓子、高人一等的武功，非一般武生所能及。王金璐见过唐韵笙不少好戏，尤其是《艳阳楼》中一股颐指气使、飞扬跋扈的霸气，真活生生的一个高登，比起以精细俏头过之、身份气魄有差的《拿高登》，品位自然不在一个档次上。《霸王别姬》中唐韵笙的项王也使金璐赞赏不止，他不走净行套路，贴近武生风格，与杨小楼异曲同工。唐韵笙戏中技艺不让他人，《铁笼山》的"打八件"，《驱车战将》风驰电掣的大号画戟，《劫魏营》冲阵的双戟出手，《十二金钱镖》一打百余回合……可谓应有尽有。万春见了"唐老将"，心里也买账。何况唐韵笙的老爷戏自林树森辞世后在上海无敌于天下，唐韵笙的身份造诣，一旦按武生入围，问鼎"四大"呼声定然不低。

1957年春，以上海老戏迷中的少壮人士为核心组成的"戏迷社"出面组织这场酝酿已久的"四大武生"评选活动。所谓评选，全然不能与四大名旦四小名旦的评选规模声势相比，纯属一种戏迷自发组织的"民意测验"。评选在分散中进行，没有会场，没有媒介，没有背景，全仗"戏迷社"中那些常年沉醉于京剧而不能自拔的疯狂戏痴日复一日地串联所得的信息积累。他们在上海老少戏迷经常出没的场所，尤其在售票处和剧场门口广泛收集意见，继而整理出具有共性的意向，即首先确定评选条件。多数戏迷认为，老辈当不入围为好，年龄宜在五十以下，应由那些20世纪二四十年代已然出道，20世纪50年代正活跃且造诣过人享有盛誉者入围为宜。

20世纪50年代上海滩，武生戏拥有大批知音。当时北京流行鼓掌，上海仍风行喝彩，上海戏院里不乏喝彩行家，那种清脆醒神且到位合拍的彩声，既是一股清凉药，又似一剂强力剂，对台上无疑是一种热气扑面的交流和反馈。而基本上以知识分子组成的研戏群体戏迷社，在各大剧场同时又是独领风骚、领导喝彩新潮流的群体。只要"戏迷社"到场，沪上戏迷中那些独立大队，游兵散勇全以其马首是瞻。武戏的彩不好喝，"戏迷社"另有一套技法，他们常在金鼓齐鸣的刹那间超前或滞后零点几秒亮出彩声,既不跟锣鼓打架,又能与场面合弦,常收"谐振"之奇效。上海彩声以1956年、1957年最为壮观,彩声绝多落在可圈可点之处,大不似前时之一味大唱自由调,声浪嘈杂,多不中节,台下戏情氛围被冲得碎如败絮,全无效果,演员需要上层次够品位的彩声,武戏也是如此。

北京京剧团马、谭、张、裘"四头牌"驾临沪上,联袂出演天蟾舞台。戏院门口,每当子夜到来,通宵排队的戏迷们谈兴仍浓,为了排遣熬夜站队的无聊,有人侃起了"四大武生"的话题,昏昏欲睡的戏迷朋友此时会被这"磁力"所吸引,沉寂的街道仿佛又充满了生机。时过多年,剧坛屡经巨变,然而,当年上海憨态可掬的虔诚戏迷始终无法抹去这一幕动人的深夜街景。

某一天的午夜时分,"四大武生"一题众人议论正酣,捧李少春、厉慧良者有之,捧高盛麟、王金璐者也有之,双方针锋相对各不相让,几竟怒目而视、恶言相向,令四周人等愕然相顾。这种固执的卫道精神只知我行我素,殊不知有悖于争鸣之道,从中却也透出一条信息,"四大武生"的民意测评已到呼之欲出的时候了。

九

评选之初,提名入围的武生足有二十余人。

李万春是杨小楼之后居武生首席的人物,李少春、王金璐等红出之时,李万春早已大红了足有10年光景,其基业早成,撼动不得。中华人民共和国成立后任北京市京剧一团团长,凡首都舞台的大场面,李万春历来作为第一武生的身份出现,当为"四大武生"首选人物之一。可如火如荼的反右斗争正进入定性阶段,李万春被划为右派分子,这顶右派帽子无疑给评选带来了复杂性,运动当头,谁又敢在右派分子的头上投上一票。

李少春眼下身份尤其显贵,在集全国京剧英豪的中国京剧院,他是众多"头牌"之首,颇有20世纪40年代天蟾舞台"十头牌"

格局的意味。他既拥有强大的绿叶群体，又能借助于阵容豪华的编导队伍，当年的武生同行谁不艳羡？绝顶聪明的李少春深知自己的优势在于文武双全，因此在以猴戏作为翻身契机的同时，探索着一条文武结合的戏路，而非闯荡初期的文武双出，20世纪40年代后期从《百战兴唐》到《野猪林》，他实现了成功的尝试。20世纪50年代李少春的武生戏除猴戏外，仅有《三岔口》等几出，若把少春归入武生一行，有欠公允，但不将其归入武生，他的成名毕竟一半归功于武戏。李少春入围"四大武生"行列，妥与不妥，戏迷们众说不一。

20世纪50年代中期，张翼鹏、杨盛春一南一北二位颇具身价的名武生俱英年早逝，令人叹息。傅德威是当前尚派武生中之首选，1956年弃艺从教，毕竟也刀枪入库，马放南山了。时至1957年夏秋之际，武生天地中当红的应推北京的张云溪、武汉的高盛麟、天津的厉慧良、上海的王金璐。

张云溪20世纪40年代曾在上海打开局面，以短打武戏驰誉江南，现在是中国京剧院的当家武生，演红了《猎虎记》《三打祝家庄》一类新戏，并以新编《三岔口》名闻海内外，上海戏迷对他并不陌生，因张云溪的发迹地就是上海滩。

高盛麟人在武汉，名声在外，特别是在上海滩老知音极多，他的戏路专长、风格特色，沪上观众尤为熟悉，不少人对他的《铁笼山》《拿高登》《连环套》之类的名戏耳熟能详，这几年虽不见其人，可他的艺影在戏迷头脑中至今挥之不去，评选"四大"，盛麟当是第一热门人物。

王金璐落脚南方，失了地利人和，处境相对不利。戏迷意识中的认可虽有地域观念的局限，但精于门道的老戏迷心头自有一把"公平秤"，是实是虚，是优是劣，大多心知肚明。他这两年忙于巡回演出，很少在上海露面，但凭着1953年、1954年八九十场传统老戏，沪上观众心目中已然烙下了磨之不灭的印象。

上升势头最为强烈的是东进告捷的厉慧良。他戏路色彩带有些许俞派风味，他以"南功北戏"相号召，尤重的是南功，每戏中必有一至二处施展高难度技巧的"卖点"，如《金沙滩》大靠夹鞭，《铁笼山》的拧身跨腿"铁门坎"，《雅观楼》把子出手，《嫁妹》飞叉下桌，《长坂坡》大靠倒扎虎……厉慧良"登陆"津门，开始津人不认，后来入了天津籍，是以渐渐被津人认可，直至大捧而特捧。天津组建市京剧团，杨宝森先行到位，原拟邀的言慧珠、李玉茹、赵燕侠均不落实，厉慧良加盟津门遂与杨宝森并挂双头牌，此乃厉慧良挂牌的一大跃升，随后他又赢得了赴京沪演出轮压大轴各占半壁的资格。人随名声走，名随牌次生，1956年年底天津市京剧团在上海人民大舞台公演，厉慧良的声势已大非两年前在中国大戏院时可比。慧珠、玉茹中如有一人落脚津门，厉慧良必居三牌，便不存在"双头牌"的"轮压"一说了，命运女神何尝不赐福于厉慧良。

　　酝酿了好久的评选，到了瓜熟蒂落的季节。戏迷社成员历时半年左右的剧场串联，收集到近千名喜欢武戏的老少戏迷的评选意向。由于被戴上了右派的帽子，李万春失去了入选资格，从而给这次评选留下了深深的遗憾。

　　投票选举最后在戏迷社成员中举行，每张选票都集注了上海广大戏迷的"民意"，四位当选者为高盛麟、李少春、王金璐、厉慧良。这次"评选"无非是部分戏迷兴之所至自发凑趣，"四大"也罢，"三甲"也罢，还有待方家论定，不过1957年秋这番民意测验，多少也算是一种非组织群体的戏迷活动。

十

　　高、李、王、厉各有上座的王牌戏，也有类如《长坂坡》《八大锤》《挑滑车》《连环套》《战宛城》等共同的拿手戏，四家演来同中有异，各有巧妙不同。

　　20世纪50年代以《长坂坡》名重一时的是盛麟、慧良和金璐三位大武生，而李万春、李少春早已不动此剧。这三家的赵云形象均称饱满,盛麟一条佳嗓,一张口就先声夺人,杨韵浓郁,听来酣畅淋漓,况功架凝重,"份儿"过人,一派大将风范。金璐嗓力不及,唱念的字韵却极讲究,杨派声腔原汁原味,十分挂味。慧良多有自出机杼之处,然而唱念也大致按杨派路数,只是字眼上用力略过,稍带"净味"。北派演法非常注意在刘备和甘、糜二夫人前的拘谨感,金璐和盛麟严格遵循杨派"收中放"和"放中收"的原则,在"收"字上做好文章。"收"得合宜,则有胆有识有心胸的儒将风貌便能含蓄地得以体现。

盛麟身上力取简练,以少为胜,不求浮华,质朴之美当推第一。慧良讲究款式技巧,比高、王二家华丽有过。金璐则取其中,他在人物性格的塑造上发力,尤其眼神运用和脸部表情的活儿更为细腻。"大战"一场,慧良、金璐左冲右突天骄不群,尤以慧良为冲,以演赵云之力敌万人,慧良最为称职。若演赵云好整以暇之勇,一杆枪吞吐收放、雪舞花飞中不带火气,其中盛麟尤可。"陷马坑"一场,盛麟走杨氏晚年路子,金璐按杨氏壮年演法,是以更显精彩。

《挑滑车》四家俱擅,少春割爱在先,以此戏叱咤舞台的还是另三家。头场起霸,厉慧良威猛剽悍,劲头十足,高宠之血气方刚、骁勇过人跃然台上;高盛麟一切按法定尺寸,山膀、云手、举步抬腿处以圆为规,每次起霸用的全是一个劲头,规范严谨堪称百分之百;王金璐腰腿功占优,起霸姿态之美令人叹为观止,抬腿、踢腿、亮靴底,开月亮门无不赏心悦目。"闹帐"之时高盛麟一声"且慢……哪!"石破天惊,聆之荡气回肠,大段白口铿锵作金属声,解气之极。厉慧良在闹帐后悻悻下场之际,来了一下小俏头,右手令箭一个小抛接,接箭转身时用脚一蹬"唉"的一声,匆匆下场,十分讨俏。王金璐则是用他善于表述心曲的眼神把高宠由坦然而焦躁,由不解而愤懑的心理及神态描绘得淋漓尽致。"闹帐"一场三家各有千秋。

"观阵"中属王金璐脸上最出戏,高宠跃马提枪冲下山来的几段牌子，盛麟唱来高亢入云，急遽的身段变化之中靠旗指挥若定，脚下步点井然，沉稳之极。厉慧良力猛势沉动幅大，高宠心急火燎、急于助阵退敌的迫切心理展现无遗，他双目喷火，牙关咬紧，大有决一死战，不惜碧血染黄沙、马革裹尸还的无畏气概。王金璐在他载歌载舞的出色表演之中靠旗功、步法功、腰腿功得到了尽情的发挥，这一组单人歌舞场面，若论精美，实属他最为考究。

至于"大战""挑车"，三家同中有异，各具优长。

《战宛城》这出名戏四家皆能，高、王、李宗杨派，慧良仍自出机杼，风格独具。盛麟是杨中有高，少春杨中有余，金璐则杨中有马，各有一格，令人不忍取此而舍彼。

在武生艺术的发展史中，以杨小楼为代表的第二代武生起着决定性的作用，他们不仅继往开来，承上启下，而且把武生艺术提到一个最高戏曲美学命题"武戏文唱"的高度。第三代武生的历史使命正在于继承和发扬"武戏文唱"的优秀传统，到了李万春、孙毓堃和"四大武生"，"武戏文唱"几乎是一切武戏高下、优劣、文野、美丑的绳墨和近乎终极的追求目标。"武戏文唱"形式美感的具体呈现，离不开"不瘟不火，举重若轻"八个字，而这四家恰恰就是最为典型的个中翘楚。

第四节　访苏纪实

一

1956年初夏，传来一条好消息，上海京剧院今秋出访苏联。出国是一项无上的政治待遇，人人心驰神往，王金璐因近两年很少与上海观众见面，心中怏怏，出国任务的意外之喜，使他沉闷之情为之一扫。

访苏演出是中苏文化合作协定中的一部分，出访剧目多为老戏，周恩来总理还亲定了一出《十五贯》。周信芳对《十五贯》主人公况钟颇为钟情，亲自承演了这一角色，根据他的提名，过于执一角由王金璐饰演。过于执这位官大人熟于官场，主观上没有陷害良民之心，他竭尽其职，力图办案公正，"原则性"强到教条僵化冥顽不灵的程度，思想方法犯有严重的经验主义和教条主义，以致不重调查研究，但凭臆想断案，造成草菅人命的后果。要把这么一位迂腐、刻板、逮"理"不让人的官大人演活亦非易事。

周信芳一眼看中王金璐，令人大生困惑，放着这么多老生不用，怎么找一名武生客串？麒老牌的眼是够毒的，谁身上有多少能耐，瞒得过他去？这几年老牌留神观察，发现金璐做戏才华确是高人一头，周咬定不放，金璐可就为难了。他从艺二十余年，除《艳阳楼》《金钱豹》的高登、豹精外，还没演过反派，就是批判性的角色如《新蝴蝶梦》的庄子、《新桃花扇》的杨龙友演来也不十分心甘情愿，他根本不喜欢过于执，故推辞再三不想接手。到底是周信芳老辣，他连哄带说："这戏国外演，国内不演，只在剧目审查时演一回。"金璐心里琢磨，周信芳院长这样坚持，莫非政治任务？总得给院长有台阶可下吧，得了，反正对外不对内，就此陪麒老牌演上几场。

王金璐出国剧目初定为《挑滑车》《夜奔》《战马超》《雁荡山》和《十五贯》，另有一出文武小生和刀马花旦的对儿戏《双射雁》，参排者原为黄正勤和王丽君，执排的事儿竟落在王金璐头上，简直风马牛不相及。他太好说话，很少打回票，只是平时熟透的老戏一概按新戏修改重排，好不折腾人也。

在乍凉还热的初秋，访苏演出团踏上了赴京的旅程，根据中国国情，出国剧目必须送审中央，但谁也没料到亲临审查的居然是堂堂一国总理周恩来。总理亲切地接见了全团成员，先问"带什么戏去？"正副团长伊兵、周信芳等汇报了一通剧目，说到另有一出猴戏《芭蕉扇》时，总理接问："是谁的猴子？"伊答道："是年轻人，陈正柱站出来，让总理看看。"不意总理颇为内行地又问："是哪一派的猴子呀？"周信芳插话："他跟郑法祥学的。"周总理立刻提到了杨派："那不是杨派的猴子呀！我在读书的时候，就看过杨小楼的猴戏，他演的是齐天大圣，不是动物园里的猴子。"周信芳忙不迭地作补充："我们这儿有一位会杨派猴子的。"总理显然很感兴趣，问："是哪个？"周介绍说："就是《十五贯》里的过于执。"王金璐马上起立，总理亲切地叫他："过来，过来。"在座的文化部副部长郑振铎当面问他："是你演杨派猴子呀？"金璐连忙声明："我现在不演了。"总理不解："为什么？"金璐便当场道明原委："南方没有那衣帽，演了一次《安天会》，便不演了，上海让我戴的是唐僧帽。"他如实陈情，倒成了告状了。团领导连忙当场下了保证："我们要做（帽子），我们要做！我们还要做行头，要唱几场。"王金璐从来不倚仗猴戏，故对此许诺并不在意。

日理万机的周总理几乎把所有的报审剧目全部看了一遍。《十五贯》审查演出后，李洪春先生作过一番高评："他（金璐）把过于执这个主观武断善于官场的人物演得十分深刻，在'察勘'一场里，与周信芳的况钟可称珠联璧合。"后不久，中国京剧院也排此戏，李洪春又说："这戏已让金璐演成这样，别人就不好接了。"

《双射雁》一戏，本想来京求教于李金鸿，不料金鸿是位大忙人，面教两次后再也抽不开身，李金鸿索性对师哥王金璐直说："我就这么教，哪儿有发挥你看着办得了。"一下子任务又转手交给了王金璐。金璐把表演要求拔高了一大截，看来小生根本应付不了，领导最后拍板："就让王金璐受累代演吧！"王金璐下大心血原为他人做嫁衣，阴差阳错之下嫁衣竟为自己做，这只能怪他"咎由自取"了。

《雁荡山》是新编历史题材的武戏中影响最大的一出，连不少大武生都赶起了时髦。此戏一经哑剧处理，正对老外口径，《雁荡山》由此而成出国大热门戏。王金璐既接《雁荡山》，便直言不讳地提出加工修改的建议："我们不一定上台非不说话，一出好戏为什么哑巴了？孟海公正好发挥歌舞并重的京剧特色，让他不张嘴岂不把人憋死。"大家见他说得有理，也就变反对为支持了。经京剧院编剧苏雪安先生和李墨璎的共同推敲，原有精华全予保留，另加润色增彩之笔，孟海公念诗中有一段"峰峦路迢遥，参天林木高，断崖深万丈……"的景色描写文字，雅而得体。孟海公做派中又加了一些察看地形的身段，据地形而思战计，显出这位农民军首领的将才素质。此外另增添了一些再润色的身段，如"三勒马"改为跪下勒马膝步向前，还有他人所无的马鞭枪走边。他的孟海公不扎白靠扎红靠，真是独树一帜，周信芳见了这出大长精神的《雁荡山》也不禁连连地说："好！好！"

1956年，上海京剧院出访苏联，王金璐主演《雁荡山》，饰孟海公

　　访苏演出团在首都逗留的日子，正是橙黄橘绿秋风送爽的季节。国庆前后外国贵宾访华的不少，京剧晚会因此十分频繁，在招待尼泊尔首相的晚会上，王金璐应北京方面之请演了《两威将军》，是日党和国家领导人都出席观看了演出。又有一天，毛主席请印度尼西亚总统苏加诺在怀仁堂看戏，亲点《雁荡山》，这下急坏了总理，赶紧吩咐到处找人。当天王金璐原无"公事"，故自由自在地逍遥去了，他没留下去向，谁也不知他的踪迹所在。负责"缉拿"王金璐的"捕头"们到处打电话，几乎找遍了北京城里所有的公共场所，

连澡堂也没放过。遍找不见，是否去了北京老居处？径直找上门去，王金璐果然在那里，不过已是酩酊大醉几无知觉了。众人顾不得太多，动手就把烂醉如泥的王金璐架出了大门，塞进了小轿车，一路风驰电掣而去。

怀仁堂陪同苏加诺就座的有毛泽东、刘少奇、宋庆龄、周恩来等党和国家领导人，总理着急了几个小时，直到有人急报王金璐已然"捉拿归案"，方才放下心来。后台则是一片忙乱，气氛极度紧张，众人忙给王金璐醒酒，王金璐此时正半睁一双醉眼直瞪瞪地呆视着四周，他还不知周围发生了什么事情。好在李玉茹的《醉酒》和谭富英、裘盛戎的《将相和》唱在前，最后才是他的压台戏《雁荡山》。等《雁荡山》启幕之时，他酒已醒了七八分，这位醉武生雄姿英发地登了场，台下除总理外谁也不知两个钟头前的孟海公曾醉成一摊泥呢。《雁荡山》幕落，中央首长们陪同苏加诺走上台去，同演员们一一握手，在合影的人群里，身扎红靠的王金璐显得尤为醒目，翌日报上还登出了他和苏加诺总统握手的大照片。

二

10月27日，赴苏的中国上海京剧院全师开拔，开始了西伯利亚、中亚细亚到苏欧大陆的万里之行。火车自北京出发，整整走了九天九夜，11月5日抵达莫斯科。东道主的接待很是热情，在苏联文化部的欢迎酒会上，一位官员举杯致辞："你们的访问演出，在我们看来，无异于我们自己的演出。而我们伟大的节日，也就是你们的节日。"11月7日，王金璐随全团应邀参加红场观礼，那天是十月革命39周年的庆典，中国客人被安排在离主席团很近的7号观礼台上，苏联群众见了纷纷涌上前来争相握手致意，广场上响起了《莫斯科——北京》的歌声，此起彼伏的欢呼声不绝于耳，场面极其感人。几天后，全团又去红场拜谒列宁、斯大林陵墓，大家献上花圈默立致哀后走进墓道，那端安放着水晶棺，两位伟人就安卧在棺中，王金璐刹那间不禁肃然起敬，恭恭敬敬地瞻仰了一番。莫斯科参观活动排得满满的，克里姆林宫不可不去，凡最为著名的革命遗址，几乎全留下了他的足迹。苏联的芭蕾舞、歌剧、大马戏团平时仰慕已久，这回他足可痛痛快快地一饱眼福了。

苏联朋友十分友好，艺术团接待规格颇高，大旅馆二人住一间大房，窗和窗帘都有四道，密闭得严严实实，保暖效果太好了。伙食以俄式大菜为主，规格绝对上等，只是一上西餐桌王金璐便觉受罪，他在舞台上大刀大枪耍得特溜，而在餐桌上小刀、小叉却摆弄不开，叮当直响，招数大乱。每见盆、碟、刀、叉一桌子，他顿时便会紧张起来，见东道主大口大口地吃着白脱油烤全鸡，他口水一点冒不出来，又有什么鱼子酱，腥得难以下咽，实在消受不起，王金璐此时只想着万里之外的东来顺、全聚德、鸿宾楼……

根据访苏安排，先后要走9个城市，两个多月的时间里排定了五十多场，日程之紧可见。武戏《雁荡山》《三岔口》《盗仙草》固然受欢迎，《打渔杀家》《拾玉镯》之类文戏也出出不冷，即使《十五贯》《四进士》那样耗时三个多钟头的大戏反响也甚强烈，其中最受欢迎、演出场次也最多的便是《雁荡山》，凡贴此剧，必压大轴，周信芳反而天天居于倒第二。苏联大剧院相当豪华，显得十分气派和贵族化，宽敞的舞台对于《雁荡山》确是十分合适。

报幕员巴拉克谢耶夫是苏联文化部官员，这位克里姆林宫国家音乐会报幕人语言简练、嗓音清亮，把中国京剧的剧情讲得亲切生动，让台上台下的苏联友人一下缩短了与京剧的距离。每演《雁荡山》，谢起幕来常令王金璐欲罢不能。

在访苏的日子里，最能随遇而安的就算是王金璐了，他没有丝毫异地不眠及水土不服的反应；不论哪家旅馆，倒头便睡，一觉醒来是天明；他吃什么都香，包括原先望而却步的俄式大菜，也开始吃上了味；他甚至不懂得什么是时差。可他也有甘拜下风的时候，在一次中苏文艺界人士聚会之时，主人举办舞会招待，周院长本来善舞，当仁不让地下了舞池，伊兵不能舞，知趣地躲在一边，王金璐好奇心盛，东张西望地看热闹，苏方一位亭亭玉立的小姐迎上前来邀"将军"共舞，吓得他一边后退一边作揖，对方表示不会也无妨，仍愿意陪"将军"舞池尽欢。王金璐平时与人打趣逗乐之时从不脸红露怯，这回狼狈得连高挂免战牌都不成，节节败退之际，幸有鼓师张森林出马"勤王"，代金璐入了舞圈，此围虽解，他早已急出一身大汗。

1956年，《雁荡山》，王金璐饰孟海公

联欢会上，主人同王金璐谈起《雁荡山》："我能看出你演将军的心情，不过有一处看不懂。你分派士兵去追敌，他攀登上山爬到半山腰摔了下来，你赶紧上去慰问一下，脸上显得十分焦急，而你的手势和表情不一致，我不知道是什么意思。"王金璐知道对方有了误解，便解释说："我的表情和手势是一致的，着急时我不知如何是好就直搓手。"主人哈哈大笑："我们是最高兴的时候搓手。"满拧！金璐接着做了一个抹脖子的动作，问对方如何理解，主人又大笑："这在我们是吃饱了的意思。"两人相视，笑得直不起腰来。

演出任务如期完成，一行人马回到莫斯科，正是1956年岁末。除夕之夜，全团在下榻的旅馆搞了一次内部联欢，大家自己动手烧了一桌馋涎了两个月的中国菜，刘斌昆、汪志奎掌勺，几位手脚麻利的女士当下手，异国他乡的岁末，吃上一顿家乡风味，个中滋味非当事者不能体及。

历时64天，转演9个城市，演戏53场的访苏之行功德圆满，苏联文化部为周信芳、李玉茹和王金璐等15人颁发了荣誉奖状。王金璐共演了21场《雁荡山》、8场《十五贯》，还荣获一项"白俄罗斯最高荣誉奖"。

班师回朝已是元旦，上海京剧院出访东欧的另一班人马业已返回，正在人民大舞台举行汇报演出。这倒怪了，怎么赴苏这一支队伍不作汇报？继又一想，真要汇报的话，强人所难的《十五贯》、李代桃僵的《双射雁》不通通得亮相吗？此非本人名特戏，不演也罢。

第五节　逆水行舟

一

剧团姓"公"了，可离市场愈来愈远，现在行与不行、演与不演都是一个样，手中有铁饭碗捧着，还犯的哪门子愁？有人说王金璐"俏也不争春"，所言极是。当今讲又红又专，光凭真才实学不见得有多大的翱翔天地，这是铁定的大气候，任何个人都是无能为力的。

同行中的李万春、李少春、高盛麟、张云溪等颇多新剧，金璐仅以三个小孩角色履新，即使《皇帝与妓女》也不过代演而已，同为新戏，"劲友"们如鱼得水，而他的近期新戏不外乎《十五贯》《文天祥》和《双射雁》，不是勉为搭配，便属代人受累，上海戏迷说他"错投了胎"，不是第一主演毕竟受制于人。上海京剧院分一团、二团，一团一队由李玉茹、王金璐、陈大濩领衔，二队以纪玉良、李仲林、王正屏为主？二团则由童芷苓挑梁。凡周信芳上台，任何团队的人马均可征调，实际上老牌调集最多的还是李玉茹和王金璐，有周、李在前，王金璐当然很难伸开腰。江苏梁慧超、福建李盛斌、山东袁金凯、天津厉慧良、北京李元春等同行毕竟都是自将一军，谁的腰都比王金璐伸得直，每念于此，他心中难免生出丝丝缕缕时运不济的落寞之情。

王金璐之南迁，不仅北京戏迷大惑不解，就是南方观众也多不以为然，要是上海人知其曾先辞北京之邀，再却天津之请，就更匪夷所思了。回想一下马连良、李洪春二师对其南行曾语出有忧，便更证实王金璐此举所定非当。马师私下有过表示："那边如果知道你是我的徒弟，事情就要麻烦些。"李师说话更直："你到那里能伸开腰吗？"

李墨璎对命运有一定之见：命运难免有顺有逆，不要怨天尤人，也不要悲世愤俗，眼下不太顺当，要耐得住寂寞。今后要有个打算，自己要清楚将来的目标要达到哪一步……万事皆随缘，只作成功之谋，不作成事之想，成则当珍，无亦泰然，何必苦苦心里折腾。她把一切看得很穿，常以超脱的意识疏导丈夫相对淤塞的思路，温言宽慰的同时又常以"无为中有为"的哲理与夫君共勉：天道酬勤，古之常理，匹夫不可夺志，心劲一天不能松；"逆水行舟，不进则退"的古训一天也不能忘。为今之计，修炼为上，以待来日，时运终有转圜日，河流还有急有缓有迂回有曲折呢；为今之道，唯有韬光养晦，"天行健，君子自强不息"的格言已流传了几千年，修行和韬晦何尝不是自强。渐渐地，王金璐心头的结解开了。

惜今、惜岁、惜春、惜时不也是一种人生态度？一寸光阴一寸金，两口子是决不会让岁月蹉跎的。王金璐的功往狠处练，近两三年他和仲春师徒练功量之大令人心惊。一次打把子打肿了手指，仲春劝他休息，他正好借机给徒弟加量，哄说仲春如连打50个旋子，他便歇手。仲春原先只有45个的底子，结果咬牙拧出了50个，谁知师父目的既遂还是照样练开了，也不顾在徒弟面前食了言。做完当天"功课"心里不空，练功成了他的精神食粮，一天不可或缺。他坚持认为："台上一遍功，台下非有五遍功打底不可。"每天上午

8点到10点是既定的压腿时间,徒弟一旁跟着练,练完后看仲春拉戏,接着又为徒弟说戏。10点以后开始踢腿,打把子,一口气打十套快枪,再同几位武净作把子车轮战,最后自己再拉戏,如《麒麟阁》的九战魏文通,一拉便是打九套,绝不偷工减料。20世纪20年代白玉昆、杨瑞亭、盖叫天都是正牌武生,江南后起者大多学此三位,后仅盖叫天一人雄踞江南,白玉昆远走他埠,杨瑞亭则沦为二路,"物必自腐而虫生",二人均折于一个"懒"字。想当初,白的枪、杨的腿均称江南独步,可惜到了20世纪30年代空有文武不挡,盛况从此不再。"以人为镜,可以明得失。"王金璐自警自策,前人覆辙之训,不敢不引以为戒呀!

"要演深,通古今。"广交文人学者、习文研业者在演员名家中历来有之。李墨璎是明理之人,她经常鼓励丈夫多与文化界高级人士结交,但求潜移默化之下熏上几分文人气质,对丈夫的素质改造她从来是不遗余力的。在京津各地金璐已拥有相当一批高知友人,在上海也结识了谭其骧、苏雪安、顾森柏等多位名士。夫人的促成,不禁使丈夫也学起识文断字、挥毫泼墨、推敲字韵、捉句遣词,他变得文绉绉起来了。

陆翁有言:"如果要学诗,功夫在诗外。"王金璐伉俪二人始终没有忽略这诗外的功夫。

苏雪安先生对诗词古文造诣精深,改编和创作的剧本不少,也代表上海京剧院

《麒麟阁》,王金璐饰秦琼

创作集体写过戏。苏先生早先曾在一次电台实况转播时，听到王金璐《阳平关》中赵云的念白，当时十分惊讶地打听："这赵云是谁呀？怎么嘴里比老生还讲究。"等到二人在华东团相识，苏先生这才解开谜团。金璐对字的重视由来已久，他也知自己关于字的知识尚有不足，而苏先生恰恰精于此道，为通解曲文曲义、学会识谱拍曲，夫妻俩一起认苏老为师。李墨璎十分钦佩老先生才华，肚里宽、戏文好、又能善待后学，她当上苏老的学生后，不少学问均由她先行一步，以后再慢慢地当好丈夫的"二传手"。她把昆曲工尺谱学得十分地道，一字一字地细抠，很快摸到了窍要，已能边听唱边找谱了，丈夫识谱记腔慢，她又反过来给他据谱说腔。日有所想，夜有所梦，带腔入梦的王金璐常会深更半夜推醒妻子，劈头劈脸地问起腔来，痴得让人啼笑皆非。夫妻二人曾设计了《周仁献嫂》"上路"一段的全部昆曲唱做，只可惜不得机会一露。

　　墨璎在苏老处兼学编戏，她学法偏重理性，琢磨务深，故进步显著。金璐跟学虽感吃力，日积月累之下，也能凑合着对戏作些简单的修改了。苏老常让李墨璎作若干实习性的编写，如周信芳排《海瑞骂皇帝》，编剧许思言找苏老讨教，苏老私下里转手让墨璎执笔，由此开了一个头，往后的本子一般皆由墨璎先编，然后再由苏老接手，昆曲《墙头马上》有几场戏即按此规写得，只是当时这一切全属"地下活动"罢了。

　　王、李二人昆曲日见精进，又开始着手把演出剧目的戏词通盘清滤一遍，精心剔除掉那些不讲理的"水词"，由此整理过的戏，如《走麦城》《古城会》《两将军》《岳云》《雁荡山》《劫魏营》《九江口》……本子精练了，词理通顺了，句意清晰了，戏变得更有精神了。两口子一得闲即往苏老家里跑，苏先生面对两位求知若渴的"高足"自然"货"愿卖识主，二位对老先生叨惠良多，结下的高山流水之谊，几十年铭记不忘。每当有人问起王、李的功底渊源，二位言必提苏雪安先生，感激之情无时不在。

李墨璎见丈夫有所进步，却不希望人家捧着丈夫说话，她常会"摘毛"，能没完没了地"找茬"，摘得金璐一身的不舒坦，她常说："我要是学戏，准比你强。"此时做丈夫的就会知趣地说："你可千万别学戏，不然准被人从我这里抢走了。"夫妻间这类调笑的事常有。李墨璎不愿当一名传统意义上的贤妻良母，她扮演了一位颇为特殊的全能型角色。有人说得好："智慧和自尊是女性不可或缺的脊梁，

1956年，《两将军》，王金璐（左）饰马超，贺永华（右）饰张飞

不然，即使再美的，充其量不过是别人舌尖上的调味品而已。"李墨璎有时也来脾气，可来去及时，一通发过，能立时恢复心胸的开朗，事涉原则，她从来不让，宁使家里"冷战"数日，也断无迁就之理。她就像一株不染世俗尘气的水仙，静静的，淡淡的，却又蕊吐幽香，含蓄而不张扬。20世纪50年代中期王金璐走上了事业上的执着、名利上的淡泊，步入了一个"无为而有为"的境界，自有夫人的"不让步"作为基石。

二

由华东戏曲研究院京剧实验剧团到上海京剧院的几年，王金璐、李墨璎屡试创作，可谓举步维艰，外部环境太不具备了。有人不解：明知难为，何苦作徒劳无功之举？他二人则依然"我行我素"，自知"条件"不如人，却认定步子走小些，思路周到些，处事谨慎些，积少成多，集腋成裘，终会有出成果的一天。人是在议论中生活的，

由人议论去吧，他们继续走着自己的路。

王金璐不但捡起了《水淹七军》，且又重演了《两将军》，自从京剧院来了良配贺永华，生净对儿戏一下精彩了许多。贺能打能做很出戏，王金璐不由得激起了对《两将军》改编的灵感。此戏又名《葭萌关》《战马超》，大有精加工的余地，王金璐致力于把开打的程式动作合理化，避免对阵时"四门斗"架式中各人走各人的，掀不起气氛来。新的设计力求武打套子饱含情绪，打出你死我活的搏杀气息，突出双方争胜各不罢休的决战气氛，就是说，拼上了！他还把戏名改为《两威将军》，以示演法有别。改动后的5次开打，形式、尺寸、节奏各异，他希望鼓师张森林的鼓点子能相应打出五种变化，经与张森林和另一名鼓师张鑫海的共同推敲，终于创出一套极为精彩火炽的锣鼓经，《两威将军》一经出台，立即火红，各地上门取经者不绝。

剧中马超扮相同《反西凉》一脉相承，《反西凉》穿黑彩裤以示戴孝，而夜战马超的白布箭衣、白绸勒头，一身白亦与戴孝无异，而此时马超孝期早过，故王金璐改穿了红色彩裤，而且在"夜战"时穿上绣花白绸箭衣，拿去孝巾换软巾，应说改在理上。《两威将军》在南下巡演时出台，又在十大元帅授勋典礼上露演；在访苏之前招待尼泊尔首相的晚会上演出时，他十分注意北京人士的反应，当天李洪春先生到了场，结果不置可否，不予评说，金璐也装起了糊涂。其实他早已备下说词：马超已投张鲁，张拟招赘驸马，焉能再孝服在身，穿红情理也通。

沪上戏迷常对王金璐两条功夫腿津津乐道，可又发现他并不是单纯卖弄，而是严格遵循"技为戏用"的原则。《挑滑车》起霸，走边都有踢腿，踢法却有讲究：起霸是大将顶盔贯甲整装待发的一种战前准备，把腿踢得高高的，以示高宠身手矫健，腿的下落极其缓慢，像有线牵着似的，显得自然舒坦稳稳当当，如是一味咬牙瞪眼猛踢一气，必与当时特定情境有悖，高宠凭什么在自己营垒里发狠？"观阵"中高宠在"下场花"时也有踢腿，这下是又高又快，踢上去冲极，拉下来也猛得可以，这才符合高宠面临战阵急不可待地要同敌人决一死战的紧迫心情。

陈大濩看了王金璐的《挑滑车》对他当面发表过观感："看你的戏，挺抓人的，你'观阵'一场下高台时再火爆一些，像老虎下山似的就更好了。"陈指的是老演法高宠由桌椅上随意而下显得松软无力。于是王金璐作了一番润色，先提左甲，一脚踏到椅子上，接着再提右甲，抬腿一踩到地，立即又倒脚转过身来横跨一步，意指已从山头走下。经这一改，此时高宠已非有形无神，而是威勇贯注了。台下看戏的陈大濩竟按捺不住，失声叫出"好"来。

《挑滑车》的重中之重是最后的"挑车"。武将爱马如命，不能因战马力竭狠命抽打，但此时的高宠若是不打，坐骑不会玩命发力，真要打了，却又心疼不已，这种焦急无奈不知所措的心理，王金璐演来入木三分，细腻到了极点。他先一拉，不成，再一拉，还不成，这才被迫打马。他一打一拉，再打再拉，马依然起不来，他焦急中出于爱惜，对马发出了安慰的"吁吁"声，心里实是不忍，脸上又是无奈，头盔唰唰作响，此时浑身是戏。看马已歇过一阵子，高宠心想这下或许行了，拉了一下又一下，仍是无济于事，眼看铁华车随时会从头顶上滚来，情急之中不得已才狠狠地抽、狠狠地勒。他那最后一勒，索性把缰绳绕在手腕上借劲使劲，方把马一步步揪了起来。他摔的三个叉皆有根有据，特别是最后一个软叉，把高宠那种焦急、那种无助、那种明知无望却还在拼尽全力的心态交代得十分透彻。《挑滑车》演了20年，王金璐两口子可谓精研到了家。

1955年院里来了一位苏联女专家，据介绍是戏剧大师斯坦尼斯拉夫斯基的学生，是受邀来华讲学的。上海接待规格甚高，专为她组织了一次演出，剧目即王金璐的《挑滑车》，她当场照了几次像，照的全是"挑车"。院领导把王金璐介绍给了这位专家，对方赞扬他道："你演得真好！"并幽默地说："现在我看着你，似乎觉得你底下还骑着马呢。"她还特邀王金璐听她讲课，把他当成了知音。

一出又一出的戏，经由王、李之手，去芜存菁，一个又一个的"内部"成果迭出不穷，但大多仅是难得雄飞舞台机缘的案头作品。他们认为做事得从长远看，说不定将来哪块云彩会下雨，未雨绸缪嘛！没必要有抱不完的遗憾。编戏改戏、磨戏研戏，权且当作一门功课，每天温而习之从中取乐，未尝不是一件兼有精神寄托的消遣。

三

6月的日子，气温并不很高，但阴霾的天空，又潮又闷的空气，捂得人们透不过气来，一场对右派分子的"大讨伐"正如火如荼。王金璐庆幸自己大鸣大放中"三十六计走为上"一策的成功。那时民主党派频频开会，邀请大家踊跃发言，凡请到他，他必十有八九不去，自知头脑无政治，哪儿有政治，就同那里不沾边。有一回有人把他一起邀去，说有午饭招待，眼看开会在即，他琢磨总不是味儿，结果还是溜了号。如果实在躲不开，会上索性"闷声大发财"，只要不开口，神仙难下手。平头百姓谁也惹不起，难道还躲不起吗？

知夫莫如妻，反右风暴使李墨璎对丈夫江南之行反思联翩。《皇帝与妓女》的吴革一角该不该接？这戏既然上座，为何后来再不见演？"外乡人"锋芒太露焉是好兆，是否还会落下"刨人"之讥？巡回路上演《战长沙》，身为后辈，可有托大之嫌？今天若有丁师在，断不让有此咄咄逼人之举。领导上对《两威将军》赞赏不已，随口吐露出一条内情，即十大元帅授勋仪式原定《拦江夺斗》一戏，因不知有人会，故改演了《两威将军》，谁知王金璐这位"马大哈"脱口而出："我会呀！"一时领导语塞，好不尴尬。又有一天，大家高谈阔论《镇澶州·小商河》，有人正说在兴头上，说昔日演杨再兴，头上翎子如何了得，不意一旁又闪出王金璐这口无遮拦之人，"不是归降岳飞了吗？没翎子了"，把人弄得狼狈至极。此外《安天会》的

"告状"、《雁荡山》的"张嘴"、《十五贯》的"阻令"会不会都给人以不买上级账的误解？其实，有的是艺术见解的不同，有的是下意识的表露，有的是组织上的安排，有的是不经意间造成的敏感后果，一切均非存心犯难，只是表达方式过于直露而已。

李墨璎和王金璐熟读《三国》，如今觉得分外亲切，每个人都可以从三国人物的生平轨迹中找到自己的处世良方：关羽死于骄傲，许攸死于轻浮，祢衡死于狂妄，杨修死于卖弄，太值得后人反省了。丈夫老是一根肚肠通到底的毛病不能任其再继续下去了，李墨璎不时地敲起木鱼："忍一时之愤，保百年之安。"

四

真是哪壶不开提哪壶。反右斗争进入"收官"阶段，王金璐正在家优哉游哉，突然院里"金牌"来召，通知他替下头本《七侠五义》中扮演白玉堂的李仲林。他好生为难，若是拒演，那是"违旨"；要是替演，这不明摆着对不起人家仲林么！院里出面找他谈话的是副院长吴石坚，替演的理由是李仲林正在受审查。金璐起先推辞："我不会演南方本戏。"吴石坚交了底："我们找过不少人，要价都太高，周院长说这不是能打能翻就行，还要会做戏。"并说明他此来是受周信芳的委托。吴石坚不留回旋的余地，他许诺在先："剧本随你改，按你的戏路演，可让苏雪安协助。"话都说到这个份儿上了，绝无不从之理。再说吴副院长一再说是政治任务，请他帮助仲林过好关，任务一旦挂上"政治"，意味着毫无商量余地。他心里忐忑不安，直到李仲林的表亲郭坤泉私底下打了招呼："接吧，帮帮他吧！"王金璐这才稍稍安下心来。

王金璐昔日唱过《冲霄楼》《铜网阵》之类的戏，对本戏《七侠五义》却陌生得很。"头本"情节颇似《五鼠闹东京》，替演之前先得把戏熟悉一下，他不声不响地看了几天戏后，又由仲春陪同到后台走上一走，在某些机关装备上看了一看，这些布景好高，"飞檐走壁"时脚下真得处处留神。为看清南派白玉堂的化妆，他得扒开仲林镜子前挂的铺天盖地的大字报才行。为掌握"轻功"，他练习开了穿窗户、盘杠子……为随时准备替下仲林，他赶紧熟悉起了台词。

苏雪安先生把本子润色了一下，全戏框架不变，而把盗完三宝后的开打在细节上稍作加工，表演的改动重在突出白玉堂的性格形象，更集中更夸张地刻画出白玉堂的骄傲自大目空四海。《七侠五义》本子原来就很有戏，展昭与白玉堂见面之时，删去徐庆从中劝架的情节，而是狭路相逢分外眼红，立即交起手来，这样戏更火炽抓人。戏中原有的动作技巧他一个不少，不然会落下"王金璐拿不起来"之讥，他不肯输这个"面子"。

王金璐代演白玉堂一讯，当时报上泄露一丝消息，果然涌来大批好奇的捧场人。不管从本子到表演是如何的类似，台上出现的却是典型京派的锦毛鼠，台下一批大学生称其为"北根南花白玉堂"。正在写反右运动思想汇报的言慧珠耐不住寂寞，也去观摩了风靡上海滩的《七侠五义》，连连为白玉堂叫好，在写的检查材料中竟把自己同白玉堂画上等号："我骄傲，我看过《七侠五义》，我就是白玉堂的脾气。"她显然受了白玉堂的感染，中了王金璐的魔了。

《七侠五义》一代演便是两个月，在他"卸妆"不久，院里作出了涉及他后半生命运的一项决定，他从此演绎的将是一部大雁北飞的故事。

第六节　扬帜西安

一

西安，比不得京津沪三大京剧热土，也比不得武汉、济南、沈阳、南京等京剧重镇，在西安家喻户晓的是秦腔和豫剧。1957年西安市开始筹建陕西省京剧院和省戏校，只因本土不出"角儿"，只好寄望于"外援"，于是西安方面把目光瞄准了京沪两处。

1957年年底，反右进入尾声，西安市文化局上门求援，来人是身兼编剧、剧务和演员的上海籍人士史美强，指名约请的是王金璐。上海京剧院十分痛快，果然派出一支由王金璐领衔的演出小分队，成员有王熙春、王玉田、沈雁西、孙瑞春、王俊鹏、郭仲春等，为期3至6个月，说定属于借用性质，享受上海一切待遇，期满保证把人送回。北京方面同时开了绿灯，派出了中国京剧院的几位主演李宗义、云燕铭、黄玉华和琴师费文芝。"栽得梧桐树，喜迎凤凰来。"西安市第一步棋走得很成功。京沪两支人马会师西安，加上早先到达的自江苏省大众京剧团调来的孙钧卿，称得上人强马壮。西安人最看好王金璐，这颇出他本人意料，因为他跟西安几乎从未有过任何渊源。不过成行之时，有人说过："王金璐此去西安难还乡。"此话当时谁也没有当真。

一出西安车站，主人派出的三轮车早恭候多时，别看三轮接贵客，在北京、上海属于寒碜，可西安当地却是惹人注目的高待遇了。据接待人介绍，西安绝对有好饭馆，由西安市文化局局长等陪同的"下马饭"的饭馆级别想来低不了，但眼前所见，全然不是那么回事，饭馆里不见瓷砖铺地，更非打蜡地板，脚下踏的是一片黄土地，令人纳闷，方始感到西安和上海两地的生活条件确实相差悬殊，在上海住久了，刚到西安，自然会生出几分不习惯。用罢"接风宴"，众人一齐赶往西安有名的三层楼大剧场，一看之下无不泄气，三层楼倒是不假，可最上面一层顶子用的是席棚，简陋透了，这场子在当地属标志性建筑，还算是不错的。一伙人脸上显出不悦，东道主有所察觉，故而把打炮戏改在了五四剧场。上海客人落榻之处在四府街，据说唐代秦琼、罗成、程咬金、尉迟敬德的王府都在这条街上，故得此名。王金璐的住房极宽敞，起码相当于旧时一大户家，房子还有水牢，住在那里不免别扭，主人很是客气，大家也只得客随主便了。

据西安方面安排，京沪两边合作登场，图一个轰动效应。3天炮戏的戏码由大家共同议定，大年初一的首日开幕式共4出折子戏，即郑万年《钓金龟》开场，孙钧卿《骂曹》第二，王熙春《醉酒》压轴，王金璐《挑滑车》大轴。当天夜场是大合作戏《龙凤呈祥》，王金璐扮的是后赵云，前场再加演一出《三岔口》。西安票界"特烦"的《铁笼山》则提前在大除夕作内部观摩，从戏码上一看便知，王金璐挑的分量最重。

《铁笼山》演者甚众，当时以高盛麟名气最大。王金璐此戏处半雪藏状态，故人们多知有高而少知有王，地处西北的西安居然有一批王金璐的杨派知音，点的并非他常演的热门戏，偏偏点了这出半冷戏，不禁使他大受鼓舞，权且就借贵方一块宝地答谢知音，除夕夜的《铁笼山》，王金璐铆上了。

姜维脸谱，杨小楼最称精美，后起武生大多按杨氏勾法，在红三块瓦上勾一硕大太极图，图中阴阳鱼上白下黑上下对抱。王金璐脸形额部眼角皆与杨小楼大有出入，难以刻意求肖，只可变通而为，他额头太极图部位颇高，把整个脸形随之拓宽，左右轮廓与眉瓦上端靠近，成不拥不散的格局，这一自我制宜的勾法来自丁先生，可谓恰到好处。

尚和玉、俞振庭等老辈当年演姜维起霸时均在锣鼓中加上大钹，尽情烘托大战

《铁笼山》，王金璐饰姜维

前壮烈气氛。杨小楼亦然，他起霸一毕，在【软四击头】中直趋下场门亮相，在唤起【走马锣鼓】后姜维开始观星，轰响的大钹声由起霸至观星延续不断，台上气氛异常火爆，王金璐、高盛麟等均按杨规处理。王金璐认为，起霸只是武将束甲顶盔动作上的准备，"观星"才是姜维战前的思想准备和大战决断，故他起霸时表情相对平和，一到"观星"，事关蜀汉兴亡，立时变得虎目炯炯、神情肃然。姜维不时根据天象思计，演的是有层次感的内心戏，《铁笼山》的品位、身价由此可见。

"观星"是全戏中心，如果说起霸偏重功架，则"观星"属于含功架的做派。他共有五组观星身段，每次收尾全亮有凝重英武的杨派雕塑相。第一、二次观星是在寻计思策；第三次观星有指星、拟刀、握拳、斩杀等一系列动作，一招一式皆有目的性，他相信星象示警，酣战当前，杀敌决战，左券可操，尽收"此时无声胜有声"之效；第四、五次观星是姜维审慎地制定了作战方案之后，又一次对照星象，最终使一个立掌杀敌的动作，直至"三甩剑穗"，"飞脚""跺泥"亮相，犹如剥笋似的一层一层地剥出戏核来。金璐和盛麟的"观星"难在身上全无火气，这便是火候，他时而回身斜望，时而推髯侧望，时而挺身高望，时而按剑仰望，进退左右，气度威严，气势流畅，端凝之中透出儒雅，这便是杨派神韵。

王金璐《铁笼山》打头阵，生平第一次。这一

《三岔口》，王金璐饰任堂惠

"零"的突破，可否意味着西安古城将成为他的福地呢？

初一日场《挑滑车》反响热烈当在意料之中，西安各报竞相报道，佳评如潮。至于夜场他加演的那出《三岔口》，倒是难得一唱的剧目，王金璐认为任堂惠非江湖出身，亦非绿林侠士，虽着短装，应有长靠武生的气度，因任堂惠是杨延昭麾下三关上将之一。他所演的风格正是长靠为本短打其表，吃重功架，且十有八九亮的是大架子高相，他更多的是用眼和耳在做戏，任堂惠不少的戏全呈现在脸上。不过此戏早已约定俗成，成了一出斗狠戏，不少武生把这员上将演成近乎3本《铁公鸡》中张嘉祥一类的人物，这便是各人理解的不同了。

陕西省建团演出的十五天内，王金璐还演了《拿高登》《八大锤》等戏，事实证明，陕西方面把宝押在王金璐身上，走的是一步好棋，因为这半个月里，最受欢迎的正是实质上领衔的王金璐。

二

15天后北京人员如期返回，西安方面决定转入巡回演出，红火之后先降一下温，有利于卷土重来。西安本非京剧热土，一旦营业下滑，再难复苏，此举纯属一项策略上的考虑。上海支援来此的西安市越剧团不太景气，北京相声到了西安，日子同样难熬，京戏要想长期站住脚，必须另图良谋。听说《七侠五义》在上海红得翻江倒海，估计一旦移植过来西安人也会趋之若鹜，何况眼前有着现成的白玉堂，排演此戏，岂不轻车熟路。建议一经提出，上下一齐呼应，说干就干，只争朝夕，于是巡演路中排开了戏。既是连台本戏，务须机关布景先行，孙瑞春返回上海专程请来布景师傅帮助制作整台高级"彩头"，又按上海京剧院款式加工演员行头，与此同时，西安市开始了广告宣传，兵分三路齐头并进，一切都按计划在有条不紊地进行。

王金璐对《七侠五义》略动了一番小手术，他把海派联弹改成流水板式的唱法；武打套路也有变化，那些"小出手""小档子"统统舍去，加强白玉堂和展昭直接打对面，并为此设计了一套精彩的剑枪，格调变了许多；话白方面几乎每个字都讲究了，他又特地向北京中国科学院语言研究所吴晓铃、周殿福二位专家请教了语音和发声是否符合艺术语言的逻辑和规律。他那一系列的"微调"，无不强化了京派色调，西安舞台上出现的是与南派显然有别的京派白玉堂。

1958年，《七侠五义》，王金璐饰白玉堂

头本《七侠五义》的盛况在西安演剧史上是罕见的。早在一个月前，海报已贴得全城可见，飞人飞刀全上了广告，把舆论烧到了一百度。票板一开，售票处前人满为患，竟被挤得没剩下一块好玻璃，虽出动了大批警力，也难挡这黄河决堤般的人流。一票难求啊！剧场无奈只能出售加座，加座者，长板凳也。那时住后台的有百来人，每人一铺，全是两条板凳支着一块床板，搬去长凳当加座，一条凳可解决3个人，平地里便增加了六七百座。前台打听上座好坏，常问撤了多少板凳，如是后台还留下一条，就会认为营业不佳。狂满得令人麻木了，胃口被异乎寻常的上座热吊到了极限，加上戏

1958年,《七侠五义》,王金璐(左)饰白玉堂,王玉田(右)饰韩彰

院两边廊子里满满登登的"站票",更挤得场内海沸山摇,伫立于甬道而观者也挤得脚下几无隙地,人人动弹不得,彼此气息相闻,有人形容为"人气白热化",难怪戏院"站"票坚决不售女票。

头本《七侠五义》从"封御猫"起,演至白玉堂断桥落水,王金璐主演白玉堂,其余诸角为孙钧卿的卢方、王玉田的韩彰、王熙春的满堂娇、钮承华的三脚猫、王俊鹏的徐庆,展昭是当地一位叫大刀田宝山的扮演,以角儿论,王金璐几近一木而支大厦,阵容并不显扎硬,但竟有这等让人瞠目结舌的大轰动,实在始料不及。西安全市都染上"白玉堂"热,每到"华灯初上金乌坠,雀鸟归林玉兔催"的时分,人们会从四面八方肩摩毂击、纷至沓来,以致道为之塞,西安人这是怎么啦?疯了?王金璐见得多了,但像西安人争睹《七侠五义》的奇景还是有幸第一回见识。

《七侠五义》带来了巨额营业收入,当地送来好酒好烟好茶作酬劳,那年月不兴"红包""提成"之类的名堂,眼下已算特殊待遇,甚至有人从北京特地捎来他最爱吃的大八件和龙凤饼。由于他的特殊贡献,在西安这个客居之乡居然被评上当年市级先进工作者。他成了古城人人皆知的大演员,大街上被人一眼便能认出,人皆不呼其名,而直以白玉堂称之。《七侠五义》红火之日,正是国家经济困难之时,社会上生活必需品尤其是食物极度短缺,剧场却对他明说:

"只要你演《七侠五义》，什么吃的都有，不演这戏，我们就管不着了。"此戏魔力之大可想而知。

灰沙弥漫的西安城为王金璐带来了神清气爽的好心情，他大有伸开腰的那份痛快，同时也为自己找回了尊严。

三

1958年影剧界响起了"大跃进"的号角声，一时现代戏当上了主角。戏曲舞台一阵【急急风】过后，现代戏数量激增，人人动手，昼夜奋战，如同大炼钢铁。中国京剧院的《白毛女》《林海雪原》《古往今来十三陵》……北京京剧团的《秋瑾传》《智擒惯匪座山雕》《青春之歌》和上海京剧院的《赵一曼》等先后出台，王金璐在陕西省也上足发条，在《七侠五义》的间隙里争分夺秒地排出了《红色风暴》和《刘志丹》，形势可不能不紧跟呀！戏中林祥谦和刘志丹两个主角均由王金璐包下，《红色风暴》也好，《刘志丹》也好，全不上座，工厂企业包场依旧是清一色的《七侠五义》。团里要求搭演现代戏，工厂表态明朗："《七侠五义》的票我们全包了，现代戏的戏票就随便卖吧，好坏我们不管。"西安有人戏言："热血戏迷白玉堂，冷血观众刘志丹。"当时急就章的现代戏的确举步维艰，这能怪台下观众吗？

拍戏的都明了，有明星则灵；唱戏的都明白，有角儿则灵。西安方面请王熙春当区人民代表，似乎露出了留人意向，拗不过当地盛情，她权且当了一名临时性代表。没过几天，宣布王金璐为西安市人民代表，他莫名其妙，赶紧推辞，自己人事、户口全在上海，怎能跑到西安当代表，推之再三，结果还是选上了，随后又被任命为业务副团长和艺委会主任。陕西方面对王金璐确实是用足了心思。此时上海京剧院消息传来，那里响应北京戏曲界减薪倡议正付诸行动，并通知目前在西安的几位要同上海减薪步调保持一致，谁知西安市此时反提出要为王金璐等涨工资。王金璐毫不含糊地表了态，自己是上海京剧院的人，一切得服从组织，对方一再给涨，他则坚决不让，他始终不曾忘记自己是一名上海人。

某日，王金璐上演《拿高登》，前排留了两个座，事先不知何方尊神驾临，待等他上得台去，方知尚小云先生在幼子长荣陪同下看戏来了。尚先生此番赴陕，特为筹建陕西省京剧院和省戏校而来，他还是省里的政协常委呢。尚先生散戏后当面夸奖了一番，接着爷儿俩高谈阔论起来，欢叙之中自然互生合作意向。剧团设宴招待，席间尚先生果然提出："金璐，咱们今后一定要一起演出。"他说到旧时的《回荆州》："金璐，往后咱俩来出老的。"王金璐马上"接话"："编两番。"尚先生马上乐了，得意地说："现在知道的人少了，谁还会呀？"此乃往昔杨小楼演出的老路子，"编辫子"有正反两番，丁先生教会金璐，但始终没机会露一手。言谈话语之间，尚小云还有同台《湘江会》之意，他是清楚王金璐的杨派功底的。老前辈私下里还泄露过一项机密，即今后省京剧院院长设一正两副，尚本人任正职，将力举王金璐为副手，他只当一时戏言，不去过分认真。

半年借调期早过，王金璐心中疑窦丛生，同来者先后抽回上海，为何独有自己不见动静？此时又风闻陕西方面发了话："谁都能走，就是王金璐不能走。"莫非真要强留不成？团里有人向他透了底，他一知真相，不禁发了呆，顿时凝噎无语。原来不经任何通知，不经任何手续，他的人事关系已然被转入陕西。人际社会中，言而无信是最大的恶行，他无比愤慨，但一筹莫展，每当有人问及此事，"这未免……"他总在斟酌着合适的字眼，他不会有金刚怒目的愤懑与抗争，只有瞠目以对夫复何言的份儿。罢罢罢，心字头上一把刀，暂且"忍"下了，天涯何处无芳草，既然相煎急，抽身还须早。良臣择主而事，陕西既厚于我，何不因势利导就地而耘。人到中年悟性长，王金璐懂得随遇而安了。

四

《七侠五义》狂飙卷过，秦腔、豫剧等兄弟剧种全排开了《七侠五义》，说来也怪，只要打上这旗号，不管什么剧，都能无往而不胜。白玉堂快演腻了，一有机会王金璐便换口味，贴演一系列在上海少有机会一演的老戏，如《连环套》《恶虎村》之类的黄天霸戏，《铁笼山》《八大锤》《艳阳楼》一类的杨派大武生戏，《九江口》《潞安州》等带黄派风味的武老生戏，还有老爷戏、武松戏和《雁荡山》《三岔口》之类的流行戏。人近不惑之年，不少事皆已淡然，唯独京剧始终如同一杯美酒，越来越变得醇香甘冽了，为了心中的艺术，他可以唱得昏天黑地宠辱皆忘。如鲲鹏展翅般的纵横驰骋于西北和中原剧坛的王金璐，渐渐从心灵上找到了几分回归的感觉，笑意经常写上他的脸庞。

王金璐见缝插针排出一本大戏《逼上梁山》，《野猪林》的精彩段子都保留，另有不少增益，如前加《史家庄》《拳打镇关西》和《林冲阅操》，最后再接上《夜奔》收尾，戏幅四个半小时不止。他主演的林冲以杨派风格贯穿始终，基本上仍是王金璐只手擎天的局面。现今盛行光杆牡丹制，观众买票入场，几乎全为王金璐而来，见多不怪，人们早就习惯光杆牡丹了。

王金璐推出黄派好戏《九江口》，即中华戏校时代由他唱红的《忠义臣》。原《忠义臣》本子较粗糙，水词俯拾皆是，金璐伉俪钟情此戏，对此作过精心加工，故《九江口》比20世纪40年代的《忠义臣》精致和丰满多了。戏中张定边忠言逆耳，抗争失败，帅印被收，此时王金璐扮的这

《九江口》，王金璐饰张定边

位老元戎白髯颤颤，欲哭无泪，如霜雪霏霏，秋林瑟瑟，凛然浩气贯于一身。"阻驾"一场，张定边缟衣哭谏，声泪俱下，王金璐演得丝丝入扣十分动情。那段痛陈厉害的谏白，字字血，声声泪，情挚意切，掷地有声，老元帅似已看到了一生心血所浇注的大业行将毁于一旦，北汉雄师的生绝死殉即在眼前，其忠骨鲠血溢于言表，念得不少台下人为之泪下。最后轻舟飞桨驰援救驾的一场，王金璐出色的圆场功、髯口功更把观众的情绪推向了高潮。一位来西安出差的上海教授有幸观赏了这出《九江口》，大发感慨："别看北京大角儿多，要找这样一位大武生，找今天这样的张定边，还真没有！"

1958年11月，西北陕、甘、宁、青、新五省、自治区戏曲会演在西安举行。开幕式上由王金璐主演的《雁荡山》，特大的场面、特强的阵容、特别的火爆，孟海公和贺天龙双方兵卒全由五省八十多位著名武行分饰，舞台成了比武场，满台皆筋斗，气氛极炽热，平时不到半小时的戏唱足一个多钟头，京剧武戏论规模，当以此为最。参加雁荡盛会的有李大春、谭喜寿、王天柱、于鸣奎、李少奎、周根元、刘飞云、王俊鹏等，号兵是"筋斗王"郭金光，贺天龙是谭世英，皆大西北武行中俊彦。开幕式唱轰动了，最后一天仍用《雁荡山》收尾，有始有终，占尽风光。

五

头本《七侠五义》一演大半年，可把大家唱腻了，赶紧排第二本吧！"二本"中有白玉堂归天，干脆把白玉堂唱死得了，大家好换别的戏唱。陕西拟排的"二本"同上海本子出入很大，主场子有蒋平救出白玉堂、归顺颜查散、私访襄阳王、颜查散丢印、三探冲霄楼、蒋平捞印、卢方哭坟和大破铜网阵。王金璐前扮白玉堂，归顺一段戏中有"三吃鱼"情节，此时扮的是穷生；私访襄阳王中又扮上算卦的书生，褶子加鸭尾巾，由小生应工；到了三探冲霄楼，面对机关见一道打一道，才是典型的武生；铜网阵中王金璐再扮北侠欧阳春，勾紫脸挂紫髯，持七星刀，应了勾脸武生。整出"二本"王金璐应了两个角色，四个行当，实不止一卖。

"冲霄楼"是"二本"最重要的场子，白玉堂因颜查散失印自惭不已，决定单身涉险冒死盗印。他怕展昭耻笑，偏要赌上一口气，台下观众见白玉堂显出不买账的冷笑，纷纷指着台上的王金璐说："又来了！又来了！""头本"中白玉堂不可一世的骄狂神气在大西北与中原地区已为广大观众所熟悉。《冲霄楼》歌舞并重，他新设计的身段层出不穷，边触摸机关边开打，无疑是"二本"中最吃重的一折。戏中有白玉堂抬腿齐眉，靴底磨刀三下，口称"无能之辈"，极干脆利落，传神阿堵，西安人印象至深、常在底下学他这手，不少人退场时在戏院门口还比画两下。

王金璐走哪里也免不了要参加巡回演出，1959年陕西省京剧团《七侠五义》"大拉练"，巡演地点遍及陕、甘、宁、青、晋、冀、豫和内蒙古8个省、自治区，历经30个中小城市，连头带尾又是8个月。每到一地，他多半是5天"头本"、五天"二本"，间插几场老戏，到哪儿都跑不了日夜两场，这样的大戏天天折腾几无间歇，况又一路奔波风尘仆仆，常累得四肢酸痛，周身发软，浓茶和香烟已赶不走随时可以附上身来的瞌睡，百骸俱散绵软无力之时，真想狠狠地睡上几天。塞北江南、白云鄂博、山西名隘、辽阔中原、燕赵大地到处留下了王金璐《七侠五义》的艺踪，仗着这出戏，一路都有上好的接待，要是不演这一出，谁都不再提供优惠，《七侠五义》可称"买卖兴隆通四海，财源茂盛达三江"。有人对王金璐戏言道："如果是自己唱，就发啦！可以买楼了。"可不是嘛！备不住还能成西安首富呢。

一路巡回趣事多，到了山西榆次，有人当面请教桌上飞刀的奥妙，这原是一件小机关，一按桌上开关，飞刀即从桌面下弹出，天机不可泄露，他便推说："这是我练的功夫。"对方长长地吐了一口气道："那就没人敢惹你了。"他对名胜古迹兴趣颇浓，特地到过老城墙根，就为了看城砖上留着的"敬德监制"字样；他去过临潼，专门去贵妃池里沐浴，感受一番。这里便是有名的华清池吧，他见到一处有温泉，可容二人共浴，相传唐明皇与杨贵妃曾在此同浴，虽收费很高，王金璐还是慕名上那里过一次瘾；听说还有薛家将的遗址，他也兴冲冲地赶去，专为看一下薛丁山满门抄斩后全家合葬的铁丘坟。又有一天，由储金鹏、林金培二位老同学陪同共游西安碑林，见有一碑，名为"不能说"，3人不禁感慨起来。金鹏在碑旁对金培旧事重提："唐代人早已告诉我们，许多话是不能说的，谁让你瞎说的！"林金培1957年曾被打成右派，听了此言唯有苦笑。金璐也陷入了一片沉思，人生有许多事确是说不清道不明，而且还会有种种忌讳，正因"不能说"，说了也没用，所以"不必说"。

有言青年生活于将来，老年生活于过去，中年生活于现在，所以中年又大多是现实主义者。巡回路中的王金璐总有一种莫名的惆怅在心头骚动，固守偏安之局，而成割据之雄，决非终极目标，他渐生故土之情，何时方能重返京中家园？

第四章　韬晦篇

第一节　黯然身退

福兮祸所伏。风靡西安的王金璐心中寻思，今后的路难道真是一条走不尽的阳关大道吗？冥冥之中，是否有什么灾星在自己头上盘旋？

一

西北、中原、华北一路巡回，《七侠五义》成了聚宝盆，陕西省京剧团就此摇身一变脱贫致富。王金璐因是团里的顶梁柱，其血肉之躯被人当成大罗神仙的不坏之身，当时所到之处无不狂满，他即使发上四十度高烧也不允许回戏，而是打一针吗啡，硬着头皮也得把当天的戏顶下来，这便是人们体验不到的主演生活中残酷的一面。

记得有过一次险情，某日《七侠五义》演出方酣，王金璐差点丢了命，机关布景处处老虎口，一走神便会酿成大祸，容不得半点差错。白玉堂纵身跃上"山顶"借助的是滑轮原理，后台由两个人往下跳，从而把另一头前台的白玉堂往上带。谁知后台这二位不记要领，临近地面时忘了吸气，结果"砰"的一下把王金璐猛地弹起，舞台天顶足有七八米高，这一下非同小可，差些便从立体布景的高处摔了出去，幸好他眼疾手快，情急之中伸手用力抓住布景中的一根树枝，才免遭一场横祸。

幕合之后，他冲进后台大声呵斥："你们是要把我摔死呀！"后台自知理亏，一片沉寂，从没见他发过这样大的脾气，性命交关，焉能不火冒八丈。王金璐躲得了初一，能躲得过十五吗？

1959年初秋剧团演于邢台，"二本"演至"冲霄楼"一折，白玉堂登上高梯，口念"印信在此"之时，台上响起"叭嗒仓"，锣声落在"仓"字当口，后台应立即按下电钮，白玉堂则同时往下蹦，跳入大铜网。往日按钮专由仲春负责，那天正巧仲春告假，临时找一木工师傅代劳，真乃天数，王金璐的大劫果然在那一刻到来了。那一老兄心里紧张，竟提前按了电钮，王金璐来不及做出下跳动作便从好几米的高处生生地摔将下来，他整个身子在一个一米见方的空穴中垂直掉下，腰是弯的，身是曲的，没处援手，无从借力，这一摔，摔得实实的。正巧机关布景翻板之际又有一根木棍猛击过来，把嘴打得肿起好高一块，但他硬是挺起了腰忍痛到后台勾脸去了，后面北侠欧阳春的戏还在等着他呢！

受伤之初，伤势虽重，尚可勉强支撑，由于戏票全部售出，歇病假是断然不许的。当地治伤全是表面文章，哪儿痛即在哪儿敷药，内伤却用外揉，牛头不对马嘴，眼巴巴看着丈夫伤势在恶化，李墨璎心急如焚。丈夫如此耽搁时光，岂不坐失疗伤的最佳时机，到了这步田地，他怎么还拂不开面？

伤后的王金璐嘴肿成猪八戒模样，怎能俊扮白玉堂？他建议改演老戏，可行情飙升的《七侠五义》票早告罄，眼下哪有退路呀！好在史美强身材个头相似，便由他暂当替身。王金璐提出戏院门口竖块牌子写明代演人的真名实姓，院方不干，生怕撤下王金璐名字慕名而来的观众非闹退票不可，谁都知道这样冒名顶替无异于在砸王金璐的牌子，可一切努力全是白费。他在台下看戏，听到很多人的不满议论："王金璐不怎么样呀！就这两下子，哪来这么大名气？"他有苦难言，有关方面为了满足营利指标，白白地把王金璐的名誉往里垫，当时根本不存在什么"侵权"之说。换演"二本"了，史美强顶不下来，逼得王金璐只能再次上台拼命，于是又有议论纷起：

"台上换人了，换上的那个比王金璐这小子强多了。"他愈是卖力演，无形中愈是给"王金璐"脸上抹黑，他好不心酸！

拖着每况愈下的伤躯，他一路风尘仆仆，跋涉于山西、内蒙古、宁夏、甘肃，行程数千里，每到一处，重伤之身还在挑滑车，仍演白玉堂，令人不忍卒睹。时近1959年大庆，全国各地都忙于推出献礼新剧，他意识到《七侠五义》财源滚滚的当口，排演耗时费钱的新戏有多么不合事宜，便退而求其次，把多出折子戏串缀成全本《劫皇纲》，多少尽上了一份国庆献礼的心意。

《劫皇纲》一戏由隋炀帝下扬州起到劫皇纲和贾家楼，几乎包括了全部《响马传》，后又接上《激秦》《刺甲》《九战魏文通》的《麒麟阁》，戏幅之大远非《响马传》可比。戏中"出潼关"和"三挡九战"诸场，昆腔加走边，载歌载舞，极其吃功，其含金量也显然比《响马传》有过之而无不及。《麒麟阁》全见硬功夫，一是一，二是二，走不得边锋，来不得虚招，台下人哪里知晓，王金璐上得台去，下得台来，已离不开人的搀扶了。巡演途中几个月的折腾盼不到苦尽甘来，王金璐1960年初回到西安，春节公演照旧不免，偌大一出《劫皇纲》，4个小时的戏幅竟由一名重伤员顶全场，遗憾的是，奇迹出现的代价是一代大武生的伤残。他趴在桌上已动弹不得，再也不能披挂上阵了！

伤病一误半年，如今反正"废"了，才换得自由之身。1960年3月，王金璐带着怅然与不甘，黯然身退，退出了20年来借以寄托几

1982年，《劫皇纲》，王金璐饰秦琼

乎全部身心的舞台，默默地离开了西安。沧桑变幻，在于俄顷，幸运与不幸，有时只是一步之遥，他这一"废"，前程戛然而止，好不艰辛扬起的艺术风帆突然断了桅杆，王金璐从此陷入了艰难而绝望的痛苦人生。

二

王金璐回到了北京，住在西四大糖房胡同岳母家中。北京户口的珍贵全国第一，王金璐住进自家的房子却落不上户口，东奔西走，为户口跑了一年不止，依然是泥牛入海无消息。西安方面工资照寄，生活尚可维持，只是工作调动一字不提，看他已是废人，谁又愿去烧这一爿冷灶？王金璐既没工作，又没户口，成了双料"黑人"。

马连良、吴晓铃、侯宝林等各方师友纷纷伸出援手，约请各路名医为他诊疗，甚至组织起名医会诊。吴先生找到一位曾为中央领导治过病的大夫，但连这位高手也爱莫能助，可见治愈之无望。他直言不讳地告诉吴先生，说王金璐今后演戏是绝无可能了，不妨改行教戏。X光片诊断结果为脊椎骨粘连肿大，人体骨骼的支柱受了重创，而且大大变了形；又有诊断说是腰背韧带大面积撕裂，怪不得大夫也高挂免战牌，王金璐伤残致废看来已是铁定。

最后还是由这位大夫当面把他的疑团捅破："武戏演这么多年，怪累的，以后伤好了就别演了，教学生吧，还能多留传。"大夫一言方罢，"轰"的一声，似是耳畔炸响一个闷雷，王金璐一下呆住了，他的心犹如系着一块重铁，一下坠入冰凉的海底，他的脸色骤然间苍白得可怕，"以后还能演戏吗？"他鼓起心底仅有的一丝勇气。"武戏？"大夫带着明白无误的遗憾神色摇了摇头。重击之下，因绝望而生的心灵之痛比之腰背更为强烈，几个月来始终摇曳在王金璐心头的那一点希望之火熄灭了。

在王金璐舞台生涯腰斩的紧要关头，李墨璎以极大的克制和莫大的温情安慰着夫君悲观到了极点的心绪。她对丈夫一再说："解放了，教戏也不低人一头。"金璐心内烦躁，怎么妻子的话同大夫和吴先生同出一辙，看来真的没治了。

天空变得无比灰暗，犹如他心中不散的阴霾，生活失去了全部意义，今后的出路又在哪里？王金璐陷入了绝望的沉思。惨淡的人生必须直接面对，从此日复一日，年复一年。他背人之时，思及痛处，掩面神伤，不能自已。家人见他满腔悲苦，泄发无从，其境可怜，但此时此刻任何安慰全是徒劳的。

三

20世纪五六十年代之交，京剧发展正处于第三次繁荣期。王金璐本有他自由驰骋的广阔天地，创作精力正处旺盛之年，四十上下的年纪尤为腾飞的大好时光，高盛麟、厉慧良、李少春、张云溪等皆在此时"飞黄腾达"；梁慧超、张世麟、李仲林、尚长春、姜铁麟、袁金凯、李元春等先后功成名就，钱浩梁、俞大陆等一批新锐也在近年横空出世，王金璐此时凄然身退，无异于天时尽矣！

王金璐在京养伤的头两年，首都舞台掀起一阵武戏高潮，顶尖名家纷纷登台，各展演炙手可热的拿手戏。李少春在春节、元旦联欢会上演的不是《智激美猴王》就是《恶虎村》。1961年盖叫天赴京传艺，李少春、张云溪特向盖老投帖拜师。盖老在京先后露演《一箭仇》《郑州庙》《打店》等名戏，引来一股热潮。

盖老刚走，厉慧良率天津市京剧团接下这个"热坑儿"，厉慧良上演的《艳阳楼》《长坂坡·汉津口》《嫁妹》《野猪林》全是他的得意剧目。北京不少行家撰文评点，皆有褒有贬，但总体评价相同，大多称其功底扎实，善于运用复杂的表演技巧，尤以戏中重技而赢得大量座客。当前大武生的营垒之中，孙毓堃告老，杨盛春早逝，傅德威从教，偏偏王金璐又伤重隐退，大武生原先高、王、厉鼎足之势已然演化为高与厉的南北对峙。

继厉慧良之后，高盛麟轻装简从北上京师，北京人太惦记盛麟了，只因他中华人民共和国成立后几乎不曾在首都登过台。高连演名戏《铁笼山》《长坂坡》《连环套》《落马湖》《挑滑车》《走麦城》《一箭仇》……人缘奇佳。王、高二人足有二十多年同门之谊，王金璐虽伤躯不便，挣扎着也得去戏园子为师哥捧场。是日台上演的是《一箭仇》，盛麟气魄功架益发的大气了，"水擒"时摔的蹾子游刃有余，气力全然花在刀刃上，盛麟已臻大业守成之境，为师哥高兴的同时，王金璐心中的悲苦，谁又解得其中味？

　　壮志未酬身先残，王金璐于心不甘哪！他想到前辈武生名师李兰亭因伤辍艺被迫执教，不也是正四十吗？心头不由蓦地一惊……一种凄凉的气氛日日夜夜在四周氤氲着，苍天实在太残忍了。王金璐并非心如止水，波澜不惊，他内心深处还不是槁木死灰，哀莫大于心不死呀！

第二节　师徒缘

一

　　心头坚冰终日不化，彻骨寒流驱之不去，人生最脆弱的时刻莫过于缠绵病榻不见希望了。

　　李墨璎的心都碎了，她不能流露出哪怕是一丝一毫的悲哀，每日每夜时时在用话语和笑容宽慰丈夫，以一种患难夫妻的特殊温馨一点一滴地融化"苦人儿"心中那厚厚的坚冰，鼓励他振作起来迎接命运的再一次挑战："你从小是苦孩子，什么苦没吃过？你在台上演的又是那么多英雄好汉，英勇厮杀，入死出生，怎么轮到自己就不行了！"这一"将"激得太好了，隐隐间，王金璐耳旁响起了一句熟悉的台词："迎上前去！"

　　王金璐是不幸的，但也是幸福的，在这非常时期，他的身后有一根强大的精神支柱在牢牢地支撑着他；有一位坚强的女性无时无刻不在呵护着他；有一颗同步跳动的心脏在温暖着他。生命的美丽就在于人们对凡尘种种失望之余又一次次收拾起破碎的心情坦然地面对未来。暖窖可栖落难人，家有贤妻胜过良田万顷，"天塌一角有女娲，心缺一角有谁补？"李墨璎，就是王金璐心中的女娲。

渐渐地，王金璐心境平和下来了，老老实实地接受了治疗。他穿上人称"强直"的钢化背心，身前有一大月牙撑住脖围，挂下两根铁条与腰际铁环相连，那是百分之百的硬家伙，简直就是扎上了"钢靠"，愣把下塌的腰向上扳直，光这一"披挂"就够受！依照大夫医嘱，他必须接受蒸汽疗法、气功疗法和从没听说过的其他疗法，不折不扣地执行大夫疗与养结合医治的方案。他记住了大夫嘱咐过的一句话："得有主观能动性。"于是在病床上轻微活动了一些日子后，便扎着"钢靠"拄起拐杖下床，身边虽有人搀扶，稍一活动，还是难逃那钻骨扎心的痛，顿时豆大的汗珠从额头沁出，一颗一颗掉在脚背上，落在地板上……

四肢慢慢地活动开了，按大夫嘱咐他又练上太极拳。半条命的人，还练什么拳？他咬定青山不放松，"我要上台"，此想兀自未泯，多大折磨挡不住他的拼死一搏，一套普通的太极拳，不下一堂重刑，他累了稍歇，歇了再练，腰背一用力不当，痛得把牙咬得咯咯响，一边口喘大气，一边汗流如注，令人不忍卒睹，夫人一侧眼泪直往肚里咽，这同炼狱何异？一套拳每天至少打上七八遍，练不几下已是遍体尽湿，是辛勤的汗水还是绞痛的汗水，唯有自知。陷入困境之人，与其大声呼救于人，不如励志自救，哪怕再大的痛楚，也要挨苦坚持着物理治疗的折磨，经历过这番"洗礼"，或许有朝一日会有所转圜，不然真到彻底残废之时，又有谁会一掬同情之泪？

在"扎靠"的日子里，没想到王连平先生上门来访，这可是一位好佬，与丁永利老师有同门之谊，富连成社的中后期，王连平身任总教习，且一直是中国戏校手握排演大权的实力派人物，今日怎会屈尊到后辈家里探起病来？王老先生深知金璐之才，自忖花甲已过，该找位得力助手帮衬一把了，然而见他伤成这等模样，成天"钢靠"不离身，俯身捡物也不能，只好败兴而归。没想到真有上门"觅宝"的主儿，要是……顷刻之间，一种苍凉感涌上心头。

居家闲得慌，他一门心思教起戏来。两年前他巡演路过北京，被周和桐拉往北京京剧团的练功之所长安戏院，在场的黄元庆、谭元寿等一齐展开"围攻"，异口同声地说服他收下杨少春。原来盛春先生年前去世，团里把戏校尚未毕业、年仅十七八的杨少春提前结业顶了父亲之位，周围不少人皆从爱护出发，七嘴八舌齐指点，一时使孩子无所适从。周和桐心里着急："这孩子被人支糊涂了。"他曾答应过杨少春给他找一位好师父，王金璐恰在这一节骨眼上露面，自然来得就去不得也。结果还是和桐说得有理："你给说了，人家知道孩子有人管了，别人就不再说了。"稀里糊涂之中，他还是揽下了这门活儿。如今的杨少春却是得天独厚了，他心中敬佩的王先生竟在家对他一对一地面授，遗憾的是老师这回全凭口授，无法示范了。生性敦厚的杨少春十分懂事，他太理解老师心里的一片苦衷，故不敢有半点懈怠，这一时期倒也学下了不少戏。

远在三千里外的郭仲春怎么也不敢相信师父已近伤残，急切切赶来北京探望，刚一进门，见师父被钢架子套得牢牢锁得紧紧，如同机器人一般，不由得傻了！又见师父抬脚竟跨不过门槛，他难过得哭了起来……作为师父，王金璐此刻反倒劝慰起弟子来了，他不得不竭力支撑着自己的从容。郭仲春、杨少春心里明白，老师要"还阳重生"，生路已断，只有寄望于奇迹了！

二

当此穷凄极楚之中，马连良先生把徒弟召唤到了自己身边，心中不忍："你是我从小收的徒弟，我不能不管。"良言一句三冬暖，听到这句烫人心肺的亲切话语，王金璐哽咽难言。知徒莫若师，他知金璐难以割舍心中的事业，何不让他协助整理自己的马派表演艺术？也不失为既能解闷又能研戏的一大良策。时值国家经济困难年代，师父担心徒弟营养跟不上，便常带他去东来顺、西来顺和鸿宾楼等清真饭馆为他进补，未隔多久，王金璐也成了这三家著名馆子的常客。马先生不止一次地对人说过："金璐这徒弟我特别喜欢。"真多亏了师父的心灵修补术，王金璐渐而积聚起一股潜在的精神内张力，虽赴颓势，沉而不沦。未几，得北京市文化局副局长张梦庚先生赐助，一直拖着得不到解决的户口难题迎刃而解，"废"而不"黑"，总算疏导了胸中的几许哀伤。

1963年，王、李伉俪与马连良（前左）、吴晓铃（前右）二位老师合影

整理马连良表演艺术是彭真市长下达的指示，因北京京剧团抽不出人力，故马先生特从团外请来吴晓铃、王金璐和李墨璎。吴晓铃先生20世纪50年代极受马师敬重，马先生一切文字辞令皆出他之手，整理文字的把关自非吴先生莫属；金璐熟悉马派戏，可从表演上多出主意，马师总拉着他看戏谈戏，这名徒儿的道行，做师父的太清楚不过了；墨璎分工文字整理，兼为马师办事，3人各有分工。

每当马先生上戏，必留3张票，完戏后随马师到家一起研戏琢磨加修改，堂堂马连良何等身价，对徒弟、徒媳尊重到计无不从的地步，堪称少见。

"大跃进"的年月人人都得自食其力，梅兰芳夫人和马连良夫人报名去了缝纫组，不然就得参加街道劳动。又是马先生挺身而出："李墨璎是我的秘书。"从而解了徒媳的围。墨璎几乎天天必到，尽量为马师协理一些艺事公务，代丈夫略尽孝心。花甲之年的马师创作精力何其旺盛，《赵氏孤儿》《官渡之战》《海瑞罢官》《状元媒》《秦香莲》《青霞丹雪》《赤壁之战》等新作连连。夫妻二人几乎参加了马先生全部新戏的记录与整理，当然，也包括本子改编和表演设计的全过程。从痛苦中尝到了几分愉悦，王金璐已不是一味地总在咀嚼心灵深处的苦涩了。

马先生与裘盛戎新排《战北原》，墨璎在一边作场记，金璐在旁琢磨戏。裘有一过场戏，上下场各两句，马、王二人都嫌单调，如能唱一段【快板】有多好。墨璎当场问盛戎："您唱哪一辙口？"戏刚排完，按盛戎要的辙口【快板】已由墨璎即时编妥，裘盛戎一念，辙韵合宜，且有长短句，正得发挥，于是冲着墨璎连声叫好。

北京京剧团编导不愿写武戏，墨璎就给杨少春编了一出《哪吒闹海》，这一时期王金璐为徒弟说戏的总数已达四十余出，包括《长坂坡》《恶虎村》《战马超》《安天会》《挑滑车》《蜈蚣岭》《吕布与貂蝉》等戏。

何其芳先生曾发表多篇《不怕鬼的故事》，毛主席十分欣赏，马先生表示要紧跟形势，也想唱一出不怕鬼的戏。于是由墨璎搭本子框架，再由吴先生和老舍作最后润色，等墨璎本子框架完工，同时她把接唱词、身段的地方全已留妥，戏名定为《阮瞻闹殿》，这一来，连老舍先生都知道了这位隐而不露的剧坛女才子。

应马先生之请，北京市副市长、著名史学家吴晗写了《海瑞罢官》一戏，其他的文字工作自然落在了吴晓铃和李墨璎身上。马先生心目中的海瑞神气安详，行动稳重，沉着而干练，故在行头上作了突破。如在微服察访路上那件纯素藏蓝色的帔，长仅过膝，特色独具，头上素绸风帽加一纱圈，漂亮至极，既显出这位正二品应天府巡按大人的简朴，又合微服身份，其间全有王金璐参与设计的功劳。

王金璐常侍师侧，耳濡目染，受益多多，20世纪60年代看马师的戏，领悟力大非昔日可比。自己是马门弟子，工武生虽说隔了一层，但是否也可以汲取一些师父的技法呢？马师髯口太洒脱了，是否可以化入《虮蜡庙》？马派官衣、台步太漂亮了，是否可以移入《战宛城》？马师脸上的妆看着舒服，细心揣摩之下，原来是用手指蘸上一点黑胭脂均匀地抹在眼窝……他的心思渐为马派艺术所占领，他的心境也日益得以平和。王金璐悟及后半生并非已是铁注定，联想起《锁麟囊》中一句唱词："收余恨，免娇嗔，且自新，改性情，休恋逝水，苦海回身，早悟兰因。"倒觉有些醒世意味。

截至1947年，马派入室弟子不过李万春、李慕良、朱耀良、王和霖、王金璐、言少朋六人。私淑者虽多，却无一人真得马氏神采，人称马派艺术及身而止，此言不假。20世纪50年代马师广开山门收过不少门人学生，奇怪的是，始终有不少人并不把王金璐看成马先生弟子，他也从来不往心里去，其实马师心目中最赏识的和最器重的或许就是这名徒弟了。

吴晓铃先生可称王金璐踏进文化学术圈的领路人，首都著名学者张遵骝、周殿福、郝德元等人均由吴先生引见相识。张先生是中国社会科学院历史研究所研究员，曾与范文澜先生合编过《中国近代史》，他是戏迷中的精灵，迷到了开口满嘴戏词的程度，他对历史真实与戏曲情节间的差异了如指掌，其对清廷名伶诸多典故结合舞台表演之精粗对照，颇使王金璐心折。周先生是中国社会科学院语言研究所研究员，以研究艺术发音著称，连电台播音员也常去找他，言慧珠、杜近芳等名家上门讨教者不少，平日里金璐夫妇上门频频，从不空手而回。

郝德元乃郝寿臣先生哲嗣，辅仁大学著名教育学专家。王金璐与退出舞台二十余年的郝寿臣相叙甚欢，曾对老头提起平生一大遗憾："我只没同您演过《连环套》。"老先生听罢显得十分兴奋，连声说道："不要紧的，你可以问，我给你说。"郝氏门生周和桐居间"敲边"："我师父不是你这一行的，干脆就收下做干儿子吧！"那天侯宝林也在场，赶紧凑趣上前："我也要学，相声和戏曲有关。"郝老哈哈大笑："好，好，我就收你们两个不是花脸行的干儿子。"王、侯二人就此在郝家认了干亲。说起侯宝林这位相声高手，早在十多年前与金璐已是惺惺相惜，二人私下里切磋频繁，王金璐称侯宝林"待人以义"，赞其"语言洗练，堪称楷模"。他重伤返京之日也曾把侯宝林急得乱转，二人间笃诚的友谊随年事渐长有增无已。后来郝老真的为金璐说开了戏，说的全是杨小楼，当年杨、郝同台蜚声梨园。老先生太熟悉杨宗师了，他有这个发言权。没想到郝府竟成了王金璐又一处学艺之所。

1981年，王金璐与著名相声大师侯宝林先生（左）共游长城

经吴先生介绍，金璐两口子有幸结识老舍、胡絜青夫妇，老舍先生是王、李二人极为尊敬的一位师长，彼此谈来投机，话题多半也是戏。金璐称赞老舍是"北京人理想中的长者形象，读其书，慕其人，接触谈吐平和，合理风趣，寓言深刻，但觉愿意接近，毫无高不可攀之感，是真有学问之人"。在张遵骝先生家王金璐得遇复旦大学著名历史学家谭其骧教授，在周先生的语言所又结交上罗常培先生……以吴先生为"核"，雪球愈滚愈大，很快王金璐就置身于一张文人学者的网络之中，他以饱学之士为友，艺事人生皆得高人指点迷津，心胸大为开阔，凡事尽往大处着眼，且在艺术性的学术氛围中连熏带染，境界渐变，不自觉间潜质品位皆在提升之中。

三

20世纪60年代初京剧界推崇交流拜师，高盛麟和张君秋因各自率领演出小组在北京、武汉两地作交流演出，故武汉出人拜君秋，北京出人拜盛麟。高盛麟见过杨少春的高宠，颇生好感，提出愿收杨为徒，北京京剧团领导不知杨少春在王金璐那里早已是实质上的师徒，只是尚无名分而已，仓促间的一口答应，不料闹起了一场风波。性子倔强的杨少春坚决不拜，他态度十分明朗，既已在王老师处学戏，又怎能转拜他人？团里这才明白，于是赶紧找王金璐本人商议。既然找到自己头上，王金璐又能说什么呢？他发表了一个谦让到了家的态："好，我们是师兄弟，谁收都一样。"看来他又要做无名英雄了。团里议论纷纷，许多同行认为人家身带重伤，咬牙教了这么多戏，到了名正言顺该出头露面了却要换人，这算什么事？但王金璐还是决定割爱，人家是"富连成"一脉，自有一番亲缘，今日之事当后撤为宜，以免方方面面生出不快。

解铃还须系铃人，北京京剧团还是请出他来当面"开导"杨少春，哪知这孩子认定死理就是不从，王金璐没辙，"别再说了，我已同意了！"等于下了死命令，难得这孩子如此重义，他心中默领，嘴里只能说出近乎绝情的话来。杨少春实话实说："我不能拜高先生，我已收到匿名信，说我没良心，团里也有人当面说我。""我拜了高先生，他唱完戏走了，我往哪儿学去？"王金璐一听，立即给他服定心丸："他走了，我也教你，还不行吗？"杨少春不忍埋没了至今上着钢套的老师，任凭怎么说，就是一百个不从，孩子心头只认定患难中以全部身心传艺给自己的王老师一人。

事态闹大了，终于惊动了团长马连良。马先生先同金璐通气："你冲我，让少春拜了盛麟，然后再拜咱们，拜盛麟由公家出钱，我们这档子事我出钱。"金璐见师父发急了，便再次出面劝说学生，杨少春起先绷着脸，直听到最终也能拜上王老师，绷紧的脸才松弛下来，这孩子心仪王先生如此赤诚，乃众人所始料不及。

不久盛麟返回武汉，马先生同团里行政领导协商一致，很快把拜师的事定了下来。此时王金璐反生顾虑，建议不需再搞仪式，马先生和团领导却执意不让。拜师挑上一个黄道吉日，仪式安排在北京市工人俱乐部大厅，场面确实不小。谭富英拉着王金璐的手一再致歉："他们（指团里人）不知道（少春已向金璐学戏），我也忽略了，对不住呀！今天一定要磕头！"20世纪60年代已不兴磕头礼，王金璐表示只能接受鞠躬礼，谭先生坚持不让："今天有什么事我都担待了，非磕不可！"于是强拉他坐在前排正中，让杨少春上前恭恭敬敬地行了磕头大礼。

拜师场面上名家如云，老舍、阿甲、焦菊隐等都来捧场，马连良、谭富英等北京京剧团要人悉数出席。全体合影之时，李万春、叶盛章等大腕级角儿都在后排站立，王金璐已好久没有这样风光了。老舍一旁打趣："别尽管着高登，还有边上四个好汉呢！"可见场面上全在围着王金璐一人转。阿甲、焦菊隐都发了言，大夸金璐，又大勉少春：拜得名师莫等闲，苦学真经勤为先。王金璐收徒仪式上一阵子痛快，多少消了几分胸中块垒，有弟子如斯，足慰人师之心矣，他好久没有这样舒心过了。

杨少春并不以其显赫的梨园门第为荣，他只认情分，师父就是师父。说起杨少春的梨园血缘大有来头，其父杨盛春与谭鑫培孙谭富英乃郎舅关系，少春乃杨隆寿曾孙，而杨小楼既是谭鑫培义子，又在杨隆寿主持的小荣椿社坐科，其父杨月楼且是杨隆寿的盟兄，由此可见，几家梨园大族间有着剪不断的盘根错节的网络联系。杨小楼受业于杨隆寿，杨隆寿后裔又皈依杨小楼一派，两杨之间岂非一段奇缘佳话，谁曾料想，王金璐成了其间的桥梁。

四

王金璐被"钢靠"锁身，一锁3年，卸"靠"之后又换上一条虎口宽的钢化腰带，它是用弹性钢条并联成的一条阔带状的腰托，他的腰是重灾区，"强直"手段依然不可少。此时大夫提出最好再有按摩医生共同治疗，效果可能更佳，老舍先生知道后，特地介绍一位经常给他作推拿按摩的刘世森大夫，每隔一天进行一次按摩，再配合各种自身锻炼和医药治疗，于是疗伤的好苗头逐渐出现，太极拳活动量也与日俱增，他练上了"云手"转开了腰；练上了"海底针"垂下了腰；又养起了花，来回搬盆练上了腰；他还养了8只猫，小摆小弄总不让自己闲着。人是在希望中生活的，太极拳成了还阳拳，它给了王金璐以希望，渐渐地，腰开始听话了。心里有了希望，眼里见到曙光，他坚信不久的将来自己一定能挺起坚毅的脊梁。

钢带一围又是一个3年，摘下钢丝腰围的王金璐买了一张通用月票，上午去，下午归，香山每天打来回。把功捡起来，先从脚下练，他一遛就是两年光景，渐渐地能小跑步了。有一阵子他穷练一通自行车，车不动而脚猛蹬，又练什么藏族前扑大拜礼，练腿又练腰……

半条命的身子，寒暑交替不惮苦辛地练到今日这番田地，真正的天可怜见，不屈的梨园魂！

王金璐正在创造着奇迹，在夫人的协同下，重又启动了两口子天天说戏、天天磨戏的生活模式。

第三节　擎天柱一根

一

1966年6月4日，马先生听到周信芳连同《海瑞上疏》一起被点名批判的消息，顿时急火攻心，失了嗓音，连连暗呼："完啦！完啦！"次日，他所在的北京市京剧二团团部中和戏院出现了有关他的大字报，从此他被剥夺了上台的权利，团长待遇全部取消，家门口堆起了里三层外三层的大字报墙。金璐夫妇前去探望，马先生模样已然大变，两眼垂泪，面如土色，金璐鼻子一酸，两颗泪珠差些滚落下来。为抚慰师父一颗受创的心，夫妻俩请老人吃螃蟹，不想马师含泪道出心声："你们两口子的心我都知道了，你们尽跟我受罪了，好日子没跟我……"马先生此言大不吉利，墨璎赶紧把话头打断。马先生受此重击，不久便倒下了。

二

一月不见，恍同隔世，马师竟似老了十多岁，眼前完全是一个步履维艰、颤颤巍巍、弯腰弓背、佝偻着身子、离不开拐杖的老人了。他的住在中和戏院观众席的东北墙角，是临时用景片搭成的一间简陋小屋，屋里仅有一张破旧的小桌及一只小木凳，此外就只有一些破脸盆、毛巾、牙刷之类的简易生活用品了。如有人打从这里走过，马先生总是忙着摆手让人急避，唯恐株连他人，就属李墨璎吃了熊心豹胆，人们正忙不迭地同马先生划清界限，她反倒迎上前去……

天天受羞辱啃啮的马先生，被严禁外出治疗，已埋下了心脏病猝发的危险苗子,死神正在慢慢走近。王金璐来看望马师,此时师徒相见,纵有千言万语,只是"鹦鹉前头不敢言"了,他们仅是默默对望彼此心会而已。马师那满腹奇冤尽在不言中的无奈和绝望,那凄然若丧、万念俱灰的神情,李墨璎见了心头发颤。记得她曾陪马师去过阜外医院,心脏检查一切正常,大夫还说马先生心脏跟年轻人差不多。还用说吗?老人纯粹是被人往死里整而整成这样的,夫妻俩从师父眼神中看出了征兆,老人已在静等大限的到来。

人心的变迁可叹复可悲,变得叫人看不透。冲锋陷阵的、划清界限的、"大义灭亲"的、翻脸不认的,这种种脸谱见得实在太多,原来人心中竟还有这么多的阴暗面。

王金璐在红卫兵眼里是"病猫"而非"老虎",故没被多加冲击,倒是他的夫人遭了殃。"文化大革命"伊始,因《阮瞻闹殿》事发,红卫兵对剧本穷追不休,在李墨璎处抄出有老舍先生批改过的本子,她因之成了涉案人。炮轰马先生,几乎也把李墨璎一起轰在炮火里,凡与马先生有涉的调查,大多冲她找突破口,每番问话,形同审讯:"他说过反动话没有?"李墨璎总以不变应万变:"反正我没听说过。"夫人李墨璎每逢大事有静气,这份坦然,这份镇定,让做丈夫的王金璐也开了眼界。

李墨璎既是马连良的秘书,在那极"左"的年代里,自可大胆怀疑,令人不解的是,何以马先生绝多"案情"竟然一股脑儿地推给了她?于是李墨璎挨斗自然成为不可避免。她很荣幸,连

中年李墨璎

街道也为她开过几次小型学习班和批判会，勒令她揭发马连良、吴晓铃和王金璐的罪行。"都往我身上推，我是一个家庭妇女，怕什么？"她明白，一旦实事求是澄清自己，势必会把火烧到别人头上，与其伤及多家，不如烧我一人。她也明白，自己为马先生整理保管的一大堆照片资料，那全是马派艺术的历史见证，可又是顶抗"文化大革命"的"反动罪证"。劫难当头，风险再大，李墨璎心甘情愿地当上冤大头，即使一些与己全然无干的事也揽在自己头上，不为别的，无非是为报师恩。她把一切看得很透，完全是一副沉毅于内而淡然于外的神态，她什么都想过了，哪怕是意外……

"文化大革命"中被打骂是家常便饭，死人亦司空见惯，根本没什么大不了的。幼女天慧正读66届高中，见多了，反没有这份心惊肉跳，她上学前常会撂下一句话："要是被他们打死，那没办法，我们可不能自己死啊！"她是在为母亲打气。李墨璎的镇定自若，达到了泰山崩于前而不改颜色的程度，一位普通女性，以其柔弱的肩膀扛起了一般男性所难以承担的政治重压，此时的李墨璎无疑成了马先生冤案知情人与株连人中的一根擎天柱。

马师病重，送入医院没几天，心脏病急性猝发，老人终于闭上了双眼，怀着悲愤、怀着奇冤、怀着对人生人世的眷恋，恨恨地、默默地走了，没有仪式，没有鲜花，没有哀乐，他走得太寂寞了。阜外医院太平间，举目萧条，四周死一般的冷寂，金璐、墨璎守护在遗体一侧，悲从中来，若不是在特殊时期，恩师仙逝必然哀荣备至，别说沾亲带故，也许根本扯不上什么关系的"亲朋故人""生前友好"也会从四面八方涌来，流泪、默哀、痛悼、鞠躬、跪拜……还准有一份由铺天盖地的赞美词堆砌而成的悼词，哪会是今天只有寥寥六七人最后送行的凄惨之状。

马师逝后，按回民习俗土葬未准，只能把遗体匆匆火化，老人亡故后没过几天，骨灰允准可以移放八宝山公墓了。送葬那天，北京西郊漫天罡风冷彻骨髓，是日送葬者仅马崇仁、马小曼、马崇恩、马连贵和金璐夫妇等几人，王、李两口子和小曼坐在灵车里守着玻璃罩里的遗体，瑟缩一路的夫妻俩到了八宝山公墓，竟冻僵了身子下不来车。公墓周围是一片片瑟瑟于寒风中的枯草，它将与马师从此长相伴，一切都灰飞烟灭了，只留下马先生的英魂在泉下作着悲叹千古的天问。一阵寒风吹过，惊醒了王金璐的浮想，该回去了，他拖着沉重的步伐走出公墓，频频回首中，满怀深情地对马师的安息处留下了一道长长的目光，"我们还会来的"，他不由得潸然泪下了。

三

一连三年，几近家徒四壁，全靠着子女微薄的薪水在一起苦苦地支撑。1974年"深挖洞"渐渐淡化，生机出现了，带来生机的还是他身边的"女娲娘娘"李墨璎，她又要"补天"了。

李墨璎早时学过一手仕女画，此时经一位龙先生提议，介绍她到特种工艺品厂当一名画工，也好挣些辛苦钱。这位龙先生原是北京一户少掌柜，嗜戏如命，也曾拜上李洪春，后被逐出家门，就此落魄在剧界，常在后台混日子。不知龙先生何以认识该厂子，且在那里找上了一项差使，专为人在特种纸上作画，然后把画纸做成各种纸灯笼，他教会李墨璎的正是这一手。

李墨缨此时虽52，灵性依然，她更有一股令丈夫佩服得五体投地的韧劲，果然李墨璎以最快速度掌握了画的诀窍，于是乎，人往桌前一坐，手臂成了转轴……在她的笔下，纸画成品犹同雪片一般，她很快变成了一名技艺高超的作画机械手。常见她端坐正中运笔如飞，面前堆起一大摞画纸，她画完一张，丈夫一旁抽走一张，一张张全铺在地板上晾干，家里简直成了作坊。画得顺当，一天能拿下四五百张，最熟练时，一个月居然能卖上二三百元。时间就是金钱，"只争朝夕"地作画，李墨璎在几近残酷的"苦役"面前，凭的也是"心里咬牙"。

后来又有了一份新活儿，即加工一种称为"缎子包"的出口工艺品，层次高了不少，得在缎子、绢子上画花卉、凤凰、蝴蝶等各类图案。李墨璎两头活儿都不放，两份差使一起干，天天"双出"，日夜两场，且唱的全是四个小时的大戏。王金璐心疼夫人，儿女们心疼母亲，可谁也替她不了，李墨璎真成了王家救苦救难的观世音菩萨。

王金璐挂起"二牌"，"二线"活儿由他全承包。他天天给夫人当"下手"，当然厨房的活儿也非他莫属，他已能蹬车了，取活送货是他分内之事，大捆的纸绑在自行车上，蹬起来沉甸甸的，练腰且练腿，何乐而不为。"功"不断地在回归，走进大糖房胡同，他跑着圆场进院子；切菜做饭，前腿弓而后腿绷，拉开了弓箭步……一切全隐而不露，一切全处于"地下"，那一份面壁修行的虔诚，又岂为他人知？

"世道总不会这样下去，咱们还得好好活下去。"李墨璎就从早到晚劳作不息，从不叫一声苦，日子再难从没抱怨过一声，更没在丈夫面前掉过一滴泪。也真难为她，三十余年的婚后人生，她献给王金璐青春之贵、和美之爱、治家之贤、相夫之才，奉献得太多太多，以致没有李墨璎，很难想象王金璐如何度日，如何奋发，如何闯过三险六难一十八灾。李墨璎像一叶载满温馨的小船，永远停泊在王金璐心中的港湾；李墨璎又如一棵参天大树，永远是王金璐的心灵支柱。

第四节　大器晚成悟

一

倒行逆施的"文化大革命"进入第九个年头，"山后练鞭"一日不息的王金璐心里总难释然，样板戏一花独放，传统戏已是寸草不生，有江青在，就没有他头上的青天。想起前些日子上海京剧院重排《智取威虎山》，有人建议请他出山执排，当时江青把持的文化部立即给予否决，说："王金璐是'黑人'，不能重用。"不久，中国京剧院将某些老戏录了像，其中有李和曾的《斩黄袍》，事先也有人建议请王金璐饰高怀德一角，这是他的一绝，当时文化战线的要人也当即否决："王金璐是编外人员，不能用。"当权者把他的舞台活路一一堵死，还有什么指望呢？

那些日子里，渺茫的荒芜中，李墨璎心中一直燃着一团火，顽强地支撑起一个不变的信念："多行不义必自毙。"不信这伙野心家能建立他们的千秋功业，难道太阳从此不东升？听一听白素贞对法海的抗争："老禅师纵有那青龙禅杖，敌不过宇宙间情理昭彰。"不也是古今同理，人同此心吗？人类良知，天地共存，人心不可欺，天理昭彰总有日。对于妻子坚定不移的信念，王金璐由大惑不解到半信半疑，她何以说得如此肯定？

紧箍咒慢慢地松开了，军宣队换了一位领导，他开口便称王金璐"老王"，一见面即同他聊上了，王金璐不久还被请去当起校外文艺辅导员，且受了表扬。妻子当画工的日子，生活滑坡得以刹车，心里减了重压，生活走出谷底，王金璐出门交往变得逐渐频繁起来。

自马先生故后，马宅被封，马师娘由梅兰芳夫人邀入梅家同住，身为弟子的王金璐遂成梅府常客。就在梅府他结识上了著名戏曲家及杨派艺术研究家朱家溍先生。某日，他同侯宝林一起走出梅家，侯宝林出门便关照："兄弟，我'落实'了，以后别找他人，有事找我！"（侯宝林所说的"落实"就是指"落实政策"，即解除被批斗状态。）侯宝林不时送钱送肉送面，遇上饭局也常找金璐，于是行内传开一条新闻：王金璐要改行说相声了。

王金璐与吴晓铃先生的交往由"地下"走向公开，见王金璐的大糖房家庭作坊十分红火，便打趣说："世上梵·高的画最值钱，王金璐的画最便宜。"但他打从心底里佩服，王金璐的夫人确称得上是一位平凡中见不平凡的女中豪杰。

苦中作乐穷开心，王金璐常有小型聚会。吴素秋、姜铁麟、何盛清、李庆山等一班行内友人和老舍夫人胡絜青都是小聚的"常委"，平时一周少不了有两回，串串门，解解闷，一人带上一菜，多少也算是聚餐。人与人之间需要精神上的相互慰藉，在他人需要的时候，即使一缕光、一分热，也能焕发出人生美好的一面，也能照亮一个希望，温暖一个心灵。

李金声等一批同行闲居在家，想学上几手样板戏去外埠小码头赚些小钱贴补家用。金璐难拂众意，便常去谭元寿处讨教，回来现趸现教，照单批发。金声乃李门师弟，早时曾向丁先生求艺，"找你师哥去！"一下被打发到了金璐那儿，因此金璐对于金声颇有几分代师授艺的意味。李先生师恩匪浅，反哺相报，天经地义。金声家里人口多，日子甚是艰难，师哥把在外教样板戏的机会让给师弟，有人不解王金璐何以"让饭"，他总是淡然地说："他们比我还困难呢！"

王金璐依旧夹紧尾巴过日子，谨慎是不嫌多余的。有些著名演员曾受到"批判使用"的待遇，李少春和张君秋皆被安排在样板戏剧组中搞唱腔创作，这已是"牛鬼蛇神"人见人羡的大好政治待遇了。从谭元寿那里听到一条新消息，有人有意搞几出传统戏的录像，但一出《夜奔》始终没人揭榜，因为指名要的是丁永利亲授的杨派林冲。王金璐根本不作非分之想，心头波澜不惊，因为不可能在样板团外选人。

不久，李少春夫人侯玉兰找上昔时同学周金莲，辗转说项，托周金莲去请当年的校友王金璐，说是"让他们师兄弟俩'凑'一下"，显然少春有借此东山再起之想。李少春在戏曲舞台上闹天宫、斗龙王、闯地狱，叱咤风云，降妖伏魔，在人世浩劫中，却被那些魑魅魍魉逼上了绝境，如今虽势有所缓，毕竟渴求早日解脱。金璐夫妻思之再三，此事万万使不得！少春苦衷大可理解，但王金璐还是一个"黑人",怎敢斗胆教样板团人员唱帝王将相,那还了得!谁担得起这份罪责?无奈之下,金璐只能向对方道明难处,只要中央"文化大革命"小组或有关方面开一官方证明,此事就敢应下,不然实在吃罪不起。此时两口子头脑冷静过人,时辰未到,绝不能泄露暗练私功的"天机"。这个魔头喜怒无常,没到云开日出的一天,"尾巴"一刻不能放下,万万不能乱了心谱。

二

李墨璎作画正红火,一场大地震,断了家庭经济的活水源头。1976年7月28日,唐山大地震殃及京津,为脱离余震险情,居民奉命搬出屋外,在大街上搭临建房暂居,一棚接一棚,密密麻麻,吃、睡、做饭全在棚里,苦不堪言。住了一段日子后,被分配到五福里两间平房,这同搬出的原住小洋房根本无法相比,原先那套私房光院子就有三四十平方米,结构是地板木窗,里外卫生间与各个房间彼此相通,玩"捉迷藏"游戏尚且绰绰有余,况且每间屋子均有壁炉,极为舒适。岳母老大人幸好躲了此劫,不然简陋破败的临建房岂不让老人活着"下地狱"。老岳母可是恩大无边,玉成了金璐良缘,资助了女婿事业,扶养了4名外孙,解决了女儿的负担。王金璐养伤15年今已康复,多少借到大糖房旧居的几分好风水。

王金璐有一远房亲戚,以干瓦工为业,常来王家修房时小坐片刻,彼此处得很熟。搬入五福里周转房时,这位远亲也来探望,说起身边带着一本算命书,只要任意说上一个字,他就可以给算出命来。反正闲来无事,王金璐凑兴出了一个字,对方在书中一查,结果算出了"大器晚成"一词。这本是无心的事,逢场作戏而已,王、李二位原也不信相术,可这4个字却在李墨璎心头盘旋了很久很久。在行内几乎百分之百的人都认定王金璐舞台生涯此生过矣,个别乐观的朋友对他作出最富鼓舞性的估计,也不过今后"出山",摆摆架势走走样子足矣!夫妻俩憋这口气一憋16年,奋发图强之念日炽一日，今番听到"大器晚成"一说，不禁心头一震，眼前一亮。"我们看最后，要争取最终成功，我们必须准备条件，要积累'资本'，只有自己好好练。"妻子这段言语一而再、再而三地在王金璐脑子里和行动上得以反馈，他掂得出妻子此话的全部分量。

"人家行的金璐为什么就不行？""你说金璐不行了，我非让他最后胜利！"李墨璎立下了斩钉截铁的心誓。庄子云："胜人者，力；胜己者，强。"道教中有"我命在我，不属天地"的说法，世上没有救世主，唯有自己救自己。不要叹息昨天，只要把握今天，就会拥有明天。王金璐心头张力在不断积聚，说我不行我偏要行，说难上台我偏要上，说我"今之古人"，我偏要重现本色。"树活根，人活心"，只要我王金璐有一口气在，我誓返舞台！

功夫，只有功夫，才是大器晚成的资本，他清楚地知道此时自己需要的是卧薪尝胆的坚韧、悬梁刺股的负苦、闻鸡起舞的勤奋，"蓄势待发"的道理使他明白了"机缘偏爱有准备的头脑"，明白了"不懈地磨炼终会叩响机缘的大门，明白了"成功是希望和奋斗的结合"。他悟出了一条道理：大器晚成，一要机缘，二要本事，缺一不可。

他们伉俪日以继夜地默开了戏，把全部身心集中在一个发力点上，磨戏，磨戏，再磨戏！练功针对形体，思索戏的意境，达到"形意合一"，才是真正长了功力。杨小楼昔时"参禅"，实为悟道，王金璐从中获得启迪，他又悟出了一条："悟"能出天才，"悟"能成大器。

王金璐夫妇天天练功默戏，聊当暮鼓晨钟，昼练夜思，浸淫其间不知寒暑几度。一天24小时不够用，从早到晚心旷神怡地坐在戏的风景里，脑海中时时跑开金戈铁马，响开铜琶铁琶，走开将相侠士，此与修行悟道何异？见他在镜前凝神睇视，物我两忘，如痴如醉，这神态，这傻劲，令人柔肠寸断。

三

10月的天空响起一声春雷,"四人帮"被一举粉碎。10年来忧心如焚的焦心日子从此一去不复返,春天终于回归神州大地。

我有希望了!传统戏有希望了!这些天王金璐沉浸在无比激奋之中。横行一时,也有今日,墨璎料事如神,她怎么看得这样准?多年预言化为现实,墨璎不无得意:"你想得到吗?我早看准了。"夫人完胜,丈夫服膺。

新鲜一阵子以后,不知不觉坠入才下眉头又上心头的云里雾里,为何至今尚被悬挂一边无人理睬?他终日怏怏,如盼星月,如盼甘霖,他窥镜自视,每见悄然爬上额头眼角的皱纹和兀自挺出青丝间的灰斑头发,便会平添几分忧思。在熙来攘往的人世路上晃晃悠悠、跌跌绊绊,不知不觉已被挤进老人行列,毕竟56了,哪能不焦急?不过他却像蜘蛛一样的沉默,一样的劳作不息,要说的话早都织在那张网中了。

1978年10月,王金璐在北京中山公园与部分老艺术家合影
左起:梅葆玖、OOO、谢虹雯、童芷苓、宋德珠、姜铁麟、吴素秋、王金璐、张君秋、陈力

1977年6月的一天，叶德霖、刘雪涛上门，原来这二位稀客是代表文化部谈"公事"而来。事由《逼上梁山》而起，特来搬请王金璐出山当导演，18年噩运缠身的王金璐似乎已到了时来运转的关头，"酒香不怕巷子深"，还是应了这句老话。《逼上梁山》总负责人马彦祥认定执排林冲戏非王金璐莫属，如有王金璐执导，大事成矣。可眼下王金璐还是"黑人"，为名正言顺起见，马彦祥请文化部派专人上门面请，部里转派北京京剧团出面，这才有叶、刘二人造访之事。王金璐朝思暮想的是重登舞台，眼下并未得到期望中的结果，那不妨换个角度想一想，也许顺其自然更好些，挂样板团的执导牌子，毕竟瞥见了一丝阳光。"竹外桃花三两枝，春江水暖鸭先知。"看来舞台机缘离自己业已不远了。

　　《逼上梁山》不是杨小楼、郝寿臣本子，也非李少春、袁世海的《野猪林》，乃是1943年延安平剧院的演出本。原来全戏共27场，用时不下四个小时，情节与《野猪林》出入不小，此番复排本由马彦祥整理，大为精练。王金璐执行的是"主教练"职责，不仅负责林冲，还需兼讲全戏。现今排戏等于说戏，说戏等同教戏，方方面面各路角色全由他摆布调度，这位当年名闻南北的大武生难道真有大导演的本事？来自周围那种看不透的目光施加给他的是一种无形的压力。《逼上梁山》属文化部指定的"文化大革命"后第一出新编历史剧，正因过于瞩目，"主教练"如同坐在火山口上，这份差使实在是不好干。

　　担任《逼上梁山》中林冲AB角的是两名戏校高才生耿其昌和李浩天，饰鲁智深的是周和桐，林娘子的扮演者是刘秀荣。王金璐第一天踏进排演场，用眼角左右一扫，不少武行俱在，他明白今天自己唱的是打炮戏。果然，耿其昌上前发问："老师，今天教我什么？"王金璐脱口而出："《沙家浜》。"一下大伙儿全乐了，他怎么教起样板戏来了？他不予置理，直呼耿其昌："你来一段'奔袭'的出场。"耿走完一遍后，王金璐亲身作起了示范，只见他蓦地把腿抬起，即刻一收，小腿肚紧贴大腿，好一个吸腿功夫，这一下四周愣住了不少人。嗨，多溜，这哪是伤残之身！王金璐执导特色有二：一是抱总讲；一是重示范，全然是丁永利、李洪春二师的说戏路子。京剧导演终究与话剧不同，什么都需拿得起，不能跟着感觉走，更离不了示范。王金璐每作示范，必技惊四座，没过几天，剧组人人心服口服，有他在，谁都心里有了底。随后，王金璐又为北京京剧团执导了另一出大戏《三打祝家庄》。

大功告成，多日劳累终获厚报，只是不开薪水，令人不解，"主教练"只有区区 60 元车马费，仅是一名新毕业大学生的转正工资。有关部门给的说法是，待西安方面开来工资级别证明后再予补发，明知是推托，只当不领会，三分糊涂可制怒，再说坎坷人生路，恩怨两难清，不提也罢，王金璐的涵养今非昔比了。

1978 年春，邓小平对开放传统戏做出重要指示，同年 5 月中宣部、文化部接着下文，于是传统戏的改编整理和舞台亮相提上日程，窒息剧坛整整一个年代的禁令终于取缔，他盼星星盼月亮盼了近两个年代的心愿即将变成现实。

王金璐大器晚成的门打开了，老来升华的前景展现了。

第五章　升华篇

第一节　还我本色

春风徐来，暖意盎然。传统戏回归，样板戏靠边，一个振兴京剧的新局面呼之欲出。

王金璐有幸参加文化部召集的老艺人座谈会，也有幸得见长期从事外交工作的黄镇部长。黄镇部长原是一位将军，他长于绘画，长征途中曾有过作品。文艺界拨乱反正之日，文化部的大小事儿真够他费心的，积重难返的烂摊子确实需要像他那样强有力的指挥官。

劫难中的过来人——在重铸自己的第二生命，而那些死于非命的冤魂呢？想起惨死的马师、罹难的同行，王金璐心情就会立即由晴转阴，变得沉重起来。恢复名誉，平反昭雪，是中央明举，稍可抚平几分死者家属和亲朋好友的受创的心灵，但逝者逝矣，对他们而言，伤痛是永久的。1978年8月30日北京市文化局召开落实政策大会，为沉冤12载的马连良先生平反的一天终于等到了。一场噩梦啊！如今真正到了梦醒时分。

王金璐重登舞台已是时日问题，他夫妻二人运筹帷幄，不求一鸣惊人，但求还我本色。

振兴之年，京剧各行当中属武生人才兴旺如昔，名武生纷纷重登舞台，光是老牌武生构成的这条风景线就足有一观。李墨璎把所有记忆里的武生连人带戏一起排上队，洋洋大观地列出一份中国当今京剧武生武戏一览表，凡能报上名姓的武生其近况和状态全数进入了她的视野。经综合分析，李墨璎在武生经纬中找准了自己丈夫的"坐标"，从而知己知彼，做到心里豁然洞明。她坚信事在人为，若要大器晚成，"心里要有一个明白的估计，要有一个清晰的目标"。她对丈夫的激励说得掷地有声："光脚的不怕穿鞋的，你是穿了一只鞋，还是破的，两头不沾，干脆光脚丫倒什么也不怕了，你成吗？你现在只能干！"眼前这缕光明再也不能让它倏然而逝了。

王金璐两口子心中阳光正好，接着又投入剧目的分类排队和系统分析：哪些戏因受岁数、体力、嗓子、配角的限制，唱来难有效果的一律不动；哪些戏有优势有特色，适合于目前自身状态的，可作精选整理逐一演出；哪些戏属于高品位，经一番加工后有一定演出把握的也可争取出台……两口子达成共识：务必精心准备，有必胜把握的，方才拿出手去。戏不在多，在于精，如不能以少胜多，何以把失去的20年抢回来？

一

黄镇部长致力于老艺人和名演员的重新登台亮相，他要求王金璐和赵燕侠等老名家先在内部露演，他又请老艺术家们在一次座谈会上自报剧目，待众人报完各自复出的头场戏名，王金璐却坐在一角声色不动。任桂林悄悄地问他："金璐，你演什么？"他往外一推："我甭演了，让我徒弟杨少春演得了。"任桂林不改口："上面点着名要你演呢！"在场大伙儿都劝金璐想上一想提出一个戏名来。李慕良师兄一旁建议："20年没演，随便演一点，台上走走样儿比比相就行了。"直等到大家把戏全派定了，他还在一角闷葫芦似的一声不吭，其实此时他心中所想的是一出打炮了几十年的《挑滑车》。六十花甲，武生绝多不贴此戏，如今人消我长，《挑滑车》不仅令人注目，也足可自强信心；六十花甲，以《挑滑车》挑帘，重又开始一个盛年期，可与20世纪50年代相衔接，补过空白的20年。思来想去，重出江湖，重铸身价，没有再比《挑滑车》更为合适的了。

他《挑滑车》三字刚出唇，举座皆惊，席间泛起一片疑云，金璐两口子从不弄险，今天怎么了？也有人以为他在开玩笑，等到发现他完全是一副认真面孔，众人便开始了善意的规劝。李慕良恳切地说："你年近六十了，快有二十年没上台了，腰伤刚好，干吗非动这么大的戏？'亮相'不过是找个机会跟观众见个面，《挑滑车》是否太……"下边的话无须再说，谁不清楚这戏的分量。

"我要唱就是这出，不然就不唱！"王金璐把话封死了，别人不便再劝。等着看好戏的人固然有，好心人在同行中还是居多，都道拼上一世英名犯不着，诚如李万春所言："万一有失，岂不折了威风，对东山再起不利。"已入老境之人，把《挑滑车》作为重试刀圭之戏，以此作为复出标志，壮志可嘉，但毕竟过于冒险了。

如今年月，老戏反成"新戏"，一出老掉牙的熟戏现在居然还得重排。凡上排练场，一概由杨少春当替身，王金璐真佛不露相，他葫芦里装的什么药？他到底有根没根？众人莫不心中念佛。名鼓师谭世秀找上门来探个究竟，"你给我单独走一遍，让我看一下你起的是什么'范儿'"。却不过谭的面子，他开始"走"起步来，按着锣鼓节奏纹丝不差，但不使劲亮架式，动作全属交代，与走路一般无二，哪有武生那股精气神。谭失望而归，仍是一头雾水。

王金璐另一弟子石宏图是北京京剧院武生演员，他知道老师绝非装神弄鬼之人，近来怎么像是一位道长似的尽走内功。某日在他人下班之后把老师请进一处排演场，一手把门带上，焦急地说："我跟您说得了，我实在放心不下啊，您来一遍我看看，别把我急死。"其意诚态掬，急得头上直冒烟。王金璐见偌大的场子上仅他们师生二人，便放开架式来了几下子，石宏图大喜过望："行，真行！能不能再扎上靠试试？"及至见到老师扎靠身段"溜"不可言，一时兴奋，"哈哈哈"的乐而忘形了。弟子终究看到了师父的真功，能不激动？

很快到了走台的日子，这一回杨少春可不干了："您往台下看看，文艺界、新闻界的人都来了，足有好几百人呢，人家可都是来看您的！"王金璐听了笑道："这么说今天该我上了？"可不，没有再拖的余地了。人等皆乘兴而来，谁知还是败了兴，王金璐是日仅使上二三分劲头，反正比谭世秀上门那天显然强得多。台下议论纷纷，都道他当年腿功怎样棒，做戏如何活，把子多么熟……今天，唉！英雄迟暮，人老珠黄不值钱了。

王金璐提出黑风利一角得找青壮演员扮演，有人认为他未免过于挑剔，但为看这出《挑滑车》，只能由他去。结果，黑风利一角换了高盛麟徒弟刘景奎，明眼人一看便知，王金璐的《挑滑车》并不想走走样子，或许真会带上几分火爆，但他本人又有几分状态呢？他能平平稳稳地对付下来就算功德圆满了。

二

演出那天全家都赶去剧场助阵，唯独李墨璎一人居家，近日她曾去新凤霞家畅谈许久，完全是一颗物我两忘的平常心。吴祖光、新凤霞夫妇是他俩好友，王、吴二人相识于北京京剧院，当时吴祖光刚摘右派帽子，一时还未摆脱周围的歧视氛围，偏是王金璐总上前搭讪攀话，交名家可以悟道嘛！二人就此有了过从，时有研讨。墨璎与新凤霞亦十分投缘，说起往昔，她还是凤霞的"知音"呢。王金璐今日东山再起的转捩性演出，吴祖光、新凤霞夫妇特地让搞舞台摄影的儿子吴钢赶赴剧场，专为拍摄王叔叔的神奇技艺，当然也带去了他两口子的一份祝愿。

李墨璎同新凤霞絮絮地聊起了家常："我永远做个不出名的人，对自己没多少想法，只要金璐好好的，我就一切全有了。"她对眼前这位知己无话不谈："多少年啊！我们全家都盼着金璐有这么一天呀！我总给他打气：天无绝人之路。他像个孩子似的烦了就闹脾气，就这样，我不敢离开他一步，只要他高兴了，全家人都晴了天。金璐是个好人，他应该有好报……这些年的功夫还没有扔下，这不又拾起来了吗？"在李墨璎心中丈夫功力已充，今日合应初发其硎，以显18年来韬晦磨砺之功。

1978年，王金璐与吴祖光（中）新凤霞（左）夫妇合影

那一天，只要是北京有名号的武生几乎总动员，李万春、高盛麟、张云溪、傅德威、尚长春、姜铁麟等全光临了，宋德珠、吴素秋等也加入了捧场行列，生旦净丑统统都去看新鲜，老同学赵玉民坐了轮椅车还非赶去剧场不可。场子里密密麻麻，满坑满谷，连台上两侧和后台都站满了人。来者虽众，心思大致相同，即使王金璐功力有不逮之处，亦宜稍存原谅之心，毕竟年事已高，况又伤残十余年，不可苛求刻责者也。大家多少带上一份"恐未必佳，姑妄观之"的心理，但愿今天王金璐赶上黄道吉日。

李万春走进后台，在正扮戏的王金璐身边坐下，王金璐刚穿起厚底靴，李万春突然发现他穿的竟是丝袜，这太玩悬了，上台去脚底下一打滑，那还了得！他叫了起来："你怎么穿这袜子？"金璐也才发现，他居然忘了这一档事。李万春为他后台满处找袜子，金璐不慌不忙："别找了，就这样得了！"万春千叮万嘱："台上千万小心，咱们可栽不起！"高盛麟也在一旁"当心，当心"地关照不止，金璐把他叫住："二哥别走，我若不行，你后面替我。"都已什么时分了，他还有这个心思开玩笑。后台最忙的是杨少春和石宏图等徒弟，赶着为老师化妆披挂，鞍前马后地张罗，他们都在暗暗祷告上苍，愿老师心想事成，从此好运。台上台下皆在搜索李墨璎的身影，夫人不露面更为这场复出炮戏蒙上了一层神秘的色彩。马连良先生曾有艺训："先打闪，后打雷。"如今"闪"打得不小，就看这雷响不响了。

三

【四击头】锣声大作，台下屏息凝神，王金璐在第二锣中斜身登场，露的第一面便是杨派路数。一阵碰头彩响起，这是对战胜伤残重新出山的老名家所表示的敬意。高宠大靠、头盔、厚底、一大堆的"累赘"，光这一身行头的分量就够花甲老头受的。只见他第一个亮相胸不伛腰不塌，神情内敛外透英气，一下便拢住了观众的神。他头一腿平抬，第二腿又是平抬，台上台下开始有些骚动了，蓦地王金璐第三次抬起了腿，高抬过额，整个场子顿时"轰"的一声炸开了窝。起霸本是他的拿手，他前踢正腿直点脑门眉心，旁踢厚底飞越盔顶，踢十字腿则左右分找太阳穴。尤为称绝的是他的踢腿并不仗全力一冲，而是慢慢地抬腿，不借扔劲，不使满劲，太见功夫了。抬腿之际，他身子笔挺，支柱腿有如铜浇铁铸纹丝不动，他开的"月亮门"不似一般的"抢"，而是舒缓的"拉"，这又是何等功力。几下腿功，几度亮相，台下惊疑交加，场子里声浪滚滚，"炸雷"一个接一个，这是王金璐？这分明是奇迹。一边可忙坏了吴钢，急切间他改用了1/6秒的速度才把王叔叔转瞬即逝的绝佳镜头和无双神腿完整地摄录下来。而金璐家人看到这里，悬着的心儿终于落到了肚里。

岳飞升帐派将，王金璐的高宠于无声处见精神，极富层次与分寸。他关注着每一次传令，派第一、二次将时不动声色，派第三次将时眼神略有表示，是否快轮到自己了？派到第四次将时身子略有小动，眼珠一转，心想这下怎么也该轮上我了，于是又前跨一步。步落，正与岳帅发令切合，但一听是在给牛皋下令，不由一惊又退了半步，把耳朵竖向岳帅，牛皋一声"得令"后，王金璐的高宠在"登、哐"

1978年，王金璐复出，主演《挑滑车》饰高宠

声中走向舞台正前方，及至岳帅一句"随营调遣"以示传令已毕，高宠再也按捺不住，身上微微晃动，一脸焦急之状，心里则是一连串的"怎么办"。岳帅"撤去将台"尾音未落，场上一下"叭达仓"，高宠这才右手高举上前阻令："且慢哪！"说到最后一句"是何理也！"一拍掌，两手一摊，纯是杨小楼路子。此处既不能帐前胡闹乱洒狗血，更不能来鹞子翻身或踢腿蹦子之类的花活儿，不然就会有悖于他一生奉行的"武戏文唱"。当岳飞传下执掌大纛旗的将令，高宠大感意外，转过身面向外双手摊掌，神态失望之极，接着又听到"此旗乃军中之命脉，无令不可擅离泛地，违令者斩"。眼一转，"唉"的一叹气，应了一声低沉的"得令"。他不得不强自克制住心中的无奈和冲动，望了一下两厢诸将，一肚子不服，一撩靠，怂怂出帐，帐外再看一下叫人泄气的令箭，摇头而下。"闹帐"一场王金璐没有一个废身段，处处都有内心交代，此戏人人会演，只是品味

大不同。可惜老先生当年一条嗓子已随风而逝，多少煞了些风景。

"观阵"一折，分"归位""观战""闯阵"三段。高宠无精打采拖步上场，锣鼓起了阴声，此时王的高宠步履沉重，皱眉叹气、摇头摊手，尽显无奈之状。抬头望见大纛旗，满腹愤懑上心头，他一颗心早已飞向了两军阵前，戏演得好细腻。与汤怀、郑环走完【三插花】，起唱【石榴花】："只见那番营……"这场歌舞腿功要求甚高，尺寸劲头较之起霸大为强化，光踢腿就有多次，还有快速转身后的蹲式亮相，他不闪不躲，所有技法全然是杨小楼当年的原汁原汤。王金璐唱曲子讲究"心里有，眼里实"，他唱起【石榴花】："只见那番营蝼蚁如海潮……又只见将士纷纷纵马飞跃，队伍中马嘶、兵喧闹噪，耳听得战鼓咚咚……"第一句时他瞭望一下金兵，竟是满山遍野，心想金兵声势怎么这样浩大。唱到后面，脸显焦躁，两眼杀气，一味求快，恨不得插翅杀向敌阵……老先生简直满脸是戏。

"观战"一折，王金璐可谓浓墨重彩。他先遥望远处，不低头看眼皮底下几尺平方的寸土舞台，而是把整个古战场拓宽放大，以致气贯全场。高宠心里憋气，但不上心事，有气而无愁，心情是平静的，这是第一层次。双方开仗，起唱【黄龙滚】："遥望着杀气天高……"他太想杀敌报国了，唱到"无名火气发咆哮"时，有双手做手势上下颤着打圈作比画，一拍腹，唱开最后一句："怒一怒平川踏归"，惜乎嗓力大不如前，减色不少，全在脸上出戏，这是第二层次。场面"叭嗒"一下，王金璐的高宠显出密切注视的目光，台上一进一退，高宠却不能因台上空场而断了戏，他慢慢地转动脑袋，双目遍扫战场皱眉想事，平日里战无不胜的岳家军今日竟不战而退，他颇为意外。再一看，更糟了，金兵居然追杀起岳家军来了，不由得益发疑窦丛生。一惊过后，心里琢磨："往常元帅，百战百胜……今日为何败下阵去……"再一想，转过弯来了，"喔，是了，想是兀术将勇兵强，待俺出马杀退金兵。"这是第三个层次。高宠再往宋军退处瞧，寻思从哪条道上冲杀下去，认定方向后，便转过身去，"抬枪带马","马"字上翻拉起长音,把观众的神叫起。王金璐此时"长身"高举手,面露杀气,场上气氛立时紧张起来,这是第四层次。"观战"一折王金璐虽身坐高台,自始至终人在戏中,武生戏中的"文唱"造诣如此,难矣哉!

下得山来曲牌变为【上小楼】,戏进入"闯阵"一折,【上小楼】由"气得俺"三字起舞、转身、晃身、穿云手、踢腿、搓步、月亮门、鹞子翻身……一气呵成,冲、溜、脆、帅,令人目不暇接,把高宠冲下山来时那锐不可当的气势渲染得酣畅淋漓。他的几下鹞子翻身,靠肚靠甲靠旗一齐飞起,在空中全然撑圆了,有如翩翩起舞的花蝴蝶,又似一轮疾转如飞的风车轮,突然间亮住,亮得稳如磐石纤毫不动,一时间把人都看呆了。

他提过枪来认蹬上马,因上阵心切,用力过猛惊了马,勒马之时一阵子趋步直奔台右角,连人带马往里打旋,为了制马收步,紧接着又是一连串趟马舞蹈,一切动作的幅度、强度、速度全是一个"大"字,急转身、急拧腰、急跨步,又全是一个"快"字,难怪全场喝彩声震耳欲聋,这份热气加人气,已是多年不遇了。

"大战"一场的重头戏是打黑风利,二人见面开打如暴风骤雨,锣鼓加紧,武打提速,打至里盖枪外盖枪时,在一个快【四击头】中再往里三盖,一绕转身蹦子,背冲观众把黑风利压在大枪底下亮相。黑风利挣扎起身,用尽平生之力用双锤紧压高宠手中枪。王金璐不按高宠扭脸满不在乎,连眼皮都不抬一下的老演法,而是立即转过脸来,双目圆睁,显出暗暗吃惊,眼珠一转,心里又出潜台词:"嗯,这人真有手劲儿,哼,你还是不成啊!该让你尝尝本王爷的厉害了。"接着大枪渐渐加大了上挑的分量,王金璐在高宠由守转攻的那一刻起,加了一声酣畅淋漓的长笑,在得意的大笑声中大枪陡然发力,枪锤滑开,再次把黑风利打翻在地,压在大枪之下,笑声和开打此时同步打住,这一阵笑粗犷而又豪放,壮怀激烈,威慑力莫大,可谓画龙点睛之笔。行内人士此时方才明白王金璐为何坚持黑风利改由年轻勇猛的演员来扮演，这场大战枪锤过招极为火爆，根本不是什么摆摆样子，台上全然动了真格的。开打不管有多火炽，把子功休想占老头一份便宜，王先生把子功好快，他下盘沉稳脚无废步，快就快在步法上，这叫功夫。

末场"挑车"把全剧推入高潮，演的是高宠穷追不舍身陷埋伏，奋力死战，单骑挑车终至力尽殉国。戏中一系列繁重技艺如"劈叉""压马""勒马""挑车"，甚至最后还以硬"僵尸"收尾，老先生演来没有一丝偷工，还得时时给人以舒展利落游刃有余之感。看他蹦起的"劈叉"高过桌子，见他腾起后两臂横张靠旗飞扬，两腿前后撕成一条水平线，不仅马扑人惊的效果栩栩如生，而且一双腿软如面条，真叫绝了。戏中有个"踹丫下软叉"动作，靠旗点地，腰柔如绵，弹性十足，年富力强者尚且难为，这种出奇的腰腿竟然出现在一名老伤病员的身上，怎不让人吃惊，观止之叹，信不诬矣！戏结束了，掌声经久不息，他满脸灿烂容光焕发，我王金璐终于东山再起了！压抑心头20年的苦水如今一倾而尽，积聚心底20年的夙愿终于一朝得遂。

第二节　当阳又现活赵云

一

《挑滑车》一炮打得雷响，褒扬声、赞叹声、感慨声充耳可闻，报刊杂志佳评纷呈，《人民戏剧》很快刊出了剧照，一时之间王金璐成了京剧舞台风云际会的人物。东升的旭日刚刚驱尽了昨夜的残云剩雾，洒下了一片悦目的光明，就在竞技状态大幅上扬的日子里，一个接一个的登台机会接踵而至。

足有23年没在首都舞台露面了，王金璐盼这一天已然盼得须发皆白。不久《人民日报》《北京日报》均以显著版面刊登"传统戏调演"的节目预告,见王金璐《挑滑车》报上有名,还是使不少老戏迷吃惊非小。王金璐不是伤残多年了吗?怎么动起这出大累工戏来了?难怪公演海报一出,一阵少见的轰动效应出现了。凡他出台,剧场门口必见长长的购票人流,竟是无一场不爆满,他从人民剧场、中山公园音乐堂唱到市工人俱乐部、吉祥戏院,有人称其"处处彩声处处雷,场场高宠场场火",《挑滑车》挑出一番大名声。观众眼里,王金璐依然是王金璐,只有隔世感,只有沧桑感,没有一点断裂感。北京戏迷把他同高宠画上了等号,他一走进剧场,就会有人说:"刚才过去的就是《挑滑车》的那位",一说《挑滑车》,谁都明白了。更有不少人看了一遍又一遍,大有《挑滑车》"让你一次看不够"的味道。

他最后一回见到杨小楼的《挑滑车》是在1937年,王金璐59岁重挑"华车"正与杨小楼告别"华车"的年龄相合,告别之年偏又重新开始,他岂不是迎来了第二春。

其时北京京剧院人才济济,李万春、吴素秋、赵燕侠、赵荣琛、李宗义、李慧芳、梅葆玖、谭元寿、马长礼、李元春、姜铁麟、王吟秋等荟萃一院,王金璐是以北京京剧院名义出演的,虽把《挑滑车》唱得烈焰升腾红火难挡,却不归正式编制,依然是名不正言不顺的"临时工"。谁能想到这样一块每演必满的"响牌"居然每月收入就是那区区的60元车马费,旁人多有愤愤不平者,他却处之淡然,顶多稍一露苦恼人的笑而已。

王金璐重现"金身",再铸辉煌,原先门可罗雀,今番又宾客盈门了。要说家里的喜事莫过于展翼的喜结良缘,"文化大革命"后期的展翼已是三十出头,每谈一次对象,必定有言在先:"我父母都五十多了,没有工作,我是做工的,只有小工资,没有积蓄。"等于把话挑明:要嫁给我,就别嫌我穷。当然谈了一个吹一个,直把当父母的急死,后由大妹天香介绍了一位深明道理的姑娘,人家表态很是明朗："谁都有父母，全得管着。"这位贤德儿媳的自天而降，可当父亲的又着急了，拿什么去娶人家呀？幸好还保存着旧的唱戏行头，上缴"四旧"时节还是被展翼拦下的一小部分，总算留藏至今，卖给了到北京来收购旧行头的外地剧团，这才有钱在同和居设下婚宴。就当时的经济窘状，谈不上场面，可也算有了几分小小的体面。

梅夫人福芝芳和马夫人陈慧琏结伴来到戏院，专为看《挑滑车》，谢幕时马师娘递给台上徒弟一支烟，连口称赞："几时你来吃饭，要犒劳犒劳，真不容易，没给你师父丢脸。"14年倏忽已过，几度风雨几度春秋，他怎能忘得了自己的恩师马连良。1979年3月27日，马先生骨灰安葬仪式兼追悼大会在八宝山隆重举行，会场内外挽联密密层层，白花如雪，热泪如雨，足有好几百人。当初凄清悲凉笼罩的阜外医院太平间的情景怎能忘得了，那年罡风凛冽寒冻彻骨的西郊送葬路上的情景又怎能忘得了，霄壤之别呀！王金璐、李墨璎两口子胸中有杆秤，能秤出人生的恩怨是非，如今一切灰飞烟灭，俱往矣！何苦再留心间，数当前紧要事，莫过于铭记师训走好自己的路。眼下不须再顶风冒险守候马师了，他们默默地往后靠，渐渐隐入了不显眼的人群之中……

时至1979年金秋，《挑滑车》如火如荼，二十多场翻头连着演，依然风头强劲。王、李伉俪有心胸，《挑滑车》一挑再挑地挑下去，既可借以保持上好的舞台状态，又能检验一下连轴唱同一出戏的号召力究竟能维持多久。

《挑滑车》初演人民剧场，时已国庆前夕，排队购票者通宵达旦地拥在护国寺大街剧场售票处周围，不少人披着棉袄熬了近乎整整两天。午夜的护国寺人声鼎沸彻夜不息，连展云夫妇也出现在排队的人流中。上了岁数的老戏迷不堪折腾，派出代表进人民剧场谈判，要求出售部分照顾票。到了天亮售票之时，人如潮涌势不可挡，警察和纠察也显得无能为力，剧场经理等剧场人员一起全被冲得节节败退。此时发现售票口对面马路的菜场里原来放着的两筐土豆萝卜已不翼而飞，不用说，全成了一大批"夜游神"填肚充饥之物。3天门票一售而空，当人群散去之后，四周集中了大筐的鞋，多是单的，也不见有人领取。王金璐终于等到了他的人生金秋，确实盼来了一份丰厚的回报。

二

快到1980年春节了，人民大会堂小礼堂唱开了京戏，为招待中央首长和北京市党政领导干部，王金璐又一次献演了《挑滑车》，他的声名还在上扬，可惜来了这么多首长，他竟一个不识，到老还是一个"戏呆子"。

不久，文化部下了调令，由中国戏曲学院（前身为中国戏校）通知王金璐，他被分配去中国戏曲学院执教，这使王金璐及家人大感意外。王金璐心里犯了嘀咕：积累了许多年功夫就为了今天登台，一旦下了舞台上讲台，戏还能不能再演？太令人为难了。此事来得蹊跷，实则早埋伏笔，黄镇部长曾询问过："像王金璐这样的老演员还有没有？对这样的老艺人，主要是把身上的东西传下去！"当时在场的史若虚院长接上话头："您说要把艺术传下去，就让他到我们学院来吧！"王金璐去向即由那一刻被决定了。校方了解王金璐的心事，史若虚等校系领导先后对他作了解释：学校的教师照常要演出，对学生哪有不示范的，也会常有营业性的公开演出，学院声望也是重要的。王金璐闻言释然，便按规定日期报到，至此没有正式"户籍"的王金璐身归何方终于尘埃落定。

1980年中国戏曲学院挂牌，他也被人称起了教授，人生真是变幻莫测，一直敬重教授学者的他没想到今日摇身一变自己也成了教授，人对他直以"教授"称谓，起先听了怪不好意思，心里却乐开了花。国家教委规定要办一道手续，须由两位同行专家推荐，他特地找了李洪春和马少波，此乃后话。

"教授外交"仍在继续，复出不久，某日王金璐与北大名教授吴小如相识于萃华楼，由吴晓铃先生从中引见，王、吴二位彼此心仪已久，只是不曾谋面而已。20世纪七八十年代之交小如先生在戏剧评论及理论研究方面已属"泰斗"级人物之一，其文如人，直率、严谨、求实，有"评家董狐"之美。吴先生光明磊落心口如一，同王金璐竟是这样的对脾气，与不必设防的朋友聊天大可释放真情，从此二人遂相过从，互为知己。他夫妻二人爱读小如先生妙文，觉文中常透着一股刚正之气，字里行间不在意就事论事，似乎旨在讨回一些公道。说起小如先生，王金璐有过这样两句："读书写作多经指点，舞台艺事相互印证。"

经吴小如先生引见，他结识了一位著名京剧研究家刘曾复。刘先生是北京医科大学和首都医学院生理学教授，对杨小楼、余叔岩、王凤卿等名家的研究造诣极高。二人刚一见面，刘先生开门第一句便是"见君如见杨小楼"，直令王金璐逊谢不已。二人论起辈来，才知对方都曾受教于王荣山，刘便自称为师兄。舒心气爽的日子里，交友亦一顺百顺。

"文化大革命"后王金璐与刘曾复（中）、欧阳中石（右）合影

王金璐去梅府探望马师娘之时，巧遇另一位资深的京剧研究家朱家溍先生。朱老时任故宫博物院研究员，对杨小楼研之有素，常登台一露，倒也颇具几分神韵，经许姬传先生引见，二人遂成好友。朱老眼里真够上杨派的数不上几人，王金璐便是他认可的一位。说来朱先生也是王金璐的师兄，因为他俩都曾受业于迟月亭和陈少武。

　　入校不久，系部负责人找他商量登台事宜，提出剧目仍是《挑滑车》。两口子一商量，换了单位也换戏，《挑滑车》乃北京京剧院时期的标志，如今将以中国戏曲学院的名义出演，得另上一出杨派戏，让老少爷儿们过过瘾。

　　剧目定为《长坂坡·汉津口》，此戏"一赶二"是高盛麟、厉慧良和王金璐的固有演法，没想到为了"一赶二"还赶出了一段小插曲。金璐遇上盛麟，议论起演出事宜，盛麟问道："演什么？"王金璐脱口而出："《长坂坡·汉津口》前赵云后关羽。"盛麟一愣，为难地说："他们（指助演的学院师生）不会呀！"金璐不禁纳闷："我听人说，你教过他们呀！"原来盛麟也想演这出，谁知双方撞上了车。他见盛麟面有难色，便主动找台阶下："我自己去排就行。"盛麟原想由王演赵云，自演关羽，没想到被金璐"一赶二"封了口，便不好再说什么。为两头并进，学校拟出两份《长坂坡·汉津口》，一为高盛麟、尚长春合演，一为王金璐独挑，中国戏曲学院先后贴过十五六场《长坂坡·汉津口》，结果高与尚只上了一场，几乎全是王金璐一人担纲。

　　《汉津口》同《长坂坡》连演，在杨小楼身后方有此风，赵云和关羽的角色反差极大，若有两位功力悉敌的演员分演效果自然更好，但打从20世纪50年代以来，"一赶二"已成定则，分演反倒显得奇突了，真要演好"一赶二"，那非具备长靠武生和老爷戏的双重功力不可。

三

　　王金璐的《长坂坡》始演于中华戏校，在十五六岁，演至伤腰隐退，足足演了25年。此戏同台合作过的名家极多。此次以中国戏曲学院名义通力合作，马名群、殷秋瑞的曹操，谢锐青的糜夫人，李甫春、范永亮的刘备已都够上了"角儿"档次。演出广告一露面，冲着王金璐，票很快告罄。

刘备帘内【倒板】"哭声遍野追兵紧"唱声刚落，【长锤】中王金璐的赵云先于刘备登场，他脸色沉静双目炯炯，让人感到他身上每根神经都绷得紧紧，他第一步便是带戏出台。王金璐舞台形象出众，他一身白靠确也长了几分威风。说起这身靠，竟是劫后余生，此乃王金璐生平第一心爱之靠，这套蓝边银丝白靠做工考究，为上海能工巧匠所制，"文化大革命"时不忍毁于一旦，便把它拆成碎片化整为零，才得脱此劫。"文化大革命"过后重又缝合而成，一隔20年，白靠随他重见天日，得以在《长坂坡》中东山再起。他一身披挂，色彩冷热搭配，"夫子盔"上绒球用蓝色，大红彩裤、大红靠绸，英气勃勃之中别有一番俊雅，他装扮沿袭的也是杨小楼的人物造型。

当阳歇马之时，赵云劝慰刘备："主公且免愁肠，保重要紧！"破嗓子竟落一个满堂好，让人始料不及。这场的"假寐"王金璐深得杨小楼简洁凝练之妙，他先看一下地势环境，向刘备和二位主母行完礼后归"小边"斜场设置的"倒椅"（土墩）坐下，根本不敢托大与主公主母对面而坐。入夜了，重任在肩的赵云没法入睡，他双手扶膝眯缝着眼，解乏而已。场上响起更声，赵云略略抬头望天，一挪身子换个方向……见军民们已安然入睡，这才准备暂歇一阵，他把右腿蹬在椅背上，正等合上双眼，忽又听到众人发出哼声，赵云惊了一下，四周一望，知是众人累乏已极，他"唉"的一声，精神不堪重负，他不再有假寐之想了，而是皱眉坐着。赵云的假寐是歇身不歇神，只有假寐才能透出那种令人窒息的紧张，如以"小睡"代替"假寐"，似有丧失警惕之嫌，无疑在赵云脸上抹灰。

"救糜芳"一场中，王金璐打"六股档"时，糜芳中箭倒地，赵云急忙用枪架住众曹将兵刃，打下奔糜而去的张郃，刚要救人，曹将又一拥而上，赵云身子略略一顿，怒目直视，就在曹将受赵云目光威慑一时不敢上前的刹那间，他转动眼珠急打主意。此刻救不得，怎么办？这一瞬间已把内心活动交代给了观众，而后一带丝缰拨马走下，观众豁然开朗，喔！原来是调虎离山之计。此地细节乃王金璐独出机杼，行家们津津乐道的，正是这类"武戏文唱"的神来之笔。

"救简"一场，一声"马来"，两句散板，眼望远方，脚下生风，接着有一段叙述内心活动的独白，抑郁和挺拔兼而有之，把急切寻找主母和小主人下落的心情全给念出来了。他念第一句"且住"，语调平和，那是在考虑眼下应付之策，念到"不知主公家眷逃到何方去了？"声调突然加强，有负主公重托，能不焦急万状？再念至"哎呀且住"，语调翻高一下变得急骤起来，语速越念越快，反而勒转马头杀入了重围。他虽无鹤唳虎啸之音，却有动人心扉之声，念白的尺寸劲头基本上仍按杨氏轨迹运转，照样不闪不躲，不泄不漏，要不是老先生数十年深厚的念白功底，今天《长坂坡》的白口关决过不了。嗓子的遗憾注定是永久的遗憾，盛麟"文化大革命"后已不动此戏，于是一个嗓败，一个体衰，杨小楼唱念将不复再闻矣。

戏演到当阳桥前，赵云背身拖枪，转身后一声冷笑："翼德你好欺人也！"脸上不愤，目中愤懑，心中的激动和愤然和盘托出。念此句时王金璐用上他拿手的"颠、点、颤"一招，如同杨小楼一般，先由四肢起"颠"，带动头和颈部的震，有如痉挛，表现在头部频频作"点"，继而再引起盔头珠子绒球簌簌作响的"颤"，三者衔接无痕，身与心"共振"，此功非一年半载所能为。接着在【三锣】加【崩登仓】中，踢开张飞手握的枪，一个蹬腿下腰后的别枪拧靠旗亮相，姿势帅极。赵云决意重闯曹营，他用枪左右两打腿，转身跨步，向左前方一踢腿，又在头部前上方施一水平枪花，微带后仰转身，再冲里背枪亮背相下，杨小楼这套舞姿绝对赏心悦目，王金璐在此基础上再添上一个垂直枪花，前后连贯一气呵成，自然美不胜收。武生也有在当阳桥耍花活儿的，有人还耍了"钓鱼儿"的出手一招，赵云连颠枪都不许，遑论出手。金璐曾因不经意的一颠遭过丁永利先生一阵痛斥，"钓鱼儿"七十多年前为南派何月山始作俑，这一手，不知演赵云的得意，还是气愤，抑是逞勇，虽是边式，终非妥当。

有人建议王金璐抓帔可用"倒扎虎"，他明确表示："各人理解不同，谁也别勉强谁，赵云用上'倒扎虎'不合适。"试想，幼主阿斗此时放在地上，为保驾大将军者能置小王爷于不顾，先不抱起而急于去干别的？于礼不合，于理也不通。

《长坂坡》全剧重点一在"抓帔掩井"，一在后半部的跌落陷马坑和山头大战。杨小楼50岁前走俞派路子，堂桌上扳起"朝天镫"，空中腾起摔岔下地，以示落入坑中。50岁后屏桌为椅，堂桌改为两把椅子背靠背摆成的"骑马椅儿"，赵云用左脚蹬上里椅，左手撩起"前甲"，向外一甩间，顺势用右脚过椅背跨向外椅，随起大转身，不等右脚站稳，接又一拧身，左腿开"月亮门"跨过椅背冲向台下，未待左腿落地，借劲向前上方伸出，顺势一个劈叉到地，虽惊险不如，可情理也通，到后来索性连这一劈叉也舍去了，只用单腿一跪了事。今天王金璐以六十之岁遵循的依然是杨宗师的壮年演法，照样桌上朝天镫跃起凌空摔叉一掼到底，火爆到了十二分，真让人为这老头捏上一把冷汗，这一摔，直摔得观者发了呆，连彩声都掉了板。

山头大战全按杨公旧制，首仗战文聘，次仗双战乐进、李典，三仗独斗张郃，一套快枪打得急风暴雨，四仗单斗许褚，打"双刀枪"，抽一个大抢背，五、六仗轮战张辽、于禁，最后曹八将一掩而上，赵云以"大推磨"引出"蛇蜕皮"，在赵云来回冲杀之下终于抽倒一将突围脱身。这场大开打，即使遇上张郃、许褚之外的曹将，狮子搏兔，也用全力，尤其抽许褚那一下，脆而狠，把赵云全剧中压抑了多时的豪气，如电闪雷轰山崩地裂一般迸发而出。

　　细察之下王金璐开打有迹可寻，他的快自有稳准作基础，时时有"四两破千斤"的拨兵刃手法，这种借劲使劲、由太极拳蜕变而来的打法，既省力又紧凑，不离杨小楼法谱。他打得再激烈，贵在仍能保持一派闲中生神、进退自如的杨派风韵，难怪王金璐打了半天不喘大气不冒汗。

　　过了当阳桥，王金璐后台紧张开了，《汉津口》的高速换妆也是一功，换靴、改装、易盔、勾脸一套人物造型全在十分钟内解决。此戏由李洪春先生亲授，按老演法关羽上场有引子，有孔明升帐和关羽接令等铺垫，还有几句散板，师生二人往日演全出《汉津口》时这里常有几个得彩处。如今的《汉津口》关羽上场就是趟马、圆场、开打，戏情不多，不过换一下气氛换一种口味而已。

1979年2月，中国戏曲学院演出《长坂坡·汉津口》之后合影留念
左起：武春生、王金璐、李洪春、侯喜瑞、史若虚、侯宝林、张关正

　　《汉津口》的关羽正当年，"勾刀""挑刀""飞削""反削"种种刀法一律要求迅疾利落脆劲十足，不同于后来以功架气度为重的关老爷，可以说《汉津口》是关羽戏中最接近武生风格的一出。此

戏虽短短二十几分钟，王金璐精气神不散不泄，台下反应有增无减，最后，王金璐以一个精彩醒目的高抬腿背刀亮相结束了全剧，在一片沸腾的气氛中降下了大幕。

杨宗师逝已多年。半个世纪以来，满山"新杨"虽不乏上佳之材，只是"人难再得始为佳"，杨小楼始终是个神话。今日氍毹上王金璐之所以能撩得行内外一些老先生心折，无非是他眉目神态、功架做派还都保留着当年杨小楼的清晰轮廓和浓郁风味。京城观众比之津沪各地尤显冷峻，他们更实在，任凭广告宣传声势再大，要不是好角，照样不理不睬，一旦认定你是好角，就会一下子从四面八方钻将出来把你捧个够。王金璐《长坂坡·汉津口》一如《挑滑车》的演出模式，由吉祥戏院演到人民剧场，陆陆续续足有十多场，极一时之盛，上座率升势如虹，常见剧场近处，"扑飞"者像排着队的警察。侯宝林曾同吴晓铃结伴赶来助威，并对王金璐说："有谁能把我们从大老远的叫来，除了你。"德高望重的李洪春先生和侯喜瑞先生看罢《长坂坡》大觉欣慰，李先生评说王金璐"无论在气质上、功架上，还是唱念上、舞打上都很出色"，"目前能演这戏而不走样的，只剩金璐独一份了"。

第三节　生花妙笔《潞安州》

一

各大武生各擅胜场，春兰秋菊各领风骚。李万春、高盛麟、张云溪、厉慧良和王金璐等共同撑起"文化大革命"后京剧武生界的一片天。王金璐势头正猛，继《挑滑车》《长坂坡·汉津口》打响之后，他把目标移向了黄天霸戏。

他提出上演《恶虎村》，校方以再看看的慎重态度迟不作应，黄天霸毕竟大有争议，心有余悸的人们至今还在担心重犯路线错误。王金璐又建议改唱《叭蜡庙》，第一主角由黄天霸改为见义勇为的褚彪，再说施公和天霸在为地方除害，怎么也是除暴安良的正义行为，思想性说得过去，这才得以通过。

1981年春节，中国戏曲学院教师举行一期营业演出，老教师王金璐、尚长春、李世霖、王玉敏，中年教师谢锐青、马名群、叶蓬、李景德、钮骠等济济一堂，王金璐露演的就是这出《叭蜡庙》。该戏演出阵容颇有些分量，李景德的天霸学的是李少春；谢锐青的张桂兰有几分王瑶卿的风味；武春生的费德功宗的基本上是尚派；马名群的金大力效学金少山；钮骠的费兴台风白口有萧老之规……这在1981年算得一堂角色。

《叭蜡庙》在人民剧场票板一放，3天门票当日售尽。观众大冬天长夜排长队，为的是王金璐出台一张票，其景感人。褚彪一角昔日炙手可热者甚多，名家们演来各有千秋，王金璐的台步、眼神和一口白满最富黄派风味，何况他还兼有马派的身段白口，益显洒脱大方，一出台便被人称为"漂亮老头"，台风已是领先一步。

人民剧场的舞台隔着观众席有一宽敞的乐池，演戏时则用木板铺上。王金璐演至"撞庄"，翻起又高又飘的大抢背，不意忘了台前是木板而非地毯，身在空中，突然不见台毯，情知翻得过大，急忙空中抽身，动作临时变了样，一时难以收住，就此重重地摔在地板上。他感到左肩突然不得劲，心知挂上彩了，他一滚而起，脑子"嗡"的一响，怎么办？不成，戏得往下唱，砸在哪里都行，就不能砸在台上，此念一生，咬牙间一股底气上冲，两眼顿觉明亮不少。退入后台后，他轻声地对一旁照料的弟子石宏图说了台上事故，石宏图一听师父左肩摔伤了，建议马上减戏，可王金璐坚决不让："不行，一减要乱。"他暗地叮咛石宏图切勿声张，同时请人赶紧去找团里的阎大夫，便又重新抖擞起精神走出台去。他声色不动照演不误，把戏中规中矩地顶了下来，直到剧终，谁也不知"铁臂雕"已然伤了肩，老先生的咬牙劲竟让人看不出蛛丝马迹。

在雷鸣一般的掌声中，他谢完7次幕，回到后台，在众人七手八脚护衬下脱下戏衣，肩骨已从原来部位戳出两公分，四周人等见此情状，个个脸带悚色，他却在那里一边接受阎大夫治疗，一边还在逗乐打趣，颇有几分关云长刮骨疗毒的派头。阎大夫不由得赞叹道："你也真横！"王金璐心想，这算得了什么？比起西安那次身陷铜网阵不知要好上多少了。

《虮蜡庙》口碑大好，院方终于放下心来。只是遗憾后两场上不了啦！没奈何请出歇着寒假的高盛麟来顶一气。

二

养息百日之后王金璐肩伤稍愈，有人见他拄起了拐棍，便传言王老师又病了，于是探视者再度络绎不绝。王金璐深知众人来意，每当客临就拿起拐棍示众，这才让人恍然大悟。这拐棍是铜制的，净重十多斤，王先生常手提小头平直地举起，而且走到哪里练到哪里，原来王先生又练起了新"把子"。他在家，每天晨曦刚露必在楼前空地上练腿练剑练拳，一练至少两个钟头；他在学校，每天边说戏边压腿，六十开外的老人，还能抬腿把学生盔头以脚正之，可见厉害。

1982年王金璐担任了京剧82届表演专业教师和青年演员进修班课程。同时也频频参加演出，如中央电视台的"春节京剧欣赏会"等。

自调到中国戏曲学院后，结束了在北京京剧院每月60元的编外待遇，工薪定为"不设级"，与张君秋、高盛麟同酬。第一个月算是发了双薪，原来多发的一份竟是冲抵前20个月的薪水，有人还用话对付于他，说国家穷，帮国家解决一下困难吧……一通空头大道理。王金璐企盼固定收入足有16年，眼下总算盼到了，又何苦再去招惹烦恼，两口子很快就心理平衡了。

中国戏曲学院成立学术委员会，有王金璐一席，除了每月按时取一本校刊，不开会也不参加活动，自己无官一身轻，千万别去惹是非，他常在心里告诫着自己。校外高层次的社会、学术活动他却应邀出席了不少，尤其是中共中央办公厅主办的专题报告会。他不仅在马少波、吴晓铃、周殿福当会长的艺术语言研究会中当选了常务理事，且多次出席由文化部、中国剧协、市文化局和各有关文艺团体主办的艺术座谈讨论会，在《北京日报》《光明日报》《北京晚报》等报刊上发表的谈艺文章也有十余篇之多。找他的人多了，收录王金璐艺事简略的辞典和名人传也多了，淡于名位之人，却实至名归了。

对复出剧目的选择王金璐伉俪的把握有一定之规，他们一挑经典戏，不选冷僻戏；二挑有品位的戏，不选无聊戏；三挑欣赏性强的戏，不选没有卖点的戏；四挑有改造潜力的戏，不选无可加工的戏；五挑扬长避短的戏，不选与自身条件不合的戏。李墨璎讲实际，丈夫年事已高，嗓子衰败不景，不少戏确已动不了啦，举凡名家，自谭鑫培至杨小楼、梅兰芳，晚年谁不在剧目挑选上扬长避短？《潞安州》一戏正符合他二人剧目的精选原则，两口子看准了，就毫不犹豫地动起了手术刀。

三

1983年12月16日，中国戏曲学院在新街口工人俱乐部筹募北京儿童福利基金，3场义演中有两场大轴皆为王金璐的《潞安州》。

《潞安州》演的是北宋末年金兵南侵，宋将陆登拼死抗战，终因弱不敌强，夫妻双双殉国的故事。过去单演的《潞安州》不过是三十分钟左右的垫场小戏，"卖点"仅是剧尾一个硬僵尸而已。此戏原是黄派剧目，曾是杨瑞亭的拿手戏，丁先生所授即按杨的路数。但无论杨瑞亭，还是周瑞安、吴彦衡，此戏均少精彩，谁演都难以讨俏。后李万春《潞安州》常接演《八大锤·断臂说书》，来个"一赶二"，红火的是《八大锤》，《潞安州》疲软依然。

一出小小歇工戏竟被王金璐当作义演中的大轴，其中必有文章，不少行内外人士怀着一种猎奇心理走入剧场。随着戏的演进，人们好生诧异，此戏老得掉牙，竟变得新意迭出，真一出老中出新的好戏。有专家认为新《潞安州》成功在于移了"步"而"形"未换，并指出"这才是老戏创新的路子"。知晓内情的当然也佩服李墨璎的剪裁有术，使这出戏脉络清晰，主线强干又不枝不蔓，整出戏不乏"起要美丽，中要浩荡，结要响亮"的生花妙笔。

王金璐的"移步"无一处不移在点子上：旧本陆登文扮，与夫人一齐上场时，戴纱帽穿蟒，头场是为儿子文龙做"百日"贺仪，二人对坐边饮酒边对唱，有如《大名府》中卢俊义的"赏雪"。陆登素有"小诸葛"之称，金邦大兵压境的当口哪来这等闲情雅致，王、李大笔一勾，勾的正是地方。现改成先由陆夫人吊场，陆登帘内一声"回操"，旋即在众将拥簇下登场，这一改，无疑大大强化了备战气氛。陆登有修书向韩世忠求援一节，为哈迷蚩诈入城中埋下伏笔，台上充满山雨欲来风满楼的临战气息，每日操练兵马以备不测，这一场改得好。此时陆夫人摆下的酒席变了主题，成了为丈夫排忧驱烦的压惊酒，杯酒未饮，又见探马急报，陆登立时提枪跃马，戏一下变得十分紧凑。如今陆登始终扎靠在身，无须换装磨蹭时间，也不用黑风利起霸等垫场补充，这一笔颇有技巧。

陆登开城迎敌，原本一战即败，匆匆退入城中，哪来名将风采？现增加一场大开打，一出小武戏摇身一变成了火炽热闹的大武戏，头场先让陆登胜一场，待等兀术与黑风利合兵一处，第二仗才因寡不敌众而落败。经此一改，不仅陆登多有"一卖"，同时意味着陆登之败乃"非战之罪"也。

"巡城"一折按老路陆登将大唱【导、碰、原】，王金璐因嗓制宜，以【二黄散板】的苍凉之声唱出低回的旋律，虽有不得已之无奈，却也声情并茂，切合此时此刻誓死抗金、面临殉国的特殊情境。

原先唱句太多"水词",如【回龙】词是"为国家秉忠心,食君禄报皇恩,东挡西杀南征北剿,到如今头戴金盔身披铠甲腰挂龙泉紧守大营",又有【原板】词如"宋王爷坐江山风调雨顺,我朝中又出了卖国奸臣,都只为贼金邦兴兵犯境,潞安州兵将寡难以战争,叫人来掌红灯敌楼来进,手扶垛口细看分明"。这些词儿不是使人不知所云,便是大半让人不得要领,现改为【倒板】"守边城御强敌战将本分",再在【撞金钟】板上唱:"深夜里紧提防带甲亲巡,率兵卒上城楼详查动静,盼救援观贼阵暗自心惊……"遣字造句,达意得体,戏情扣得紧上加紧。

"审哈"是一场生丑对手戏,陆登读信时的唱词改得很到位:"上写拜上陆总镇,救兵已遣正兼程,他一人独闯贼营非可信,膻腥一阵是何因?"短短四句,该交代的全交代了。陆登升帐审哈,一问一答,原戏仅有"一翻",现加为"两翻",表演更有发挥的时空余地。新本安上了"豹尾",王金璐加了一场"巷战",场面大显悲壮和惨烈,这里把原词改为"城破我当以身殉,娇儿(一想、一顿)……满城的百姓我怎放心?(插白:'罢!')舍身报国死无恨",陆登猛见夫人自缢接叹:"忠烈难得出一门。"攻微伐渐地一改,境界大为升华。

谁都想改戏,会的,是精改;不会的,是胡改。有本事的,就得让人遇上的是旧的色香味,品到的则是新意味新感觉,但又找不见与传统割裂的痕迹,显得浑然天成,此所谓"移步不换形"也。梅兰芳20世纪50年代初提出的这一戏改主张"非精于此道者不能奏其效,过去有人反对,无他,假充内行而已"。吴小如教授观后有感:"要改戏,就要像《潞安州》那样改。"

四

王金璐的陆登气度、台风、神韵十分讲究,深得杨派蕴藉含蓄之美。即使后半部略含南派风味,也是他杨派与南派共融的演法。

"大战"一场王金璐持枪转身的姿势一如杨小楼，他身形略显倾斜，却又浑圆自然。靠旗、髯口、飘带和腰腿、身手、肩背自然成一整体，各个部位在台上形成的每一道轨迹全无棱角，给人的感觉是处处连续无间断。全身似松实紧、似慢实快、不带废身段、不见废步子，气息松弛控制自如，此乃多年锤炼洗毛伐髓之功。他开打亮相时也有"移步"之作，"移"中出新意，但似是杨派气韵。陆登身上隐约中似见《战太平》的花云，又似见《战宛城》中的张绣，似又有《宁武关》中周遇吉的影子。这三个角色的若干"相"在陆登身上达到水乳交融，程式新用，新在地方，用当其所，就是创新。

"审哈"一场极精彩，陆登与哈迷蚩话锋相接，问答之间几无隙缝，王金璐与钮骠二人"盖口"严密而灵活，念白字字清切，绝非率尔操瓢者可比。王金璐一手按剑一腿蹬椅，目眦俱裂，眼中迸出两道寒光直透哈迷蚩脊梁，左一翻右一翻，全是大幅度的对称身段和间不容发的攻守应对，双方过上了"强电"，陆的机智和哈的狼狈恰成强烈对照，戏味实是浓郁之极。

《潞安州》，王金璐（中）饰陆登，钮骠饰哈迷蚩

王金璐的戏愈是细处愈生色，精妙常在微调中。陆登开城迎敌，与金邦大军两阵对峙，面对漫山遍野的金兵，他跷足作远望状，观后不禁一惊，看来凶多吉少，他的心思全自眼神中透出。又如陆登和夫人正盼救兵盼得心焦，闻报金兵打破水西门，已然杀向城里来了，陆登自知此去必无生还，正欲向夫人交代后事，猛想起事态紧急，只说出一声"夫人你……"，心中潜词是今既以身报国，这个家已顾不上了。随后连催"带马！"提枪匆匆而下，演来细腻可见，见此举止，不知者还以为王金璐忘词了呢。

王金璐在细节处理上常作"骇心动目"之观，同其与"借物写心"相合，戏本来是假的，可就是要踩着生活的道理去演。甩发和"僵尸"这两手技艺举凡武生无有不会，其立意与巧妙则大不相同。"巷战"中王金璐扎靠带甩发，只见他脖梗一用力，甩发竟在空中甩成一条笔直而有弹性的软棍飞向脑后，恰从当中两杆靠旗缝隙间落下，不能拖泥带水，不能挂上靠旗，这比不扎靠的甩发不知要难上多少。陆登自尽时的"僵尸"也很有学问，他不按老路正面后仰，靴底直冲台下，而改为下腰时把身子挪一个角度，斜身倒下时头朝下场门，这全在一条支柱腿的劲儿。如今台上不设"检场"，无法及时撤去身后桌子，改编后的末场十分紧凑，连拉二道幕的时间也没有，再说把靴底从观众视线的正面移开，多少也是一种舞台净化要求，从台下欣赏角度，观众由斜处看"僵尸"，更能对全过程一目了然，岂非一得。

戏的后部带有南派气息，或许与早年所学的杨瑞亭戏路有关。陆登有叼起髯口浑身颠颤的做派，稍嫌火气，与通体杨派神韵有稍欠和谐之处，局部的夸张外露与总体的蕴藉含蓄风格也略有不合。综观之下，大醇小疵而已，责备贤者，"春秋"之意罢了。

新排《潞安州》演出的第二天就有评论文章，有人赞其为"武戏文唱"，可谓一言以蔽之。有人看后大叫过瘾："昨夜星辰仍闪烁，见王金璐功力，一剧足矣。"也有人说得更妙：《潞安州》是一出听后三月不知肉滋味的好戏！"

旧戏新演的《潞安州》是王、李伉俪双剑合璧的精品，王金璐曾经风趣地说："嘿，我真要感谢'文化大革命'，给我这么多时间，静静地默戏研戏。"说来好不洒脱，听来不无三分苦涩，二分感怀，五分豁达，十分豪情。

《潞安州》冷戏变热身价陡增，不久便唱进了怀仁堂。

第四节 执鞭教帐

一

薪火相传，梨园界风气在先。放眼京剧未来，执教比登台意义更为深远，为了托起明天的太阳，王金璐甘作传火一束薪。

学校下达了教学任务，分配给他五名大专班学生，不久，又调来三名中专班学生。20世纪80年代戏曲教育仍沿袭口传心授的传统模式，教师对于学生最终能否成材其作用是决定性的。中国戏曲学院的一支武生师资队伍实力十分可观，高盛麟、孙盛云、傅德威、尚长春、何金海之外，另有一批颇具水准的年轻人。戏曲教学的一大特色便是大有弹性的教学计划，教师拥有极大的自主权，教学要求及授课进度全由教师说了算。教一出戏等于一门课程，课时数的多寡回旋余地不小。不知怎的，王金璐总觉时间不够用，说戏的话匣子一打开，休想收得住，或许教学经验缺乏，把握不住进度节奏，但他确也太投入了，恨不得一下子把胸中所学塞进学生的脑子里。他教的戏出出够分量，不是《挑滑车》《长坂坡》，就是《落马湖》《恶虎村》，这一代学生从未扎过靠，他们大多凭着"提篮小卖……"之类的样板戏唱段考进学校，年龄已然到了十八光景，基础几近空白，怎不要了老师的命！

王金璐尝试"摸着石子过河",边教边琢磨边改进。如果仍沿用由小武戏奠基循序渐进的教法,因学制所限绝无可能,他打破学长靠戏必由小而大步步递进的常规,独辟蹊径,让学生直接同长靠大戏见面,采用了边教边补缺、边教边打基础的实用性措施;针对大专班学生底子薄而领会能力强的特点,结合多启发、多示范、多对比的教学方法,把理讲清,把戏说透,使学生把自身的主观能动性、艺术鉴赏力和分析领悟力充分地开掘出来,果然被他闯出一条路来。3名从未扎过靠的学生短短5个月后就实践演出了重头长靠戏《长坂坡》。

王金璐在讲课示范

王金璐教戏的疯魔劲一如当年他学戏的岁月,上完半天课,付出的精力和汗水胜过唱全本《曹营十二年》。他不甘心把毕生所学带去天国,胸中积聚着一个强烈愿望,让学生早早接过衣钵,香火袅袅,以存京剧余绪。李洪春先生曾有言:"教戏要选材,要按规矩教,要教给真本事,不能误人子弟,戏德为重,切记切记!"王金璐现为人师,自当奉行不渝。

宽容温厚的王先生有着极严厉的一面,对于角色和戏情的理解创造,可以允许学生有不同见解,唯独练功,他锱铢必较,决不允许自由发挥,更不容忍可有可无,打基础是百年大计,想打马虎眼绝对没商量。

王先生把身教看成重中之重,且不说他数十载功夫有多深,就是在"文化大革命"后复出的年月里,也是天天坚持清晨4点起床,摸出家门口，见胡同没人，就走起"趋步"，发现人影，便放慢脚步拉起了云手山膀。车站候车不忘压腿，到了他练功所在的景山公园，便穿上厚底靴先围着花坛正反跑几圈圆场，接着又耗腿下腰，光是踢腿每天不下百八十下，练完功，身子一阵舒适，这才去学院上班。王先生天天雷打不动练早功，学生们焉能不知，他们感到不可思议，但目睹王先生精彩绝伦的《长坂坡·汉津口》后，一切又都显得实实在在。身教是无形的，但学生们练功自觉性的陡然高涨则是有形的。

说起练功，有的学生抱怨开了，有说学校练功条件差强人意，有说练功时间难有保证。王先生对此不以为然，他以身说法，谈自己身体力行的"诀窍"："只要你上心，有的是机会和时间，洗菜洗衣服时可把腿搁在小池子上压着；上班等车，也可把腿压在栏杆上，压吧，没人笑话你；上了车可以一条腿站着，另一条腿别在腿后，谁会注意你这个？如有座，还可趴在前边椅背上，脑袋冲下练转眼珠，人家还以为你打盹儿呢，要想练，随时随地都能练！"学生们恍然大悟，原来王先生的诀窍竟是如此之平常，却又是如此之难为，那是一天生活中无时不在的"零存整取"的练功法，钦佩之余学生们又长了几分劲头。

王氏教学法特色之一就在于他的示范教学，老先生示范示范再示范，在课堂里司空见惯，他多半是武功姿势和舞蹈程式的示范，属"累工"中之累工。侯喜瑞有言，在课堂上教戏，要"既当座钟，又当走马灯"。王金璐岂止"走马灯"，他简直快成齐天大圣了。有一回，他累了一天，临回家时还带个"手把徒弟"，及至家门，急忙嘱咐学生："你师娘问起学院事儿，千万别说我教五个人，就许说俩。"学生连连点头："放心吧您，我今天保证说瞎话。"李墨璎日后明白，再劝也不济事，丈夫沾上戏就走火入魔。

王金璐的教学重点在于"戏"和"人"，在武戏文唱日益淡化的今天，让学生摆正戏与技的关系显得尤为重要。他教的《战冀州》

与近期盛行的演法出自两种不同的戏曲美学观念，即以出戏出人出形象为美还是单纯以技为美？此戏高潮在马超见妻儿时突然间的前扑和后"僵尸"，但必须唱得声情并茂，做得真挚感人，跌扑只是强化戏情的技巧手段。"技为戏用，以戏驭技"的原则一直贯穿在王金璐的教戏全过程。20世纪80年代以来，"马超"身价大跌竟沦为撒子武生，起兵回冀州城下，翻一连串筋斗外加一个抢背不知何意。及至妻儿被害，精神突遭重创，此间用抢背、扑虎、僵尸等技巧均属合情合理，但大翻筋斗，甚至大玩空中转体显得说不过去，诚如吴小如先生所说，如果愿意翻筋斗，去扮马童多好。

曾有某地文化局一位局长带了一名青年武生千里寻师，局长建议王先生把《挑滑车》戏中最难的动作先给孩子说说，让他回去先练。王先生笑了笑说："要说最难的，就是站在台上能像高宠，这可不是光练就行的。"至今有不少人不懂"功夫在戏外"的道理，"取貌遗神"不足为训，别以为满足形式上的像三分就已经窥见了前贤的堂奥。王金璐戏外功夫下了40年，他是深明其理的，正因如此，王先生课内课外的说戏聊天属于"戏外"的就有不少。

二

王金璐开山门收徒早在抗日战争年代，当时他不过二十多岁，徒弟王元信仅小他7岁，小师父收下大弟子，亦是梨园常事。元信坐科富连成社，舞台经验丰富，练就了一手执导武戏的本事，眼下便是北京京剧院武戏"大总管"。无独有偶的是王金璐长子王展云也是个中好手，展云从小爱戏，李洪春爷爷把着手教过一些，老子见儿子爱上这一行，也就因势利导顺其心意了。李老先生常生气，只因后生都不太愿意学戏了，展云常到李老处，老先生见展云孺子可教，于是把希望寄托在这位徒孙身上，"我这些货干脆都卖给你吧！"展云因此一个筋斗翻进青云里，得的全是这位红生"通天教主"的实授，居然接过了师爷爷的戏包袱，日积月累的学下了近五百出戏，不少戏连他老子王金璐都不会。如果说，王元信排戏管武不管文，那么王展云便是文武昆乱一脚踢了。王金璐这一徒一子，于王连平退休之后，在京剧院团执排武戏的高手中无疑成"双峰插云"之局。

早在加盟上海京剧院时期，王金璐先收了顾森伯先生介绍的李兆来，又收下郭坤泉哲嗣郭仲春；在京养伤之时，先后收了杨少春、勾荣禄和李端三名梨园后裔；1978年王金璐执排《逼上梁山》和《三打祝家庄》，北京京剧团青年武生石宏图常紧随在侧，一边看一边为王先生做记录，处处皆尽弟子礼，王金璐念其诚，且嘉其人，遂结师徒之谊。

二本《连环套》，王金璐（右）饰黄天霸，长子王展云（左）饰梁大兴

1980年的一天叶盛长先生找上门来，带着他的公子叶金援，开门见山，就为拜师而来。王金璐一时踌躇，心想人家可是"喜连成"当家人叶春善先生的哲孙，怎么今天要"跳槽？"叶盛长许是一时心血来潮吧！他对金援直言不讳："你不要拜我，要拜富连成，拜谁不成？有的是人。"谁知盛长先生斩钉截铁："我都一一比较了，就拜您！"他说话间还用笔写下一句话："我没有本位思想。"真好一位叶盛长先生，有胆识、有魄力，全不计门户之见。人家既然认准了，把话也说绝了，况与盛长本有旧交，金援这块好材料又是十分难得，雕琢得法何愁来日不成美玉，因此他便笑呵呵地应允了下来。

三

王先生在校教的第一出戏是《挑滑车》，学这出戏的共有四名学生，王平条件上佳，后来是校内实验团的当家武生；王响伟和吴树林也是上佳人才；还有一位徐小健，是他一再争取来的。有人曾问起"你这里怎么还有徐小健？学校里不听话的学生他是第一号"。这名学生人高马大，力猛势沉，谁也不敢惹，不想到了王先生身边就好似换了一个人，老实憨厚，唯王先生马首是瞻，像是一头驯服的绵羊，徐小健怎么了？人都看不懂了。

王先生找他单独谈心："为什么要跟我学？""我看过您演出了。"回答很是简练。王先生又问："为什么不跟别的老师学？""有的老师说我太闹，不愿教我，所以我就捣乱。"他实话实说。王先生严肃地告诉他："我教戏可十分厉害，也许会拿板子。""我听您的！"态度明朗之极。果然，名列"编外"的徐小健练功场上总抢先，练的就是比别人多。见他已知奋发，王金璐便又教导于他："戏再好人品差劲也不行，再好的艺术也要刨'分'……"潜移默记的功效显现了，他私下练功之刻苦全校第一，学院大会上就表扬他一人，王先生每天提前到校，总瞧见徐小健独自一人一遍又一遍地练得够苦，便抓紧时间为其加工，他不禁对这名发奋的学生渐生怜爱之心。

另有一位张家旺，原是陕西省京剧院学员，老爱看戏、"偷"戏，尤其在王金璐扬帜西安的那段日子，他施尽了"偷"戏的本领，钻劲达到十二分。待王金璐返京之时，他已学会《挑滑车》，当时便由他顶缺。西安地区收入微薄，他被迫到处借台演出，挣些小钱。由于到处打的是"王金璐弟子"的招牌，一路闹得挺红火，最后落脚在苏州市京剧团。世上真有凑巧事，苏州市京剧团正要赴京演出，这下急坏了张家旺，"真人"可要露相了。他先行一步到北京，惴惴不安地叩开了"老师"家的门，坦白了自己的冒名之罪，在期期艾艾地说明来意后，恳求王先生救他一把将其收下，言语神态极为恳切．王先生念其心诚，且怜他又是孤儿，一心想学戏的青年人已然不多，也属难能可贵，遂允其请。然而张家旺坚持非办拜师仪式不可，王金璐却其不过，正巧学生王平和徐小健皆有拜师之想，于是干脆三人一起收。

拜师仪式定在河南饭庄，参贺者名家如云，李洪春、李万春、侯宝林、吴晓铃、史若虚、高盛麟、尚长春、马长礼、孙盛云等均前来参加贺仪。九旬老翁侯喜瑞也大驾光临，鲁殿灵光的侯老，逾耄耋之际，添海屋之筹，拜师会上喜见人中之瑞、剧中之瑞，真算得喜临门、瑞满堂了。

1987年，王金璐与部分弟子合影
左起：刘盛春、杨少春、王金璐、王元信、叶金援、王平、王展云

拜师会上有一纪念性场面：侯老心头冒喜气，饭后同王金璐回忆起当年同台《连环套》的往事。王金璐刚问："您现在还能摆相吗？"侯老立即一把抓住金璐的手腕，同时亮了一个掏翎身段，口念一声"挽手而行！"马长礼眼捷手快，马上按下相机，及时地把眼前这幅珍贵的场面摄入镜头。王、侯《连环套》盛事一晃四十余

载，这张便装戏相实令人有恍同隔世和维系前尘之感，李万春一边大呼后悔："唉，真好！我怎么没想起来。"

徐小健在一次偶然的机遇中涉足影界，先后在《复仇大世界》《粉墨奇案》中出任主角，自此影途大开，片邀一部又一部接连而来。虽在另一番天地里找到了自己的位置，饮水思源的徐小健事师至孝，还老是重复着那句话："我只听爸爸和师父的。"

1981年，在收徒仪式席间，王金璐（左）与侯喜瑞（右）即兴拉了一个《连环套》中天霸拜山的身段

第五节　海内独步《战宛城》

一

1982年西城区落实政策，李墨璎分配到一套公房，新居坐落在北三环西路双榆树地段，那里远离闹市喧嚣，毗邻大学区，同西四大糖房相比，似乎换了一个天地。

老两口感到生活上的满足，主要来自一家人的安定。展云婚后不久便迁出另过，他调入北京京剧院后，开始了由演员向导演的转轨，他终于找到了日盼夜想的用武之地；展翼在父亲东山再起的日子里缔结良缘，迎来了父子俩的双喜临门，在迁入双榆树前他也自立门户了；天香小时学过戏，颇有天分，但性格过于柔和，难吃这口戏饭，当父母的就中断了她的戏途，她后来读上会计，"文化大革命"伊始便已出嫁，10年浩劫中也曾与父母共度患难岁月；天慧性好读书，中学6年班上成绩非冠即亚，受命运捉弄，她成了插队落户的一员，在延庆背篓商店干上营业员一行；后来看到要批张铁生了，她夜里躲在被窝里打开小电筒编了几个小品，正巧北京大学到当地插队的知识青年中招生，招的就是非张铁生一类的学生，结果被挑上了。王家出了大学生，何况是顶尖的高等学府，这回真的改换门庭了。天慧同兄姐们一样，也喜欢京剧，也能哼上几句，展翼正式拜过师学过武场，他唱上几句韵味不让其兄。当父母的对子女自选职业，向来持尊重和开放的态度，一家子在充盈着一派和乐融融的气氛中还有着一股浓浓的家庭民主气息。

家无后顾之忧，王金璐得以释放他的全部能量，他开始在学术界活跃开了。从1979年起他应邀为中央电视台、北京大学、国际文化交流协会、北方昆曲剧院、中央戏剧学院、北京市剧协等许多院团、协会举行过讲座；在报刊杂志上先后发表了《浅谈马派》《京剧武生概谈》《马派的武打》《改进戏曲教育的几点意见》《关于〈八大锤〉》《寄希望于未来》《我演〈挑滑车〉》等十多篇文章；参加了大量社会活动，包括1984年春国务院举行的各界人士庆元宵活动，也出席了多次高层次的艺术讨论会，甚至还为《北京日报》《北京晚报》、天津戏剧博物馆、泰州梅兰芳纪念馆、中国戏迷协会等报刊和场馆题字。王金璐就像是鼓满风的帆、上紧了的弦，这位旧社会以拼搏立身、从艺途中坎坷走来的汉子，如今65，仍在顽强地挺起坚毅的脊梁。

王金璐良师益友太多了，不是大名鼎鼎的名教授，便是出类拔萃的研究员，还有不少学贯中西的大学者。他家有一位近邻叶开沅教授，是一位卓有成就的固体物理学家，一位超级大戏迷，一位地地道道的京剧事业活动家。他曾是钱伟长的得意门生，"文化大革命"时戴过反动学术权威的帽子，遭过牢狱之灾，身陷囹圄之日与著名旦角陈永玲成为一对难友知己，二人关在一屋整天聊戏。叶开沅先于陈永玲出狱，分手前陈拜托叶先生为老母送些钱去，叶当时两手空空，但还是筹措些钱按约送上门去，确是位极重义气一诺千金的君子。他刚出狱，吃饭尚未有着落，但戏非看不可，听不到胡琴响，心里不踏实，挣上些许钱后就买了行头和乐器，实在痴得可以。他搞起一份刊物《戏曲论丛》，请出赵景深先生任主编，叶先生自任副主编，他搞戏曲的兴头远胜于物理，一旦瘾发，可成"活神仙"，整天不吃饭不睡觉也不在乎。恰恰是这位叶教授，拉起《戏曲论丛》的旗帜，筹措到一笔赞助，便做起了振兴演出的策划，并亲自上门找王金璐共商大计。

二

征得王金璐的加盟，有了他和陈永玲这对当年"中华"师兄弟的绝配，大事济矣。应邀参加的还有著名净角景荣庆，袁世海之后，架子行就数景荣庆和袁国林了。说起陈永玲，他一度是"四小名旦"的第一后补人选，师从筱翠花，兼学荀慧生，亦工梅派戏，唱做皆上乘，校友剧团时期也曾与金璐师哥同台献艺，18岁已大放异彩，陈永玲绝非浪得虚名之流，他是一位绝对的实力派。

振兴演出的第一站选定在上海，时间定在1984年年底。12月份，正是沪上最寒冷的时候，江南的寒冬王金璐是领教过的，人民大舞台两千几百个座，偌大的场子没有暖气设施，只要在场内坐上半个钟头，就会冻得蜷缩一团，有谁会在这个倒霉的季节去上海唱戏？那里的老观众老知音最年轻的估计也在五十岁上下，宁冒风寒上戏院的老"铁杆"戏迷恐怕有限。不知又从哪儿冒出一条小道消息，上海近来京剧演出市场颇有不和谐音,据闻各方面精诚合作的气氛较为淡薄,不知可真?王金璐但愿自己是杞人忧天才好。

他们到达上海时,天气果然很冷,零下好几度,室内室外几乎一个温度,他们走进人民大舞台热身,台上冷飕飕、凉冰冰的让人展不开手脚,这种鬼天气会有多少观众上门,王金璐心里实在没底。不知怎的,宣传海报缺乏力度,报上广告也不醒目,声势显然营造不足,因此王金璐益加皱紧了眉头。

人民大舞台贴出戏码,王金璐共演5场,其中《长坂坡·汉津口》《蚁蜡庙》《潞安州》各一场,独有《战宛城》翻头演两场。他下榻的申江饭店离剧场不过百步之遥,剧场售票状况和戏迷动态出门即知,严冬季节,冲着王金璐而来的还真不少。这几天老友们也上门频频,王金璐27年没在沪上露面,老人缘依然。童芷苓熬来鸡汤给他进补;李仲林有同行之谊,又有表弟仲春居间,关系更近了几分;贺永华这位20世纪50年代的黄金搭档对他连声道歉:"20年后又是一条好汉,我再陪你演。"霍鑫涛则送鸡为王老师佐酒,想当初霍鑫涛还是他在上海京剧院那时教过的第一位青年武生,此番振兴演出即由霍鑫涛率领的二团助演,这才使王金璐稍稍心宽了几分。

登台前夕,一位当地大学教师来访,见面道上名姓,王金璐大喜过望,原来上门的就是笔谈三年神交已久的汪沛炘先生,没谈几句,顿觉相见恨晚。汪先生腿脚不便,硬是从大老远的郊区顶着漫天飞雪一步一步挨到申江饭店,王金璐已觉输了一份大人情。他想,汪先生比自己年少16岁,怎么对我一生艺事如数家珍,见他出语不凡,言多精辟见解,上海地界果然藏龙卧虎。隔天又有一位张教授上门作客,说起王金璐20世纪40年代闯荡梨园江湖的一段岁月,听来甚为亲切,没想到这位知音连他早年的《徐策跑城》都耳熟能详,而且还能辨认出李墨璎来,上海知音何其多,王金璐真是不虚此行了。

宾主相叙正欢,忽听"探马"报道,炮戏《战宛城》卖了一个满堂,看来兆头还算不错。

1984年，王金璐在演罢《战宛城》后与吴小如（右）、汪沛炘（左）合影

三

《战宛城》，又名《割发代首》，早年为武生正工戏，自谭鑫培以须生应工，一时成风，余叔岩盛时每以此剧相号召，风气所趋，几成须生正工。老本子没有唱句，张绣也不挂髯，此皆由谭鑫培始作俑。谭中年专工老生，遂将一切诀窍筋节全授杨小楼，杨身后传人中凡有武老生根基者必动这出戏，才使《战宛城》又回归武生本工。流传至今，此戏已然归属谭杨主流，划入武老生应工一路。

王金璐见过杨小楼的张绣，也见过周瑞安、孙毓堃、高盛麟、傅德威演的《战宛城》。20世纪30年代末以来，《战宛城》一直是王金璐常演的招牌戏之一，曾与之同过台的名角足可列举出一大批，如有侯喜瑞、蒋少奎、陈富瑞、李春恒、赵德钰、叶盛茂、景荣庆等的曹操，有杨春龙、傅德威、萧德寅、洪德佑的典韦，有筱翠花、荀慧生、毛世来、宋德珠、李玉茹、许翰英、吴绛秋、白玉薇、田菊林的邹氏。今天在上海人民大舞台重演此戏，陈永玲的邹氏，景荣庆的曹操，王云鹏的典韦，艾世菊的胡车，俱一时之选，算得上梁柱齐整的上佳阵容。

《战宛城》是王金璐、李墨璎二位又一"移步不换形"的精品，剧中妙笔俯拾皆是，首次亮相即在上海人民大舞台。

"回操·打城"王金璐的张绣出场，一阵碰头彩自然难免。"打城"是重点场次之一，原先同典韦接仗，一削头亮相便下，显得太不堪一击。他按展云建议，头里在连败曹将之后加打一套快枪，把舞台气氛先渲染一番，果然大为见效。接战典韦改为每仗落败皆有一【四击头】亮相，不仅场面火炽了许多，且脸上神色俱有交代，张绣不是武戏武唱的主儿，应有心理活动的展示。记得在他少壮时代，曾有典韦挑盔和张绣甩盔的技巧，20世纪50年代初废除了检场制无人接盔，甩盔遂一免至今。张绣刚与典韦接火，神采奕奕地怒目而视，及至躲过"削头"，两眼一眨，眉头微皱，方才连胜数仗的倨傲神态一扫而尽。他一手紧握拳，一手背扣枪，向后蹉了几步，目中显出无比的震惊，于是双眉平蹙以手托髯，挡脸侧身而下，把吃惊后的愧色惭意一直带下场去，这场开打的学问就在于打出了"戏"。

张绣上阵前仗着削刀、火牌善战，大有"何惧曹贼"的自信，故不纳贾诩紧守城池之谏。大败而归再见贾诩之时，张绣面带愧意，他反复思考之下，终于听取了贾诩暂且降曹之计。其对贾先生前倨后恭的分寸感把握合度，可谓细腻。

"观操"　张绣从"观操"到"惊报"、"探信"、"定计"诸场全着官衣装扮，当年周瑞安、孙毓堃等的扎靠戏威风凛凛，台上一站多够"相"，穿上官衣则是小心翼翼。论官衣反倒是王金璐这一代杨派武生不少人演来称手，万春、盛麟等都同王金璐一样有着扎实的老生戏功底，自然占了先手。

曹操将宛城印绶交付张绣执掌，典韦、许褚提出要会一会削刀、火牌，张绣意在保存这支训练有素的队伍，演操时一边用令旗指挥，一边用眼神暗示故意落败,这是张绣在同曹操斗心思,也属王金璐的一处细节表演。

演操毕,曹操令张绣把两支队伍划归典、许统率,张绣赖以东山再起的本钱被没收,送下曹操后他心中烦恼至极,正苦苦思计,不料许褚挺胸凸肚大步走来。许视张绣为降将,态度异常傲慢,显然对张绣在示威。此时王金璐的张绣败军之将不敢言勇,只得侧身拱手礼让一边,口中连称"许将军,许将军",让许褚大摇大摆地走过,眼里却露轻蔑之色。许乃手下败将,心里焉能服膺,转身一指一托髯,转念一想,"唉"的一声,一口气顿时咽进了肚里。

送下许褚,重又低头寻思,谁知迎面又遇典韦耀武扬威地走来。见了典韦,张绣吃惊之下双目一睁,连眼神都变了。他接着步子向后一撤,"喔,典将军",正身拱手之时谦卑地边赔笑边后退。他走过身去横眼瞧典韦,心里恨恨的:要不是你,我不致有今日之辱。见典与见许,王金璐一个正身一个侧身,有所区别,很有讲究。典韦再次发威,飞扬跋扈之状把张绣逼得步步后退,他"是是是"的诺诺连声,站在典的身后恭送下场。两番表演,丝丝入扣,引人入胜,就同层层剥蚕似的透出张绣的复杂心态,尽在"忍"字上下笔。

典韦下场,张绣一看典的背影,再一看手中令旗,"唉"的一声摇头走下,这是老演法。戏演到这个当口,张绣心潮翻滚不能自制,此时羞与恨迸发,雪耻之念萌生,表演正大有发挥余地。王、李二位绝不会放过这一"戏眼",他们精雕细琢地在令旗上做开了文章:张绣此刻一抬头,看一下典韦后影,右手拿旗走出一小弧圈形,背执令旗推髯向着下场门"一望";再把令旗挥至胸前画上一个圈,接着右手执旗,左手扶右手腕,令旗提在胸左向着下场门"二望";然后面冲前高举令旗在三响锣声中左手指旗,手微微发颤,随后卷令旗付左手甩一个"花",左转身一圈半,身子冲向台前,右手绕袖甩髯口亮相,最后边摇头边晃旗,走着马派的台步在唉声叹气中走下。令旗到了王金璐手里,如高手拨古筝,巧妇揉面团,用在戏中描摹一种无奈的难言之隐，神妙真到了秋毫。不需多费口舌，张绣内心之忿、之恨、之怨、之羞尽在令旗上得以宣泄，如此画龙点睛的一笔，让人能不眉飞而色舞？有人曰："王金璐'观操'一场，非细为咀嚼者，不足以辨其毫厘。"其《战宛城》一戏之精到，看"观操"一折足矣！

"惊报" 上场时念一副"对子"："俯首依人岂是计，暂保宛城待来时。"王金璐念上句时心口自问："你是汉贼，我岂能效忠于你！"中间稍一停顿，眨眼一想，叹一口气，再念下句，潜台词是：还是先凑合一时，找机会再谋良策便了。上句含蓄，下句坚决，但绝非怒目金刚似的剑拔弩张，这小小的细节一纵即逝，却把张绣那牢骚满腹心犹不甘的一腔心事和盘托出。家院报信，婶娘被抢，张绣敛眉苦思，心中疑窦丛生，到底哪里来的这伙强人？莫非……几个问号在脑际急速盘旋，脸上眉峰紧蹙，口角翕张，髯口频捋，王金璐此时神气聚焦点全在双眸，使的尽是心劲。这场的四句【西皮散板】王金璐把十字句改成了七字句："忽听家院报一信，胆大军兵敢胡行，速备坐骑曹营奔，见机行事探真情。"减了字，词意反而更确切。

《战宛城》，王金璐饰张绣

"探信" 张绣前去曹营窥探动静，门将言道，"丞相尚未起床"，已疑其中暧昧。他竭力保持镇静，以问安为由没话找话，两眼却在警觉地扫视四周，探寻蛛丝马迹。曹操提出往日曾与张的叔父一殿为臣，从今而后与张绣改为叔侄相称。张绣始而一愣，继又一想来得正好，他口称"愿尽子侄之道"，恭顺之意，谨饬之容，溢于言表，心里则疑虑更重。曹操吩咐看茶，张绣谦称不用，不意抬头间突见婶娘贴身丫鬟春梅，张绣"腾"地站起身来，一切全明白了，他全身好似凝固了一般，连两颗眼珠子都停住了。此时的张绣怒火中烧，气得两手用力甩直了水袖。他定住了神一直发着呆，正咬牙切齿际，曹操又在身后连呼侄儿，他还得"叔父叔父"的马上应承，羞辱、愤恨、愤怒到了极点。只见王金璐饰的张绣此时强自镇定，虚与委蛇，时而掠过一丝咬牙的表情，直瞪瞪地张圆了两眼，似乎又在盘算着什么……"探信"整场表情做派藏中有露、露中有藏，不少小过节处均以脸部神态和眼中目光示之，凭的全是内心节奏。人言"凭心谱驾驭内外，离化境正是不远"，王金璐火候之老到于此可见。

　　张绣在忍字上做足文章，曹操果不生疑，张绣遵命出营，念"莫将神色露，回营定计谋"，抓袖提袍急步下场，切不可将小不忍则乱大谋的心思曲曲传出。当张绣唱完最后一句【散板】"此仇不报枉为人"，台上气氛霎时紧张起来。

　　"定计"　张绣回营与众将议计，贾先生献策，以赠马为饵灌醉典韦，盗其双戟则大事可成。万事俱备，独缺"马夫"，部将胡车自告奋勇，愿舍生忘死走这一遭。王金璐的张绣听完胡车表态，一时激动难抑，原演法为张绣念完"受我一拜"，二人搭着手转一圈双双有一跪，现改成张绣一把抓住对方的手："将军，你有此胆量？"胡答："有此胆量。"张绣心头一热，已然说不出话来，他双目直瞪胡车，嘴里含着一个"好"字，久久出不了声。待了一会儿，突然跪下，"受我一拜"，把戏的内势蓄足到了这一节骨眼上，把戏全"跪"出来了。说千道万，灵感来自高超技艺和身心自由契合时，精彩的一瞬应在有意与无意之间，这一加工无疑又是点睛之笔。

　　"定计"是最后一场官衣戏，他的下场步飘逸而洒脱，官衣下幅左右微摆,纱帽翅上下微晃,真好一派马连良风采,故而每当他的官衣下场,常会激起阵阵掌声。吴小如教授曾同马少波先生谈起马派背后戏,称当今也仅王金璐一家了。

1986年,《战宛城》,王金璐(左)饰张绣,吴素秋(右)饰邹氏

"劫营刺婶" 胡车盗戟得手,张绣夜劫曹营,王金璐不采用以往走太极图东张西望的松动走法,改为高举令旗带兵上场,又迅疾而过急步下场,令旗唰唰作响,场面一派紧张。张绣重新扎靠,白绸条加面牌甩发,一身孝服穿戴,用以激励将士们的上气,大有哀兵一死相拼的血气。场上气氛营造十分成功,刺杀典韦,追!刺杀曹世子,追!张绣右手高扬,一连挥手"追追追",追杀曹操的逼真气氛扣人心弦,不少观众都道这一场戏"把我们紧张得心都提起来了"。最终的刺婶,王金璐袭用杨小楼"刺三枪"的演法,他目中透出又怨又恨的目光,把兵败受辱的怨恨全集注到了邹氏身上,念白虽有咬牙之忿,下手却并不见狠,与其说是一刺,不如说是一送,这一送,亲情、无奈加怨恨全在其中了,这一枪也使台下人心生

感慨。

《战宛城》剧终，人民大舞台气温骤升，王金璐不输当年更胜当年，如今《战宛城》能唱到这般火候的他是独一份了。此戏大累，但与其说身累，不如说心累，整出戏中王金璐"演戏演人演心"的原则贯彻始终，若非心里出戏，又何以能使这许多新老观众心折？

"文化大革命"教会了他用"心"去思索，去揣摩，去化解，去推断，由此及彼，他对戏的琢磨也进入了"心"的世界，王金璐苦修，李墨璎苦研，修研的正是这门功。吴小如先生说得好："唯有痴情，方有戏情。"《战宛城》正是王、李二位研之又研磨之又磨的一部精品，它给人以似曾相识又别具风采的观感，也给人以"春来遍是桃花水，不辨仙境何处寻"的意境，称其海内独步，或非溢美之词。

第六节　以艺会友

一

寒流袭击大上海，少有的低温令上海戏迷望而却步，人民大舞台一锅子水烫而不沸，营业热而不狂，若非王金璐这块牌子，这种鬼天气能卖出几张票？

一阵阵凛冽的寒风，吹得人浑身冰冷，一批批沪上知音顶着寒流赶向人民大舞台，一睹暌违27年之久的王金璐及其杨派名剧《长坂坡》。他们着意的不是包装而是成色，面对精于此道的老知音，王金璐唯有以一身实学谢知己，以艺会友，凭的就是"艺"。

王金璐杨派戏中那些文场子往往是于细微处见精神的出戏之处：他的赵云始终是一副两眉深锁愁肠百结的忠臣形象，性格显示更多的是一个"忧"字。《长坂坡》上场之初，赵云就略皱双眉微眯两眼，脸上犹如笼罩着一层冷肃的秋霜。"昨夜三更时分，曹兵接杀往来，也不知主公与二位主母逃往何方去了？"几句独白外松而内紧，眉心紧锁，忧思忡忡。赵云接念"……有何面目去见主公"这段白口时，眉尖锁得更紧，双眸似裂，心急如焚。那内外交织的忧思，在后续的救简雍、救糜芳、救甘夫人，直到劝谏糜夫人和几次拒接阿斗，无一不把内心之忧与外形之急在脸部神态和无可奈何的举止中交错地表现出来。他几乎把《长坂坡》每一场戏都掰碎了吃在心头，对刘备、主母、张飞、同僚、曹将、百姓都有不同的表情神态，讲究分寸感无不恰到好处。演到"掩井"一场，赵云被糜夫人投井的突发事件惊呆了，他焦急地在"井"边徘徊，向"井"内痛彻地望去。此时的王金璐拔直了背，目光垂直向下，扫视范围仅在一尺左右，这口井的存在全凭赵云这一看是否逼真，表演之细腻由此可见。

　　台上的王金璐无一处不显大将风范。看他一出场的不紧不慢、周身雅饰，不毛躁，始终稳稳当当、气定神闲；与糜夫人一场对白，情急之状无以复加，但仍不失大将谨饬风度；山头大战勇武火炽，却时时透出儒将气概；看他【四击头】的亮相下场，不用常规的英武有力之相，而是顺势而下轻轻一颠步和一回头，正与最后一锣契合，其劲头含而不露，使人觉其精力弥漫内劲深不见底，大将军的气度神采跃然眼前。沪上知音所求的满足正是这类以小见大之处。

　　《长坂坡》演到"大战"，全场沸腾了。谁也没想到65岁的王金璐饰的赵云桌上扳起朝天镫后竟腾空一跃劈叉到地，功夫啊，这才叫功夫！美中不足，当年一条响堂挂味的嗓子不见了，上海老观众很不习惯王金璐开出口来嗓子居然又低又沙还带三分涩。要说泄气的事也是有的，台上的糜夫人"跑箭"和"抓帔"本是精彩的"卖点"，可惜皆因戏生而难成默契，以致上好的一场戏变得精彩全无。

　　人民大舞台内外，上海老戏迷七嘴八舌："看人家王金璐，那才是杨派，不卖噱头，不洒狗血，活生生的一位赵子龙"；"要是从文戏角度看武戏,王金璐的戏耐得住看";"这么冷的天,这么差的配角,每天还有九成座,就算相当成功啦!"……

二

上海演期末了,南京"接站"已到,老校友费玉策代表江苏省戏校专程来邀。王金璐夫妇本想先回北京休整几天,不料费玉策先下手为强,不管三七二十一把师哥师嫂的行李径自先运去了南京,好歹也得让他二人当一回金陵客。

南京车站下车伊始,扑面而来的是一股人情暖流,王琴生、梁慧超、陈正薇、周云亮、冀韵兰等一批老友齐来车站相迎,他乡遇知交,不亦乐乎!旧友相叙,海阔天空,纵论艺事,畅谈人生,其乐陶陶不下于大酒肥鱼。人曰老人有"四老"缺一不可:老伴、老健、老本加老友,王金璐占全了。老友眼里所见,王金璐天性活泼常欢快,貌似老翁心尚童,依然活力泛泛,但如今仍能活跃氍毹之上的老熟人毕竟日见凋零,其衰势已不可逆转。"文化大革命"后业已第九个年头,武生行疲软之态渐显,李万春、高盛麟、黄元庆等多人俱已抱病,曹艺斌、侯永奎、姜铁麟等皆已作古,前些年张云溪在上海宣布退休,以《三岔口》作为绝唱答谢助他成名的上海父老,宋德珠师兄前些年遽归道山,才66岁即告别人寰。老人对老人的哀悼常常是不用眼泪,而是从心底涌起一股复杂的驱不散的忧伤。

受江苏戏校之邀原为教《潞安州》一剧,由于盛情难却,在当地坚请之下献演了《挑滑车》。他在上海没演成此戏,一直憾意不消,没想到在南京补过了这把瘾。王金璐饰的高宠手执盘龙枪出台倒是一件新鲜事,这不是《状元印》里常遇春的兵刃吗?原来这里有段动人的小故事:去年李玉声赴京演《挑滑车》,到处借不到大枪,偶然间同师哥说起此事,王金璐二话不说,便从家里拿出他仅有的一杆大枪,因李玉声嫌家伙长了点儿,王金璐索性把枪齐着钻给锯了。他一心为托师弟,把要紧的吃饭家伙都拱手让人了。

一出《挑滑车》休想刹住车，情商之下又唱了《潞安州》和《蚰蜡庙》，还同费玉策一起录上一段《连环套·拜山》。事有凑巧，当地一位友人送来礼品一份，原来是珍藏多年的一张全本《连环套》的名贵戏单，戏单上让人弹眼落睛的是，窦尔墩一角为金少山和裘盛戎前后分饰，黄天霸则由王金璐一人到底。其《连环套》身价几何，40年后又有了凭证。

某日排戏正酣，现场来了一位老者，乌漆墨黑的脸，着一身中山装，由人搀扶着来见王金璐，见面连呼："老师，老师，我看您来啦！"王金璐怎么也没想到眼前出现的是他40年前收的学生，当时上海戏曲学校的高才生、江苏省第一大武生王正堃。1941年他第一次南下时曾为王正堃说了《连环套》，正堃仅小王金璐8岁，收之不宜，但正堃一直执的是弟子礼，没想到如今见面仍尊以师礼。烟梦往事历历在目，现今都成老头了，令人感慨万千。正堃拟办收徒仪式，特来亲邀师父入仪，王金璐一口应允。拜师那天领导同行去了不少，王正堃当场关照徒弟："先给师爷爷磕头，"接着又对王金璐说，"我也给您磕头。"这一尊师规格目前太少见了，王金璐实在受不起这一礼，赶紧在半礼之际搀住，双方皆不托大，彼此执礼如一，应属佳话一件。

三

熬过于溽热的三伏，盼到了8月的初秋，叶开沅教授重起炉灶，仍以《戏曲论丛》杂志社牵头，再打振兴京剧的旗号，筹募经费复兴义举。叶教授重上双榆树议事，定于1985年9月份移地天津举办第二期，那时正是金风送爽的大好季节，叶先生赤诚如此，王金璐能不慨然而诺。

天津市第一工人文化宫的合作一下提升了规模，第一工人文化宫全场2468个座，比上海人民大舞台有过之而无不及。加盟各方包括新闻媒体和天津市京剧团，方方面面全能携起手来，合作气氛一片融洽。久违津门35年，这回王金璐面临的是一场严峻的挑战，他是津人心仪已久的一块大牌，人们期望值极高，且大多带着一份同厉慧良的对比心理，这戏便益发地不好唱了。

参与其盛的名家不少，陈永玲也是一块大牌子自不用说，海报称其集梅、程、荀、尚、筱于一身的"中国名旦"，净角有费玉策、萧德寅、陈霖苍和杨博森，生角有王琴生和叶盛长，旦角另有吴江燕，武生有王金璐弟子叶金援，这套阵容较之去年年底的上海不知强出多少。演期共10天，王金璐领衔演出八场，贴戏共5出：《长坂坡·汉津口》《连环套》《翠屏山》《蚁蜡庙》《战宛城》，另两天则由陈永玲担纲。第一工人文化宫的盛况近乎狂热，售票处人头攒动，这种红火场面在津门亦是难得一见。

久违了海河，久违了天津，王金璐对津门有着特殊的亲切感。乡音民俗如昔，剧场照样兴旺，戏迷严阵以待，依然街市如织行人如蚁，只是市容大改，很多熟悉的所在已然面目不识了。久违了，赵松樵老先生，这位80老人早在20世纪40年代初就与王金璐相识于上海，老人听说王金璐抵津，特地来到第一工人文化宫后台看望，相叙甚欢。老人仙逝之日，王金璐还赶到天津抬一抬柩，守一守灵，为这位可敬的老人作最后送行，此是后话。久违了，张世麟先生，有道是天涯原咫尺，此地又逢君。这一代干武生行的熟人日少，多少令人心生夕阳残照之感。张世麟与北方武生代表人物之一李兰亭戏路相同，张世麟成名不易，最有探讨价值的是他几十年来走的一条扬长避短的技术路线。他谦称自己是没嗓子没腿功没跟斗的"三无"武生，竟也成就津门一路名家，他更多凭的是"技"和"术"，故与厉慧良的戏路似有相通之处。张老68，廉颇老矣，壮志犹存，张世麟不止一次地来到后台与王金璐会面，还备下酒席宴请王金璐、陈永玲二位，为他们洗尘接风，以尽地主之谊。

天津京剧界的著名人物丁至云、王则昭、赵慧秋、李荣威、马少良等都一一拜访了这位津门"稀客"。看他身板硬朗，性格年轻，叫人艳羡时光似乎在他身上无痕，但他那种为人处事，豁达淡泊，又的确让人感觉到岁月的积淀。人曰：以武会友，豪爽；以文会友，浪漫；以书会友，含蓄。那么以艺会友呢？或许但求"会心"二字吧！

第一工人文化宫所贴五出戏大有学问，《连环套》《翠屏山》已为津人多年所未见；《虮蜡庙》《战宛城》皆非厉、张二位常规剧目。听说有人提醒王金璐小心，他则淡然一笑："此去以艺会友，又非上阵厮杀，何用如此紧张。"

四

第一工人文化宫台上演绎的是杨派武戏文唱的《长坂坡》，没有废身段，没有废表情，没有废步子，唱念做打简练明了，一招一式内涵充实，一切表现手段均围绕戏情和人物而发，朴实又淡雅，严谨又大方。细辨其味，细察其境，却是出奇的绚丽浓烈，武生戏演至"戏中人"的程度，则艺近化境矣。

王金璐、厉慧良二位皆《长坂坡》执牛耳人物，因所宗不一，理解不同，以致演法不一，风格迥异。厉慧良自称"南功北戏"，王金璐则按杨规"武戏文唱"。厉慧良年事渐高，近年颇多调整性的变通，如"抓帔"中的"倒扎虎"，即改为抓帔后扔帔，走鹞子翻身，接帔后跪步走向井口，虽与王金璐似有不同，毕竟向杨派靠近了不少。

在"大战"一场中，当王金璐在桌上扳起朝天镫，台下立时彩声大作，津门戏迷纯在为他轻松过顶笔直如线的朝天镫在喝彩。谁知老先生突然间跃起，凌空劈叉到地，猛然间雷鸣般的彩声炸起，直轰得台上的王金璐耳膜一震，台底下"炸窝"过后便是一片嗡嗡的议论声，此时什么样的好评全有。事后有记者问起，为何要冒这样大的风险，王金璐据实相告："年纪不饶人了，我本想改一下，先扳朝天镫，等把腿放下，再劈叉下桌。可是不行啊，当我的腿一扳起来，掌声便上来了，我好像看见有几千只眼睛在盯着我的腿，观众想的什么我清楚，不由得我不从空中劈下，我能辜负观众吗？"

《长坂坡》打响津门，津人反应强烈，剧场内外一片赞叹，都道这回开了眼界。王金璐接贴《连环套》，这在"文化大革命"后唱全本的还是第一人。津门年事稍长的老观众定然还有印象，20世纪40年代王金璐在津与金少山、侯喜瑞等名净频频同台演《连环套》，曾结下上佳的人缘，如今旧人演旧戏，或可勾起对旧时《连环套》的回味。

观赏王金璐的《连环套》，就得看他武戏文唱的功力。他从"接旨"到"见彭"拿定一个"恐"字诀。跪听宣旨时，一听到案涉黄家，吃惊之际跪转半身扬臂翻袖，脸由里转外一亮相，两眼发直呆视前方，惊中有恐的神情布满了整张脸。圣旨宣毕，此时黄天霸已陷入了无比恐惧的境地。到参见彭朋一场，慌急之中一时疏忽忘了摘下腰中剑，经朱光祖提醒，黄天霸不禁大惊失色，匆匆间把剑取下，还兀自余惊未息，那股子诚惶诚恐的劲儿可以说刻画得淋漓尽致了。他那一声"报，镇守海下漕标副将虚职总兵黄天霸告进"，活画出黄天霸在上峰面前的惶恐。他案前请安，左右两边各打一个"千"，王金璐"低头不哈腰"，用的是直腰直身的下跪方式，劲儿全吃在两条腿上。当彭朋厉声说出梁九公失御马之事，王金璐饰的黄天霸眉宇之间又是浓浓的一层恐惧。等到彭朋限他一月为期捉拿盗马之人，如若不然就要他替父认罪抄斩满门，他插在彭的话隙间，一连几个"是是是"，战栗、哀鸣，心情十分复杂，脸上的惶恐一直挂到彭朋表明庇护之意方消，描绘角色心理细到纤毫，未及天霸拜山，已然把戏唱得滚烫。

"拜山"一场天津戏迷重聆了王金璐精到的白口功夫，那一段故意激怒窦尔墩的念白即为其中一例。"窦寨主！但不知当初与我父怎样结仇，请寨主细说一遍，你若说得情通理顺，俺便替父认罪；你若说得情虚理亏，姓窦的呀！怎称得侠义二字？"这一段由王金璐念来，一句催一句，一句紧一句，几近进口而出，尺寸本来就快，却又在"情虚理亏"这一句格外加速,一听之下,明知黄天霸手中并未掌握驳倒对方的依据,偏显出一副得理不让人的气势,狡诈之极,也恶劣之极。"拜山"一场为本剧峰极,与窦尔墩的大段对口念白依然能呈现王金璐的过人功底,或许也有几分南京治嗓初见成效的因素,他念来如银瓶泻水,疾徐有致、节奏分明,阴阳四声与尖团字字讲究,进入了情与语合心与眼合的妙造佳境。但万没想到好戏只有一回唱,他在第一工人文化宫一露,从此不再现。

王金璐的《连环套》饱餍了津门行内外老知音,赞者太众,难以细述,仅以当地名净李荣威一言作结:"这么些年了,这下才看清黄天霸是什么样儿的……"

《翠屏山》一上戏报,天津观众颇觉陌生,想当初天津是黄派武生的地盘,谁不演这一出?如今越老越当新的了。这戏20世纪50年代后少有人动,或许是思想内容触犯了禁条。再说石秀一角无论老生武生小生哪一行应工,能演好箭衣、厚底、短打装扮且唱念做表全能拿得起来的毕竟为数不多。时至1985年,由王金璐、陈永玲、叶盛长几位把它重现舞台,就如同"出土文物"一样的珍贵。

擅演石秀者现已凤毛麟角,李万春多年不演,高盛麟卧病不起,王金璐成了独一份。石秀不同于武松的粗犷精壮,也有别于燕青的机灵精巧,且多做工、唱念和表情,武生应工实有勉为其难之处。《翠屏山》与《连环套》相仿,全戏没有真正意义上的武打,武生一行没有做戏才华的殊难问津,这无疑更抬高了《翠屏山》的身价。王金璐出场,双目炯炯英气不减,66岁老人仍具奕奕神采的确也不多,老头儿光嘴巴的扮相本是扬短,可王金璐的石秀却不太显老,扮相尚算是过了。此戏往日均遵黄派,"吵家"一场唱工大费嗓子,幸好今春南京治嗓效果尚可,故按老例上西皮的唱段还能将就,勉勉强强地又过了嗓子关。王金璐昔日所唱不少名句,如今只能以神气雄壮、做工传神胜,如念"俺不免算清账目早离他家",愤懑中加上几声冷笑,很是传神;又如与潘巧云口角,不卑不亢,不显火气，极合石秀身份性格。石秀精细之人，心地光明，行止洒脱，如演成怒气冲冲、穷凶极恶，则反显小家子气了。

陈永玲的潘巧云百分之百的出色当行，他一对星眸太会说话了，见杨雄时面容佯笑低垂双眉，用眼梢余光斜视，以示对丈夫的敷衍；见石秀时，以杏目圆睁的怒视表现对小叔子的愤恨；见和尚时，在满脸堆笑的面庞上是半睁半闭的媚视以示其当时的淫荡心理，很有讲究。叶盛长的杨雄道中高手，"吵家"时的"醉步"，"杀山"时的表演均佳，让人看不出有病在身。只是可惜多年辍演难免生疏，虽各人均有法度各具楷模，终令人不免有沧桑之感。

《翠屏山》文中有武，王金璐那从容不迫的朝天镫，游刃有余的踢腿，边式利落的"卧鱼"，赢得彩声连连，尤以那趟足具武术真功的"六合刀"更为《翠屏山》奏上华彩。3年前有过一次武术盛会，各派武术名家云集人民大会堂，参加国家体委召开的武术研讨会，王金璐作为特邀嘉宾与会，还被邀请发表即席讲话。他谦之再三，又开门见山："我是唱京戏的，武术，我是外行。"突地他话锋一转，"可是我有老师，老师可是好老师。"全场肃静，竖耳恭听。他郑重地说出了"高—紫—云"三个字，一石激起千层浪，会场顿时一片活跃。他发表了关于京剧武打和传统武术之间异同的见解，精辟而透彻，在场各派名家无不点头称是。他又讲解了刀剑把子在舞台上和在武术里的不同用法，说话间他接过太极名家吴图南先生手中的拐杖，以杖代剑，一招"拨草寻蛇"，四座一片喝彩。他着重说明，"戏里的武打，不过是在武术基础上把动作夸张一些，舞姿美妙一些，节奏强烈一些，是为满足观众欣赏的。可武术不同，一旦动手，那是要你的命"。此话用于"六合刀"再切题不过。

"六合刀"所用的铁皮刀分量够重，花甲老人舞来多少有些费劲，展云不知从哪里买来一把铁质刀，老先生一试很是称手，拿上台去，果见风驰电掣波涌涛飞，刀花与心花齐放，刀影与人影相依，隐中有现地蕴含着对潘巧云的怒，对海和尚的恨，对杨雄的怨，对迎儿的恼,把子能说话,武戏文唱怎能不到家。

天津观众犹如八月潮头,掀起的阵阵巨涛几乎卷没了第一工人文化宫,每天多少向隅者拥于门首,徘徊观望久久不去。行内行外好评如潮,有的说"见识到了真正的杨派";有的说"这才是武戏文唱";有的说"王金璐艺高人胆大,大有'华山论剑、谁领风骚',直折王侯的锋芒"。有位谭派名宿对李墨璎说出体己话:"大哥现在演完了,我才对你说,到天津来的角儿该来的都来了,有一阵听人说,王金璐不敢来,也来不了,这回真来了,天津可有老哥儿俩呢,这真叫来者不善,善者不来呀!"更妙的是临别前的那天,台下竟有人大声喊出"下回您再来!"王金璐真不虚此行。演出在天津创下了近年来罕见的繁盛记录,叶教授舒出一口长气,他总算得到了补偿。

王金璐伉俪在津会上不少旧雨新知,心情奇好。在老来大红的热头上,他何尝不知自己春秋已过来日无多,可贵的是他能始终保持一种有春无冬的心态,趁着这几年宝刀未老,仍在夺城掠地,破关斩隘。有人说得好:"保持童心的人,是没有暮年的。"

第七节 春华秋实

一

王金璐传经播道薪火相传不遗余力,多年如一日的汗水浇灌,终于为他赢得了丰硕回报。

一出《战宛城》,由沪到津,自津至京,越演越热。中国戏曲学院也排练起了《战宛城》,王金璐领衔主演之外,其余诸角为袁国林的曹操、艾美君的邹氏、高牧坤的典韦和刘习中的胡车。该戏是出有名的群戏,生旦净丑戏里全是角儿,戏幅大且用人多,没有一位捏总的统排人物执导，要排成这出越老反显越新的大戏是难以想象的。

排练那天，现场看排的不少，见有一人在那里指派调度着一切，一会儿替张绣，一会儿替典韦，一会儿再来曹操，连胡车、许褚、贾诩、春梅都一齐管着，既说戏，又当替身，头头是道，排练场上竟成其一人之天下。这位"大拿"对戏之精熟细及毫厘，招之即来，且招招皆有出处，真成了三头六臂，把人都看呆了。一边看排的好不诧异地打听："这是谁呀？"人说是"王金璐的儿子"，"喔，难怪"，这才明白。

王展云蹉跎了多年好年华，是金子，总是要发光的，这一位不在"级"的专家，渐渐地，从有实无名在向名副其实过渡，终于在北京京剧院担当起了执排的工作。他从小是块戏材料，记性好，又肯用心思，台上并不出人头地，肚里宽绰则有如"戏包袱"，这纯是李洪春爷爷和父亲两代人精心培育而成，眼下这类既能提"总讲"、说整出又能当全能替身的特殊导演人才已是"百"里挑不出"一"来，以稀为贵，王展云堪称大才。昔日芙蓉草舍头牌而专"二旦"，王瑶卿别氍毹而执教鞭，李慕良却粉墨而工胡琴，皆识时务之俊杰也。王展云台上玩意儿博有过之，精且不足，改弦易辙，扬长避短，倒成一行状元，王展云也称得上智者。

《战宛城》典韦一角，与王金璐同过台的有傅德威、王云鹏、王俊鹏，也有叶金援、高牧坤、马玉璋等几位年富力强的武生，年轻人因与王先生演对手戏，台上一丝不苟颇卖力气。典韦既是曹营名将中之"一号"，开打中当处处显出他的傲气、轻蔑和悍然，应带着一股意气飞扬的狂傲气概，场上打得再火爆，典韦也须有稳如泰山的劲儿。当年杨小楼、尚和玉、孙毓堃、高盛麟、傅德威等均应过此角，由此便知典韦是大武生应的活儿。叶金援多俊扮戏，重文武相兼，演典韦亦颇显大武生风范，骁勇猛悍之中另具几分凝重和稳健，效果超出预料。

二

王金璐"文化大革命"前收下的两名弟子郭仲春和杨少春同属小辈武生中的佼佼者。师父当年《八大锤》的身手只是听说未得亲见，弟子们无不遗憾，真正见过的仅有郭仲春，这出戏也属他学得最瓷实。《八大锤》虽说是一常规戏，但要演出神采来可就不那么寻常了。大战四锤将其实没什么惊心动魄的激烈场面，但观众看到的确是一场横戈跃马、枪锤交接的两军交锋。王先生历来强调"把子说话"，手中双枪务求打出"戏"来。陆文龙演得成功与否，更关键的在于准确地把握住这位16岁小王爷的骄气和与其年龄相应的稚态，开打中自始至终洋溢着好奇好胜的孩童心理，虽不声不响地在"走马锣鼓"中银枪双飞雪、雉尾两拂云，嬉戏中耍着四锤将，而眼尖、嘴角和目光却结合双枪的翻飞而收放。可别忘了，那是年未弱冠的少年郎，千万不能演成已然见过世面的"成人"。对于人物性格形象的把握，自家师弟兄里郭仲春显得心中更有实谱，师父的《八大锤》，见过没见过，毕竟大不同。

自"文化大革命"过后，仲春一时不曾归队，难免灰心。师父得知，坐卧不安，常寄信鼓励徒弟东山再起，并寄去《挑滑车》剧照为他加油，终使仲春挺起胸来，咬着牙把一身功夫重新找回，并在上海的一次青年专场中露面，拿出手去的便是这出《八大锤》。仲春的陆文龙自有一股洒脱自如、英武挺拔的气息，少年英雄的特色很是鲜明，他手中两杆银枪，头上一双翎子，舞来尤称出色。整套造型轻灵而又稳健，益发有鲜活的生气，处处可见他不寻常的腰腿功，众弟子中练得最苦的就属他了，上海武生虽多，找一位如同仲春那样的陆文龙，还真不容易！

仲春和少春皆宗师父演陆文龙一人到底的戏路。现今的陆文龙一截两段成了"规矩"，连学校也走入了误区，把《八大锤》教学计划一分为二，武生只学"车轮大战"，轻松则轻松矣，可一个完整的人物形象折了。此戏学者颇众，唯郭、杨二人继承最为忠实，他们"车轮大战"坚持打"四将"，不像现在有人大搞"变法"，改为两个锤将一齐上，明明功力不济，或是懒怠成性，偏要美其名曰加快节奏适应时代，为自己辩解什么创新发展，扪心自问，能不知羞？

　　杨少春是众家弟子中学戏最多的，"文化大革命"后师父还给排了《九龙山》《战濮阳》《火并王伦》等不少戏，师娘李墨璎特给这名徒弟精心改编了《小商河》，与《镇澶州》接成一出戏，设法把昔日衔接不上的"接口"都"焊"上了，师父专门为他设计了不少新意迭出的把子，并把戏易名为《义收杨再兴》。演出那天，李万春、张云溪、厉慧良等大牌人物来了很多，都来瞧瞧王、李这一"新作"。厉慧良没票，正同把场的王金璐相遇。天津客人到了，焉能冷落人家，他去场子里到处寻人。终于把厉先生"安置"停当。是日杨少春发挥良好，李万春边看边点头称是，"这是一出有新意的老戏"。金璐贤弟的能耐，这位"大哥大"心里是清楚的。张云溪对戏里一套对枪大感兴趣，"这全是你想的？我费不了这脑筋"。厉慧良惊奇地问起："这都是你教的？"王点头称是，厉"唉"了一声，不再说话。杨少春已是北京京剧院当家大武生，中年武生虽当红者有之，然而在功力实授和戏路方面超过他的人不多。

三

　　王金璐执教到 1985 年已有 6 个年头，就在这一年一名叫周龙的学生走进了他的班，这孩子原是尚长春收的学生，却偏偏到王先生这里来学《八大锤》。他让长春把周龙收回，谁知长春坦然得很，认为此事无足轻重。可王金璐仍有顾虑，直到俞琳院长出面"钦点"："我把周龙交给你了！"才算定下了师生名分。

　　"好雨知时节，随风洒心田，育人细无声。"王先生对周龙所教正应了这 15 个字。他让周龙穿上行头，一条腿站着，不准动弹，不叫换腿不准换，一堂一堂的课连出汗带哆嗦，就让周龙受这份罪。

《八大锤》，王金璐饰陆文龙

周每天闻鸡起舞，日落不歇，一切全在无声无息中进行，这样一连过了两个学期。第三学期王先生依旧上的《八大锤》，一出戏一教便是一年半，能否坚持全看周龙自己。周龙太向往老师的卓越腿功了，他天天咬牙挺住，天天练得汗流浃背，苦不堪言，王先生葫芦里卖的什么药？瞧着这孩子折腾得够呛，王金璐心中不忍，可不受"煎熬"怎成材，他又铁下心来，不理不睬。周龙这孩子扮相好，吃亏在身材较矮、嗓子一般，若能练就扎实的基本功，演《八大锤》一类的戏岂不合适？让周龙咬牙3个学期学1出，就为了替他打下一生受用不尽的底功。

1987年文艺界有一件全国瞩目的大事，即全国青年演员京剧电视大选赛隆重推出。自7月至11月的4个月内，王金璐被聘为评委会顾问委员，并参加了预、复、决三个阶段的评委工作，虽忙得可以，却心情大好，这毕竟是令京剧界为之振奋的一大举措。但细察之下，也多不无遗憾之处：剧目过于狭窄，进入复赛共293人，剧目仅143个；武生报名《挑滑车》者多达11人，《战冀州》和《伐子都》亦有5至6人，青年人会戏少成了通病；行当结构失调，参赛剧目武戏近半，却找不到武净和武老生的戏；赛制有欠妥当，每人上场限时15分钟，势必造成"压缩饼干"式的"组装"折子戏，把不少技巧性的内容堆砌一起，"大选赛"成了"大卖艺"。评委们自然也未能免俗，台上既是"大比武"，评委先生也只能在技巧上打分决高下了。吴小如教授曾尖锐地指出:"如果杨小楼活到今天,他是得不了奖的。"多么一针见血,或许小如先生过于求全责备,本来嘛,武戏文唱已经越来越不时兴了。

周龙好运气,赶上好时机,他报名参赛的自然是《八大锤》,可十五分钟的时限要展现陆文龙的性格形象肯定是不可能了,亮腰腿功底和把子技巧成了唯一选择。王先生绞尽脑汁,剪裁出15分钟戏技并举的改良折子,没想到陆文龙扳朝天镫三起三落竟会成了焦点。有好心人提出建议,不扳这手,参赛必定吃亏,不如加上为好。王先生表示"不能加",扳腿有依据,几起几落则找不出根据来,可技巧风越吹越劲,王先生被迫退让一步:"这样吧,一起一落得了!"接着又有人提出,既有一起一落,何虑三起三落?他禁不住好心人的连番游说,终于妥协,跺脚认同。现在似乎一提到《八大锤》,"三起三落"倒成了重点和卖点,而且约定俗成,几成铁律。

在此之前,王金璐在同年首都"振兴杯"中青年京剧演员电视大选赛上任组委员委员和决赛评委。

对大选赛的各种批评纷至沓来,关心京剧未来的人们出自良好的愿望直言不讳,王金璐对不少评价固有同感,但他从教师的角度看待这届大奖赛就另有一番感触。大选赛规模空前、缺陷难免,但不失为一种对国粹的呼喊,不失为一种有效的发动和宣传,它最大的社会效益在于让全国更多的人注意到了古老的京剧,凭这一点就很了不起。对于参赛剧目总体水平较低,他也另有一番评价:"今天的青年在'文化大革命'那时还是些孩子,10年浩劫摧残京剧有多严重,他们能学上些戏已属不易,青年人苦在实践机会太少,有今天这样水平已足以让人高兴了。"他说得很实在:"我们总得面对现实,应以鼓励为主,帮助他们提高,不然要我们当教师的干吗?"

大选赛的舞台之上,看周龙粉敷玉琢,俊美中另有一番勃勃英气,扮相已是讨人喜欢。他饰的陆文龙看功夫、看派头,也看神态,令人耳目一新,一下得了高分,获得武生组的最佳表演奖。他喜出望外，压根儿没想到自己竟一下鲤鱼跳龙门，获得了一份令人生羡的荣耀，这时的周龙才真正体验到了老师长达3个学期的一片苦心。

四

传艺有年的王金璐难遣心中之憾，只因至今不曾带出一名能"单打独斗"的新秀大牌，大气候全然不同了，要像昔日斌庆社出孙毓堃、李万春；富连成社出高盛麟、杨盛春；中华戏校出王金璐；厉家班出厉慧良那样有超强实力的尖子人才已是勉为其难，王金

王金璐与周龙合影

璐唯有尽人谋而已。他所教剧目颇多，教校内学生有十四五出，教徒弟多达三十多出，但同他胸中所学一比，尚不到一成之数，眼看肚子里这么多戏行将湮没无闻，焉能无憾。

王金璐另有一遗憾，即近年出版发行的《中国大百科全书·戏曲》和《中国戏曲曲艺词典》都没能把丁永利先生记录入册，或许现今人们对丁永利已知之甚少。王金璐作为一名受教年份最长的徒弟，胸中燃起火一般的欲望，一定要把丁师的业绩和贡献弘扬于世。树有根、水有源，人们熟知李万春、李少春、孙毓堃、高盛麟、王金璐等一大批武生名家，也应知他们受谁的调教才得以修成正果。让推崇和热爱杨派艺术的新老观众都能知道，今天舞台上尚能较完整地保留杨派精华，造就了20世纪三四十年代一批杰出的武生好角，并使杨派艺术得以繁荣、绵延达半个多世纪，这一切理当归功

于这位武生"通天教主"。饮水当思源,重新唤回人们对丁师的追忆,王金璐益感责无旁贷。他和夫人一起,寄望于文字来传达心灵深处对恩师的一份怀念,写下了一篇很具价值的回忆文章《回忆恩师丁永利》,并发表于《京剧谈往录》的续篇。这篇文字内容翔实,真切自然,共计"青出于蓝而胜于蓝""武生戏教学的权威""有缘相会""名师与名校之间""宝贵的长谈""骂不走的徒弟""丁老师和天蕙斋""父子情深""助人为乐""功业永存"十个部分。时光流逝,冲淡许多记忆,但不少往事历历在目,至今仍是刻骨铭心。

周龙获奖后,又有一位年方十九、名叫邓敏的女孩子千里迢迢由武汉赶到北京,到处寻找她心目中的师尊偶像,她苦心访求的名师就是王金璐先生。小小年纪的邓敏在湖北省早已显山露水,获得过省青年戏曲演员比赛的银牌,又拜汉剧"祭酒"陈伯华为师,可谓名声在外。邓敏演的是旦角,却藏有王先生《挑滑车》录像,经常对着录像观摩,模仿其一招一式,她亦以武生应工演过《挑滑车》,倒也规圆矩方,不矜才,不骄气。后在武汉看了周龙的大奖赛录像,心有所悟:自己腿功比周龙有过之而无不及,我不妨也去北京试试。

她在偌大的北京城里辗转寻访,终于在中央台找到正在当着评委的王金璐,如愿地得到了定期约见的许可。双榆树当面"朝圣"之日,意诚而心虔的邓敏父女开门见山提出拜师,王先生没想到对方一见面便单刀直入,面对眼前这位大马金刀的妙龄少女,他不由得犯难了,无奈何来个缓兵之计,推说要请示院方。知名武生有几个收过女弟子?他不会没有顾虑,不料到了院长那里,俞琳干脆就是一个字:"收!"王先生念孩子诚意可鉴,与夫人商议之下,才破天荒收了一名女徒。

邓敏立雪王门,京师剧坛出一奇闻。设在友谊宾馆的拜师仪式极为隆重,参加贺仪的剧界著名人士不少,各位在京的师哥也同小师妹见了面。或许是物以稀为贵的缘故吧,贺仪上翁偶虹和吴祖光二位分别著文赠诗,更为邓敏拜师添上一份喜庆色彩。

王金璐见邓敏腿功出类拔萃，便重点授以《八大锤》和《挑滑车》，把她长处发挥到淋漓尽致的地步。同时针对邓敏女孩特征，不以武生戏封其戏路，以促成她旦角与武生的齐头并进。邓敏这趟北京来得值，王先生每天下午开"小灶"，这颗小星宿发光的日子指日可待。

"文化大革命"后京剧的复苏期终究是短暂的，如今人们审美观念大大地改变了，何况许多精粹巨擘在10年浩劫中的不幸陨落，被耽误了艺术青春的年轻人又难以挑起大梁，老观众无法寻回他们昔时欣赏名角的全部心理满足。再说，"文化大革命"把青年人走向京剧的文化背景冲击得七零八落，青年人与戏曲产生了隔阂，台上台下双双断层，剧场冷落了，京剧危机出现了。王金璐无力回天，他只有从自己做起，加大课徒授艺的步伐和力度，尽心力而为之，为尽好这份"薪火相传"的"天职"在不遗余力，在鞠躬尽瘁，可爱的年轻人，你们有无感到自己的老师这颗热得发烫的心？

第八节　硕果仅存《走麦城》

一

1988年春，杨少春想演老爷戏，这类戏一般戏幅较大，用人也多，排戏有难度，何况行内人士专业思想不甚稳定，排戏支付劳务费亦司空见惯。杨少春钟情《走麦城》，苦于无计可施，便来双榆树问计，并央求师父出面。按杨所想，先由他向院方提议，安排师父唱一场情商性质的示范戏，如有北京京剧院的助演，此戏排成后岂不是一切全现成，只要临时换个唱关羽的，北京京剧院不就有了自己的红生大戏了吗？这个主意不错，院领导果被说动，王先生见杨少春好不容易争取到了演老爷戏的机会，着实为徒弟高兴了一阵，只不过自己又要粉墨登场了。

北京京剧院贴出一道通知："6月3日王金璐先生在我团演出《走麦城》，由我团助演，请大家准时出席排练……"没想到在北京市工人俱乐部开排之日，团里演员几乎全数到场，大伙儿这等热情，尽冲王金璐而来，实在够体面的。少春兴奋极了，直对师父说："说我排戏，人家不来，说您排戏，人全来了。"请出"老法师"，果然有"戏"，同行们怎会不知王先生已是今天舞台上仅有的一位老王派关云长了。

海报甫张，拥聚在吉祥戏院门口有好大一片戏迷，熙熙攘攘的嘈杂声中，听得出全是听戏有素的"老在行"，纷纷纭纭的议论五花八门："还真有敢唱《走麦城》的老头。""王金璐的《走麦城》少说有四十年没见了。""老爷戏有的是，要过瘾，也别找《走麦城》呀，太玩悬了，真是天下第一'王大胆'。""李万春、高盛麟'文化大革命'后只唱《古城会》，不唱《走麦城》，可不，他这出戏真的是硕果仅存了。"

6月3日傍晚，鸟翅抖落了漫天昏韵，黑幕启开了万家灯火，王府井大街、金鱼胡同人头攒动摩肩接踵，"看王金璐去，看一场少一场啦！"戏迷们从各条大街小巷挤向本来就不宽敞的吉祥戏院大门。

《走麦城》经李墨璎的剪裁浓缩，戏幅精简接近三分之一，废场子舍弃了，碎场子合并了，唯独关羽的戏基本不动，相对而言，老爷出台的时间一下增加了一半。68岁的人了，面对强度剧增的《走麦城》，精气神能否一贯到底终场不泄？同时，丈夫在表演上有不少"移步不换形"的精心设计，未知行内专家同人、行外观众知音会否认同？她等待的就是这两个答案。

今晚的吉祥戏院过了一个红火的京剧节。

王金璐的关羽出场的碰头好不在话下，那是观众对他的礼节性问候。他的关壮缪气魄就是高人一筹，【四击头】一过，关羽在单键子"答答"的脆声中登场，王先生右手提蟒，左手抓袖，底盘沉稳，步子缓而有力，夫子盔上绒球不乱晃、珠子不猛响，一副荆州王威武庄严的气派，这就是台风。此处原念【虎头引子】："绿袍金甲须似灰，凤目蚕眉美髯公。"如今嗓子不济事了，王金璐改引子为牌子，唢呐声中开唱【粉蝶儿】。"威震荆襄"四字一出，周仓关平两边登场，关羽居中，台上亮三人相，接唱"统雄师，威风凛"，迎着锣鼓点一齐转身，换了一个三人相，然后以"烟尘扫荡"四字结尾。这番处理引自《水淹七军》，也借鉴《单刀会》，极具气势，比【虎头引子】火爆多了。"份"确是够大的，一开场便把劲儿撑足，一种气度美、一种肃穆美、一种英伟盖世气贯长虹的壮美顿时镇住了全场。唱完牌子，王金璐缓缓转身，端带抓袖，提气长身，迈开虎步归座升帐，他的关羽脚步略有所动，即显分量之重，此间似有霸王身影，连背后都透出威严。念开定场诗时，那神态高傲自许，老而弥坚，旁若无人，大有"泰山崩于前而色不变，麋鹿兴于左而目不瞬"的意味。京剧界有句谚语，"先看一步走，再看一张口"，看重的就是台风。

《走麦城》的头场，王金璐抓住拒婚、拒封、拒谏这"三拒"立时就把关羽的骄狂演得栩栩如生：见诸葛瑾之初语气平和不失礼貌；听到"今吴魏合兵要攻打荆州"时，王氏身躯微动，双眉渐纵，把脸一沉。"某有何惧哉！"语气倨傲中见强硬；及至听到东吴求婚，关羽哼了一声："关某虎女焉配犬子。"他这一句语气特别强调，意在点明日后兵败人亡的导火线就在这里；当对方以孙刘亲事反唇相讥，关羽这才上了火，手指诸葛瑾说出极其无礼的话来。自我膨胀到了极点的关云长居然说什么"瓮中之水能起多大波浪，小小蝼蚁焉能撼动泰山"。这是关羽自傲、自信、自大的第一次曝光，王金璐妙在神色目光和多变的语调，很是抓人。

关羽初不受爵，王金璐对费诗的一段表白讲究的是层次：说到翼德、子龙，他表示认可；说到马超，露出尚可通融的语气；最后提到"黄忠老儿乃某长沙收来一武夫，焉能与某并列？关某不受此爵"。语毕转过身去，不屑一顾，若语调不分层次，便显不出关老爷那个"傲"字。

廖化进谏，认为糜芳、傅士仁二人重罚后不该再用。关羽对他的话不以为然："某素知他二人行为，既已派定，不须更改，请勿多言。"这20个字，多么漫不经心，多么刚愎自用，其对糜、傅二人的无比轻蔑，对廖化忠告的不负责任，全让王金璐给细腻地描绘到了。

王金璐抓住"戏眼"，细细三笔，伏下城破人亡的败笔。

《取襄阳》关羽上阵按老路只三削头就完，意指马前无三合之将。因嫌其单调，王金璐稍加丰润，先在把子上用招数略作过渡，再狠狠地剁削，事先同下手说妥，为使"削头"逼真，青龙刀猛地砍下之时只离脑袋毫厘之差，就是为了打出惊险来。王金璐把原先过场戏改得火炽了不少，旨在渲染此时的关老爷正达到他一生的顶峰。

关羽乘胜兵发樊城，马前刀劈吕常，曹仁闭关不出，城前的三笑把关羽的狂妄骄傲推上了顶点。笑声未终，已中毒箭，抛刀抚臂，退回营中，创痛难禁，无奈高挂免战牌，关羽声调转为低沉，威震华夏数十年，从未有今日之"背"，王金璐演出关羽神色之黯淡，紧锁的双眉除了痛楚之外，似乎还预感到了什么。按老法，关羽营中坐下手扶臂伤直哆嗦，嘴里"喔喔"地呻吟不止，浑身如

1985年，《走麦城》，王金璐饰关羽

筛糠，这种演法虽可获彩，却有悖于关羽的英雄形象，自然被他割爱了。

紧接着的"刮骨疗毒"是《走麦城》中精彩的文唱场子，按王金璐之见，老爷熟读春秋，理应知书达礼，他既凡间为人，当有七情六欲，人情味自然少不了的。疗毒过程基本照旧，因老演法还是比较入理入戏的，生花妙笔出现在疗毒完毕，华佗"请二君侯试臂"之时，关羽站起身来三伸臂，先是惊奇的笑，再是钦佩的笑，最后是高兴的笑，此时神色脸色全见戏。笑声刚落，王金璐饰的关羽立即上前单腿一跪，华佗一惊，忙也跪下。这是王、李的神来之笔，曹禺先生曾说："这一跪，我的心都酸了。"

关羽坚请华佗上首落座，自己下首作陪，口称"先生真神人也！"其意诚恳且富感激。王金璐不作揖不欠身，而是行大礼，关羽此时倨傲狂妄之态片甲不存。他对华佗致谢："黄金千两奉谢先生。"华佗不受；关又谢："某禀告大哥，为先生求爵！"语出至诚，铭谢由衷，华佗仍辞；老本接念，"先生何时启程"，殊为不妥，这岂不有逐客之嫌，现由王金璐改为关公变得束手无策局促不安："关某何以为报？"又恳请"先生多住几日"；当听明华佗去意已决，乃恭敬不如从命，遂吩咐："众将，准备船只，明日送先生过江，后帐摆宴，与先生送行。"不说"备酒"，而是"摆宴"；不是拱手，而是大礼，可谓恳切之极。关羽也是常人，有情有感，有血有肉，区区几个小改动，即如画龙点睛，立时生辉。最后加唱四句【吹腔】："感谢你妙手能回春，再谢你高义一片情，你不受金银不邀封赠，倒叫我关云长愧在心。"这当口关羽又是单腿一跪，接着搀着华佗下，情状令人动容。

二

樊城中箭后，荆州局势急转直下，关云长开始从峰顶跌落。徐晃复夺襄阳，关羽阵前对话的寒暄数语中仍是一副极其傲慢的神态，及至双方对刀，关羽衰败之相已见。王金璐着重表现关羽的气力不加，昔日刀快马快的优势不复再有，边打边气急攻心，怎么今天连个徐晃都战他不退，何以得了。他脸上略现一惊，还透出焦急不堪的目光，步子、手势、转身、刀架子节奏全然慢了，关羽老态败相中既无可奈何又不善罢罢休的心理刻画，尽在细节中被王金璐捕捉到了瞬间效果。

孙权、吕蒙、陆逊等东吴一方人物的场子被李墨璎大笔一勾，五场戏合成一场解决，只要向观众交代清楚情节主线就可以了。败走麦城前的"三报"一报紧过一报，此处细节表演王金璐倒是"狮子搏兔"，做足文章：探子一报糜傅降吴，公安、南郡失守，关羽身上略有一颤，对廖化低低地道了一句悔言："不听足下之言，悔之晚矣！"语气低沉，情绪也极低落；王甫二报烽火台失守，此时他全身猛然一震，脸上顿现关羽从未有过的惊恐，"烽火台失守，只怕荆州难保"，语调越发地低沉，几同耳语了；马良三报荆州失守，这一震几把手中青龙刀震落马下，"荆州失守，有何面目再见汉中王……"，关羽一时竟动了自刎谢罪的念头。被众将劝阻后，关羽屹立如铸，惊恐稍定，睁开双眼，竟是失了神的绝望目光。他虽在发令："众将官"，然而落在"兵撤麦城"四个字时，声音变得低促不堪，几至失了常态。

退入麦城，关羽已知大势去矣，他六神无主心烦气躁又色厉内荏，以至于表面镇静也难，戏演到这个关节，悲壮意味渐渐萌生了。廖化忠义，不惜舍生突围搬取救兵，关羽肃然起敬，王金璐演来也动情，他一把抓住廖化的手，泪珠在眼眶里打转，"将军有此忠心？"廖化答以"愿报国恩"，关问"你的性命？"廖答"万死不辞"，王金璐在此时变关公的激动为感动，含泪下跪行礼，"受我一拜"。他看着廖化，神情上既愧又悔，心里复杂极了。

诸葛瑾再次求见，已是兵临城下，明知劝降而来，他没有马上发怒，显得心平气和，谈情势以明心迹，始而感叹，转而坚决，声调初时低沉缓和，渐而激昂慷慨，这是一段悲壮的独白："唉！某乃解良一武夫耳，蒙汉中王不弃，待我情同手足，岂能背义以降敌国，有道是玉可碎不可改其白，竹可焚不能毁其节，身虽殒名垂竹帛可也！某虽处绝地，视死如归，城在人在，城破人亡，汝速去，某即出城与东吴决一死战。"这段念白极具难度，人物把握不准，词义理解不透，感情蕴含不足，嘴里劲头不够，是断然念不出有声有色、有情有感的效果的。关羽最后忠贞不贰、舍生取义的决然态度为这位悲剧英雄浓浓地添上了一道色彩，王金璐以其字字铿锵、字字沉着、字字抒情的出色念白达到了这一悲壮美的意蕴。

场面响起悲凉单调的堂鼓声，关羽率领众人观敌略阵，上得城楼，他面带重忧，撩髯了望，寻找着突围的方向。那段南韵【拔子】极具苍劲而悲怆的徽味，李墨璎的唱词改得好："悔不听良佐言才有此败，却因何上庸救兵不见到来，我看城外密密层层兵似海，俺好比项羽被围在垓……见一条小路在北门外，猛然一计上胸怀，今……"此时此地关羽的所思所想，一听全明白了。他拒不讷谏，非北门不走，派将之时再无疾言厉色，看似不睁双目，实则在似睁似闭之际眼珠不时在动，几乎是诀别的时刻。王金璐仍保持关羽镇静和威武的神态，头不乱动，身不乱移，身份一丝不走，这就是关云长。他那最终的发令，语气凄怆，音调滞呆，让人观之生悲，闻之凄然。

舞台上夜色沉沉满天雪花，场上打起轻声的阴【回头】锣鼓，关羽终于决定孤注一掷了。众兵拨雪开道，在风吼马嘶声中马童拽马引上关羽，英雄末路的悲壮氛围营造得十分成功。关平穿白箭衣，薄底甩发，以示轻装上阵，尚未突围交锋先给人以丢盔卸甲溃不成军的感觉，由戏情而论，横竖说不出个理来。王金璐在后台见"关平"盔甲全无地在候场，心中不乐，穿这一身缟素，活像挂了重孝，如此装束约定俗成了好几十年，又能怪谁呢？不过他还是借开玩笑提了意见："我（关羽）还没死呢！"真不知是谁的滥觞。

【急急风】中关羽拖刀上阵，转身向着九龙口遥望远方，从他背上的强烈颤抖明白无误地告诉观众，一场厮杀过后战马已疲惫不堪。他连续拽了几次马都没成功，马腿发软失了前蹄，王金璐这里用上了《挑滑车》的劈叉，前勒马，后打马，两腿上下起伏，气喘吁吁，形同疯狂，年逾古稀的王金璐至此已整整演了一刻钟，将近剧终还能施展高宠这手连续劈叉的大武生累工活儿，怎不令全场惊奇之余彩声大作。

关平追上父王，跪报赵累和马童俱殁于乱军之中，关羽霎时如闻闷雷，目光呆滞，面露悔色，欲哭无泪。他此刻突围要紧，惶惶然中连声鼓励关平："儿呀，不要害怕，你你你要放放放大了胆，随为父杀杀杀……杀出重围！"念到最后的"杀"字几乎是有气无声了。关老爷再垂死抗争走投无路也不能乱颤绒球穷晃刀杆，王金璐对"度"从来是把得很严的。

关平一角历来是角儿，名武生扮此不算罕见，盖叫天、高盛麟傍过麒麟童，李万春、王金璐傍过李洪春，经李洪春调教的关平除万春、盛麟和金璐外，还有俞华庭、吴彦衡、李盛斌、贺玉钦、李金声等多人。王金璐演关平不走一般人未突围先穿孝的路子，而是在一阵厮杀过后摘盔，带甩发开打后再拿走护领，露出脖子，更显杀气十足。他演关平很有创造，其间有段轶事：某日名鼓师周子厚司鼓李洪春《走麦城》，应关平的正是王金璐，他觉乱军中找父王的老路子出不来神，便琢磨了一种新演法，特地去找周子厚商量："周叔，找父王时别给我起【乱锤】，请您一直给【急急风】长调门到底。"周大感不解："小子，我这么打，你干什么呀？"王说明："我站着不动。"见周叔琢磨不透，他又央求开了："要不下满堂好来，我让您打板子。"周将信将疑，不知这后生葫芦里卖什么药，想来这小子不至于开撅他师父的戏吧。于是周打起【急急风】调门步步上提，只见王金璐的关平瞪起双目四下里寻找，一直找到台口与观众近在咫尺的部位，勒住马对着台下某一方向注视，一会儿探出身去，一会儿微仰身子，两眼环视前方，由左而右、由右而左地在找，时而把眼珠瞪到最圆处，时而又眯着眼缝，用力搜寻着父王的身影。一见前方有人策马飞奔，细看没错，他踮起脚扬手直招，发出一声颤叫"父王……"，这撕心裂肺的一喊，全场哪能不炸开了"窝"。周子厚不禁点头，回到后台冲着王金璐说："小子，行，有你的！"如有这样的关平，今天《走麦城》悲壮惨烈的图景将更哀绝感人。

《走麦城》结尾处理有多种方式，有的自刎，有的"僵尸"，有的抢背，有的先扔刀后束手就擒。王金璐不扔青龙刀，而是左腿上抬，一转身僵尸到底，干脆利落且十分醒目，又是一种新的处理。随着老先生这一摔，台下人无不吃了一惊，啊！老先生还有这"一卖"。

1988年6月3日，在吉祥戏院演毕《走麦城》后与曹禺、李玉茹夫妇上台祝贺

谢完幕，曹禺先生由夫人李玉茹搀扶着走上台去，向王金璐热切地握手道贺："我过去看过许多老爷戏，老三麻子的我也看过，也看了不少别人的，后来我就不看了，因把老爷演成了神仙，又有人供着，我很讨厌，今天看了你的《走麦城》，十分感人，你把关羽演

得叫我心里挺酸的，老爷是人，是有人情味的，你都演出来了。"李玉茹一边为她满身大汗的师哥轻轻擦汗打扇，一边用既赞扬又埋怨的口吻细细地叙话："师哥，你身体还那么好，为我们学校争了气，你得好好保养呀！今后别再演这么大的戏了。"

《走麦城》场子紧凑，主演受累，李墨璎敢于如此下"手术刀"，基于丈夫"我心里有数"的自我感觉，王金璐相信自己的火候，相信自己驾驭全剧的能力。

《走麦城》中凡"移步不换形"的尝试之处皆出彩，两口子的心血没有白费。要改动老爷戏，李洪春先生可不干，要乱改更不成，非骂得你无地自容不可，独有王金璐，改戏先同李师打招呼，老爷子经常先是一愣，愣过一会儿就点头认可了，徒弟改戏改在理上，改得确有见地，老先生自然无话可说。

可惜得很，《走麦城》演出的大成功，居然仅此一回，不复再见，6月3日那天有幸在吉祥戏院聆剧的观众算是看到了一出老王派绝版的孤本戏。

第九节　唱活关壮缪

一

转年的早春二月，李甫春上门找师哥议事。西城区有一春芽少儿艺术团，苦于经费不继，眼看散伙在即，身为团长的李甫春无计可施，就向王金璐建议"是否演场戏凑点钱"。同时他也将了师哥一军："你是顾问，哪能不管？"王金璐不愿挂虚名任闲职，看在这批孩子的份儿上吧，不然"春芽"真的要"断奶"了。

李甫春建议唱一场《古城会》，由他和景荣庆分饰刘备和张飞。但王先生意犹未尽，既演《古城会》，何不把《千里走单骑》作为前缀，便于使情节和人物形象更趋完整。如此一来，戏幅又是两小时不止，自然最得益的还是观众。

《古城会》唱念较多颇费嗓子，有人不解，年迈嗓衰之人，何必苦恋这片舞台天地。他则有自己的既定宗旨，有好嗓不如会用嗓，只要扣紧人物和戏情，嗓差也可唱得有滋有味。李墨璎照例协助丈夫把本子精简了一番，为因嗓制宜，把"江阳""发花"辙的某些字韵改成"人辰"辙，且对不少水词都动了手术。至于唱，硬拼嗓子行不通了，只能以唱情为主，他深信自己有这门优势，没必要露怯。

1997年6月28日，湖广会馆演出《古城会》后谢幕，景荣庆（左）饰张飞，王金璐（右）饰关羽

1989年3月29日，华灯初上时分，长安戏院门口又掀一股热潮，"王金璐又唱老爷戏啦"，戏院内外人们摩肩接踵，道为之塞，竟至阻碍了长安街上的交通。王金璐又怎么啦？熙熙攘攘的人群，热火升腾的气氛，在京剧夕阳西坠的苍茫背景中形成了一道奇特的夕阳无限好的风景。

置身于休息大厅戏迷氛围之中，听一听在行朋友的高谈阔论，颇有意趣。不少观众今天是来掂量王金璐斤两的，《千里走单骑》过关斩将多过场戏，看王金璐怎生得彩？70老头唱到结尾的"训弟"，是否会成强弩之末？戏里唱句不算少，未知能否唱出韵味来？直到启幕铃响，大厅里仍是人声鼎沸。

二

《千里走单骑》与《古城会》连演，本是铺垫场子，交代故事情节而已。王金璐不想白耗精力，他一方面对碎场子有合有删，让人看了感觉情节流畅就算达到目的；另一方面他在细处下笔，从而把过关斩将的欣赏性大为提高。关羽每斩一将，刀式不同，表情做派不一，心理活动各异。如过氾水关时，普净和尚用手势暗示寺内有埋伏之兵，王金璐从头到脚几乎浑身是戏；又如趟马，关羽手中是马鞭不是刀，动作多用骑马式，一加鞭便走动，同《走麦城》黔髳关羽雄心虽在而气力不继有所区别；至于他的老爷刀法来自李洪春一脉相传，李出身武术世家，刀法里融有"关王十三刀"的武术成色，王又在李老亲授基础上作出不少微调，乍一看原是旧招，细一看便知其有自出机杼之处，《千里走单骑》的刀法显然比老路子讲究了。

王金璐的人物造型亦宗法李洪春，关羽脸谱先揉后勾，揉完后于浅处再描补一下。丁永利、李洪春二师当初一个教法，揉得切忌过红，不然灯光下发黑，较之万春和盛麟，他比盛麟浅而较万春红。晚年的王金璐更加讲究，还考虑到各种光照之下正侧面的不同视觉效果，并结合马连良的"勾"字原则，使关羽的脸部化妆似有"凤目蚕眉显出眉清目秀，喜怒哀乐神情依稀可辨"的况味。

桃园弟兄见面在即，关羽脸上看来不动声色，心头却是翻江倒海一般，三弟疾恶如仇，既生误会，断不见容，弟兄团圆岂非画饼，为思良策，心中兀自盘算不已。待与张飞见面，谁知竟是刀矛相交。在此当口王金璐的刀是推不是磕，合乎情理，他无意交手，如以刀磕矛，戏就毁啦！

关羽几次以刀压矛，实是压住自己的满腔怒火和百般无奈，三弟翻脸不认，自有他的道理，无须深责，他只能抱着委屈耐心解释，把失落曹营12年的那段经历曲曲述出。此处原有的【西皮二六】由李墨璎作了彻底翻改，且将"摇条辙"改为"人辰辙"："痛离别12载曹营遭困，为的是保二嫂暂可栖身。曹孟德加官赠银难消关某寻兄访弟失群恨，因此上挂印封金闯关斩将一路走风尘。好贤弟心生猜疑闭关不认，关云长倒做了负义之人。恨、恨、恨，苍天问，善恶忠奸何足云，明肝胆我把首级刎，料不想古城会血溅离分。"这段新唱词由王金璐唱来何其深沉，那三声"恨"节奏轻重全不相同，几近声泪俱下。

他虽把张飞打下马来，只是意在警诫于他。当张飞接过二嫂，自己抢着纵马先行入城，关羽"嗯"了一下，心生不悦，今天翼德何以如此无礼。等张飞紧闭城门，关先是发愣，当张"点穿"远处曹兵追来乃里应外合之计，他简直是有口难辩了。关苦苦恳求，一切徒然，虽已无力一战，然而他只能先咽下这口气，拖着疲惫的身子与蔡阳对决。这一段王金璐演来相当入戏。及至蔡阳大兵掩杀而来，冤家相见，分外眼红，两刀相交，关羽力不能支，一战即败下阵来。二次再战，关羽拼尽全力，青龙刀高举远砍，立斩蔡阳于马下，然后手指蔡阳作一背刀亮相，亮出的是一个气喘吁吁惊惶初定的疲软相。王金璐只是微微发颤，但绝不胡晃身子，更不大摇脑袋，小处分寸感把不准，就会有损于关壮缪的形象，对此王金璐绝不含糊。

三

关羽入城前，王金璐以低沉浑厚的音色唱起了【吹腔】："这一阵只杀得某力尽气衰，险些的二弟兄厮杀起来。"心头沉重，面色忧郁。接唱"南来雁不住地当头叫，只叫得关云长心内好焦"，脸上又见焦急和焦虑的双重神色。换过装束，接过扇子，由马童带路进城，此时接唱的【吹腔】更显自然流畅，"叫马童与你爷前把路引，关二爷一步一步步步走进古城"，整段【吹腔】始终唱的是心情。这条老嗓对于腔与字裹着唱的【吹腔】倒是应了扬长避短一说。台下有人称："这老头一条破嗓子倒还禁唱，听听快'滋花'了，却顺顺当当的过来了。"也有人议论："这副嗓子照样唱曲又唱情，味道真的还不错。"王金璐昆曲底子扎得深，又得徽派老生唱念的实授功底，故唱来苍老道劲，沉雄醇厚，尽得苍凉古淡的意韵，【吹腔】唱得得心应手，也让一些担心他嗓子不济的好心人跌了眼镜。

关羽一见刘备，12年关闭的感情闸门一下打开了，炽热的赤诚如山洪暴发，那有似鹤唳长空的一声"大哥"，声同裂帛，随着手中扇抛向空中，身子猛地下跪，这一声，这一抛，这一跪，刹那间震撼全场，这一爆发性的感情决堤是在相对平静的气氛中突现的，演员若不身在戏中，是绝对出不了这等激情的。

"训弟"中关羽对张飞的态度从来就有人抱打不平，王金璐演这一折首先立下"一分为二"的基调，对三弟抱的是既原谅又不原谅的态度。他在念白中拿准了几个层次：先叙弟兄们自徐州失散后身在曹营的一段经历，心情是平静的，语气是缓和的；说到"兄虽身在曹营，我这一颗心却无一时一刻不思念桃园弟兄"，悲怆万状，难以自制。再往下讲，语速渐快，从阵前得信到过关斩将，古城下筋疲力尽，不但见危不救，反在阵前翻脸动枪……这一段凭着王金璐出色的念白技巧，尽情倾诉了心中的怨与愤，复杂的情感变化就像抽丝剥茧一般层层展现。

他在台词中有"……身陷曹营一十二载，也难怪三弟你心怀疑虑"一句，这一句加得好，好在关羽是讲理不斗气。接着再诉说三弟的不是："只是，二位皇嫂现在，我若降曹，焉能保定嫂嫂回到古城，你只顾一时性劣，并不仔细思量。"这便弥补了老演法中对张飞的不公处理，皆画龙点睛之笔。当王金璐念到"你这一枪刺得不关紧要，险些儿刺了个弟南兄北！"最后二字带出哭腔。关羽的哭是嗔怪地哭、委屈地哭、心灰地哭、伤感地哭，交织一起，极难把握。

然后再从蔡阳来由、盟弟绝情说到斩蔡履险时的万念俱灰，"我要回转蒲州去了"，景荣庆的张飞跪在那里赔罪，急得不知如何是好，门外李甫春的刘备不禁悲从中来，掩面而泣，屋内关、张，屋外刘，三人同时做戏，神情均可入画，做工既妙肖，声调又呜咽，一个"义"字三人哭，台上台下皆泪落。

全戏在狂热般的掌声中进入尾声，观众席上垂泪喝彩者并不在少数，场面热烈动人。剧终之际，刘拉关手，关再拉张，亮斜一字三义画面，然后在一拜一搀，一搀一拜中合上大幕。"训弟"是百分之百的感情戏，关羽的神情内蕴由王金璐从艺术程式里氤氤氲氲地像一缕青烟似的展现出来。演到这种"人戏合一"的意境，观众就会发问，谁又见过当年关壮缪了？可眼前台上的人物就是活了！

光是"训弟"一折全场掌声彩声响起不下十五六次，尤其在终场前的四五分钟，彩声震耳欲聋，中后排观众几乎全部起立，却不见有一人"抽签"。《古城会》尾声音乐一起，观众席上一场"抢逼围"好戏开场了，其中有红肿了眼的，有酸鼻垂了泪的，也有方才抽泣出了声的。谢幕气氛太狂热了，简直欲罢不能，竟至一时收不了场。

王金璐的《古城会》的感人由来已久，昔日金少山与之同台后，曾对丁师直夸："这小子行，能做戏。"山东名净蒋少奎与他演完《古城会》，当面说："你这小子真能造魔，把我唱得心里怪难受的。"当初在西安演完此戏，有人拉住他说："太感动人了，我一直在掉泪，你让我钻到戏里去了。"有人赞王金璐之《古城会》："如饮醴泉佳茗，舌本回甘；如观书法名画，厚馈难忘。"也有人称："曲终之际，余韵悠然，古所谓余音绕梁三日者，斯为得之。"李洪春先生曾不止一次地说过："金璐唱老爷戏是块好材料。"

《古城会》之夜，李墨璎悄悄来到长安戏院，观众散尽后，她独自走出了剧场，恰逢一位特意从南方飞来一睹王金璐老爷戏风采的上海戏迷，问起李墨璎对今晚《古城会》的观感，她说得很实在："年纪大了，我是来看看他台上的腰腿功夫怎么样了，看他能否再唱几年。"对方又问："依您看，王老师还能唱几年？"李微微笑了一笑："再唱上三五年还是可以的吧！"不卑不亢，显得十二分的自信。王金璐的老爷戏唱了几十年，时至今日，也正如李墨璎所言："到了'文化大革命'后的今天，金璐的《古城会》和《走麦城》一样，是升华了。"李墨璎照旧没有露面，也没去后台，当鲜花和光环向丈夫抛来的时候，她却躲在荣誉的背后，悄悄地分享着这种欢愉，有谁能说这样的传统美德现今已过时了呢？

三麻子王鸿寿的弟子刘奎官说过："王鸿寿收的徒弟很多，得到他衣钵精髓的要首推李洪春先生。"李洪春的桃李满门，受其老爷戏亲炙的有李万春、宋遇春、黄宝岩、曹艺斌、袁金凯、李春仁、郭春阳、齐和昌、田中玉、李金声等，吴彦衡、高盛麟、李和曾也曾受指教。李洪春授关公戏极严，不准学者走样，老王派本已残缺不全，故不允再生遗珠之憾。正因如此，王金璐的关戏可称十足的三麻子——李洪春一路，受李洪春实授最多且最著声誉的是两位悟性极高的弟子李万春和王金璐，自米应先、程长庚、王鸿寿、李洪春以下的第五代"老爷"中，幼少成名的也是李、王二位。李万春成名后自扬一帜自树一格；盛麟则汲取了南方名家林树森、麒麟童、李吉来、赵如泉的技法，自成风格。20世纪50年代关戏唱得最多的正是李万春、王金璐和高盛麟。

20世纪80年代中后期，王金璐把关公戏提到一个新的高度，凡他所演，关羽皆由"神"回归到了"人"。他特别在关戏中化入了杨派技法，另具一种沉雄庄重、豪迈大气的风貌。他的关公戏，三麻子——李洪春遗韵犹在，却又蕴含着"寓文于武，武中有文"的风格的精髓。可以说20世纪80年代末，王金璐唱活了关壮缪。

第十节　鲁殿灵光道黄派

1988年王金璐办了退休手续，虽被中国戏曲学院返聘，属于自己支配的时间毕竟多了，他并非贪图清闲之人，如有演出的事儿，一般他是当仁不让的。

1989年春，安云武找上门来，这位赶上马连良先生亲授末班车的"文化大革命"前北京戏校的高才生，还是一位具有出色组织才华的演艺活动家。他得知国家体委有一举办亚运会义演的组织——"三老联谊会"，便主动请缨，愿在首都京剧界先行组织一次义演。得"三老联谊会"赞许，安云武就活动开了，他的首要任务莫过于请出叫得响的大牌人物，王金璐无可争议地成了首选。"三老联谊会"中几位酷爱京戏的首长夫人都中意这位"水晶老头"，均道王先生戏好扮相也好，这更加重了王金璐天平上的砝码。举凡义演场合，王金璐逢邀必应，但他不曾料到，4月上旬的3场义演，竟要他第一天贴《潞安州》，第三天上《虮蜡庙》，一人担纲两天大轴，言外之意，这回义演主要打的是王金璐的牌子。

一

无独有偶，王金璐这两出戏皆有黄（月山）派的渊源。

自俞菊笙开创武生流派，一度唯我独尊，由黄月山开始，才有了与俞派对峙的黄派，及至李春来江南开派，始成第一代武生三派鼎足之势。黄派影响遍及南北，尤以天津、上海为最，在北京和关外有相当流行。

宗黄派者务求条件全面，因全才难得，故黄派传人一派分为三支：宗黄派武生一路者，李吉瑞最富盛名，马德成也不弱；宗黄派靠把武老生戏的是李玉奎，马德成也可；宗黄派老头儿戏的首推马德成，还有康月山；兼宗靠把和老头儿戏的，有南派名伶李桂春。综而论之，马德成艺事造诣最称全面，其嗓音、神态、步法、招式可说全像黄月山。

艺宗黄月山的名伶众多，除李吉瑞、马德成、李玉奎、李桂春外，有于瑞芳、瑞德宝、刘春喜、李鑫甫、田雨侬、吕月樵、盖春来、沈华轩等。到王金璐一代，黄派已然淡化，李吉瑞、马德成身后，黄派余绪基本已断，教黄派戏难觅苗子，唱黄派戏又大多变了味，不少名武生兼以黄派相标榜，只是演黄戏不见黄韵。常言"君子之泽，五世而斩"，谁想黄派艺术竟不过三世。在黄派香火不继的20世纪三四十年代，凭丁永利先生的慧眼识才，倾其胸中黄派所学，全盘传给了王金璐，只是王本人常以杨派戏相号召，对黄派并不张扬，故20世纪50年代以来，其黄派道行究竟有多深，知者已不多。

李墨璎有幸见过丁先生教黄派戏的示范场面，那腆肚仰胸、绷直脖项、握拳而上、膀子下扳，一副耿直而又倚老卖老的神态太抓人了，让听惯见惯杨派戏的李墨璎大感兴趣，那尺寸、劲头、味儿、韵儿同杨派大相径庭，的确别有一番风味。

王金璐的黄派名戏不下二十余出，《剑峰山》《百凉楼》《凤凰山》《独木关》《铜网阵》《枪挑小梁王》《翠屏山》《洗浮山》《溪皇庄》《刺巴杰》《九江口》《请宋灵》《落马湖》《蚜蜡庙》《莲花湖》等均为当年常演剧目，其中《翠屏山》《洗浮山》《落马湖》等剧均为杨、黄双份，同一出戏丁先生教杨又授黄，这是其他弟子难以吃上的"偏饭"。

黄派讲究唱念，多苍凉

《洗浮山》，王金璐饰贺天保

悲壮的二黄、反二黄和淋漓激昂的道白，有人曾说过："要是把黄派唱对了路，比杨派戏更过瘾。"20世纪30年代王金璐凭着一副高而打远清亮挂味的好嗓曾把黄腔唱得满宫满调。他演黄派戏还多真情表演，其演忠臣、孝子、挚交，往往真泪盈眶，因戏不同其泪含义亦不同。当时北平《立言报》评其《火烧百凉楼》君臣被焚相依为命之际，他呼天一哭，热泪横流，是为忠臣泪；《宏碧缘》"祭母"一段，每演必有真泪，纯为天良所感；《求贤鉴》中宗泽对岳飞一片挚诚，宁牺牲自己，亦要裨获其才，对岳飞逃走时之恳切呼唤，每演于此，热泪常潸然而出。是以他口碑极佳，少壮年代即有"小黄月山"之誉。

20世纪40年代的黄派戏，马德成之下小辈即属李万春和王金璐领先。万春黄派戏亦有根脚，早年在上海曾受教于李吉瑞和岳父李桂春，他学黄较早，该是20世纪二三十年代的事儿。马德成尤为欣赏王金璐这一"杨黄齐芳"的小伙子，老少俩同台黄派戏成了常有的事，马老眼界多高，一名小后生居然从他眼皮底下登上了黄派大雅之堂。

20世纪50年代黄派戏几乎无人提起，小辈戏迷十有八九不知武生有一"黄派"，中华人民共和国成立后剧目限制甚严，如《凤凰山》《独木关》一类的薛礼戏就不安排上演，七折八扣之下，王金璐仅剩下《九江口》《百凉楼》《虮蜡庙》等区区四五出黄派戏了。有人说："大抵黄派戏，为近今所不尚，而故有抑止之嫌，学步邯郸，于黄派为独难。"此言或许也有几分道理。

到了20世纪80年代，王金璐在难得的演出场合中曾演过《翠屏山》《虮蜡庙》和带有黄派渊源的《潞安州》，顽强地守住黄派阵地的最后一角。今临"三世而斩"的衰局，王金璐有意在亚运会义演中推出具有黄派色彩的戏，虽吉光片羽，戏中犹存几分先正典型，亦弥可珍贵。

二

4月7日首场的《潞安州》为早年黄月山所编，昔日常列前三出，自王金璐腾踔艺坛，滥觞于黄派的《潞安州》身价有如鲤鱼跃龙门，遂为后世聆曲者惊为绝唱。王金璐《潞安州》用了部分黄派武老生身段，唱法采用黄腔低走、走黄不走杨的路子，后段虽带若干南派色彩，却也兼用了一些黄派劲头，只是老来嗓衰调门下落，便改弦易辙，更讲究起字韵味儿。

由《潞安州》不由让人联想起李洪春先生《京剧长谈》一书中说到的武老生戏和靠把老生戏大多面临失传的感慨。在李老列出的一大串的剧目中，光三国戏就占了不少，如《战长沙》《金锁阵》《拦江夺斗》《取桂阳》《凤鸣关》《渡阴平》《劫魏营》《取巫峡》《五截山》《盘河战》等，再不抓紧挖掘，只有等着王金璐把戏烂在肚里了。王金璐挖掘整理了《潞安州》，投下精力非小，要使大量武老生戏和靠把老生戏不致绝响，尽王金璐一人之力，杯水车薪而已。由此看来，《潞安州》便更弥足珍贵了。

在老观众心目中，《虮蜡庙》是一出耳熟能详、熟之又熟的老戏，谁知到了1989年竟成了半新不熟的生戏，一些所谓的名角儿不敢台上见，看着排练场上对戏的那份陌生感，让人困惑又感慨。

演褚彪出色当行的名家甚多，黄月山辈分最高，自黄而下，杨小楼、尚和玉、马德成、余叔岩是四种特色各异的风格，麒麟童也有一观，再往下数，便轮上李万春、王金璐这一代了。王金璐演过《虮蜡庙》的场次不可胜数，其中不少是合作戏场合，曾有过一回与尚和玉、金少山、筱翠花、奚啸伯的《虮蜡庙》，就曾名震一时。

"文化大革命"后王金璐重演《虮蜡庙》是在1981年3月的人民剧场，不想一搁置就是三年有余。直到1984年才先后公演于沪、宁、津三地。黄派风格睽违多年了，尤其在黄派发祥地天津，就连资深演员也说没见过这种身段劲头。整个20世纪80年代，高盛麟偶有一演，李万春惜未曾露，往日少演此戏的厉慧良却动了略带南派风味的《蚍蜉庙》，扮相、节奏、做派几近麒老牌，同黄派毫不相干。时至今日1989年4月9日的义演场合，王金璐登台北京市工人俱乐部再演《蚍蜉庙》，已是他"文化大革命"后的第八场了。

该剧由北京京剧院助演，费德恭、黄天霸、施公、张妈、金大力等角色分别由胡学礼、王展云、安云武、白玉玲、夏韵龙饰演，角色尚称不弱，但大角儿仅王金璐一人，显然这戏又得仰仗他了。杨春霞、孙毓敏，还有杨派同道朱家溍先生等不少人聚于后台同王金璐打起了"车轮战"，轮番劝说他免去戏里难度高且带危险性的翻摔技巧："免了吧，您老能上台大家已经满意了。""应付一下得了，年纪大了，不会有人责怪的……"面对这些异口同声的友好话语，他诺诺连声，点头称是。

王金璐对褚彪的扮相显然作了微调，往日头戴的黄色或古铜色的硬鸭尾巾不见了，代之以黑色金丝绒的；过去黄色的抱衣抱裤现改为墨绿色的，衬上白髯口，色彩反差十分鲜明；他的褶子改穿浅茶绿色的，大带改为两根并列的小丝带，色泽醒目又和谐，平添了几分雅致。

"议事"一场本平淡无奇，王金璐却演来有声有色。褚彪定计，不能坐着派活儿，不能机械地背词，他时而坐着说计，时而站起发话，对方也顺势离座而起，场面上不显呆板。他嘱咐贺人杰的一段话，吩咐交代尤为仔细，那是小孩，必须叮咛明白才是。说到"三更时分，放火为号"，稍稍站起身来，加重一下语气，"你可记下了！"这些小变化全是细节，不注意是难以察觉的。褚彪乃江湖上大名鼎鼎的"铁背雕"，定计之时安闲靓雅，绝非虎视鹰瞵，几段念白，如食桂姜，老而弥辣。定计完毕，王金璐的褚彪右手抓袖，洒步下场，他步幅大，步子实，步履洒脱，走开了黄月山的派头，瞧其背影，身后褶子下幅左右飘摆，自有一种刚柔并济的潇洒。王金璐步子尚未迈进下场门，台下已是掌声大起。

"撞庄"是全剧的重点场子，王金璐轻灵飘逸的"走边"和双手张开老斗衣亮脑后相等传统"卖点"，都称经典，自然不打一分折扣。他的妙笔依然下在细微处："抢女"之后褚彪与费德恭有一"推磨"，王金璐边推还边向庄里高声呼喊"儿啊——"，这份逼真劲更使费德恭和庄客们深信不疑。接着他又在庄门外掩耳静听，蹑足细瞧，踯躅徘徊，淋漓尽致。此处本有天霸对褚彪的"三漫头"，王金璐改为天霸举刀要冲庄，褚彪张开双臂左一挡右一挡，转身抓住天霸手亮出一相，赶紧又对天霸摇手示意，使不得呀！戏情变得合理多了。最后台上留下褚彪一人，原本撞几下庄门，哭一声"儿啊"，手一指头一点就此下场。王金璐此处下笔精细，他以警觉的目光左右看了两眼庄门，见无动静，心想小子们这下可上当了，一得意差些笑出声来，赶紧掩口止住，这一乐一止细节做派妙到极点。此时本应朝里甩髯踢腿下场，现改为甩髯后，两晃褶子接踢腿，又回望一下庄门，然后脱褶、绕褶、夹褶后亮相下，让台下看得清清楚楚，此乃计也。每演于此，全场必有会意的满堂彩。

"撞庄"中褚彪有一大抢背，老观众都知有这手，只是王金璐现是七十老翁，台下不再苛求于他，看老先生今天既把戏唱得如此之满，大概这"一卖"或许是免了，谁料想王金璐颠步过后仍然照章办事，翻出既高又远、既飘且美的大抢背，真帅到了极点。只见抢背起处，身段矢矫，须眉飞舞，重起轻落，妙在出之稳健、圆润和舒展，所奇者，古稀之人矍铄登场，竟这等游刃有余，试问当今老名家尚有这一手的，又有何人？

方才在后台诚恳接受众人劝阻的老先生，一看台下千百双眼睛正聚焦在他一人身上，这个节骨眼上，一切忠告全丢九霄云外，去了爪哇国，他当时仅此唯一的选择，腾空拔地而起……听到来自前台轰然如雷的叫好声，后台众人无不惊出汗来，埋怨声不绝，老爷子也太弄险了。王金璐实在不肯卖空牌子，不肯在观众谅解中唱戏，老先生说得好："糊弄人的事，咱不能干。现在不景气，人家肯花钱来看戏很不容易，咱哪能对不起人家。"

《虮蜡庙》最后的开打，王金璐的"卖点"比比皆是：褚彪与米龙、窦虎三人间激战有一场手把子，行内称"金刚头子"，空手相接，颇有难度，此番王氏有意让其重现舞台。褚彪击败对方后，接着踢开月亮门，一撂胸前白满，在新加的一个【四击头】中张臂亮相，这样处理无疑精彩了许多。褚彪与黄天霸的刀花双下场，旧时亮相皆褚里黄外，由褚扶黄肩亮出一个造型别致的高矮相，王先生今把褚、黄位置对换了一下，褚前而黄后，褚亮矮相而黄亮高相，然后褚彪左手背刀，转过身来，手搭黄肩，一甩白髯，再亮一下原先的"相"，等于亮了双份，无疑又增添了几分火炽。尤为值得一提的是王老出众的髯口功夫，其中有一单刀下场，老先生连续大幅甩髯推髯何止二三十下，他那髯口甩起，白满恰似一团白絮翻飞，不散不漫，轻灵至极，又厚实至极，此乃几十年深功，绝非一日而成也。

天津名净李荣威见过王金璐《虮蜡庙》后说："我以为您这戏是不太累的歇工戏，一看，这么多东西呀！真够累的。"同王老曾合演过此戏的云燕铭也说："二哥，我以为您来出不太累的，谁知您里头的事还这么多啊！"应知《虮蜡庙》本来就是王金璐夫妇"移步不换形"的又一精品嘛！

真正见识过黄派的现已寥若晨星了，更多的人是用杨派目光来看待黄派，这就难免岔道。黄派武老生和老头儿戏讲究雄浑与洒脱，就以台步而言，黄派台步与马派相比有劲头尺寸之别，人们没见过黄派，就道王金璐是"马派武生"了，这是对黄派的误解；黄派做派常有手臂下扳，腆肚仰胸，绷紧脖子及握拳亮相时拳心向上等特征，有人不识，竟把"腆肚"等黄派技法疵之为病。王金璐掌握的尺寸和劲头比武生软些，比靠把老生硬些，正应了黄派规范。

早在1929年4月，麒麟童就曾发表过一篇题为《老头儿戏要成绝户了》的文章，其实打从"文化大革命"之后，无论黄派武老生戏，还是老头儿戏，王金璐成鲁殿灵光已是不争的事实。

第十一节 《武生泰斗》

　　1990年春，中国戏曲学院来了两位北京电影制片厂的客人，著名导演王好为和李晨声，他们专为即将投入拍摄的10集电视连续剧《武生泰斗》物色主人公"小林玉昆"而来。采访采用听课方式，并指名要听王金璐的，谁想课没听完，却被这位老先生给迷住了。但见他示范之时，边说戏边比画时那功夫、那语言、那感觉、那对学生恨不得捧出心来的劲头，不是想学就学得来的，两位客人一对眼神，"老林玉昆"得来全不费功夫。

　　导演登门造访，请王先生看剧本，三番五次地征求意见，请老前辈谈当年梨园旧事，验证剧本内容与旧戏班的规矩风格有无不合之处。导演听他侃侃而谈，不由得佩服他的腹笥渊博，便动了聘他当《武生泰斗》戏曲顾问的念头，又试探地问王老可曾见过杨小楼、金少山。这下可把他的话匣子打开了，他回忆起自己少时几乎目睹了杨宗师晚年的全部剧目，至于"十全大净"金少山，还与他曾同台合作过不少生净对手戏呢，如今家中老戏单犹在，足以唤起他的风雨故人情。王好为、李晨声二位主意已定，不但要把眼前这位泰斗级的武生艺术家聘为顾问，而且走出了一步惊人的棋：请出王金璐担纲林玉昆。这可是电视连续剧中的第二主人公，王先生暗吃一惊，一时哪里敢应，"那么大的电视剧，别让你搅了！"妻子显然是在拦他。他好不踌躇："台上的戏我敢应，可生活戏——我这样行吗？"王好为答得妙："就要您这样，不这样还不行呢！"导演找"林玉昆"少说也有二三十位了，人家的诚意十足，情面难却，就答应"试试看吧"，谁知这一试就此试到曲终。他更没想到的是，由于他的加盟，编导们为老林玉昆加了不少戏，使剧中主人公出现了重心转移,"老林"由此一跃而为全剧第一主角。

一

王金璐一头钻进本子,顿觉时光倒退了半个世纪,一幕幕、一桩桩梨园往事是这样的熟悉,一个个、一群群剧中人同当年闯荡梨园的所见所闻是那样的贴近,一种特殊的亲切感很快缩短了他和剧本的距离。

故事发生在20世纪20年代的北平,当时京剧鼎盛,名角遍及九城,三教九流、各方人士皆以学唱几句皮黄为时尚,其中唱"大武生"的林玉昆因名噪京师,被戏迷们誉为"武生泰斗"。他曾出于侠肝义胆出手击退当地恶霸小花虎,救下一个顶砖卖艺、流落街头的孤儿,并收为关门徒弟。经林老板的倾囊相授,20年后原先的穷孩子成了名满燕都的大红角"小林玉昆",以他为首的林家戏班日益兴旺。为了戏班的生存,林玉昆与黑道上的恶霸地痞几经斗智较量,并起用为养家糊口而卖唱的小红宝替代渐入歧途、离班出走的白小芳,且让她与小林玉昆挂起双头牌。师兄弟金武春为争头牌不惜出卖同门,勾结小花虎暗害小林玉昆,致使"小林"翻"台漫"时发生重大事故,腿断筋折,几成残疾,老林玉昆不顾年高,只得再次挂牌登场。

抗战爆发以后,世面不景,戏班生计维艰,小林玉昆不愿因自己伤残拖累戏班,独自出走,小红宝下河北赴山东,终于发现隐名埋姓涂脸卖唱凄苦已极的小林玉昆。小红宝情义感人,遂与"小林"农舍僻村结为患难夫妻。经"老林"悉心栽培,终使刻苦磨炼的"小林"以兼唱文武老生再度名震梨园,可他不久又一次遭人陷害,老林玉昆舍身相拼,锒铛入狱。"小林"惨遭"车祸"之灾,抛下了衰老的师父和娇妻幼子。面对新坟,老林玉昆呼天抢地,哀痛欲绝,梨园悲歌不知何处是归途……

真是一个好剧本,全戏着力表现的是艺人们的精神风貌、人格力量和道德风范。他们身居社会最底层，却自爱自重，讲做人的道理，追求的是梨园界向来推崇的"德艺双馨"。看了剧本，既让人愤慨不平，然更觉昂扬向上。

王金璐渐渐地进入角色了。他知道老林玉昆该是自己师父那一代的人，这些日子里，对丁永利老师的缅怀，对马师的追忆，对李洪春老师的思念，如丝如缕地一齐来到心中。他自认是"小林"那一辈，类似"小林"的遭遇，他或是身经，或是亲睹，见得多了，"如果倒回去几十年，我也能演小林玉昆"。像"小林"一样，他也是"老林玉昆"们用肩膀顶上去的，"从我这些恩师身上还怕找不出一个老林玉昆来？"他揣摩体验角色的过程几乎全在对师父们的"过电影"中度过。王金璐心中自有榜样在，就连大烟袋和鼻烟壶也是从丁、李二师身上照搬而来。他往往一闭上眼，一个活生生的"老林玉昆"就会跃然眼前。

二

王金璐心里渐渐有了底，胆量也变壮了，王好为和李晨声这对夫妻好戏又懂戏，且又是电视剧的导演和摄制高手，王金璐看好二位导演，准错不了。

《武生泰斗》的轰动效应离不开演员阵容的强大，朱旭、李翔、吕齐、张矩、管宗祥、李丁、田春奎、凌元、吕中、江水、方舒、马玉森等十几位挑大梁的一级演员个个艺术精湛盛誉在身，却全扮三教九流的大小配角，如仁义过人的勒头师傅、耍花手心的戏园经理、吃笔杆饭的小报记者、潦倒颓唐的老顾曲家以及茶馆老板、戏迷教授、姨太太……花团锦簇、星月交辉的大合作，众星捧月似的烘托起剧中老、小林玉昆这师徒两代人。得诸位大贤的辅弼，绝不至于让自己砸了人家这部大戏，他的胆子益发地壮了。

小林玉昆选角不易，既要有戏曲功底，又得有演生活戏的实践，这类年轻轻的两栖人才哪里去找？不知哪位"好老"有此慧眼，居然把八一电影制片厂的邢岷山找来了。小邢有过十年昆曲文武老生的习艺积累，又刚从北京电影学院毕业不久，有刻画人物的基本功，乃小辈中的上驷之才。从小邢的上佳潜质，他更看好这部《武生泰斗》了。

北京电影学院提议剧中拍摄几段杨小楼年代的骨子老戏，并要求按当年原貌原样，意在重现旧时舞台表演的原型，让人看了更有一种历史的质感。《武生泰斗》既由当前泰斗级人物王金璐主演，加上"戏中戏"，岂不更叫座？"戏中戏"由李墨璎选定，共计《夜奔》《长坂坡》《挑滑车》《安天会》《虮蜡庙》和《走麦城》六折，戏的类型和扮相全无雷同，而且覆盖了王氏剧目的三大板块——杨小楼、黄月山和三麻子三家流派戏，这些片段欣赏价值和史料价值两全，选得确有学问。

"戏中戏"里一切照搬当年老路数，如《长坂坡》有耍火彩、砍人头；《走麦城》有两人举城布，形同横幅……全"按老的来"。苦的则是王金璐，北京京剧院的助演人员谁见过"老"的？王老身为顾问，现说现教分内之事，这等于又压给老先生一份担子。年轻人大得实惠，可听上瘾啦！"活京剧史，哪儿学去？"连李翔、李丁、田春奎等话剧名家也全听得入神入迷。按老的来，王先生的戏难免累上加累，好在儿子、徒弟全出手了，王展云负责排戏，王元信、杨少春、叶金援等伺候左右。

《挑滑车》，王金璐饰高宠

根据导演摄制计划，"戏中戏"先行。王金璐没赶上"天时"，天天毒日高照、酷暑逼人，71岁高龄连续战高温不免让人揪心。认真的王老出人意料地总是第一个到摄影棚，化好妆，扎好靠，静静地在一边候场，用他的话说，"人家导演既然看得上咱，就得好好干"。

打头炮的是《走麦城》。剧组在北京人艺附近借下一家破败不堪的少年宫小剧场，临时搭上几个小包厢，凑合着就算是20世纪二三十年代的戏园子了。拍戏那天，台口摆着块水牌，上写"武生泰斗林玉昆主演全本《走麦城》"，拉琴的、打鼓的，整套乐队全扮上了，身着长衫，翻白袖口，舞台造型真有20世纪二三十年代的味道。场内近四十度高温，每一组镜头拍完，汗透衣衫的王金璐顾不上擦汗，总急着先问导演行不行。拍到摔"僵尸"一场戏，导演犹豫了，天气热得令人窒息，有人刚穿上胖袄勒上头就晕倒了，王老比谁都累，导演心里不忍，别人也纷纷建议换"替身"，反正影视界常用这一手，让别人眼花缭乱去，最后换上本主儿来一下亮相大特写不就成了。王老没搭茬儿，笑笑说："我还能唱！"好熟悉的话语，愣愣神想一想，这不是老林玉昆的话吗？"归天"一场老先生急剧间的一个"僵尸"，犹如门板，直摔在地，爽脆至极，四周轰动了，大伙儿终于把几将跳出嘴来的一颗心平平稳稳地落回了原处。

老戏老演，能老则老。7月23日、24日接拍《长坂坡》"大战"一场，赵云得青虹剑时按旧规有"撒火彩"的例行公事，有一口气把曹兵的八条枪齐杆砍断的演法，紧接着还有砍曹将人头的表演，当初杨小楼的老路子全被王老重现于荧屏。

《蚜蜡庙》起拍，这位老先生表现出少有的固执，"王老，还是用替身吧，天气这么热，再让您这样演，实在对不住您哪！"导演话音未落，王先生已在连连摆手，只见他亮好架势吸上一口气，纵身拔起，一个高远圆飘的大抢背，规范轻盈又漂亮，致使举座皆惊。可一看样片，老先生一言不发，原来片中有一破绽，起范儿前似有霎时的停顿。导演忙加宽慰，说不必重拍了，可以借观众镜头作弥补，王老坚决不让，非推倒重来不可，他重复着一句话："艺术马虎不得！"于是，刚卸下头套的老先生重又穿戴上阵。

"戏中戏"就属《安天会》最为珍贵，虽只拍全了其中头场，可也让好多目前健在的老顾曲家好不激动，似曾相识燕归来，这才是恍如隔世的杨派《安天会》呀！吴小如先生曾精辟地指出孙悟空身上应带浓厚的仙气，而非动物园猴山上的"凡品"。王金璐的猴王大多是舒展快捷的大幅身段，他远眺近瞅，不是一味眨巴眼睛；他提袍扶带，处处学的人样，出场时那旗门开处的头一个相便是跐起脚尖的长身亮相，自有一副王者气派。又如唱【醉花荫】，"前呼后拥威风好，摆头踏，声名不小，穿一件蟒龙袍，戴一顶金花帽……"这几句全是走着的身段，刚唱完"蟒龙袍"，一下撩袍大转身，袍呈一圆面撒开，唱"玉带围腰"时右腿跨过椅背盘腿坐下，动作利落如猴，气势如王，根本没有抓耳挠腮、矮身曲腿，站不住相的毛猴样。吴小如先生多次品赏这段录像，一言以蔽地指出："这就是杨派猴戏，气魄毕竟不一样。"

看罢6折"戏中戏"，令人不胜"五岳归来不看山，黄山归来不看岳"之感，尘封往事，重又生辉，足见前辈泰斗本色，王老声名卓著，确是道行高深，剧组老少无不宾服。

电视连续剧《武生泰斗》剧照，
王金璐饰孙悟空

三

在汗水里整整浸泡了3周,"戏中戏"告一段落,导演一声令下挥师攻坚,起拍生活戏。第一次上镜头就是老林玉昆打徒弟,是日王老临出家门自言自语地在叨念:"今天倒是我王金璐打炮了。"夫人一听话音不对,"别给自己增加负担,这只能抵消勇气"。被夫人两句话一提醒,老先生没搭腔,却在努力把住心旌:对,要轻装上阵,别去胡思乱想。

拍摄现场全是人,镁光灯下不知有多少双眼在紧盯王先生。此刻的他默坐一边神定气闲,眼前一切全不理会,精神出奇的集中,现在我就是林玉昆,徒弟有违戏德,我就得打,今天我王金璐要打人了,而且打通堂。他心思专一:"来吧!我早已准备下了。"导演见王老已入角色,便大喊一声:"一、二、三,开始!"

开拍令下,王老开始打人,打学生,打徒弟,打完这个打那个,足足打了一天。这场"打戏"真没白打,打出了人物打出了戏,情感处理上更是一气呵成。四周纷纷投来赞许的目光,导演脸上浮现的也是满意的笑容,挥汗如雨的王先生此刻心里透出了凉爽,至少没砸,打从这次"炮戏"起,他心里渐渐有了底。

老林玉昆的出场可谓先声夺人,长袍马褂的"武生泰斗"气度雍容地在喝茶,出手飞一钢球击碎城砖,从恶霸手

电视连续剧《武生泰斗》中
王金璐扮演林玉昆

中救下一名苦孩子。他从容不迫，英气逼人，令上茶楼寻衅气焰嚣张之极的小花虎不敢动手，悻悻而去。这头一回亮相便以气度戏抓住了观众。老林玉昆集养、教双责于一身，天不亮打着灯笼领着孩子去练功喊嗓。几组平淡无奇的镜头无不现出王老身上浓浓的戏味。

王金璐天天被四周的热心人所包围，李翔也是花甲老人了，见王老每次下来衣衫湿透好几层，就像是一个水人似的，便时而打扇，时而送水，又从外边捧来冰镇西瓜，场面甚是感人，一时"焦二爷"给"关老爷"送西瓜的趣闻便传开了。王老上戏，剧组必派车接人，拍他的戏，一律集中在白天，免去老先生在外住宿之苦。同时破例让王老带一"管事"，须知拍摄重地，闲人是严令莫入的，他被照顾得快成"特殊阶层"了。

回得家来，王老仍一头栽在戏里，李墨璎哪清闲得了，她扮起了家庭导演角色，协助丈夫把台词一再琢磨透，把表演反复设计好，让丈夫在家里先过上一遍。家里人几近总动员，连孙女也在一边帮爷爷背词。《武生泰斗》忙煞李墨璎，王金璐看在眼里，不免心头起涟漪，金婚刚过，老伴相亲，有妻如此，幸何如之！

老林玉昆重头戏一场接一场，演到"小林"悄悄离开戏班之时，林玉昆心如刀绞，此处王老必须伤心落泪。在这当口，老先生默默地坐着，幼时的苦难，11岁离家学戏以及戏班子里那些酸心的事儿一股脑儿涌上心头，那状况虽是悲苦，比起眼前的徒弟毕竟不如，想到这里，不知是在悲叹童年，还是为剧情所感，不禁老泪纵横了。王先生摆脱了程式的框束，一步走进真实自然而又洗练有神的境界，既显现出一个深谙世道的老江湖，又刻画了一位正直不苟、充满爱心的老伶工。王老演得太动情了，怪不得导演屡屡对老先生推崇有加，甚至抱打不平地说："都说人家程式化，让他们（指影视界的同行们）也来看看……"

《武生泰斗》的拍摄渐入尾声，在拍林玉昆给"小林"送葬的那天，王先生早早地来到摄影棚，呆呆地坐着，不说一句话，渐渐地他陷入了无比哀痛之中。拍摄开始，灵堂的长明灯发出昏黄的光，林玉昆望着被恶势力吞噬的爱徒，悲愤已极，休想抑制得住。"孩子，我干吗教你这个？你干吗要唱戏呀！"随着这声撕心裂肺的呼喊，王老早已抚棺哭得泪流满面，他让徒弟穿着自己最为珍贵的绿靠入棺，携徒媳坟前焚纸，泣告九泉。此时沉重的鼓声响起，由远而近，由缓至急，由轻渐重，敲击着在场所有人的心。他击鼓问天，对豺狼当道的黑暗世道的血泪控诉，使一旁的导演和周围的人们不禁泪眼模糊了。坟头前，林玉昆许下一桩心愿，要把"小林"的幼子培养成未来的小林玉昆，真是虽九死而不悔，天下伶票二界、观众知音能不为之同哭！

初演荧屏生活剧，他所有表演全来自"心里有"：马先生的宽厚诚恳，循循善诱，感恩不忘；丁先生的刚直坦诚，疾恶如仇，外是一副严父相，内则一颗慈母心，一团子正气，绝不允许学生走歪门邪道，永远把戏德放在首位；李洪春先生的提携后进，倾囊相授，教戏轻酬报重传道……今天的"心里有"得之俄顷，积之平时，老先生电视形象的生动厚实，正如他那称雄半个多世纪的腿功，冰冻三尺，非一日之寒。有人说"没让导演伤脑筋，一上来就入了戏，人绝对是挑对了"。导演慧眼，找来一位舞台泰斗，演活了一位荧屏泰斗，泰斗演泰斗，自此成为美谈。

《武生泰斗》也演活了他们生存其间的那个"戏班世界"，真应感谢导演构筑了群贤毕集的红火格局，一起捧火了这台戏。黄宗江先生对《武生泰斗》有评："这一台戏，前台后台，捧角的傍角的毁角的，团团围绕住这丈方舞台，既有达官贵爵，又有贩夫走卒、地痞流氓、倡优寒士……这些戏迷、戏痴、戏霸、戏虱……人以群分，又不尽然，这梨园一曲，绘尽人间相，您瞧那八面玲珑的经励科，那又让人心疼又不敢招惹的姨太太，那些迷到骨髓里让人感到些许可笑也几许心酸的各色戏迷，又有多少所谓'零碎''底包'的小小角色，那些耍猴儿的、耍人儿的，那八大胡同出来的'美人蕉'，那二花脸、三花脸、胖掌柜、胖师长……老老少少男男女女，一位位活灵活现，一个个都是'这里头'的事儿。"在这一幅斑斓多彩而又血泪辛酸的旧时代社会民俗剧中，十几位名家无一不是"硬里子"，红花绿叶一棵菜，他们个个都是萧长华、芙蓉草、苗胜春……

四

1990年12月《武生泰斗》停机，在全部十集合成完工后，导演请来影视界名人前辈观摩看片，旨在听取意见，演员中仅请王金璐一人与会。他坦然而去，反正自己是外行，"摘毛"再多也不输面子。谁知反应竟出奇地热烈，有人对导演说："你们又出了个新秀。""这可是两栖演员，很不简单。"有不少人看了大感意外："太入戏了，怎么没有舞台腔？""人绝对是找对了，今后有这样的剧本，我们也来一个！"一片夸赞声，都道称职，俱说出色，王先生这才通过了"考试"。

《武生泰斗》甫映，轰动非小，据闻各地不少京剧票房在播出其间自动停锣，不使错过这台重头好戏；许多观众不厌几回地看，已纷纷在要求电视台回放了。这部由北京电影制片厂和中央电视台联合拍摄的电视剧一波三折扣人心弦，一播再播依旧荡气回肠，以致中央台和地方台竞相播放，不厌重复。最为难得又最具新闻效应的还是王金璐，第一次"下海"上荧屏，便把生活戏演得如此真切动情，如此撼人心灵。作者马泉来说："王先生身上有老林玉昆那股劲儿。"马少波

老舍夫人、著名画家、书法家胡絜青为王金璐题词"武生泰斗"

先生说："老林玉昆身上有杨小楼、丁永利、李洪春……不错，可也有王金璐自己。"

这些年京剧颇不景气，不少饮誉大半生的名家老来寂寞，《武生泰斗》一剧的轰动却使年过七旬的王金璐再度大红，梨园中所谓"戏捧人，人捧戏"，此剧尤为典型。正因这一炮打得雷响，一些朋友、同行见面均称起老先生为"荧屏新秀"，也使不少著名导演蓦然间发现了这块大有开发潜力的"新大陆"，曾有过一个时期，上门片邀接二连三，真所谓东边不亮西边亮了。

1991年，王金璐获全国电影制片厂第二届优秀电视剧评选表演荣誉奖

喜报频频传来，王先生没想到自己进入了《戏剧电影报》推出的1991年电视剧十大新闻：72岁的京剧表演艺术家王金璐主演《武生泰斗》；全国电影制片厂第二届优秀电视剧评选中，王先生荣获表演荣誉奖；在1992年5月拉开帷幕的"大众电视金鹰奖"的评选中，全国各地推荐参评的优秀连续剧有48部，在既有高收视率又有问鼎实力的十多部作品中就有《武生泰斗》。据《北京晚报》载，这届最佳男主角竞争明显强于往年，22位候选人实力相当，王金璐这位"新秀"竟然也在入围名单之中，这本身便是一件大新闻。

第六章　不悔篇

第一节　晚霞红似火

一

《武生泰斗》露了相，惊动不少寻求"新大陆"的"哥伦布"。影视圈里来头最大、财气最足的莫过于电影《霸王别姬》。出面来邀的是名导演陈凯歌的父亲陈怀皑先生，特请王金璐扮演剧中一位旧戏班的老教师，即张丰毅、张国荣所饰角色的师父。王金璐看过剧本后，据实而言："这个角色我不适合，怕演不好，还是另选别人吧。"对方误解了他的意思，还特地带制片人当面让他谈条件，也被他婉言谢绝了。事后，不少人说他太迂腐了。

世界太大了，一些人为之销魂的东西，另一些人却弃之若敝履，"人各有志"嘛。王金璐珍惜自己的艺术形象，不适合于自己的角色任其大富大贵也视同草芥，他早已是自己意志堡垒的主人。

不久有人来找他演电视剧，片名《找乐》，王先生不接；接着一家电影制片厂上门，请他参拍电影《梨园沧桑情》，他又推了；北京人艺的一部舞台剧也找上了他，约他天天出台，历时一个多月，那更不成了，岁数不饶人，焉能再跑"马拉松"，王先生早已不求闻达于诸侯了，于是照旧还是给谢辞了……接二连三的邀请，频频不断的电话，老两口被纠缠不过，有时干脆去天津，有时索性南下上海，课徒会友去了。

有一天，《综艺大观》导演焦乃积上门，随同而来的是湖北省京剧团主演朱世慧，他们坚邀王老出山，同朱世慧合演独幕小品《咱是角儿》。小品题材极富讽刺意味，写了剧界年轻一代不求真才实学却忙于寻觅"扒分"机会，又写了老一代名角面临的困惑和无奈，当今时势，没有钱是万万不能的，真要是"下海"，"角儿"岂不又斯文扫地。焦导演接着又来点睛之笔，"不是角儿还不能演这个，提起这位角儿观众还得认可"。王老尚在犹豫，焦导演再加重一句，"这戏可以为戏曲界的老艺人呼吁呢，老艺人谁管"，这话顿时把李墨璎打动了。剧中的老艺人辛苦一辈子，为娶儿媳妇，一二万元钱都拿不出来，挤兑得他还要改行，多么辛酸和无奈，王先生的心思也活动了，演这小品，多少沾几分京剧味儿，想必不致有大错，何况又在为老艺人说话。

朱世慧年纪不大，却是继叶盛章后仅有的一位以丑行领衔的人物，很会做戏，他们一老一少倒也默契，但舆论效果如何，王先生心中却是没数。谁知在电视台刚完了活，人尚未到家，马少波先生的电话已先追踪而至："这本子是谁写的？很好嘛！他还真能演这个，这戏倒是提出一个问题来啦！"显然是捧场。更多的人则认为王老演这小品不值当，也有学生不解："老师您演这干吗？不丢份吗？"仁山智水，褒贬兼有，王金璐既在荧屏上说出老艺人的难言之隐，呼吁目的已达到，哪怕丢乖露丑，也由它去了。

二

王金璐被人称为"寂寞高手"，在象牙宝塔里，几乎被人当成国宝供了起来，举凡邀演，十之八九非示范即"纪念"的特殊场合。尽管他走上了舞台生活的淡出之路，又何尝不知"人生虽有千日好，花开难有百日骄"，持盈保泰，亦当善自为计矣！不过，不到老年，不知老境，人们只道老年人希望老境平静，殊不知老人也有追求，事业到了顶峰，急流勇退，被视作审时度势之明智，敢于见好不收，则需要超人的自信和勇气。王老至今不收山，天下戏迷同好，当为"见好不收"喝彩。

接手《武生泰斗》的那年年初，中国戏曲学院副院长钮骠来邀，原来中国戏曲学院前身中国戏曲学校自 1950 年 1 月 18 日建校至今，已然走过 40 个年头，值此大庆之际，中国戏曲学院正紧锣密鼓地筹备盛大的校庆纪念活动。此番躬逢其盛，王老自然当仁不让，至于剧目，不意老先生走了一步怪棋，作为 4 天纪念演出的首场大轴戏，王先生提出的竟是不少人听来陌生的《金锁阵》。

《金锁阵》在 20 世纪 50 年代只有个别武生偶有一演，戏幅不过 20 分钟，王老动这出开锣戏唱压台，不知内里又有什么文章。他执意演出《金锁阵》自有一层内因。叶开沅教授曾有在兰州举办第三次振兴京剧演出之想，他主张戏码老中出新，王金璐那时就提过《金锁阵》和《屯土山》，兰州方面认为戏小少"卖点"，于是没能达成共识，自此他就有了一旦条件许可就非演这两出的念头。当然 20 分钟的戏无论如何拿不出手，非作增益润色不可，他先问明"戏提调"能给多大戏幅，然后量体裁衣作一番精雕细琢的再创造。杨小楼《金锁阵》原来足有一个小时，共计有"十打"，王金璐由丁先生所教也是"十打"，现两口子改为"六打"，唱足 45 分钟。这戏太累，相传早时要打 48 种套路，《挑滑车》《长坂坡》

1990 年 1 月，中国戏曲学院 40 周年大庆，王金璐主演《金锁阵》饰赵云

比之皆相去甚远，杨小楼之后的武生大多挑不起，自然便濒临失传了，后人偷工减料，缩成一出豆腐干小戏，杨宗师泉下有知，定然垂泪。

中国戏曲学院四十大庆首演之日，舞台上四代同堂，先是7岁"铜锤"阎锐唱《盗御马》，再是江其虎《小宴》，第三出是孙岳《搜孤救孤》，压轴为李维康、耿其昌《梅龙镇》，古稀老人王金璐的大轴《金锁阵》把当天晚会的演出推向了高潮。《金锁阵》戏中增加了表演和做派色彩，不是一味地打，以致把"戏"全打跑了。他的赵云出入八门金锁阵，在时时有思考中，增加了四句散板中夹白的唱，在处处有琢磨的表演中一出昔日的纯武戏而今有了"武戏文唱"的意味，"戏"自然立竿见影地活了。他的老戏新演，实际上是熟戏生演，当天报幕人居然把戏名报成《金锁记》，闹出一个不大不小的笑话，看来对《金锁阵》真是陌生得可以。

戏演正酣，台下反应强烈，听到一位教师说："若非王老，恐怕《金锁阵》冷落至今，依然韬光地下。"又见到一位记者在发感慨："虎老雄心在，小虎们能不自羞？"可现在"小虎"不服"老虎"的事正多着呢，真不知从何说起！

三

1990年年底，《武生泰斗》正进入紧张的后期制作，中国京剧界发生了一件惊天动地的大事。自1990年12月20日连续的二十多天，由文化部、北京市、中国剧协、中国戏曲学院联合举办纪念徽班进京200周年振兴京剧观摩研讨大会，党和国家领导人还出席了开幕式。大会期间，34个省市、自治区50个剧团近四千人将演出60台晚会、一百六十多个剧目，其规格和规模在中国京剧史上均称空前。

纪念演出盛况罕见，最称盛中之盛的当是开幕式上一场大合作戏《龙凤呈祥》，参演人选由文化部圈定，堪称一时之盛。文化部请出张君秋、袁世海、王金璐三位顶尖的前辈表演艺术家领衔，列入鼎盛阵容的还有汪正华（前刘备）、孙岳（后刘备）、张学津（乔玄）、马长礼（鲁肃）、叶少兰（周瑜）、李炳淑（中孙尚香）、杨淑蕊（后孙尚香）、吴珏璋（孙权）、叶金援（前赵云）和王树芳（吴国太）等十来位著名演员。

　　翻阅百年来的戏单，举凡大武生必应工《回荆州》赵云，连南派盖叫天也不例外。赵云是公认的角儿，再说这戏的赵云唱做念打门门有彩，确实不太好演，有人把这出《回荆州》的赵云划归靠把老生也是有其道理的。赵云分前后二人演乃杨小楼所创，自杨之后，著名的杨派武生无不效尤，皆以杨氏风格为准，李少春、王金璐、李万春、孙毓堃、高盛麟、厉慧良等皆为个中高手。

　　1985年9月李万春大哥早登仙界，一叶落而知天下秋，萧瑟的秋风令王先生隐隐感到几分寒意。1989年3月盛麟羽化仙逝，他心头又时而袭上一股凉意，同道一场情未了呀！早年丁先生帐下同门凋零几尽，同代诸贤傅德威、袁金凯、姜铁麟……包括小他8岁的尚长春俱一一将星陨落，如今的王老孤独感年甚一年，《回荆州》的赵云现今已然屈指可数。

　　1990年12月20日《龙凤呈祥》在北京展览馆剧场上演，部分中央领导人亲临盛会。待至演到"回荆州"一折，该轮到王老的赵云出场了，后台有人提醒，今天台毯太厚，脚底下千万注意，过厚的地毯对脚蹬厚底靴的扎靠大武生威胁非小。他出台确是小心翼翼，但起霸当口，抬腿迈步之间一脚蹬下去还是触了"礁"，老先生身子微微一晃，赶紧腰腿一发力，把架式收住，然后再缓缓地抬起腿来，台下不知险情，还是一个劲儿地在鼓掌。老先生做戏讲究，赵云起霸的节奏略快，那是因为赵云见主公沉湎吴宫不思归心急如焚，故急于装束齐整，劝刘备速离江东，自然得有几分戎马倥偬的意味。从他出场伊始，就见眉尖紧锁，他是面挂重忧带戏上场的。当赵云念到五言诗中"保主徙险地"一句，在"徙险"二字上，双眸疾转，扫视四周，接着"胆"字高扬，两眉一挑，颧部微耸，显示出赵云虎口保主有忧心忡忡的一面，也有睥睨赫赫的一面。起霸下场的四句摇板，老词是"昔在袁绍军帐下，后归北壁掌生杀，八门金锁人惊怕，子龙将军扬天涯"，纯是水词，与戏情无甚关联，现改唱为"身在东吴心不定，久居只恐不安宁，先生临行传将令，年终请主转回程"，这便紧扣戏情，同"忧"字挂上了。

赵云进宫，发现主公一派乐不思归的逍遥王模样，心内发急，几次嘴角翕动，似有所谏，结果反遭刘备一番抢白，如鲠在喉，此时他微微低头，目光仍在急旋，双手交搓，无计可施，"……主公不想回转荆州，这……这便怎么处？"赵云就快急疯了。当打开军师第二道锦囊，赵云眉结立解，一笑之后，又不免将信将疑起来。他再次入宫，按计行事，果然军师算无遗策、计无不中，赵云再次出宫变得眉开眼笑，换了一副神情，"先生，你真乃神人也！"脸上由忧转喜，整段做派全在杨小楼的轨道上。

"跑车"一场的"三插花"是《回荆州》"卖点"之一，赵云、刘备、孙尚香三人来回跑横"∞"字，要求尺寸劲头和谐，浑然一体，走得稳，走得圆，走得俏，当年杨小楼、梅兰芳、王凤卿三位"跑车"可称一绝。今日看王老的圆场功，漂亮边式自不待言，那大斜身和子午相就别提有多舒展轻灵了，这份精美让人拍案叫绝，眼下要见识杨小楼的"跑车"，只有在王金璐身上按图索骥了。临"跑车"前，扮后孙尚香的杨淑蕊说："有您在，保险了。"她和饰演刘备的孙岳都明白，前有王老领跑，不愁不落满场好。王先生是日大铆上，充分展示了他斜身走小圈的深湛功夫，他掌握着台上的节奏，必要时来一下杨小楼的蹉步作调整，讨俏之极。凭着圆场功夫的腿劲、腰劲和心劲的"三要领"，他左右正反几下大转身，身子微斜，稍作前探，脚下步点清晰，手中鞭枪见线，美轮美奂，既赏心又悦目。编完辫子，台上只留赵云一人，王老接唱最后一句"要学关公过五关"，居然不嘶不劈，响堂打远，嗓子状态大好。接又踢腿、背枪、亮住，干净利落，一气呵成，他几乎是在全场连续不息的掌声中被送下场的。

周瑜追刘备的三个下场，赵云亦大有戏可做。周瑜冲上，赵云亮出太后尚方宝剑，脸上神情分明在暗笑周郎之无可奈何，却不见满面杀气，十分有戏。同时赵云一手枪一手剑在【四击头】里轻盈快捷的"小下场"中亮相，也是旨在抖擞神勇震慑追兵，并无搏杀之意，此处需牢牢把握住戏情的分寸过火不得。他一个多小时劲不泄，神不散，没有淡如水的官中活，也没有浮光掠影、虚脱无力的应付活，风头之健，是为第一。

《龙凤呈祥》一台之上和风习习，云蒸霞蔚，美不胜收。当天全国直播，北京和其他地方电视台又连连回放，影响莫大。

徽班进京200周年刚过，1991年年初又到了马连良先生九十诞辰的日子，照例少不了有一场纪念演出。为能拴住大批名角儿，剧目仍是《龙凤呈祥》，角色分配是张学津的乔玄，谭元寿的刘备，梅葆玖、李世济、马小曼三人演孙尚香，叶少兰的周瑜，马长礼的鲁肃，王先生依然担任后赵云，阵容堪称一流。1993年农历正月，北京中国演出家协会、中国东方文化研究会联办的"欢度元宵佳节传统京剧表演"晚会，由东方文化艺术团、中国京剧院、北京京剧院、中国戏曲学院、北京风雷京剧团联合演出，参演好角如云，宝刀不老至今尚大有桑榆煌煌之势的王金璐自然再次成了首选人物。

王老又一次推出老中出新的《关云长忠义千秋》，此戏根据《三国演义》第二十五回"屯土山关公约三事，救白马曹操解重围"编撰而成，原型即昔日前部《曹营十二年》的主体部分。全戏由《屯土山》《约三事》《赐袍》《赠马》《白马坡》几个关目折子连缀而成。改编后的《忠义千秋》尚且耗时两个半小时，真要演到《挂印封金》《灞桥挑袍》至少得有四个小时的戏幅，年迈之人不宜久战，李墨瓔便在"以少胜多"方面做文章。

远在五十多年前，王老就有《白马坡》，那是他第一出老爷戏，常同《战延津》连演。今天的《忠义千秋》仅担任曹操一角的景荣庆算是老艺人，负责执排兼扮张辽的王展云则小了一辈，至于扮演颜良的王玉敏之孙王春光，那便是第三代了。

《忠义千秋》眼下仅此一家，规范犹存，以剧中登土山的造型而言，就足称经典和精彩的了：场上响起【四击头】，关羽右手持青龙刀，前两锣先走两个趋步，然后蹬上椅子，第三锣响，再登上桌子，接着大刀付左手，右手推髯，最后一锣里，左手背举青龙刀，配以左绷右弓的弓箭步法，亮出探身俯首怒视山下曹兵的造型，犹如一尊雕塑。此时此刻关云长的惊、急、怒、忧和无奈全有了，整套身段造型全在一个【四击头】里完成，这一亮相在所有老爷的戏相中具有特征性。

"赐袍""赠马"全是功力戏，功力欠了非瘟不可，王老不在程式上过多拘泥，专在人物刻画上落笔。曹操赐锦袍时，关羽对曹操解释内新外旧穿法的一段白口，全在清晰、抑扬上见功夫，让人听了，完全能感受到他对桃园弟兄那份生死不渝的义气。"赠马"中本有大段趟马表演，王老把这一精彩段子移入《白马坡》，既令剧情紧凑，又收豹尾击石之效。不过赠马当口也不能将驯马表演一笔全勾，王老改为烈马使性之际，关羽马上差点前扑，猛一勒马，抬左腿步步倒退，接着把腿慢慢抬起，然后一掏腿，由上而下画上一个圈，从左侧重又把腿缓缓提拉上去，稳而美几近极致，根本不像是74岁的老叟，他这一用以表现降伏烈马后的快意豪情实在恰当不过。曹操对关羽恩礼并重，为征服关羽的心无所不用其极，而关羽真正铭谢于心的仅有赠马这一件，他这一段谢词改得好："累蒙丞相金银赠，唯得良骥感厚恩，有朝得着大哥信，凭赤兔纵千里一日可寻。"《忠义千秋》以戏的风格而言，着力表现于"风云舌底遣心兵"，不倚仗"铁骑纵横刀枪鸣"。关、曹二人明面上视同知己，骨子里却斗心计，内心世界在又唱又念中细描细绘，不时在语丝笑片中捕捉机锋，着力渲染曹操竭力在心理上笼络关羽，但对关的真心附曹又显得全无把握。景荣庆20世纪80年代初拜入侯（喜瑞）门，年月不长，可

"入门"不慢,《忠义千秋》中颇具几分侯韵,把曹操演得确也有声有色。

"白马坡"一折的关公场上事儿原不太多,而曹操的唱念不少,颜良打得多且火炽,扮相又讲究,老爷要是没有几下拿人之处,就会像掉在冰窖里一样。曹操请出关云长白马坡观阵时,关原本唱帘内【倒板】,接【原板】和【扯四门】,这才来到山下。李墨璎大笔一挥,不仅唱句精简了,就连板式也改了,现唱词改为【倒板】"身在曹营心在汉",接唱【快板】:"思兄念弟泪不干,曹操请某来观战,正好立功报效还,眼望一片黄沙岸",然后再由曹操接唱"迎接关羽上土山"。王先生做到无时无刻不把关羽重桃园盟义放在首位,"忠义"二字始终如一。

"白马坡"中关羽的趟马圆场疾行如飞,称得上把场子走圆了,他的高抬腿、踢腿、掏腿、吸腿的整套动作,突破了关羽趟马的传统套路,"七十而从心所欲,不逾矩",正所谓也。

关羽斩完颜良,一手背刀一手推髯,以腰为轴带起全身亮出一幅背刀相,这又是一幅美不胜收的经典画面。全剧增添了武打套路,丰富了刀花和趟马,戏的观赏性大为提升,也切合正当壮年的关羽的勇猛威武,让人煞是过瘾。全剧少了前部《曹营十二年》的"挂印封金"和"灞桥挑袍",或许出自斩罢颜良,高潮中见好就收的考虑,或是嫌全剧戏幅过大,但总不免让人意犹未尽。

综观全剧,王老无不在"忠义"二字上落墨,他摒弃了老爷戏机械、呆板、做作、神化的表演模式,把全部努力贯注于一点:将"神"还原为"人"。此处的"神"字已然被王金璐演化为"神威"和"神勇",《走麦城》如此,《古城会》如此,《忠义千秋》也是如此。

自1993年2月1日《忠义千秋》演毕,老先生突然对关羽情有独钟,一连串的邀演场合皆推出老爷戏:为纪念梅兰芳、周信芳百年诞辰,他再一次演了《忠义千秋》,那场戏借座人民剧场,中央电视台还予以直播，戏中曹操、颜良由李荣威、赵永墩分饰；为"京剧百汇"连演两场《汉津口》；为国庆45周年又一次献演《汉津口》；1994年11月首都大学生京剧周中出台两场，剧目仍为《汉津口》，王老简直同《汉津口》干上了。年迈之人，戏幅宜小，人皆慕名而来，表演宜浓，《汉津口》实是剧目中之良选。

夕阳余晖春无限，演到今天这个份上，王金璐称得上"潇洒"二字。虎老雄心在，真不知这位老英雄还能当几年舞台上的铁汉子。弹指一挥数十年，昔人已乘黄鹤去，王金璐晚霞红似火，依然笑春风，人生似乎一切离不开造化，当然也离不了"人谋"。当观众们在为王先生忘情地喝彩欢呼之际，总会给人留下些许忧虑：王金璐舞台生涯还有多久？见他炉火愈是纯青，留下的遗憾将越是深长，只因"王金璐第二"尚不知现在何方？

第二节　春蚕吐丝犹未艾

一

王金璐称得上京剧界散淡一族中的特大忙人。这几年，他在北京市少年宫业余京昆艺术团当一名顾问；在西城区春芽少儿京昆艺术团挂了名誉团长的衔；又当起了本贞儿童京剧艺术学校的名誉校长……京剧从娃娃抓起的历史使命，这位望八之年的老先生也去揽上一份担子。

闲不住的王老从1992年起先后担任了北京市戏曲学校高级艺术顾问、中国戏曲学院附中艺术咨询委员会主任委员和特聘教授；1994年他受聘为中国戏曲学院学位评定委员会委员；1996年又受聘为中国京剧优秀青年演员研究生班的导师，从少儿到研究生，这位退休老翁的活动面几乎覆盖了戏曲教育和培训系列的所有层次。

都说观众是上帝，而京剧的上帝在老化，在振兴戏曲的蓝图上，不仅要培养新苗，还要优化戏曲生存的土壤，将接力棒传到"上帝"手中。王金璐一脚踏进戏迷世界，走入外行天地，参与票友活动，他既是中国人民大学戏剧爱好者协会艺术指导，又是北京市西城区老年艺术团和海淀区太平庄战友联谊社艺术顾问，更有意思的是在北京最有名声的戏迷组织——中国戏迷协会中担任一名副会长。他的身份不时在演员、教师和戏迷三者之间互相转换，由此可见，王金璐与票友戏迷间的鱼水关系。

1996年2月17日，王金璐在中日艺术交流演出中展示《蚍蜡庙》中舞刀耍髯技艺

1995年5月，王老夫妇应日本东京都京剧研究会的邀请东渡扶桑讲学，一切活动安排全由已定居日本的昔日徒弟张绍成一手操办。王金璐先后在早稻田大学、横滨市法政大学和京剧研究会等处讲课，前来听讲的日本教授不少，东道主十分希望王先生讲述自小学戏的过程和艺术成长的道路；本着以艺会友的宗旨，王先生还应邀为日本朋友演出一场《长坂坡·汉津口》。扶桑逗留17天，不曾想当了一回民间文化使者。

20世纪90年代王老见诸报刊杂志的文章渐渐地多了起来：如刊载于《北京晚报》的《李洪春恩师二三事》《纪念母校引起的回忆》《这才是一棵菜》《这班孩子错不了》；发表于《北京日报》的《忆马师连良二三事》《年逾古稀上荧屏》；发表于《戏剧电影报》的《哭

翁老》《说说邓敏》；发表于《中国京剧》的《三十年代的焦菊隐先生》《武生演员也要讲究表演艺术》；发表于《人民日报》（海外版）的《竞逐激烈、精彩纷呈》以及发表于《经济日报》的《我和〈武生泰斗〉》等，这些文章均以朴实的笔调写出了他的真知灼见，很有可读性，也很有启示性。

　　20世纪90年代的中后期，各类全国性的京剧大赛少说也有十多次，诸如全国中青年京剧演员电视大赛、"新苗杯"少儿京剧邀请赛（第一、二、三届）、全国京剧青年团（队）新剧目汇演、全国中等艺校戏曲教育大赛、"希望之星"推举和梅兰芳金奖大赛等由文化部、中央电视台、北京市文化局主办的大赛里，评委席上总坐着一位慈眉修目的老人，精壮的身材、矍铄的精神、睿智的目光、专注的神态，凡是京剧爱好者，必能一眼辨认出那就是德高望重的王老先生。

　　当评委好苦，不亲临其境，不识其中味。他们多半是上了岁数的老名家，一遇大赛，便被调集一处，搞全封闭，打歼灭战，上、下午加晚上连轴转地看录像，直看得腰腿背痛、头晕目眩，光是高宠和陆文龙之类的角色，一天得看上一大群。头昏眼花之时，还睁着一对昏花老眼在荧屏上寻那一招一式，以看录像为主的复赛熬到后期，哪儿对哪儿全"串"了，没奈何，大家都用上了小记录本。但也有愈关闭在"老君炉"中愈是乐此不疲的，王金璐便是其中之一，在他看来当评委是一份荣誉、一份责任、一份贡献。

二

　　历次大赛所见，武生戏以"技"领衔的局面有增无减，在某次大赛中曾有一种"权威性"的评论，称今天中青年武生已然超过杨小楼、尚和玉，使人一时是非莫辨。或许是那位"老权威"没能把话说清楚，以致造成不必要的误解，因为"技"的超越和"艺"的超越绝不能混为一谈，那是谁都知道的简单道理。

　　当今许多主演不知"功夫在戏外"的道理，常被老辈们说成是

"不像站中间的,不开窍,一道汤"。他们其实是误以为掌握了程式技巧,就是会演戏的了,小楷写大字,终究笔墨不从心。王老教戏,历来艺重于技,技可以在指导下练成,艺不教则难以自通。如今教与学之间常有奇妙的错位现象,前者的记忆力愈教愈好,后者的记忆力愈学愈差,有说"耳听未必心听,知改未必真改"。作为师父有时也仅点到而已,如今的师徒概念毕竟与昔日又有不同。再说当今"技"字正风流,王先生也只得虚晃一枪,落荒而去。当初《八大锤》扳朝天镫三起三落的走红就曾使王先生徒呼奈何,如今全国推广开了,各地《八大锤》皆以王氏"路子"马首是瞻,老先生能不啼笑皆非?

三

王金璐退休的头几年一直在校兼课,往返于双榆树和南樱桃园之间好不辛苦。他自思年事已高,居家说戏岂不更好,老人就是希望能够适性,爱怎么活就怎么活,被拘系了大半生,剩下年月已不多,总可以享受一点不屈服于别人意志的自由了,因此学院兼课费涨了钱,他反倒把课给辞了。

王金璐、李墨璎老两口饭后小坐

但愿学子事业有成，老先生愿献一缕夕阳情。他在双榆树设下教坛，凡有所求，来者不拒。家里隔三岔五总有上门客，李墨璎常说："在家哪儿休息了，都为他，天天不闲着，既然教了，就要像回事，要给人说出道理来，至少让年轻人心里明白。"总之，在他的有生之年里，已注定不会有太多的休闲，在他的潜意识中，"施"比"受"更为有福。

替师父露脸的徒弟真不少，他们身上各自折射出王先生的艺术之光。众多门生之中，今日尚能活跃于氍毹的"大哥大"当是杨少春，他是"文化大革命"前与钱浩梁、俞大陆一起初露锋芒的20世纪60年代少壮派大武生，时至20世纪八九十年代，少春门下也有了立雪人。1993年杨少春上演的《恶虎村》，经师父之教，得的是杨派余绪，当今武生行列里，能动《恶虎村》而不洒汤漏水，恪守法度的已十分鲜见。王金璐今以此戏相授，亦希冀少春能承袭衣钵不使名剧就此湮没也。

比少春年少8岁的叶金援已过不惑之年，王老对其允文允武的努力给予极大关注，一出一出地为之归整排练。金援参加"梅花奖"竞选，师父为他的专场定下了四出戏，即《挑滑车》《野猪林·白虎堂》《战马超》和《洗浮山》，最别开生面的便是这出《洗浮山》。北派《洗浮山》不同于南方盖派在趟马和髯口方面施展技巧，前几年刘子蔚所演即高盛麟所授的盖派路子。王金璐此戏学自丁永利，十五六岁已屡贴屡演，头里有穿蟒议政，中间有趟马但无走边，后场还带唱大段【反二黄】的"托兆"，与余叔岩的路子相近。王先生今指定金援唱这一出，可谓意味深长，既是对徒弟文武兼备戏路的强化，同时也让行内外人士一醒耳目，从而在金援的艺事天平上重重地加一砝码。王先生去掉原有的不少碎场子，加上"托兆"，精简为三十分钟光景，贺天保的趟马不及南方花哨活儿多，从水袖、髯口、大带、罗帽、马鞭的综合运用所构成的一幅幅造型画面，显出的则是那种含蓄内敛、潜气内转的风格，王先生早年舞台风采影影绰绰中似有所见。王先生留有昔日丁师所授的"托兆"反调的旧词，经李墨璎的润色改写，格外生辉。吴小如先生又自告奋勇为金援制腔，由于词腔两美，"托兆"因之效果大好。金援扮相好、本子好、嗓子好、身上功夫好再加上唱词好，唱腔又好，多少个"好"字合力捧起这折《洗浮山》，也由此奠定了金援荣获"梅花奖"的基础。

叶金援临上台的节骨眼上，后台突现险情。他骤然间感到一阵莫名的紧张，甚至腿脚也不得心应手了。性命交关的当口哪容得丝毫迟疑，师父王金璐发了狠："今天你死也得死在台上，这些天大家忙的就是为了今天。"师父发话如此之狠乃前所未有，一激之下，金援突地亢奋起来，精神陡增，容光焕发，全场始终状态奇佳。金援成功了，师父却心头疲乏，周身酸软，这何尝不是在考师父。

邓敏拜师不到半年，王先生亲授了一出《八大锤》，组装了一出《挑滑车》，北京首次公演即以此二剧贴双出，一时名传九城，"腿功盖了""名师出高徒""太棒了，还是个女的"之类佳评甚多。王先生虑及邓敏根出武汉三镇，原本汉剧旦角底子，不能因立雪王门让孩子背离了自己戏路，故倾向于邓敏回归汉剧路。这位姑娘自有一番心胸，她不仅兼走文武，而且来个京汉并举，邓敏大马金刀，唱青衣缺乏竞争力，演刀马则优势明显，果然，在她向"梅花奖"冲击的专场演出中，她还是占尽了《八大锤》和

王金璐授艺女弟子邓敏

《挑滑车》这两出武戏的光,从而同师哥叶金援一起踏上了南下深圳领取"梅花奖"的旅程。

1991年11月王金璐新收一徒秦占宝,收在《武生泰斗》开播的次日,秦占宝以《火烧裴元庆》一戏拿了全国青年京剧演员电视大奖赛的最佳表演奖,因向往着心目中的名师,非提出立雪王门不可。秦占宝是东北辽宁人,由吴绛秋带至北京,并建议王先生收下:"这孩子蛮苦,剧团撤了,他没处去了,我在东北看过他的戏,有嗓子有扮相……"秦占宝的执着劲十分难得,不能眼看这块好材料被埋没了,于是王先生拜托开了方方面面。秦占宝失去了生活来源,曾在电影里扮个少林武僧,得了几百元艰难度日,拍完戏戴一头套罩住光脑袋,不敢人前露头。李墨璎见此终非长计,便支持他外考,小秦这一考便考上了青岛市京剧团,然后从山东入围大奖赛决赛,杀回了北京。

秦占宝穷得叮当响,哪来办拜师仪式的开销,王老喜欢上了这个百折不挠的年轻人,就安了一下他的心:"我收你了,大奖赛以后再说吧!"他专为小秦《火烧裴元庆》一戏作了精加工,小伙子真争气,给老师捧回一个"最佳奖",真不枉一腔热血一路艰辛。

小秦体格伟岸,英气勃勃,嗓门又豁亮,曾有"东北虎"一说,锤耍得特溜,论条件可谓理想,他讨厌这诨号,师娘却直说好,他就不便再说什么了。秦条件虽上乘,但身上"侉"味十足,人称"老斗",王先生收下这名弟子,北京行内一度有"泰斗收老斗"的戏谑之语。为了摘去"老斗"帽子,泰斗下足功夫,老斗也真咬牙,三个多月里一口气学了六七出,多属《长坂坡》《挑滑车》《铁笼山》《拿高登》《金钱豹》之类有身价的剧目。功夫不负有心人,不知不觉中"侉"气消退了,大武生气息见长了。(目前他是青岛京剧团的当家武生)

周龙走上了显赫路,在山东潍坊举办的首届中国京剧邀请赛中脱颖而出,获取了最佳表演奖的桂冠。他回校执教,很快晋升为副

1995年，王金璐给弟子赵永伟说戏

教授，继叶金援、邓敏之后，周龙也成了"梅花奖"的新得主。桃李芬芳，功在园丁，王金璐授艺3年，周龙学得了《八大锤》《挑滑车》《英雄义》等戏，打下了他日后发展的坚实基础。某年教师节，文艺界推出一项尊师活动，在中央电视台的直播荧屏上走出几对师生，由事业有成的学生向自己的老师献花致敬，并请老师即席说上一句话。是日荧屏露面的就有周龙，而被周龙请出台来的正是恩师王金璐先生。

近年来追随王老最紧的，也是上门学戏最为频繁的就数赵永伟了。小伟来自哈尔滨市京剧院，1987年经全国统一高考考入中国戏曲学院表演系，多少具有几分带艺深造的意味，此时他不过20岁。入学后即从王老上课，毕业后调入中国京剧院直至考进首届研究生班，12年来随王老学艺从未间断。赵永伟聪颖好学，且富悟性，求知欲极其强烈。中国京剧院曾组织当年原班人马重排《三打祝家庄》，因张云溪业已告别舞台，故张建议由赵永伟替演石秀，并亲自说戏，小伟在王、张二位老师处可谓左右逢源。此后不久，经王和霖先生建议合拜王金璐、张云溪二位为师。

赵永伟学戏有股狠劲，胸中常怀一盆火，他把王金璐当成现代丁永利，如饥似渴地在师父身上探宝，孺子诚可教也。他早有《挑滑车》一戏，王老重给归整加工，小伟也尤为上心，1996年春节登台一露，果然大有提高，连眼界极高的吴小如教授也连声夸奖："这孩子不错，有条件。"同期小伟又贴《长坂坡·汉津口》，全按师父路子，只是在武的方面再加强几分。那次由景荣庆、阎桂祥分饰曹操、糜夫人，格外出彩。按目前情势，学会几出戏就足能应付一气，戏路宽了，剧目多了，不给上台机会，又有何用？现在谁唱戏不在"翻头"？但见小伟总是饥肠辘辘似的"吃"不饱，学起戏来的那副"贪婪"相，颇似自己当年，王金璐不禁心生欣慰，既然徒弟有心修行，师父焉能不成全。

王老所教《战濮阳》，大非昔时原样，其中明显加强了"武"的成色，吕布与典韦"对戟"一场是全戏重点场子，由王老一加工，戏中活力泛泛的新颖把子层出不穷。原本的开场戏经师父突发奇想，徒弟手里便多了一出火炽而别致的热戏。小伟扮相本就出众，《战濮阳》中身穿白蟒、白靠、白箭衣，头戴插翎子的紫金盔，光彩十足。

眼下"技巧至上"尚有一定市场，致使后起武生不愿在高层次的"武戏文唱"上下大功夫。小伟受王老熏陶渐深，也渐而悟得几分师父真谛，表现在其境界的不断上提，对于武戏文唱，小伟已有所悟，他曾对师父表明过"我也要（像师父）这样演"这句话，竟使老先生内心倍加激动，小伟开窍了，等待他的或许会是一个质的飞跃。

赵永伟受王先生之教，学有《长坂坡·汉津口》《战濮阳》《平贵别窑》《恶虎村》《铁笼山》《挑滑车》《连环套》《夜奔》《战宛城》《潞安州》《麒麟阁》《探庄》《状元印》《阳平关》《虎牢关》及马超"四块白"等。看这份剧目表，便知小伟意在对师父艺事的全面继承。由连续三天《连环套》的成功演出，可见小伟的造诣和境界已登上了一个新的台阶。

当今武生界小辈英雄，大多出自李万春、高盛麟、厉慧良和王金璐四家门下，首都舞台有头有脸有一定名声的武生行列里，属王门弟子的实在不少。没有春泥的沃土，哪来绿枝的苗壮，就以最为年少的弟子赵永伟而言，他同师哥叶金援一起双双获得武生组的梅兰芳金奖，在四名当选者中占下了半数，此乃了不起的殊荣，当时他不过26岁；在此前的1992年，他还荣膺全国青年团（队）汇演优秀表演奖；1996年被批准就读于首届京剧优秀青年演员研究生班；1999年更上一层楼，在文化部推出的"十大杰出青年"中占得一席。高徒显名，能不饮水思源？

四

1992年王老赴津担任评委之时，天津市青年京剧团孙团长带了当地青年武生董玉杰拜访过他，谈起投师求艺事，老先生推说眼下太忙，回北京后再议，谁知来年这二位果真专诚登了双榆树的门。小董年已37，在津早是武生榜上有名有姓的人物，这些年苦于未遇机会，他不甘沉沦，便动了寻访名师之念。他见过王先生那年在第一工人文化宫演的《战宛城》，佩服得五体投地，从此心目中确立了当今武生的理想形象，非学《战宛城》不可，这后生有心胸，王先生不禁暗暗点头。对方既有领导出面，且又征得天津市文化局同意，教之无妨，又见小董那双几近恳求的目光，老先生不由得心软，便当场应允下了。

1992年12月22日，王金璐与五位高宠合影
左起：张幼麟、董玉杰、王金璐、张世麟、王平、王立军

《战宛城》的教学天天在有条不紊地进行，一个百分之百的投入，一个百分之百的付出，一老一少天天过着疯魔般的日子，渐渐地二人进入了攻坚阶段。当初留下小董之时，有的行家知友均道出心中不安：董学官衣戏行吗？须知官衣戏是诸多武生不敢问津《战宛城》的主要障碍。其实王老早已想定高招：师生每天一齐穿上官衣厚底，老师前行，小董后跟，尽在双榆树客厅里大踱方步，见面谈戏，一律在"官衣"中进行，所有举止动作全按官衣行事。小董天天回到住处也是官衣不离身，几把官衣和生活融而为一，他日夜操练，持之以恒，夜间梦醒，犹思官衣，其发奋如此，"官衣"焉能不长进？突破了这一关，《战宛城》后续场子便顺流而下了。当老师的真没少花心血，他既教杨派原型，让小董知晓杨派张绣的来龙去脉；又教本人《战宛城》的变通和增益，双管齐下，以利小董今后自行变通。整出戏被王先生抠得细上加细，严上加严，小董可真的幸遇名师了。

天津审戏颇严，不少戏连"一审"都过不去，《战宛城》倒是吉人天相一榜定案。"合成"之日，王先生亲赴津门，关键时刻，小董不能没有老师这根主心骨。王展云随父同往，一手接下《战宛城》的全剧通排，"合成"自然是高质量的。正当小董以饱满的精神和上好的状态准备登台一露时，却因一些说不清道不明的不和谐音，造成小董千辛万苦学成的戏中途搁浅。

熬过了"流年"，董玉杰的《战宛城》终于提上了演出日程。1996年初春，天津又是电话又是信，催请王老再次赴津为小董复排《战宛城》，一来让小董上台亮相，二来请王老按津门新俗当场收下这名津门弟子。小董要登台了，是水到渠成、瓜熟蒂落的时候了，王老胸中长长地舒出一口气。当他听到小董全仗天津各界友好合力筹资，才为他撑起三天专场的消息，不免又觉茫然。别说生意场中处处讲金钱，而今在素以净化心灵的演艺界、高尚行世的教育界也无法摆脱鬼推磨，堂堂正正的汇报演出变成自卖自销，这岂不成了玩票唱戏？

董玉杰专场在中国大戏院举行，启幕前主持人先打招呼，闭幕后有董的拜师仪式，请观众共同观礼。天津时兴台上当堂拜师，为的是要这股子气氛，他人全在开戏前拜，唯独小董在谢幕后拜，这又是一个特殊。王先生客随主便，他萦绕心怀的是当晚的《战宛城》。小董不负师教，主演的张绣有经有纬、规矩大方，场面上十分平稳，该有的俏头全有了，该注意的细节全注意了，该出戏的地方全出戏了。特别是他的官衣戏竟令天津同行目瞪口呆，"这是董玉杰吗，怎么大变样了？""官衣戏太拿人了，董玉杰可找对老师了"……北京的师兄弟赵永伟等也在台下助阵，"真没想到，他能演成这样"。官衣戏大得好评，整出《战宛城》便大获全胜了。

幕闭，台上顿时出现大检场的场面，台下两边递上花篮，好似双龙出水，台中间排开椅子，转眼间舞台成了礼堂，一派喜气洋洋。小董拿去甩发，摘掉孝巾，重戴头盔，胸佩大红花走出台来。众人拥出王金璐先生，全场掌声欢呼声犹如轰天雷，参加贺仪的观众一齐涌向台前，中国大戏院几乎沸腾了。既曰拜师，必有仪式，天津市文化局负责人讲完话，让小董当场行鞠躬礼，其时台上台下、楼上楼下同声高呼"董玉杰磕头"。小董上前刚要屈膝，王老急拦不让，这才作罢。台下太狂热了，王先生难却盛情，索性走到台边同虔诚的戏迷频频地握起手来。

第二天，董玉杰主演当时几无人动的《落马湖》，这是王老有意授予的另一出名戏。小董有嗓音条件，王金璐旨在薪火相传，以绵延《落马湖》的香火。王金璐当年《落马湖》一人兼杨、黄两派，如今说给董玉杰，前段黄而后段杨，直令同行们称羡不已。小董此戏虽说不上石破天惊，却也让人大跌眼镜。"董玉杰的两出戏都不是随便唱的戏"，天津戏迷还真有真知灼见。

五

1996年3月31日,是一个令津门戏迷久久不会忘记的日子,是一个让他们情绪亢奋、如醉如痴的日子,小董专场进入第三天,师徒同台把专场气氛推向了最高潮。开场是董玉杰《挑滑车》,大轴是王老主演褚彪、小董扮演黄天霸,且由天津市青年京剧团助演的《蚆蜡庙》。人们渴望一睹名师风采的同时,多少持有几分疑虑,78岁老叟已是白发苍苍,今天倒要看一看这位"泰斗"的高艺高到什么水平。

黄派名剧,转眼间已与津门阔别了11个年头。王先生的褚彪,雪白的髯口,古铜色的褶子,沉雄的气度,稳健的台风,苍劲而又洒脱的台步,一副艺高胆大、阅历过人的老江湖英雄气派,一出场便是一个震耳欲聋的碰头好。随着定计、走边、撞庄,随着抢背、翻身、卧鱼,随着连续二十来次的大甩髯,随着朴刀飞舞的几下亮相……剧场鼎沸,观众忘情,台上台下热得滚烫,轰鸣般的反应接二连三。老先生在台上简直不能有任何动作,一动便是一彩,一大动便是一肥彩,掌声、彩声加上欢呼声有如叠瓦,有如波涛,他似乎已陷身于一个热雾翻滚的巨大声浪之中。看着他飘逸洒脱的黄派兼马派的台步,台下高喊"好潇洒";看着他走边中一亮相,台下又响起一声"真精神";看着他抬腿过头,髯甩如云,场内又爆出大嗓门:"下回您再来!"演至精彩处,台侧驻足而观者,连同场面人员按捺不住,竟连同台下一起叫好,甚至有的同台演员台上也失声喊出好来,这才是真正的"炸窝",炸得台下连锣鼓声都听不真切,喝海河水的津门老乡捧场热情不愧全国第一。或许海河中原就有一种火炽元素吧,那彩声是立体的、连续的、全方位的。王老的梨园阅历可称深广,见识到今天这样炽烈的场面,还是平生第一回,平心而论,这样的轰轰烈烈,津门人士也难得一见。

整出《蚆蜡庙》精彩纷呈,董玉杰的黄天霸、石晓亮的朱光祖、阎巍的张桂兰皆有不俗表演。完戏之际，观众潮水般地涌向台前向这位武生泰斗致意，台上台下情意交融，握手频频。此时全场又响起了此起彼伏的喊声："董玉杰磕头！"很快原先分散在各处的小股声响汇成了全体大合唱。董玉杰早有此心，他走到师父跟前，捧上一束鲜花，接着扑地跪倒，纳头便拜，王先生在全场贺声中接受了这一古老而神圣的拜师礼。

老先生从灼人的热浪中走了出来，孙团长意味深长地说起拜师："我们青年团培养演员，到了现在节骨眼上，不知怎么提高，董玉杰他找到答案了。"并对王老不断地道谢："他多亏了您哪！"

演出甫毕，后台好不热闹，突然有人报知："厉慧良女儿来看王老师了！"老先生连说有请，心中却是纳闷，厉女前来不知何事。众人让出道来，只见厉女领一小孩来到老先生身边要求照上一张合影。她双目挂泪，王老亦酸楚难抑，慧良不幸年初告别人寰，"老友"尽逝，他身上感到一阵萧瑟的寒意，似有一种莫名的孤独袭上心来。见此女犹见慧良，巨星陨落，物伤其类，能不悲乎！老先生满足了这位晚辈的要求，厉女拍照后道谢而去，他可还在叹息之中。

第二天，《天津晚报》以《王金璐表演出神入化》的大字标题对这场演出做了详尽报道，行内外反响极为强烈。有说王金璐的褚彪神俊之极、洒脱之极、精到之极；有说王金璐神了，只要他在台上，彩声就没有穷尽；有说王金璐在天津放了一次重炮；也有说望八老人纵跳如飞，奇事一桩……《蚣蜡庙》的空前盛况，孙团长一言以蔽之："不得了！了不得！"直至回到北京，李玉茹还困惑地问师哥："天津这回山崩地裂怎么回事？"

俱往矣，拭目风流，还看后生天骄。"不是创造奇迹的岁数了"，王先生话虽如此，但他偏偏在创不了奇迹的岁数屡创奇迹，他真成了奇迹般的老头了，津人称他为"铁老头"，能受天磨成铁汉，"铁老头"之谓非偶然。

王先生自开山门以来，到1996年收下董玉杰为止，共收弟子近三十人，此外尚有不少求艺的、请教的，还不计在内。经他培养、指导过的演员，覆盖了很大一部分名家之后，至于受他"滴水"之惠的后辈更是不计其数，称王先生为当今的丁永利、李洪春，不算溢美。

第三节　锻声铸艺晚潮圆

在这世纪交替的当口，值此80华诞之期，王金璐的舞台生涯整整走过了70年。

一

王金璐半个多世纪来厚积而得的"家底"可谓汇百川而成大海，令多少同行为之艳羡，为之叹服，他对传统遗产的继承称得上是老实、扎实和求实的一个"实"字。

打开中华戏校时期授业教师的名册和他会戏的清单，可谓洋洋大观。老生戏有王荣山教的《南阳关》《定军山》《阳平关》《文昭关》等；有鲍吉祥教的《刺汤》《一捧雪》《盗宗卷》《清官册》等；有蔡荣贵教的《群英会》《四进士》《清风亭》《十道本》等；有高庆奎教的《打渔杀家》《浔阳楼》《哭秦庭》等；有包丹庭教的《雅观楼》《战岱州》《宁武关》等；有张连福教的《失印救火》《珠帘寨》《胭脂虎》等；有陈少武教的《渭水河》《龙虎斗》《太平桥》《挡亮》《氾水关》《攻潼关》等。武生戏有诸连顺教的《蜈蚣岭》《蚜蜡庙》《翠屏山》等；有曹玺彦教的《莲花湖》《别窑》《战马超》《战滁州》《神亭岭》《投张鲁》等；有迟月亭教的《神州擂》《武当山》《白水滩》《摩天岭》《定天山》《卧虎沟》等；有钱富川教的《庐州城》《战濮阳》等；有沈三玉教的《临潼斗宝》《金雁桥》《金沙滩》等。另有王瑶卿教的大嗓小生戏《洛神》《貂蝉》《芦花河》《缇萦救父》等；文亮臣教的老旦戏《甘露寺》《探母回令》……大批名师为他同时打下了老生戏、靠把老生戏和武生戏的扎实功底。

在王金璐成才路上起决定性作用的首推恩师丁永利。丁师授戏共83出，计有杨派戏《安天会》《赵家楼》《湘江会》《夜奔》《麒麟阁》《状元印》《艳阳楼》《落马湖》《连环套》《恶虎村》《郑州庙》《霸王庄》《长坂坡》《回荆州》《铁笼山》《东昌府》《战宛城》《战冀州》《反西凉》《战渭南》《赚历城》《水帘洞》《挑滑车》《青石山》《武文华》《五人义》《淮安府》《连营寨》《阳平关》《黄鹤楼》《殷家堡》《霸王别姬》《金锁阵》等45出；有黄派戏《刺巴杰》《巴骆和》《宏碧缘》《三投军》《淤泥河》《龙门阵》《薛礼叹月》《独木关》《百凉楼》《枪挑小梁王》《虮蜡庙》《翠屏山》《剑峰山》《飞叉阵》《铜网阵》《九江口》《落马湖》《溪皇庄》等不下二十出；另有《收马超》《大名府》《白马坡》《虎牢关》及《武十回》等18出。

王金璐第二位恩师李洪春授戏亦有47出之多，计有老爷戏《走麦城》《古城会》《水淹七军》《临江会》《单刀会》《玉泉山》《活捉吕蒙》《屯土山》《灞桥挑袍》《千里走单骑》等30出；另有《镇澶州》《小商河》《拦江夺斗》《战潼台》《岳家庄》《锤震金蝉子》《扫松下书》《徐策跑城》《风波亭》《请宋灵》《雄州关》《战合肥》《两狼关》《洞庭湖》等17出。

王金璐看戏无数，这无疑是他一项极为重要的积累，在杨小楼20世纪30年代所演的三十多出戏中，除《镇澶州》和《水帘洞》外，他几乎涉猎一尽，不少杨氏的常演剧目聆之何止三两回。对于20世纪三四十年代黄派代表马德成常演的二十来出黄派戏，他尽收眼底。李洪春先生的关戏几无遗漏，即使李师一系列武老生和徽派老生的拿手戏也很少放过。他看得最多的即杨、黄、李（洪春）三大家，正好促成了他半个多世纪走的一条以杨为主，以黄、王（指李洪春所宗的老三麻子王鸿寿派）为副的艺路，王金璐的剧目组成主要亦即此三大板块。

他之嗜好看戏，生旦净丑无所不包，南麒北马关外唐，金、郝、侯三大净……最为关注的自然是他那武生本行。他对尚和玉先生的戏同样推崇，当时南北名家，他也观摩频频，几无例外。

王金璐堪称剧目大富豪，其会戏之多除李万春外，同代武生行中无出其右。他共有剧目335出，如分解成可单独上演的折子，再把兼工的抱演角色统计在内，则为436出（王氏老生戏近百出，其中靠把老生戏占30出之多，武老生戏34出，白胡子老头儿戏约有十出。传统骨子老戏成了他剧目中的主体，占有70%以上的比重），单以中华戏曲学校的10年而言，会戏竟多达253出，令人咋舌。在各个不同时期，他演出剧目之多一直处于领先地位：抗日战争年代有150出，解放战争岁月有118出，20世纪50年代上演89出，至于"文化大革命"后的16出之数，在老一辈武生艺术家中依然是领头羊。

由剧目看继承，王金璐得杨小楼晚年剧目之90%；得黄月山派20世纪三四十年代常演剧目之100%；得三麻子老王派老爷戏之80%以上，其剧目面大量广，杨、黄、王之外涉及尚多。若以道光四年（1824）庆升平班戏目对照，其所载265出中武戏近八十出，包括《盘河战》《摘缨会》《摩天岭》《凤鸣关》《取桂阳》《战濮阳》《淤泥河》等在内，王金璐竟会其中73出，高达90%。

杨小楼素有"活赵云"和"活天霸"之誉，王金璐演来最多的也正是赵云（19出）和黄天霸（14出）。李洪春素有"北方红生泰斗"之称，王金璐继承最多的恰恰也是关羽戏（30出）。他所塑造的舞台形象如马超（7出），薛仁贵（7出），秦琼（12出），林冲（5出），骆宏勋（6出），悟空（2出），石秀（2出），关平（2出），岳飞（4出），吕布（3出），武松（10出），以及姜维、张绣、常遇春、杨再兴、陆登、陆文龙、褚彪、贺天保、张定边、宗泽、吴桢、邱成……其中90%以上离不开杨、黄、王三大派，由此可见王金璐继承的渊源有自，而能将此三大家骨子老戏收之大半且能擅胜场者，当今武生中当属王金璐一人。

二

对于一位成熟的艺术家来说,成熟不等于凝固,王金璐艺事汩汩流水依然清新生香,缘于他数十年来不懈地"移步"。他从奉杨小楼为神明不敢越雷池一步,到移"杨"之"步"而不变杨之"形",可称是其艺术境界的一大升华。

在王金璐继承的243出骨子老戏中,经丁永利、李洪春二师指导作过润色加工的约有八十出,而其中近半数属王、李伉俪移步不换形的作品,如《麒麟阁》《潞安州》《洗浮山》《战宛城》《战马超》《反西凉》《战渭南》《金锁阵》《八大锤》《小商河》《百凉楼》《白马坡》《战濮阳》《走麦城》等不下三十七出。"移步"凭的是家底,是积累,京剧发展至今,尚未见有一例不求继承之深厚而能创革新之大成者,创新不可能一空依傍,自铸伟词,只能是瓜熟蒂落,水到渠成,王金璐的"薄发"正蕴含于"厚积"之中。

王金璐夫妇观点鲜明:"既不墨守成规,也不随心所欲;不能抱残守缺,也不迎合迁就。"他们对待遗产的态度,是大胆而又细致的汰其沙石、拭其灰尘,保其精华,补其营养,经典作品,千锤百炼,骨架动其不得,无必要重起炉灶,故不论如何出新,终究不背离大路。吴小如先生有言:"举凡名家,无不通大路,但绝不是大路货。"此话一言中的。王氏夫妇坚持老戏改编的立足点是"怎么好便怎么改,戏要越改越好,绝不是怎么改就怎么好,也不是改了总比不改好"。举凡名家,对于改戏,无不"如临深渊,如履薄冰"。王氏夫妇何尝不是如此。

表演上的"移步"一直是王金璐所刻意追求的,他每移一步必有出处,即使套用他派技法,也总有轨迹可寻,绝不是空穴来风,妄加杜撰。观众聆其"移步"戏,看了顺眼,无牵强生硬之弊,乍视之无迹可寻,细考之则有源有据。"文化大革命"复出后,即使普通老戏,他也能把它演成迹象未异而光景常新。王金璐之继承传统,

"不仅守其常而且通其变。执常以驭变，则万变不离其宗"。

总之他每一步都"移"之成理，"移步"实践长年修行的不断升级，终使王金璐开启了"文化大革命"后长达20年的精品年代。他公演的16出戏《挑滑车》《长坂坡》《汉津口》《蚍蜡庙》《潞安州》《战宛城》《连环套》《翠屏山》《走麦城》《千里走单骑》《古城会》《金锁阵》《阳平关》《回荆州》《忠义千秋》和《恶虎村》无一不是"移步不换形"的精粹之作，戏中诸多人物的形象风采无一不超越20世纪五六十年代之所演，可以说，20世纪八九十年代王氏所塑造的舞台人物其形象魅力在同代武生中已是出乎其类、拔乎其萃。

以唱老戏为立业之本的王氏还是一位演新戏的高手。在中华戏校，在校友剧团，在华东团，他都是排演新戏的中流砥柱，据不完全统计，他主演的新戏当不止四十出。自戏校时代起，他在表演设计方面有过60年的实践。由翁剧《平阳公主》《鸳鸯泪》《琥珀珠》《美人鱼》《花猫戏翠屏》《百鸟朝凤》《蝶恋花》等，到校友团的《白虹贯日》《新桃花扇》《铸情记》《九件衣》和《新蝴蝶梦》；由天津的《太平天国》，到上海的《皇帝与妓女》《铸剑》《三姐下凡》《劈山救母》《双射雁》《十五贯》……直至西安的二本《七侠五义》《刘志丹》《红色风暴》《劫皇纲》《水泊梁山》，他的创新历程几无中断。华东团当时也曾请他这个外乡人当上兼职导演和武打设计。

通观京剧史，凡艺有大成者，他们身边多有文化界名家学者或明或暗地在辅弼、在导向。王金璐长期受益于金仲荪、焦菊隐、老舍、吴晓铃、曹禺、苏雪安、华粹深、吴小如、刘曾复、吴祖光、谭其骧、朱家溍、周殿福、张遵骝、郝德元、翁偶虹等高级专家和资深学者的熏陶，鉴赏力、辨别力、构思能力、分析归纳能力、表演设计能力、导演执排能力、语言表达能力、戏曲教学能力和剧本改编能力全面上扬，从而逐步走上一条学者型艺术家的道路，从少有文化的伶人到今天已成屡有斩获的剧人。1996年前，据不完全统计，经王、李合璧改编的本子有《八郎恨》《花荣》《江南四霸天》

和《陵母伏剑》；昆曲本有《教刀》《献嫂》《赐甲》；整理后的演出本计30出；编成的教材有《战马超》《恶虎村》《长坂坡》《连营寨》等多套；为各报刊杂志、协会、场馆题字有二十多处；作各类讲座型的讲学多达数十次；发表于各报章的文字截至1995年足有四十篇……

三

杨小楼，人们心目中的"国剧宗师"，其超一流的绝艺及在京剧史中创下的极品效应，明显带有"顶峰"意味。昔时老辈人士神话杨小楼者随处可遇，至今犹然，能被人认可为杨派传人当属莫大荣幸。

打从20世纪30年代后期，北平公认的杨派武生是孙毓堃、高盛麟和王金璐三人，孙毓堃杨中有俞（菊笙），高盛麟杨中有盖（叫天），王金璐则杨中有黄（月山）。孙勾脸戏尤好，王俊扮戏第一，高二者兼优；高有好嗓子，孙有好身材，王有好扮相，均先声夺人；论气派属孙，论稳健属高，论做派王则一时无两。中华人民共和国成立后孙氏淡出舞台，"文化大革命"后盛麟演出日少，20世纪80年代杨派武生中尚能保持昔日雄风且日显升华之势的只有王金璐了。

随着王金璐复出后的频频"曝光"，众多名家齐赞他是"当今杨小楼"，刘曾复初见王金璐，迎面第一句便是"见君如见杨小楼"；黄宗江谈《武生泰斗》中那几出戏中戏为"恍如宗师再世"；吴小如称王金璐"就是今天的杨小楼"；翁偶虹撰文称"现在能在台上演纯杨派武戏者，当属王金璐"；李洪春说得更为肯定："如今杨派戏，没人比得上王金璐"；朱家溍发表《积极抢救，传之后世》一文，呼吁请出王金璐，赶紧录下一些已然失传的杨派戏，在研究杨派有所成就的朱家溍眼里，王金璐无疑是第一传人；就连大剧作家、前全国剧协主席曹禺也把王金璐誉之为"当今杨小楼"。

四

京剧武生艺术经历的一个由"演技"到"演戏",由重"真"到重"美",由"单一"到"复合"的进化过程已达90年,起决定性作用的是以杨小楼为代表的第二代武生,其标志就是体现了武戏最高美学思想的美学命题"武戏文唱"。

杨小楼曾经说过:"我的戏,不论唱念做以至于打,都演的是一个'情'字,演不出情理还成什么唱戏的?"王金璐之宗杨由刻模描红渐变为"武戏文唱"的杨氏演艺风格,继而提升为"演人演心"的高境界,从而实现了对杨小楼深层意义上的继承。

"武戏文唱"一词诠释各有不同,王金璐概括为一句话:"强调表演,才是武戏文唱;强调演人,才是武戏文唱。"他明白杨派表演体系中,做与表所占地位举足轻重,有形无形地统摄戏的全局,并统率着整体风格。王金璐学杨高人一等,与他精研做表、善于做表关系很大。

王金璐每出杨派戏的做派时时可见杨氏心谱,他演活了赵云和黄天霸,入木三分地透出了两个角色心中的"忧",《长坂坡》《回荆州》《阳平关》的赵云各有忧思,却各不雷同,同为不恋战,也出自不同心理;《恶虎村》《落马湖》《连环套》的黄天霸俱忧心忡忡,然也各有忧因,同中有异。武生戏中惊恐表演甚多,王金璐把握住"惊"的瞬时规律,由惊而又引出恐来,如《连环套》的"接旨""见彭",《连营寨》的赵云出场,《战宛城》的张绣丢盔,《恶虎村》的天霸背供,都能让人感受到人物惊恐的心理脉搏。他演《安天会》《八大锤》,有时不用笑声,只凭表情和眼神便透出"喜"来;他演《战宛城》,不以眦裂发指的外露,而以隐忍待发的内含显示胸中之"怒";他演《铁笼山》的"观星",《挑滑车》的"观阵"的"思",能把人物思想过程剖演得层次分明,脉络清晰。看他的老爷戏,《走麦城》《忠义千秋》和《古城会》因戏中人物年龄、身份的不同演来各具风范,绝无"一道汤";看他白胡子老头儿戏,张定边、邱成、宗泽、褚彪不但风格迥异,做派不同,就连台步也不一……王金璐恪守杨氏重做表的原则,每戏皆有攻微伐渐的精细刻画,以上只是举其荦荦大端略资说明而已。

王瑶卿先生曾说:"'美'不是花儿戴得多,而是把'角'演活。"把"美"的追求集中于把"角"演活,就把握了戏曲艺术美的核心,这也正是王金璐执着大半生的美学追求。他的宗杨历程先由不似而形似,再出现由形似而不似的飞跃,继而又由不似而为神似,那是创作思想的"似",是武戏文唱的"似",是更高层次的"似"。

"武戏文唱"之根,归本于自然,归本于心。王金璐刻意追求的是以心驭神,以神驭形的内功,他"文化大革命"后的16出精品戏一切都可归之于"从容",不生猛、不造作、不拼命、不造魔,一切全在戏里,一切游刃有余,一切都显"戏中人"的境界。他常说戏演到今天这个份儿上,不是身累,而是心累,由心气化成的心劲演的戏焉能不累。曹禺等大名士盛赞"当今杨小楼",最根本的一条还是鉴于他"武戏文唱"的成就。古人曰:"涉浅水者见虾,其颇深者察鱼鳖,其尤深者观蛟龙。"生活之海如此,艺术之海亦然。

五

世纪末的王金璐更成国宝级艺术家了。1996年9月,新长安戏院落成开张志喜,举办追溯"长安"历史沿革的盛大回顾演出,戏码按传统戏、新编历史剧、现代剧排序,参演名家如云,人各一段。王先生受邀出演《挑滑车》片断,位居传统戏系列的大轴,含当年杨小楼曾演于"长安"之意。

1997年12月,在纪念谭鑫培诞辰150周年之日,王先生受请与谭元寿联袂《阳平关》,此戏乃谭派名剧,昔日杨小楼曾与谭鑫培有过一演,此番王氏无疑再次以当今杨小楼的身份出面。

1996、1997两年,在两届"少儿百场演出"的开幕式上,王先生两度应邀代表老一辈艺术家出台。1997年献演《挑滑车》那天，在北京的著名京剧艺术家大多随中央宣传部相关负责人到场观摩并致贺。

1997、1998两年，文化部举办"晚霞工程"，为屈指可数的几位超一流老艺术家录制代表作，王先生因之录下了《恶虎村》和《潞安州》两出名篇。

1998年，为"晚霞工程"录制《恶虎村》，王金璐饰黄天霸

如果找一下王金璐在京剧第三代武生中的坐标位置，首先他是杨派武生"三贤"之一，至20世纪八九十年代更成唯我独尊；多少年来他一直居于黄派武生第三代的首席；他又是三麻子——李洪春一脉老爷戏的主要代表人物之一，直追李万春，20世纪80年代中期即为名副其实的第一关老爷；他"传道"历50年，自早期的王正堃、王元信起，陆续收归门下的弟子有李兆来、郭仲春、俞少荃、杨少春、勾荣禄、李端、徐小健、王平、张家旺、叶金援、石宏图、徐馥、余汉东、张绍成、陈共培、王来春、刘胜利、邓敏、常东、杨华、王少生、秦占宝、赵永伟和董玉杰。如把近年所收的中国戏

曲学院主工老生的杜鹏和日本艺人深见东州列入其内，"立雪人"已近三十名，收徒之多，学生之众，授戏之多，成果之显称得上武生教主。

创建流派并非人人都能心想事成，但建树个人风格的目标在艺有大成的名家手里则有可能实现。第三代武生群体中无一人具备全面创派的各项主客观条件，各家只是风格上各树一帜而已，王金璐亦然。

王金璐的艺术风格可以概括如下：

博宏繁富、绚丽多彩的兼容性：王金璐行当的覆盖面和流派的综合程度皆过人一头，是京派武生中少有的"大杂家"。

1998年，为"晚霞工程"录制《潞安州》，王金璐饰陆登

中规中矩，方圆齐整的规范性：王金璐其艺无不渊源有自，学杨则杨，学黄则黄，皆收八方见线，密棱见圆之效。

蕴文于武、文武融通的典型性：王金璐演戏火炽而不暴躁，圆巧而不媚俗，强烈中见凝重，稳练中寓威武。他从文戏角度演武戏，从体验角度演人物，一切手法技巧百分之百地服务于戏魂——"人"。

王金璐演戏重在把握角色心理和情绪，在自身内心深处尽可能唤起角色应有的自我感觉，凭借这种"心劲"去找准最佳的表演尺寸，他实际上应属于那种动必由衷、形必由神、心传精微的内心演技派风格。

杜甫诗云："庾信文章老更成，凌云健笔意纵横。"用其比喻当今王金璐所臻之境，恰当不过。

比之20世纪五六十年代，20世纪八九十年代一批老名家虽"硬件"不如，精气神见衰，但"软件"过之，戏的品位层次均有不同程度的升华。王金璐自20世纪70年代末复出以来，岂止舞台状态绝对领先，其对戏的研磨锤炼所达到的高度一领风骚便是20年，难怪"武生泰斗"之誉随《武生泰斗》的公演不胫而走。

1992年元旦，曹禺、李玉茹夫妇赠书恭贺，"武生泰斗顾问武生泰斗"。1993年1月《光明日报》载文《武生泰斗王金璐》，称王先生"演的是武生泰斗，生活里也是名副其实的武生泰斗"。翁偶虹先生也赋有七律一首，称王金璐"天赋才华常砥砺，武生泰斗岂无因"。马少波称之为"当今的武生泰斗"，吴祖光则称王先生为"当今的京剧艺术大师"……

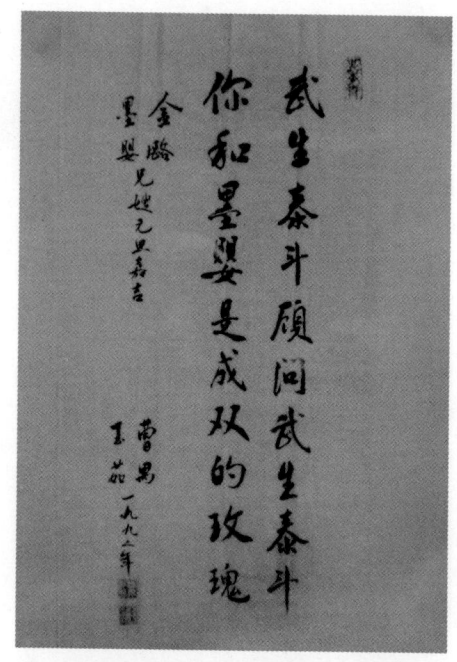

著名文学家曹禺、著名京剧表演艺术家李玉茹为王金璐、李墨璎题词

第四节　此生不悔

1999年的11月，王金璐先生将度过他的80诞辰，回首王老艺海竞渡的20年，走过的实是一条自我奋斗的路，一条淡泊明志的路，一条此生不悔的路。

一

王金璐是天之骄子吗？他果真得了幸运之神的眷顾吗？非也，他

《青石山》，王金璐饰关平

实际上是个很不走运的人，天时地利人和在大半辈子里并不在他一边，他靠的是自强不息和自砺不懈。王金璐一生中有过多次选择，但不论对与错，在浩瀚无涯的艺海中以"勤"为径、以"苦"作舟则几十年如一日，他常对人说："我一生是心里咬牙，挣扎着过来的。"

幼小的童年，受生计所迫，为求一饭而走进戏校，由谋一饱渐生唱戏养家之想，继又生出人头地改换门庭之念，直到确立了立志成大角的理想，在中华戏校不断地做着他的戏饭梦。年少有志，他狂热的求知欲，超人的进取心，使他早早开始了心里咬牙、山后练鞭的奋发岁月。小小年纪，潜心"偷戏"，永不知饱，已知学而待时的道理，因此才有他的三番请缨脱颖而出。《安天会》先老君而后演悟空；《长坂坡》先简雍、刘备而后演赵云；《落马湖》先李大成而后演黄天霸；《战宛城》先削刀手而后演张绣；《青石山》先关羽，后主演了关平……从此拾级而上，由配角而主角，由主角而成全校尖子、生行中的"天字第一号"。

王金璐不承认自己有过人的天赋，他只承认自己有过非凡的勤奋，若非禀赋之外更有一份勤奋，何来丁先生的青睐、李先生的厚爱、金校长的垂青、马老师的另眼相看？哪来童伶选举"生部冠军"的桂冠、"全能大将"的美誉，"小杨小楼""小黄月山"的雅号？又怎来中华戏校"双子星座"中宋德珠、侯玉兰、李玉茹你方唱罢我

第六章 不悔篇

登场，而他却始终占有固定的一席？

他的理性思考始于婚后，当充满玫瑰色彩的童伶年代一去不复返，一无钱二无"线"的梨园白丁要吃上这口戏饭，在武生界打出招牌站住脚谈何容易。不怨天尤人，不信神信鬼，一切事在人为，是好样的，就当好自己命运的舵手，他选择了自我奋斗，是唯有的华山一条路。两口子坚信"只要是真佛，总有上香人"，夹缝中也能求生存，只是比他人得付出加倍的代价。他年复一年地默默自砺，"我一定要成为最好的"。真所谓胸有胆魄气自华，只要英雄气不短。

闯练梨园江湖，凭的是实力，若非实力过人，哪来各班竞邀？哪来大角同台和不菲包银？实力来自苦寒中的磨砺，丁先生的训词成了他自我奋斗的座右铭："还得练，不比人家高出一大块不行。""从小到大，学了唱，唱红了，都容易，要唱（红）到老就不容易了，告诉你，多练功，多琢磨，多行好事"……这些话犹如警钟长鸣，自强、忧患、竞争三种意识一直伴随着他，正如其夫人所言："我们一口气也不能松。"

10年搭班生涯，他硬是杀出一条血路，突破重围扬威立万。20世纪50年以后有后生不解而动问，王老早期曾与不少前辈名家同台，是否老辈有过提携？王先生据实而答："不存在提携事，这些戏我在校时已全会，搭班时丁、李二师又给继续说戏，会戏达到了三四百出，不然人家不会来找我，何况丁先生也绝不会让我去丢人现眼。""我唱的都是营业戏，也有合作戏，这全看是否玩意儿够格，是否有号召力，十分现实，十分残酷，能耐不够，前辈们也不会放心地和我同台。"丁先生在世时常说："凭本事搭班，指的就是实力，没有金刚钻，不敢揽瓷器活儿。"李墨璎更是直言不讳："长班里都有人把着，外人进不去，我们只能卧薪尝胆，有了真玩意儿，一般戏班就会上门争邀，因为我们的加入，带来了观众，带来了营业额。毕竟手里捧的是瓷饭碗，这就逼着我们一步也不能松，不然可真的没饭辙了。"

王金璐是一名长年跋涉的十足的苦行僧，妻子对丈夫的劳碌命持正反论、两分法；每到一处虽最累的是他，最长功力的也是他，只要付出汗水和辛勤，皇天后土必有厚报，难道不是如此吗？苦行僧修成的是熟能生巧的技艺，是抗疲劳极限的能力，是由此及彼的悟性和坚韧不拔的意志。他的实力之源，归根到底，还是来自"以勤为径，以苦作舟"八个字。

中华人民共和国成立后的王金璐自我奋斗上了新台阶，他虽受制于舞台演出的伸不开腰，但在"移步不换形"的戏曲改革路上迈开了坚实步伐；在研习昆曲谱腔，试习剧本文字方面功力猛进；在表演设计、执导执排的综合能力方面水平大长。他执导和设计的实践萌芽于戏校翁剧年代，起步于抗战胜利；中华人民共和国成立后闭门潜修，作品迭现，进入其最旺盛的创作岁月，真所谓冰冻三尺，非一日之寒，这或许应了"天道酬勤"之言吧。

正当他年富力强呈现盛势之年，一场灾难加上一场劫难腰斩了他蒸蒸日上的艺事生涯。尽管他几近伤残，尽管眼前漫漫长夜，他不灭不悔之志，凭着"大器晚成"的启悟，在那非常的岁月里，盘旋脑际萦绕心怀的始终是重上舞台的希望之火，以其令人难以置信的"心里咬牙"度过了精神上、肉体上、生活上的三重磨难，重新挺起他那坚韧的脊梁。有过蹉跎岁月的艺术家知多少，罕见有把伤残之躯重新铸成不败金身的先例，真没见过一名艺术家中断舞台生活长达20年之久竟风光不亚当年，甚至更胜当年。磨难实在是人生中的一笔财富，然而只有强者才能磨穿铁砚。

"文化大革命"后的20年，他不仅补回了失去的20年，而且远远超越了他20世纪四五十年代成名的10年。"霜叶红于二月花"，以诗喻艺，王金璐的自我奋斗体现在一个"霜"字，然而九霄翅、千里足之得以翱翔驰骋，又岂离得了严峻的砥砺和不懈的磨炼，个中艰辛又岂为他人知。难怪李洪春老先生短不了拿他人前说事："还那么边式，跟年轻人似的，你们得跟金璐学，大半辈子了，功夫撂下一天了吗？"也难怪李墨璎称赞丈夫："到了今天的年岁，能唱别人唱不了的戏，能受别人受不了的累，往日的祸，今天反成福了。"

王金璐由少时的"梦"到成年的"志"，再到老年的"愿"，有一个渐进过程，概而言之，其志有三：一是攀登武生表演艺术高峰，成一名顶尖好角；二是做一名有道德情操、有抱负理想的高尚的人；三是为祖师爷传道，当好一名丁、李二师称职的继承人。如今他的三大志向全已如愿。蒲松龄有一副对联："破釜沉舟，百二秦关终属楚；苦心人，天不负，卧薪尝胆，三千越甲可吞吴。"这是对他一生自我奋斗的绝好写照。

二

王金璐这位谦谦君子有如一缕清风，他背后对人颇多赞词，嘴边总有一句口头禅："人家不容易。"他说李少春"文和武的结合，属他第一"；说李万春"是同辈中的大哥大，看他台风有多好"；说毓䛊"他有好身材，扮上就属他最好看"；说高盛麟"同毓䛊一样，都是唱《连环套》出名的，勾脸戏不错"；说唐韵笙的武戏"戏路规矩，功架大方，气派不凡"；说傅德威演尚派戏"谁也演不过他"；说厉慧良出狱后顶着上台真不简单；说梁慧超"把子不错，'涮'起腰来很见功夫"；说袁金凯"短打戏太好了"……

有人当面称王金璐为当今杨小楼，他急忙更正："不，不，您也太奉承我了，我不过是一个小人物。"他曾对吴小如先生说："人家杨小楼是这个（翘起大拇指），我连那个（竖小指头）也不是。"有人尊其"武生泰斗"，王先生特予澄清："那是老林玉昆，不是我王金璐，要说国剧宗师，二百年来只有杨小楼，没有第二人。"从"小杨小楼"的十六七岁到"当今杨小楼"的八十耄耋者，他始终有着自知之明，把自己的坐标定格为一轮明月边上的一颗星星。正因懂得月明星稀之理和皓月萤火之喻，他愈在实至名归之时，愈如饱满而成熟的麦穗温顺地垂下来了原可高高昂起的头。

谦冲自牧的人襟怀坦荡荡者居多，王金璐艺无门户，有求必应，为他人作嫁衣裳乃是常事。他平生授艺说戏，设计表演之类的助人事多不胜举，只因他素不张扬，故少有人知，在他看来，这一切只不过是寻常的以艺会友而已。受惠于他的还真不少。

王金璐脸皮薄，凡事过于谦让，处理复杂的人事关系只能"和为贵，忍为高"。出科之初以双头牌的实际身价搭"颖光""如意"二社，屡屡让牌，退居第三，顾全了同窗情谊；凡校友团场合，常担最重的活却劳酬不符，到底还是友情为重；总见他在共和班里连轴转，作为领衔的头牌戏份儿并不比他人高出多少，念及同行皆为生计所困，终究还是忍让了；20世纪50年代大江南北巡演路上挑大梁耐大劳，当无名英雄，在上海舞台露面机会却不多，他克制了；支援西安后以带重伤之身冒残疾之险为《七侠五义》卖命，居然也忍了；在京养伤期间，羡见他人舞东风，堪叹自身不得月，他依然默默地认了命……曾有一说："刘伶败了名，只为酒不忍；陈灵灭了国，只为色不忍；石崇破了家，只为财不忍；项羽送了命，只为气不忍；如今挫折者，都是不知忍，古今成功者，谁个不是忍？"真说得太好了！

"不要对他人索取什么，更不要认为他人欠自己什么，看穿了，一切也淡泊了。"有时面对戳心戳肺的事儿，两口子一概沉默应之，这是最简便也是最有效的对策，他们练就的是排忧遣愁的化解大法，心中始终把握一条原则：可以沉默，可以忍让，可心里必须有数，不能忘了胸中大目标，目标是要一生追求的，过程中的风风雨雨大可不予置理。

常曰："雁过留声，人过留名。"要不为名利所累，实在太难了。他推去大红大紫的巨片《霸王别姬》送上门来的名与利，辞去了20集电视连续剧《一场风花雪月的故事》，谢绝了众多的影视片邀，在当今虚名满天、物欲横流的年月，王金璐显得多么的"不入流"。

经过大灾大难之人，常有大彻大悟之境。"文化大革命"后的王金璐已然"名"不上心，他已习惯于承受来自舆论的不公。20世纪80年代有文称健在的文武老生仅有李万春、高盛麟和厉慧良，独不提武老生戏拔尖的王先生，他根本不予理会；报刊历次刊登马连良先生入室弟子的名单中常不见王金璐的名字，他不提也不争；徽班进京二百周年纪念演出的大场面上，王金璐被文化部点名扮《龙凤呈祥》中后赵云一角，这无疑是对他当今第一武生名位的肯定，谁知他竟是一再地让贤；200周年大庆的新闻报道中，竟有的大报在演员名单里漏了三大老辈名家之一的王金璐，他不生气，反聊以解嘲："这样我就不会挨骂了！"再说荣获两次大赛奖状的周龙由他一手带出名，老先生却不居功，屡屡强调周龙是尚长春的学生……"有麝自来香，不用大风扬。"王先生不太注意对其个人的宣扬，以致不少后辈不识王先生道行。唯其淡泊、不汲汲于荣名，才留下许多不可弥补的憾事，虽说宣传力度同实际艺事之间显得不甚相称，但王金璐并不因此而改弦更张，他依然自我，不改本色，憾，就由它憾去吧！白金贵于黄金，然而命运不如，有时会被人疑为银子，做人，是否亦同此一理？

王金璐谋人事而应天命，得之淡然，失之泰然，不厉不激，带着一股顺乎自然的清虚气息，其间颇有几分寓实于虚却浑然无迹的空灵意味，又颇具"有所不为而后有所为"的韬晦意味。他反中求正，逆中求顺，把一个个不利处境化为一步步前进足印，诚如其夫人所言："有时明知吃亏也得上，我相信苍天不负有心人，到现在赚下个好身体，赚下一身好经验，赚下一副有悟性的好脑子，到了20世纪80年代台上就属他状态第一，到了20世纪90年代这个年岁的，连文带武一起算上，也只有他了。"他们才是真正懂得了"风物长宜放眼量"，谁能说失去不意味一种得到？

高艺高寿的王老堪称当今第一"不老松"。老辈行伍中，尚和玉、马德成均止步于七旬多，盖叫天演至75，张桂轩85高龄之年虽客串过一场《金雁桥》，但几位长者晚年多以折子戏饫众，大戏则是动不了啦！同代名家之中，李万春、厉慧良均逝于 74 岁，高盛麟刚过 70 便卧病不起，张云溪 68 岁即告别舞台，而李少春 54 岁告别人间……类如王先生 80 尚可演大戏且一气呵成者，则绝无仅有了。王老益寿有术，"术"在事业与淡泊的完美结合，正因王老不断地在制约自己，战胜自己，以致具备了围棋手中最高境界——平常心。也许就凭这颗平常心，王金璐重新唤回了他艺术的春天，实现了他最后的辉煌。

三

"无志者常立志，有志者立长志。"王金璐幼少之志竟成了他的毕生之志。可以说，大半个世纪以来，他一直以全部身心在不懈地寻找属于自己的价值、自己的人生和自己的一片理想，他那 70 年漫长的艺路走的又是一条义无反顾的不悔路。

王金璐与夫人李墨璎在家中

王金璐与李墨璎的结合，是志同道合的结合，二人共同编绘了一篇携手人生路的动人画卷。李墨璎可称得上是一位平凡中显不平凡的女性，有她终身为伴，有她长年辅弼，有她患难相扶，有她共赞方略，王金璐在不悔路上的步伐益发地坚定了。王金璐是苦行僧，但不是独行侠，他从多年逆水行舟的坎坷中走出一条坦路来，能从多年文化熏陶的氛围中默化出几分学者型艺术家的气质来，能从"文化大革命"后20年的"冲刺"中把传统武生戏演出新的境界来，能从令人不堪回首的年月中把腰斩的10年不失时机地给补回来，身边的这位"女诸葛"居功至伟。有人曾问尊夫人是书香门第吗？王金璐幽默作答："反正我是输（书），输到她箱（香）子里。"他对夫人乃是彻底的钦佩。也有人说："女人嫁给男人，男人嫁给事业。"李墨璎何尝不是嫁给事业？

王先生也曾多次剖明心迹："我既然喜欢上它了，就会一直喜欢到底，哪怕京剧完了，我的努力全落了空，也绝不后悔。"他也告诉学生门人："只要你认为它是好东西，你就坚持下去。"在他认为，既然衰落是迟早要来的必然，有好风相送的日子，不该轻易收篷，不要轻易放弃，等到好风不再，再落篷为时不晚。这位可敬的老人总是对来日有所期待，只因此心中永远有明天。20世纪80年代中期始，老角凋零，李万春、傅德威、袁金凯、姜铁麟、高盛麟、李盛斌等先后作古；20世纪90年代中期厉慧良、张世麟又相继谢世，王先生不思颐养天年，反搏击不息，他似乎已默默地立下心愿，既为京剧生，甘为京剧殉，老是觉得还需要一个又一个的明天来干完他一件又一件的未竟之事，悲壮意味已见。然而老先生依然不回头，为理想献身，为薪传尽瘁，如春蚕作茧，如蜡炬焚心，丝尽泪竭，仍甘之如饴，简直就是一名百折不挠的斗士。

举凡成功者谁无遗憾。王金璐虽攀登上了制高点，出于大气候的不景气，限于年岁已不饶人，16出精品之外，怕再难有新构于舞台，他一生绝大多数名戏注定要付之阙如，是为大憾，王先生唯有倾其力于薪传，以稍减内心之失落，但京剧的黄金年华早已一去不返，因受制于诸多因素，至今未能带出一名"武戏文唱"方面卓有成就且能领衔一方的大牌武生，无疑又一大憾。

　　王先生有憾但无愧，因为他确已尽了全力。他当然也无愧于广大知音，无论花甲，还是古稀，抑或耄耋，凡上得台去，落一个"卖力不要命"总比"要命不卖力"为好，他不愿给台下的"上帝"留下憾意，"如果让台下知音失望而去，我真要抱憾生愧了"。他把知音看成重中之重，主动走进票友戏迷圈去求得沟通，台下多藏龙卧虎的高人，王先生是怀着一份敬意来到知音丛中的。振兴京剧，匹夫有责，台上与台下谁也离不开谁，王金璐深为戏迷们弘扬京剧的巨大热情所鼓舞。偌大的北京城，可圈可点的戏迷太多了。北京中国戏迷协会会长何凤仪先生便是其中可敬的一位，只要为了心目中的京剧，这位戏迷中的"大哥大"可以不计得失，甚至不惜倾其所有，他那颗百分之百赤诚滚烫的心在广大戏迷中具有相当的典型性，受其感染的行内人士还真不少，王金璐也概莫能外。他不愿留下同知音不成知音的遗憾，若是如此，那才叫有愧于心了。

　　王金璐的"终点"在哪里，谁也说不准，老先生似乎没有句号，因为他至今尚不思"金盆洗手"。借用他人诗一首："存活人间八十秋，不徐不疾泛中流，未因老至盼时短，尚有豪情在前头。"用他自己的话来说："古稀之年，仍在挣扎，不甘寂寞，难舍追求。"人老了，有说是"蹉跎岁月"，他却认为是"无悔年华"。王金璐有憾而无愧，唯其无愧，方有无悔，似这等永远在渴望着什么，永远在寻找着什么的人，根本就不存在一个"悔"字。

　　王金璐先生奋斗的一生、淡泊的一生、无悔的一生铺就了他的成功之路。精彩的故事可以编造，精彩的人生是虚构不了的，运气可以造就明星，但无法造就巨匠，没有多年道行，何来九转丹成？

　　历史是一面明镜，时间是一位公正的审判官，它说明了一条四海皆准的真理：不受魔不成佛，有志者事竟成。

后　记

　　王金璐先生耄耋犹盛年，作者秃笔一枝三十多万字难概全其70载艺术人生，不得已而收笔之际，有憾于言之未尽，尚欲一吐为快。

　　本人7岁进戏院，迄今已历半个多世纪，举凡生旦净丑，无分文武昆乱，迷之恋之，亦近疯魔。京戏于笔者竟成生命中须臾不可或缺的空气、水分、阳光。"文化大革命"前曾有过平均每年看戏不下二百场的高峰纪录，有一年甚至看了三百多场，差不多一天看一场戏。多年物我两忘的嗜戏生涯，在心目中树立起了一座近五十年的梨园凌烟阁，多少名标青史的大名家在笔者脑海里已然铜铸铁浇不可磨灭。但就武生这一行，诸如盖叫天、李万春、高盛麟、李少春、张云溪、杨盛春、厉慧良和王金璐……凡20世纪40年代末以来曾在剧坛叱咤风云的名家及其该时期的主要代表作我大多看过。对于王金璐先生等京剧表演艺术家，我作为一名痴狂的戏迷，虽不孚知音之资，然却已神随多年。

　　时至20世纪90年代，名家纷纷出书，王先生身为武生界超一流人物，却迟迟未见有关其生平事迹的书面市，听闻吴小如教授曾有亲自执笔刻画王先生的心愿，不禁为之雀跃。吴先生极富个性，其文章直述胸怀，读后令人荡气回肠，评戏论理鞭辟入里，聆之不禁心折，他从王金璐先生还在中华戏校时就看过他演的戏，当为王先生著书的第一人选。奈何吴老诸事缠身，未能遂愿，是为一大憾事。几年前我经王老的好友汪沛炘先生引见，得以拜会王老，汪沛炘先生力荐，又蒙王老及夫人垂青，阴差阳错之间，竟由不才的我承接了这一勉为其难的千钧重托。担此重任,心里委实感到惶恐,本人只是一个戏迷而已,本不该对京剧武生艺术及诸多名家说三道四,可随着与王老伉俪接触渐多,手头收集的资料日丰,对王老了解益深,虽身处"风口浪尖",却已无所顾忌,为王先生去尘封,还本色,以凿凿之实全面、立体地记载并评述他那内涵丰实的艺术生涯的使命感在我心中油然而生。书稿杀青不久,获悉有人对此书名中"武生泰斗"四字提出质疑,对此不免心生困惑,艺术之见,仁山智水,尽可各抒己见,本书并非中国京剧史,何须"天下一统"。痴迷半个世纪戏的笔者,自信对凡能排上号的武生其人其戏大都耳熟能详,兼对资料查阅研究有年,故书中素材皆有出处,自问全书论点的印证全有充分论据。以本人所见,就王金璐先生深厚的艺术积累和过人的艺事水平、对发展武生表演艺术作出的卓越贡献、执教二十余年薪火相传的重大成果以及他高尚的艺德和社会知名度,称其为"武生泰斗"绝非溢美。这在本书"升华篇",特别在"锻声铸艺晚潮圆"一章中已作全面阐述。"武生泰斗"一说,妥与不妥,可探讨求证,认与不认,但凭事实说话。作者毫无强加于人之意,当然对于他人的强加于己,也断然不会接受。

1998年,王金璐、李墨璎与本书作者朱继彭在上海为王氏传记定稿

笔者在书中自出机杼，在叙述、评价王金璐时将他与其他武生作一番横向比较，从而找到王金璐的位置，同时展示一下与他同时代武生的风采，全属纯粹的艺术见解，不涉及人缘好坏、个人好恶。

本书承蒙吴小如先生作序，朱家溍先生题写书名，刘曾复先生绘制王金璐常用的杨（小楼）派脸谱，实为莫大的荣幸。"三大贤"联手加盟，固然出于王金璐先生的金面，但也表现了提携后进的古道热肠，笔者怀着敬仰之忱，在此深深谢过。拙作曾得到已故好友汪沛炘先生的竭诚相助，斯人已驾鹤西去，可悃诚令人终生难忘。

3年笔耕，夙愿得偿，付梓之日，时近王老80华诞，谨以此书敬献致贺。

作者

1999年10月7日

附篇一　躬逢王金璐先生"双庆"盛会有感

　　王金璐先生从艺70周年暨80诞辰庆贺演出于1999年11月27日、28日在北京人民剧场隆重举行。王老亲率海内外弟子在《长坂坡》《汉津口》《夜奔》和《蚍蜡庙》诸剧中展现了如火如荼繁花似锦的斑斓场面，为近年来相对沉寂的京剧舞台点上了冬天里的一把火。笔者有幸躬逢其盛，所见所闻感触良多。

　　那两晚走进人民剧场，一股浓烈的节日气氛扑面而来。驻足大厅举目四望，迎面墙上王老大张彩色剧照不下二三十幅；绚丽多彩的剧照前方挂起一幅两米见方的寿毯，毯中间还别出心裁地嵌映着今年60婚庆的王氏伉俪的婚照；右边墙上张挂着醒目的高1.2米、长五米多的大幅画卷，在笑傲山林的百兽之王上方，用"虎老雄心在"五个大字点明主题；左手墙边名家贺仪一字排开，佳联字画，雅意盎然各异其趣，使场面大为增色。大厅中央两边设席，左边供来宾签到之用；右边应观众购书（最近出版的《武生泰斗王金璐传》）之需。花篮行里、鲜花丛中，人头簇拥，摩肩接踵，直至开戏铃响，大厅里的人群依然蠕动不止，不少来宾甚至被挤在了剧场内外两道门中的狭小空间里……

　　这等盛况，睽违已久矣。如今重现昔日京剧最为繁盛年代的火爆场景，使人不由心生一肚子的感慨。今天这一罕见的轰动，其由来还是"武生泰斗"盛名所致，及其德艺双馨的个人魅力使然。王老虽说光华犹在，毕竟春秋已过，在场不少来宾皆摇头叹息不止。场面越是红火，心底越生惆怅，要消除这份遗憾，唯寄望于新的泰

1999年，王金璐从艺70周年，师徒合作演出《夜奔》，5位豹子头谢幕合影
左起：赵永伟、刘盛春、王金璐、杨少春、董玉杰

1999年，王金璐从艺70周年纪念演出《长坂坡》，王金璐（左）饰赵云

斗横空出世。

舞台上师徒联袂，自然精彩可期。《长坂坡》九演赵云，《夜奔》五演林冲皆显鲜花着锦之盛。两台晚会堪称难得一遇的武生大会，弟子门人中多梅花奖、梅兰芳金奖等全国性大赛得主，多国家一级演员，多京津辽鲁各地的青壮英豪。这可不是寻常日子，弟子们无一不精神抖擞，无一不加倍铆上，出得场来个个见好人人得彩。然而，当八旬师尊一出台，台上风景则全属这边独好了。

王老3出戏应了赵云（选场）、关羽、林冲（选场）、褚彪四个角色，覆盖了杨小楼、黄月山、王鸿寿（三麻子）三大流派。此时此刻，全场为之亢奋的是他干净利落的腰腿，清晰悦目的招式、劲头、尺寸、规范一丝不走，该有的全有了，甚至连高难度的动作也不放过，这哪是八十老翁呀，真让人开了眼界。想当年尚和玉、盖叫天两位老法师一生以硬功夫誉世，然而收山之日全止于75岁；同代俊彦中李万春、厉慧良也均在七十四岁左右戛然而止，诸多武生名家刀枪入库之日大多过不了七旬，即便登台也多属象征性示意，真砍实凿的含金量不再讲究。以此论之，年逾八十尚能动大戏且不走样的王金璐老先生创下的实是一项中国京剧之"最"。

随着赵子龙山头大战，关云长汉津挡曹，豹子头会金枪手、铁臂熊破虮蜡庙，但见老先生时而四两拨千斤举重若轻，时而铁划加银勾浓墨重彩，他身上时时处处闪现的几乎全是"卖点"，难怪台下座客个个双目圆睁屏息静气，生怕稍有闪失即会错失精华。今天台上数风流人物竟是一位八十老叟，这未免也太嘲讽人了。

台上王老不张扬不夺戏而光华尽归，直令满台生辉，后生晚辈当知继承之艰难。真正意义上的继承比之水上浮泽乃至天外造魔式的创新不知要难上多少倍。想到老辈身上的宝将被如水岁月无情地带走，思之怆然。

人民剧场这两天成了一片狂热世界，人们在这里过的是十足的狂欢节。场内本已热气腾腾，待至王老登场，台下发出的轰鸣声如同滚雷，一浪接一浪的肥彩如叠瓦、如波涛，震耳欲聋的巨大声浪贯穿王老演戏的全过程。人们忘情地叫好，几近欢呼，辅以来自场内各处铺天盖地的掌声，汇成了多声部气势磅礴的大合唱。人们太亢奋了，连在座的中央首长也都被感染了。本人早在20世纪50年代中期正在北京看戏，几十年来北京舞台没见过这等令人心惊的山崩地裂，只有身临其境的人才能领略到什么是真正的"炸锅"。

作为一名五十余年来常以戏园子为家的铁杆老戏迷，昔时也曾抓住过京剧繁荣期的尾巴，那时戏剧的氛围是温馨的、亲切的，又是难以割舍的。时至今日，这一感觉已然十分陌生，这两天的眼前所见，似乎当初那熟悉的盛景又出现了，一时激动难抑，不经意间已是泪流满面。稍停片刻，思绪归于平静，只见周围人们的疯劲到了声嘶力竭的程度，我不由心生联想：大家无非是在呼喊，呼喊京剧复兴，呼喊戏曲繁荣，呼喊出戏出人，呼喊泰斗再世。其实谁都明白，眼下一切，不过是泰斗光环衍化出的海市蜃楼，但愿我这是杞人忧天才好。

次日剧终，一幅幅动人的画面出现了：

谢幕当口，台下前后左右一下亮起了至少有半百之数的照相机，同时两边台侧杀出三四十位献花人，形同冲锋，瞬间而至，煞是可观。

大幕甫落，观众席里左右两条"游龙"同时"飞"向台去，里三层外三层把舞台中央围了个水泄不通，连上台向王老致贺的中央首长也一时突围不得。偌大舞台黑压压一大片。盔头还勒得紧紧的王老太理解簇拥在四周的人们的心思了，凡求合影者几乎有求必应。于是乎，你推我挤之下，台上跌跤的事此起彼落痴态可掬，合影竟持续了将近半个钟头才勉强罢休。

王老在弟子们前拥后护下好不容易走进后台，一支老中青俱全的追星族随后蜂拥而至，把化妆室连同后台过道挤得严严实实。王老盛情难却，不及更衣卸妆，又为众多戏迷签起了名、照起了相。

其中为见王老一面已静等良久的青春粉丝也不乏其人，有一姑娘直等到王老快"起驾"回府了，才怯生生地捧着一本《武生泰斗王金璐传》上前，恳求老先生签上名留一合影。当王老揽住她的肩拍下当晚最后一张照片时，姑娘脸上这才绽开笑容连声道谢而去。二十左右的少男少女追星追到八十老翁头上，岂不又是一道风景？

第二天演罢《虮蜡庙》，正当前后台人声鼎沸之际，陆续退场的观众亦以不同的方式在表达自己的情愫。不少人来到剧场大厅，在满墙武生泰斗各色剧照和富丽堂皇的寿毯、花篮前流连忘返，纷纷举起相机摄下珍贵的留影；不少人离去前，不忘在寿幛上补签下自己的姓名，留下对泰斗老人的挚情一片；更多的人面对姹紫千红的鲜花心有所动，在征得同意后，他们人手一支花，带着对王老的仰慕和敬佩，带着对王老的祈祷和祝愿，带着几分难舍，带着颇多惆怅，缓缓地走出了人民剧场的大门……天下筵席无不散，此景此情，令人久久难忘。

有曰"天道酬勤"，王老一生"不受魔不成佛"的生涯便是最好的诠释。今日的至尊荣光，实是对老人的一种历史性回报。在恭贺王老"双庆"之际，亦当为我们这一集老中青三代的戏迷群体感到莫大的庆幸，毕竟我们还是亲眼看到了这位艺高德劭硕果仅存的泰斗级人物。

朱继彭
1999.12.12 于上海

附篇二 "极品"老人的金色晚年

——王老近 16 载记略

《武生泰斗王金璐传》一书出版至今已将近十六个年头。曾记得出书之日正赶上1999年11月王老舞台生涯70周年和80诞辰的大喜日子，我受邀赴京躬逢其盛，见证了这一盛大的双庆演出活动。

在北京的日子里，心中滋生一丝不切实际的奢望，但愿这位舞台不老松能多登台几年。果真如此，日后说不定我还有望为老先生的传记再续上后篇以成全璧。

中国戏迷协会会长何凤仪先生在"双庆"活动结束后特意为王老举办了一次大型答谢宴，席间我应何先生之请作了即席发言。就在这一场合，我当着济济一堂的行内外朋友表露了心中这一期盼。

吉人自有天相，16年后的王老依然老当益壮、精神矍铄，谁能相信老人已是96的超高龄了。托王、李（墨璎）二老之福，现今77岁的我尚有余勇再奋笔一番，正好借商务印书馆今年再版此书的良机，写上本篇，将这位可敬的"极品"老人16载的金色晚年续补书后。虽已如愿，但遗珠之憾终究难免。

一、中国京剧吉尼斯记录

1996年《王金璐传》开篇时，王老76，4年后该书出版。这一段日子里，王老登台有 13 次之多。看一下剧目单，居然大多是《长坂坡》（选场）、《挑滑车》（选场）、《金锁阵》和《阳平关》等长靠大武生戏；以及《汉津口》《古城会》《忠义千秋》之类的老爷戏。此外还演了《虮蜡庙》《雁荡山》《夜奔》（选场）和《连环套》（清唱），并率秦占宝、叶金援、赵永伟三位高足四演《挑滑车》，居然还以"挑车"一场压台。1998 年 9 月，还曾携王立军、奚中路、马玉璋四演《挑滑车》，老先生依然担纲"挑车"一折压大轴。又在比年 12 月参加纪念谭鑫培诞辰 150 周年的演出，在《定平山》《阳平关》中饰赵云。望八之年动辄上大累之戏，真砍实凿载歌载舞的，眼神还是那样英气逼人，身上还是那样举重若轻，高难动作一概不避，哪见过这样的老人家？

王老在 80 诞辰的两天演出中先后扮演了赵云、关羽、林冲、褚彪四个角色，场面之火爆令人目瞪口呆。整个戏院上下全在忘情喝彩，观众如醉如痴，似癫似狂，这股超强的热浪已是多年未见，真让人大开眼界。

在老辈名家纷纷淡出的年代，王金璐先生依然在舞台上叱咤风云，舍我其谁，更是"风景这边独好"。鉴于此，自 20 世纪 90 年代起社会各界均尊称其为"武生泰斗"。京剧界举凡重要的演出场合，王老便往往成了邀演的首选之一。如中华长安戏剧文化周暨长安戏院新建开业开幕式，如纪念谭鑫培诞辰 150 周年，如全国政协、

八旬王老在社区院内晨练

民政部、中国慈善总会等单位京剧义演晚会，如中国戏曲学院建院50周年庆祝演出……

时至2000年，81岁的王老登台演《长坂坡》中的赵云引起莫大轰动。面对众人道贺，王老当时曾笑称："这兴许能申请个吉尼斯世界纪录。不是说我本人怎么样，而是说明中国京剧有魅力。外国人哪有八十多岁还在台上又舞又打的？"他同时又许下了心愿："下回，90岁时，我还想在台上为弘扬中国国粹尽一点儿力。"

倏忽间时光又过去了8年，2008年2月12日下午，国家大剧院和梅兰芳大剧院举行近三十位梨园名家同台献艺的赈灾义演。王老在《虮蜡庙》中饰"铁背熊"褚彪，台上高难动作一个接一个，单腿过顶、金鸡独立、劈叉下地……让人吃惊非小，却又惊羡不止，成了台上最令人瞩目的一位。这一次登台，当是迄今为止王老的最后一次登台。回想昔时武生前辈中舞台高寿者并不少见，如尚和玉、盖叫天、马德成等都是，然而他们不及八旬就止步于红氍毹了。与王老同时代的舞台高寿名家中，也有李万春、高盛麟、厉惠良、张世麟等多人，可同样全在七十多岁时退出了舞台。王老已然早早地把旧纪录远远甩在身后。2008年的《虮蜡庙》，见证了九旬老人的最新一次突破，也实现了王老90岁再破纪录的心愿，中国京剧吉尼斯纪录的创造者和保持者是谁？就无需笔者再饶舌了。

二、京剧武生"通天教主"

王金璐先生在中国戏曲学院退休后，一直接受学校续聘在校执教。1996年7月退而不休的老先生担任了第一届京剧研究生班导师，开始了他新一届的教学周期。如此一口气连续担任了5届，直到93岁。换言之，王老执教已长达33个年头，像他那样长年执教（始于1979年）年复有年的超高龄教授确是凤毛麟角，更何况还有他叹为观止的示范带教。老人家不避高龄不厌其烦，坚持一遍又一遍地亲身示范，精气神的消耗非一般课程可比，比自己演一出戏来得辛苦多了。

尽管年迈，然而老先生的艺高德劭早声名远播了，休闲逍遥安享清福几无可能。除了在京的众多弟子学生，更有全国纷至沓来的求学者慕名赶来京师，登门西郊双榆树王府，有如参加朝圣一般，简直把"双榆树"变成了当年有"通天教主"之称的王瑶卿先生家居的"大马神庙"。所不同的是大马神庙的讲坛设在夜间，而双榆树主要是在白天；王瑶老重在点评、解惑、答疑以及个别指导，而王金璐先生除此之外，还有示范带教。

王老所以家门大开广纳后延才俊，固然有这些后生求艺的虔诚，但与王老自己把传承事业看成重中之重也大有关系。对于上门的后辈，王、李二老尤为珍惜爱护有加，我曾听到他的多次感慨："如今还有年轻人一心学戏，太难得了，不能冷了人家的心，教了就不能误人子弟，他们太不容易了！"

我初次上门是在1985年，那时王老的"第二课堂"已然启动，就以那时起算至少也有30年了。虽然登门者几把门槛踏破，王老却是乐在其中。他在家教了多少人次，说了多少戏，已然难以统计。

不妨看一下1996年以来王老授戏的那份剧目表，别提有多精彩了，既有《落马湖》《连环套》《挑滑车》《潞安州》《长坂坡》《汉津口》《恶虎村》《蚂蜡庙》《千里走单骑》《走麦城》《战宛城》《夜奔》《义释杨再兴》《战濮阳》《八大锤》《龙凤呈祥》……也有后来逐步开设的《金锁阵》《别窑》《麒麟阁》《激秦三挡》《金沙滩》《华容道》《武松打虎》《蜈蚣岭》《虎牢关》《阳平关》《捽子惊曹》《安天会》《铁笼山》《借赵云》《探庄》《屯土山》《岳云》《水淹七军》，《翠屏山》（黄忠）、《战太平》（华云）、《珠帘寨·对刀》（李克用）……这好几十出戏无一不是骨子老戏，也无一都是王老不同年代里亲演过的。时至21世纪，老先生还能拿出这样一份他人难及的重量级课程设置，这可真是后来人的莫大之幸。这些20世纪50年代尚在频频演出的戏，今天若非王老的刻意挖掘恐也多半要濒临失传了。这张剧目表上的戏，在我这一代人能看全的怕也难觅踪影了。我曾自诩看遍20世纪50年代以来的王剧，今也不由自惭，因为我还是错失了这份剧目表中的两出。

这三十多出戏不是想唱就能唱的，即使学到了也并非都能唱好，要把这么多千锤百炼的传统老戏，既教出不离经叛道的法度和规范，还要达到与时俱进老中出新的效果，谈何容易。王老教戏不是把戏说说而已，更不会避重就轻权宜应付，不然就有悖于他初衷了。他凡教一出无不实打实的，务必要让弟子们拿得出手去，一点含糊不得，不能像李洪春老前辈生前叹息的"教一出毁一出"那样。这些戏全是王老昔日演透了的戏，可谓驾轻就熟手到擒来，但在教学上老人家还是如履薄冰如临深渊。他执教历数十年，两位恩师丁永利和李洪春言犹在耳，不敢有忘。诚如他夫人李墨璎所言："那是为京剧大业在传宗接代，我们不想成为罪人，有负师恩……"

早在1944年，当时才25岁的王老已开始收徒了，最早收的是南北两大弟子，南为江苏省京剧团当家大武生王正堃，北为富连成社出身的著名武戏导演和教头王元信；20世纪五六十年代又收下著名南派武生郭坤泉之子郭仲春和北派大武生杨盛春哲嗣杨少春。王老广开山门是在"文化大革命"之后，迄今帐下弟子人数已有三十多人，他的入室弟子遍及京津沪和全国五大行政区，其中还有老生、小生和旦角演员，有的还是汉剧、豫剧演员，有的甚至是日本演员。

王老对研究生班感情很深，他的弟子很多都进入了研究生班，光是1996年的第一届就有赵永伟、周龙、邓敏、王平和后来拜入门下的杜鹏。在第二届到第五届中，由他直接指导的就有王立军、常东、侯永强、张宏伟、杨仲文、王雪清等来自天津、沈阳、上海等地的学员。老先生执教研究生班先后17年，他参加了所有研究生班的开学典礼、毕业典礼及汇报演出，连学院举办的青年班、流派班、成人教育班的毕业演出他都不落下。

如今的王门弟子如杨少春、郭仲春、叶金援、赵永伟、邓敏、常东、张宏伟、郭贺军、王雪清等都是全国各地的当家武生和主力演员，也有相当一部分成了著名导演和业务骨干，如石宏图、周龙、杜鹏、常东、李端、勾荣亮、王平、余汉东和在新加坡的秦占宝等。在梅花奖和梅兰芳金奖大赛中，多位弟子如叶金援、邓敏、周龙、赵永伟、常东和秦占宝等都荣获了大奖。

王金璐与部分弟子合影
左起：邓敏、杨少春、王元信、王金璐、石宏图、秦占宝、王展云、杨华

王老先生实是生行中的全能大角，见的多、会的多、演的多，还研的多。因此他能得心应手地开教老生戏尤其是文武老生戏和红生戏。经他的精心栽培，很多人都学会了《战宛城》中被绝多武生视为畏途的"官衣戏"；学会了《连环套》《落马湖》《恶虎村》这三出极具文唱功夫的黄天霸戏；学会了《长坂坡》《回荆州》《阳平关》《借赵云》一类唱念做打兼重的赵云戏，还有《走麦城》《古城会》《忠义千秋》和《水淹七军》之类集老生、武生、武老生、架子花于一体的红生戏。即使《挑滑车》《铁笼山》《八大锤》《夜奔》之类的

武戏，弟子们同样能很好地展现出武中见文、技中见戏、武戏文唱的杨（小楼）派风格。不少人还学会了《蚱蜡庙》一戏中属于武老生一类的白胡子老头儿戏，要演好剧中褚彪一角，没有一定的老生做表功夫也是不济事的。老先生可真是倾囊相授了。

一位老教授执教到了93岁的超高龄确属稀有，特别是一位说戏、教戏和示范教学同时并举的武戏教授就更是鲁殿灵光了。就我所知，王老应是中国京剧界的独一份。应予强调的是，王老三十多年来一直是在校园和家园同时施教的，不仅在学院那头退而不休，在作为"第二课堂"的家里边更是没有寒暑假的全年开放。耄耋老人王金璐先生已奔向人瑞的生命旅程，他哪来这般惊人的精气神？他对事业的忠诚与执着自不待言，同时他一生还另有一份极为重要的情结，即为祖师爷传道。

曾记得王、李二老不止一次地动情地记起丁、李二师："当初丁先生、李老师怎样待我，今天我就同样地对待人家，要把师父传给我的道传下去。"多年来他的艺教模式便是基于师辈的样板在薪火相传的同时与时俱进的。

丁永利是昔日京剧武生界赫赫有名的杨、黄两派武生"通天教主"，李洪春则是红生戏"通天教主"，二位都是权威性极高的人物。王老传承之道与老二位乃一脉相承，且成果累累，同样是现今京剧教育家中权威性达到至尊的教头，因此老戏迷中已有人尊其为"通天教主"。

对于"通天教主"的尊号，一向淡泊自守的老人是不会接受的。"通天教主"在这里无邪教涵义，而是意指教师中权威最高、影响最大、成果最著者。我曾在双榆树王家偶尔涉及"通天教主"这一话题，老人家则是一再地退避，谦称："我扛不住，那是丁先生和李老师才够份儿……"其实时至今日，很多人虽不用这一称谓，实际上心里大多认可，因为这已是实至名归的事了。

三、京剧活动家

王金璐先生执教期间，参加过很多艺术活动和社会活动。退休后繁重的教学任务仍然压身，双榆树的第二课堂又长盛不衰，忙得二老就像陀螺。这还不算，王老越老越珍贵，不仅因为他是德艺双馨一代巨擘，同时还是中国京剧当今少有的活辞典和活化石。因此王老奔"八"也罢，进"九"也罢，纷至沓来的"公事"挡都挡不住，名目繁多的活动都会找上门来，专访、录像、电话采访、座谈会、研讨会、晚会嘉宾、看戏、当大赛评委、戏迷活动、少儿京剧活动，还有约稿和题字……他抱定一个宗旨，只要事关弘扬和传承，概不推辞。

1. 专访和录制节目

从 1996 年算起，截至 2013 年，单是中央电视台的专访和录制节目，包括春晚之类的场合当嘉宾就多达 35 次。他已然成了央视的常客。

对王老有过专访（含录制）的，经粗略统计至少有三十家，如北京电视台、国家京剧院、中国国际电视台、公安部、外交部、人民日报社、中央人民广播电台、北京市文化局、北京京剧院、北京日报社、光明日报社、《空中剧院》节目组、北京晚报社、天津电视台、香港文汇报社……还有为数不少的杂志社。

2006 年，王金璐出席中国戏剧家协会在人民大会堂举办的春节联欢会时留影

除去登台外，王老还应了不少电视台的录像要求，其中最主要的一项是旨在抢录前辈名家代表剧目的"晚霞工程"。王老一人担纲两出戏，一出《恶虎村》，一出《潞安州》，前者杨派后者黄派。王老跟自己较了一辈子的劲，对自己的要求近乎苛刻，为使这两出戏能更好地留传后世，他几近投入了全部心智和精气神，精雕细刻，哪怕是戏中细节，亦是"狮子搏兔"，用尽全力。王老此时已近八旬，居然还能演黄天霸和陆登这两个人物，并能老中出新，使其焕发出新的形象光彩。

王老在83岁之后，还在接受频繁的专访和节目录制。如2002年中央电视台录制并播放了王金璐的"戏曲人生"；如2010年（91岁）中央电视台录制了他的"艺术人生"；如2010年中央电视台录制并播放了王金璐的从艺道路（题名为"锋自磨砺出——京剧表演艺术家王金璐"）；又如2014年（95岁）北京出版集团公司主办并出版的"国韵流芳——国家非物质文化遗产京剧代表性传承人成就典藏精选"为王金璐作了从艺、表演、教学各方面的全面录制。

2. 座谈会（研讨会）

王老已是见证京剧历史的重要代表人物之一，人们心目中他就是万宝全书，求知的、求艺的、求助的都会想到这位奔向人瑞的老人，如此年复一年的忙碌状态一直在继续，他真成了一位京剧活动家了。

他应邀出席的会议十分繁多，其中座谈会和研讨会尤多。精力不比前些年了，由于情面难却，大多还是婉拒不了。这些座谈会有属于纪念性的，包括梨园前辈周年会，如马连良先生诞辰100周年、谭富英先生诞辰100周年、郝寿臣先生诞辰110周年、奚啸伯诞辰90周年、侯宝林诞辰85周年……还有分别纪念马连良和张云溪等人的座谈会和朱家溍先生追思会……；有学术性的座谈会如关于"马派"形成的研讨会、纪念马师诞辰95周年艺术研讨会、京剧名家谈往录交流会、京剧流派剧目形成座谈会、中国文联春节座谈会、武生教学研讨会，中宣部大型京剧交响音乐晚会、中国京剧21世纪研讨会，等等。

王老80诞辰后参加的会议太多，如择其要者，也至少在六十次，这还是一个相当保守的数字。

3. 大赛评委

王老自1987年起曾多次担任重要赛事评委，如梅兰芳金奖大赛决赛评委、全国青年京剧演员电视大赛决赛评委……1996年起又担任过海峡两岸"蓝岛杯"京剧大赛评委、全国中等艺术院校教学大赛决赛评委会主任、"中国京剧之星"推荐演出艺术评委会成员、上海儿童京剧大赛文化部特邀评委……2001年起又担任过中央电视台全国"青京赛"大赛评委。赛事评委先后当了14年，有一段高峰期几乎成了评委中的"常委"。直到83岁那年才正式"交令"，以后出席大赛就大多是颁奖仪式和闭幕式了。

4. 收徒仪式捧场人

王老重情重义重事业，凡有所请，几乎有求必应。就以出席行内名家收徒仪式而言，真够老先生应付的。在年轻人心目中王老是京剧界至尊级人物，拜师仪式上若得王老大驾光临那可是莫大荣幸。每逢收到这类邀请，老人家特别欣喜，为后生拜师捧捧场打打气，正所谓正能量十足，此乃喜事，何乐不为？

同样据保守统计，自1996年至2013年，王老参加的拜师仪式多达三十余次，收到的邀请来自张春华、陈永玲、吴吟秋、刘雪涛、姜凤山、刘秀荣、谢锐青、钮骠、沈世华、李玉声、李长春、张学津、张春孝、孙毓敏、叶蓬、李祖铭、孙明珠、黄德华、宋丹菊、田有亮等名家。

一过80岁，王老多是开门授艺不再收徒，可也有例外。如1999年，《人民日报》（海外版）和中国戏曲学院联合在人民大会堂举行盛大拜师仪式，日本世界艺术文化振兴协会会长、著名表演艺术家深见东州拜王老（和叶蓬）为师。又如2013年，94岁高龄的王老受邀参加由北京市文化局主办的"非遗"名家收徒启动仪式,并当场收著名青年武生王雪清为弟子。

5. 戏迷活动

王老常说自己是一名普通的京剧演员,也是一名瘾头特大的戏迷。他和夫人李墨璎接待过的戏迷无数,但从不凌驾于他人之上。一贯把身子放得很低,哪怕面对行外后生亦是如此。他常说"戏迷中有的是能人,我可不敢托大",因此常会出现老先生移樽求教的感人场面。我与二老交往多年,感触尤深,愈是谦允则愈显大气,老先生以武生界"王道"之身却屡屡与戏迷大众平起平坐,平等对话,单凭这一点,就足以令有些半瓶子醋且自命不凡视观众戏迷如草芥的"艺术家"汗颜的了。

王金璐(左)与朱家溍(中)、何凤仪(右)合影

王老对中国戏迷协会何凤仪会长极具钦佩。这位颇具燕赵侠士之风的中国戏迷代表人物对京剧的赤诚无人能及。他不仅为京剧事业仗义疏财,甚至也可为之献身。他二人结为莫逆有着深层次的原因,那就是彼此惺惺相惜有着共同的京戏魂。

应何会长之请,王老担任了中国戏迷协会副会长,于是以中国戏迷协会为平台王老参加了许多京剧戏迷活动。老先生是多年京剧大赛的资深评委了，对票友大赛同样倾注了饱满的热情。77岁那年秋天，老人家曾去天津担任全国票友大赛的决赛评委。80岁那年还夜赴青岛赶去担任"十佳名票大赛"的评委。之后，他又多次参加了国际票友大赛开幕式和闭幕式，"红河杯"票友大赛颁奖仪式，甚至在年近九旬的2007年再次为京剧票友大赛颁奖……

6. 少儿京剧活动

王老跨度八十载的演艺史始于20世纪30年代的中华戏校时期，少年时代就早早打下了极其扎实的基础，小小年纪就荣获了北京童伶选举的生行冠军。对于京剧要从娃娃抓起，他有过长达70年的感悟和体验，深信当初的"中华"岁月确是自己金色的童年，大半个世纪之后能有今天的成就多亏娃娃年代的根子打得牢扎得正，因此至今对少儿京剧的感情不因年岁而稍减。他多么渴望如今的娃娃也能有自己少儿时代的机缘，于是在北京少儿京剧园地里经常会见到老人家的身影。他常去本贞艺校看小孩排戏，还会连续三个多月里每周赶去那里看娃娃们学戏，连学校迁址也会赶去道贺。孩子们欢度"六一"，老人家居然也置身在娃娃丛中当一名老小孩。面对娃娃们，这位老爷爷竟是这样的乐此不疲。

北京市东北旺小学是少儿京剧基地之一，王老兴致勃勃当上了艺术顾问。在中国戏曲学院附中少儿京剧团里，王老也当仁不让，担任了实为艺术顾问的名誉顾问。有着浓厚少儿情结的王老还在初冬季节风尘仆仆赶去东北长春，出席吉林省少儿京剧团的成立典礼……

王老曾创出多个"之最"，如今还在续写。老先生高频亮相多年，连自己都不曾想到居然成了戏迷口碑中的京剧活动家。如果把上述所举的全部活动汇拢在一起，他将创出一个"天文数字"。尤其在他八九十岁乃至超高龄岁月中的高出镜率，就更令人难以企及了。

四、学者型艺术家

1. 讲课

王老曾多次应邀为艺术院校讲课,如为辽宁省戏曲学校教师讲课,为河南省28个市、县戏校教师讲课,为江苏省、黑龙江省、沈阳市等戏校讲课,为中央戏剧学院导演系以及北京大学等首都高校讲课。在央视首播的《京剧常识》栏目开了《短打与长靠》和《起霸、走边、趟马》的讲座……

其实王老作为文化使者出国访问交流由来已久,早在1995年就应日本东京都京剧研究会邀请,偕夫人东渡扶桑。期间在早稻田大学、横滨市法政大学和日本京剧研究会讲课,且与旅日弟子张绍成合作演出《长坂坡·汉津口》。

2002年之后他的讲课活动还在继续,曾作为"关羽系列京剧"的艺术指导赴香港讲课,同年又赴台湾为台北国光剧团授课,剧目为《蚰蜒庙》《战宛城》和《常胜将军》,并担任演出艺术指导。

直到2013年,84岁高龄的老先生还同日本弟子、日本艺术家深见东州一起与北京京剧团和梅兰芳京剧团同赴澳大利亚合作演出于悉尼歌剧院,王老应邀担任艺术顾问。

2. 邀稿

他致力于京剧研究多年,尤其中华人民共和国成立后与夫人几乎天天在谈戏、研戏和改戏、编戏。曾听李墨璎先生说起,两口子日常生活中主要话题就是戏,还经常会发生二人睡梦中说戏的趣事。伉俪二位钻研了一辈子戏,知之者无不心悦诚服。王老发表文章不少,如《京剧武生概谈》《浅谈京剧流派的继承和发展》《回忆中华戏校》《回忆恩师丁永利先生》《我演〈挑滑车〉》……

80过后王老没有终止写作,自1999年至2008年这10年间又发表过文章十余篇,如为吴学富《传统京剧舞台艺术》写序,如纪念马连良先生诞辰100周年的文章,如为周信芳诞辰110周年撰文,为吕锁森《中国戏曲武打概论》写序，为《中国京剧》写关于《战宛城》的文章，除此之外，还有《李洪春恩师二三事》《纪念母校引起的回忆》《这班孩子错不了》《哭翁老》《三十年代的焦菊隐先生》《武生演员也要研究表演艺术》《竞争激烈精彩纷呈》《我和武生泰斗》……一直写到近九旬，还在2006年出版了《王金璐舞台人生画册》。

老两口改编和整理过的剧本可不少，有《洗浮山》《战马超》《关云长忠义千秋》《走麦城》《火并王伦》《隔江斗智》《岳云》《古城会·训弟》《战濮阳》《义释杨再兴》……

在2010年出版的《中国京剧流派剧目集成》第九集的《武生专集》中发表了王金璐老先生的《落马湖》与《蚰蜓庙》演出本。剧本中除唱词、念白外，所有剧中人物在舞台上的位置调度、舞蹈身段、人物造型、一应道具和锣鼓伴奏全用文字表达。

2006年，"王金璐艺术生涯回顾展"在北京湖广会馆展出，展出内容包括舞台剧照、演出戏服、文章、戏单、行头、道具及获奖奖状、奖杯、名家好友题字书画等，展期长达3个月。

2014年，中央戏剧学院启动大师系列研究项目，由中央戏剧学院教授赵永伟担任课题负责人，对王老先生的舞台艺术、戏曲教育及学术研究展开为期3年的总结研究。

3. 书法家

王老喜好墨宝一辈子，早在中华戏校就已情有所钟。伉俪二人平生淡泊不事张扬，以致王老书法功底在"文化大革命"后才逐渐广为人知。二老深知唱戏人"功夫在戏外"。正因青少年时已陶醉于书法，以至一生受熏气质渐变，最终修成了一位学者型的艺术家。这其中固然有多方面的因素，但书法的功效不可低估。

说起王老写字，竟最初始于一段趣事。"中华"时代，王金璐渐渐在学校走红，因而身边常聚集有一批同学和"粉丝"。这些小拥趸鼓励他效法学校里某些正在习字的师兄，也写几个字在黑板报上亮一亮相。年少气盛的他受了拥戴，果然挺身而出在黑板报上写了"心里咬牙"四个大字，写出了他从少时就形成的毕生座右铭。谁知老师非但不责怪，反倒加以鼓励，金仲荪校长有感于这四个字，遂嘉其志而勉其行，真让校内老师教起他书法来，这事便一发不可收。他小小年纪当然提不上拜名师，有这种待遇就算很不错了。此后的习字基本上属于自学加求教相结合的方式，因为他心里明白，自己是学戏的，主次要分清。

学何种字体呢？他选择了隶书。因为它敦实，颇合自己性格，也同大武生风格和谐。于是他找了字帖学起了刘炳森先生的字来。直到戏唱红了，交往的学者专家多了，就有机会向米南阳、欧阳中石、吴小如等名家讨教书法了。他对书画展有浓厚的兴趣，如京剧脸谱画展、戏曲人物画展、宏宝堂百扇展等展会都兴致勃勃不会错过。

王老写字，随年事渐高越发功力弥坚，求字人数也随之水涨船高。从来低调的王老喜好墨宝本来就为陶冶情操，不为图名逐利。他应人之请的赠字多不胜举，近十六年里以墨宝赠人的就达一百五十多幅，而很多"散户"还未计入其内。

2000年4月，王金璐为鑫品居开业题字

他赠字对象大多在京剧界，也有不少是作曲家和京剧友人，当然也有各大报社、杂志社、电视台、戏院和学校，如为马少波题"椽笔巨著，光照菊坛"，为纪念马连良先生题"弘扬国粹"，为李万春题"艺冠南北"，为李少春题"文尊武备，代有传人"，为刘曾复先生出书《脸谱》题"舞台再现"，又题"古有戏面，今有勾脸"，为纪念连阔如题字"英雄说英雄"，为汉剧大师陈伯华八十诞辰题"艺寿长春"，为吴素秋80寿辰题"夕阳秋色更迷人"，为刘秀荣题"一派秀色秀王门"，等等。

又如为梅兰芳大剧院题字"丛中人笑百花开"，为天津中国大戏院70周年题"万紫千红，艺汇津门"，为中和戏院重张致贺"再显辉煌"，为中国戏曲学院60周年题"艺源"，为北京富连成科班创办110周年题"龙凤连成"，为北京戏校题"哺幼园"……

王老先生还曾为《中国京剧》10周年题"梨园论坛"，又为《中国京剧》百期题"弘扬国粹"；在2008年7月4日和7月8日应《北京晚报》之请，分别题字"举国迎奥运，古都谱新篇"和"龙腾奥运，凤舞祥云"，并发表在《北京晚报》的《王金璐为北京奥运题字》的文章之中。

老人海纳百川，广结朋友，以字会友，旨在弘扬京剧，真乃用心良苦。

五、荣誉和奖项

王老先生除曾担任过中国戏曲学院艺委会委员、学位评审委员外，应聘的社会职务很多，如北京戏曲学校高级顾问、北京昆曲研习社顾问、北京京剧研究会理事、中国京剧联谊会副会长、中国戏曲学院附中中国少年京剧团名誉顾问以及北京少儿京昆教育学会顾问……

一直以来，王老获奖频频，如1954年在华东戏曲观摩演出大会演出《挑滑车》获演员一等奖。1956年随上海京剧院出访苏联，主演《雁荡山》《挑滑车》和《双射雁》等戏，获苏联文化部荣誉奖和白俄罗斯最高荣誉奖，1958年当选西安市人大代表和先进生产者等。

1987年获全国青年京剧演员电视大赛教师荣誉奖，1991年王老因主演北京电影制片厂的电视连续剧《武生泰斗》荣获第二届优秀电视剧评选表演荣誉奖。

1999年王老80大寿过后似获奖连连，这里择其要者略举几笔：

2000年获中国文联工作50年贡献奖。

2002年文化部颁予他造型表演艺术创作成就奖，获奖者还有红线女、戴爱莲和启功三人。

2003年11月8日获中华民族文化促进会荣誉委员证书。

2008年90高龄的王老先后荣获国家级和北京市两级非物质文化遗产京剧代表性传承人证书和证章。

2009年12月21日，获中国文化艺术家联合会成立60周年授予的荣誉证书。

2010年7月10日，获中国戏剧家协会授予的剧协成立60周年荣誉证书。

2011年1月，获中国戏曲表演学会终身成就奖。

2011年10月，获中国文联、中国剧协授予的中国戏剧奖终身成就奖。获此奖项者共四人：王金璐（京剧）、马金凤（豫剧）、朱琳（话剧）、阎肃（作曲）。

王金璐先生的老年活出了一个哲理，值得我们深长思之。老年不再是黄昏，而是人生中的又一个黄金时段，这是王老看待生命老化的态度。

对待生命老化无非有两种认识：一是传统生物观念的弧形模式，生命以呱呱落地开始，经壮年、中年，达到顶峰，然后走向衰老；但还有一种是爬阶梯的模式，就是让自己力争一步一步地不停顿地向前发展，向更高的境界迈进和攀登。

我们的文化一向倾向于青春，所以只看到弧形的模式，老化被视为肉体的衰亡，而阶梯模式却可以让人在老年时，即使视茫发苍，也有机会再造巅峰。王老这位极品老人没有活在黄昏里，而是生活在金色的阳光里，活出了蓬勃，活出了精彩，活出了无限风光。老人家的人生，本身就是一份极其珍贵的非物质文化遗产，太值得后来人去体悟，去感知，去加以大力继承和发扬。

2009年12月，王金璐获中国剧协从事中华人民共和国戏剧工作60周年荣誉证书

朱继彭
完稿于上海
2014 年 7 月 30 日

王金璐年表

1919年
11月22日,出生在北京东珠市口靠山胡同的一户贫寒厨行家,取名王庆禄。

1920年至1930年(1岁至11岁)
父亲王文明曾当过学徒,后为养家闯关东。母亲早故,姐弟四人都认了穷干亲,靠接济为生,无力上学。

1931年(12岁)
考入中华戏曲专科学校,校长焦菊隐为其改名为王金禄。

1932年至1933年(13岁至14岁)
初习老生,首次上台演的正戏是《渭水河》。在校随王瑶卿、蔡荣贵、包丹庭、王荣山、文亮臣等多位名师学了不少老生、小生、老旦和靠把老生戏。翰墨名士陈墨香先生为其定名王金璐。

1934年(15岁)
与师兄王和霖一起在校拜马连良先生为师。

1935年(16岁)
进入杨(小楼)派武生名师丁永利主教的武生组,主攻杨派戏。同年,得新任校长金仲荪器重,由丁先生兼教黄(月山)派武生戏,还请来武术名家高紫云教武术套路。

1936 年（17 岁）

学校请来红生名家李洪春重点传授其关羽戏，17 岁那年在广和楼主演《走麦城》。同年，在北京《立言报》主办的童伶选举中荣获生部冠军。

1937 年（18 岁）

在丁永利、李洪春二师执教下主演了《宏碧缘》《火烧红莲寺》等新编本戏。同年随学校两度赴天津公演，大红。

1938 年（19 岁）

与中华戏曲专科学校人称"四块玉"的侯玉兰、白玉薇、李玉茹、李玉芝频频合作。

1939 年（20 岁）

9 月 1 日，完成了 8 年学业，毕业后留校当了助教。演出时与李玉茹同处领衔地位。

9 月 10 日，与年方十八的李墨璎女士缔结良缘。

1940 年（21 岁）

开始搭班唱戏，挑起了养家重担。丁永利老师身兼管事、经纪人和导师，全力保驾护航。

4 月，首次搭班师兄宋德珠的颖光社，挂双头牌。二人合作的戏《湘江会》《夺太仓》《巴骆和》《翠屏山》等十分上座。

7 月，喜得贵子，取名展云。

1941 年（22 岁）

加盟李玉茹领衔的如意社。大年初一在上海黄金大戏院挂双头牌，其演出以杨派戏为主，如《挑滑车》《夜奔》《长坂坡》《连环套》等，期满载誉返京。

1942年（23岁）

春节和七月两度搭颖光社，唱红上海滩。在更新舞台，与宋德珠联袂《紫塞香云》《碧玉桃花》《金石盟》《花猫戏翠屏》《百鸟朝凤》和《蝶恋花》等戏。

同年受上海天蟾舞台之邀作杨派剧目展演，有《连环套》《八大锤》《铁笼山》《长坂坡》《阳平关》《恶虎村》《艳阳楼》等剧目，"小杨小楼"名声鹊起。

年内又添一子，名展翼。

1943年（24岁）

在京、津、沪等地与宋德珠、李玉茹两家班社多次合作。初夏，在上海实现了与黄派武生代表马德成的同台奏艺。一老一少合作了如《巴骆和》《落马湖》《洗浮山》《铜网阵》……"小黄月山"雅号由此而生。同年，频频加盟奚啸伯、李盛藻这两家常演"三国"戏的班社，担纲的全是赵云、关羽、马超、吕布、张绣等重要角色。因与"三大净"中的金少山和侯喜瑞有过多次联袂《连环套》的经历，一时成了京津邀演《连环套》的热门人选。

1944年（25岁）

得到了不少头牌旦角的争邀，与之合作过的有荀慧生、筱翠花、毛世来、宋德珠、言慧珠、李玉茹、许翰英、白玉薇、吴绛秋等。

1945年（26岁）

在"武生大会"演出中，作为杨派武生代表与尚派创始人尚和玉、黄派代表马德成同场合作。

7月30日，喜得千金，取名天香。

8月，抗日战争胜利后强强联合势头不减，如与李万春、李洪春合作《走麦城》；如在津参加尚小云、金少山等大角加盟的"三班合演"……

同年，在北平举行的多次"武生大会"中，与李万春、高盛麟、钟鸣歧、杨盛春等名武生联演《武十回》《走麦戏》等戏。

12月，在中华校友通力合作的新编爱国京剧《白虹贯日》中领衔，前后饰南霁云和郭子仪两角，连续满座20场。

1946年（27岁）

6月，参加天津中国大戏院救济广西洪灾义演，与谭富英、金少山、叶盛章、张君秋、叶盛兰等同台合作《龙凤呈祥》《翠屏山·巧连环》《晋楚交兵》和《连环套》。

12月，长安戏院演义务戏《连环套》，饰黄天霸，金少山和裘盛戎则双演窦尔墩。

1947年（28岁）

参加焦菊隐创办的北平艺术馆和重建的校友团，担任主演和执导。

11月，又得一千金，取名天慧。

1948年（29岁）

在校友团演出《铸情记》，饰男一号罗平。因表演手法新颖别致，故十分受捧。

8月，恩师丁永利去世。

9月，参加李洪春社班出演天津天华景戏院，近百日内主演了各派各类剧目七十余出。

1949年（30岁）

1月，北平和平解放，随校友团登台，主演新编进步戏《九件衣》，饰申大成。

1950 年（31 岁）

初期，与筱翠花、奚啸伯、侯喜瑞等合作频频，如全本《走麦城》《大战宛城》《大虮蜡庙》《连环套》《武松与潘金莲》《曹营十二年》。

同年，与言慧珠在上海中国大戏院合作新编戏《太平天国》，前饰杨秀清后饰李秀成，言慧珠饰洪宣娇。

5 月，加盟上海华东戏曲研究院京剧实验剧团（以下简称华东团）。该月在上海参加抗美援朝大义务戏武生专场，与言慧珠合作压轴戏《百鸟朝凤》一折。

1951 年（32 岁）

7 月，在大众剧场主演华东团新编历史剧《皇帝与妓女》，饰抗金义军首领吴革，演出连续满座达 3 个月。

1952 年（33 岁）

在华东团又一新编戏《劈山救母》中演沉香。因设计有大套新颖斧舞和精彩的武打套路而大受欢迎。

1953 年（34 岁）

年初，与名老生陈大濩在大众剧场合作，其贴戏共 15 出，有《挑滑车》《安天会》《曹营十二年》《长坂坡》和《拿高登》等。

1954 年（35 岁）

春节期间，贴演了难得一唱的《反西凉》《战长沙》《水淹七军》和《霸王别姬》。又演过一期杨派勾脸武生戏《铁笼山》《状元印》《安天会》《拿高登》等。

同年，在华东戏曲观摩演出大会上主演《挑滑车》，获得会演一等奖。

1955 年（36 岁）

2 月，华东团巡演至湖南长沙，与周信芳珠联璧合《战长沙》。周饰黄忠，王饰关羽。

4 月，在北京举行的梅兰芳、周信芳舞台生涯 50 周年纪念演出中主演《挑滑车》。

同年，随团赴东北巡演 8 个月。

1956 年（37 岁）

10 月，在中南海怀仁堂招待印度尼西亚总统苏加诺的京剧晚会上演出大轴《雁荡山》，毛泽东、宋庆龄、周恩来等国家领导人陪同观剧。

在招待尼泊尔首相的晚会上，与贺永华合演《两威将军》，饰马超。

随上海京剧院访问苏联，两月内演戏五十多场，其中以《雁荡山》演得最多。苏文化部为其颁发了荣誉奖。

1957 年（38 岁）

10 月，加盟上海京剧院，演出头本《七侠五义》，饰白玉堂一角，连演两个月场场客满。

同年秋，上海部分老戏迷开展了历时半年多的评选"四大武生"活动，最后高盛麟、王金璐、李少春、厉慧良当选。

1958 年（39 岁）

赴西安参加陕西省京剧团的"援建"，先在内部观摩中演出《铁笼山》，然后在援建开幕式上主演大轴《挑滑车》与《连环套》。"援建"任务结束后西安方面盛情挽留其演出从上海移植的头本《七侠五义》，演出之日人气爆棚，连演半年不衰。

同年，演过两出新编现代戏《红色风暴》饰林祥谦，《刘志丹》饰刘志丹。

由于陕西省京剧团的不舍，最后按工作调动性质被留在了西安。

1959年（40岁）

陕西省京剧团演起了2本《七侠五义》，这次担纲的是前白玉堂后欧阳春双重主角。该年全团赴西北、华北八省区作为期八个月的巡演。

入秋，在邢台演出时，因机关布景操作失误，以致从好几米的高处摔了下来，但仍以挂彩之身坚持演至剧终。

1960年（41岁）

2月，回西安后带伤赶排全本《劫皇纲》，在这出历时四个多小时的大累工戏中饰秦琼且一人到底。

3月，连续演出了几场《劫皇纲》后腰背伤情恶化再难坚持，不得不告别舞台回到北京原籍疗伤。面对现实不怨不艾，及时调整了心态，穿上了人称"强直"的"钢靠"，坚持气功疗法和蒸汽疗法，还天天强挂拐杖试步……如此日复一日地经受着历炼和煎熬，一年过后初见成效。

1961年至1965年（42岁至46岁）

受北京京剧团之请，由伉俪二人与吴晓铃教授一起整理马派艺术，几乎参加了马先生20世纪五六十年代绝大部分新戏的记录和整理，包括部分剧本的改编。

1962年7月，在北京由马连良、谭富英二位团长主持的拜师仪式上，收武生名家杨盛春哲嗣杨少春为弟子。

"钢靠"锁身3年，卸下后换上钢化腰带又是3年。在名医刘世森大夫的精心治疗下，康复明显。

1966年至1970年（47岁至51岁）

"文化大革命"中由于工资停发，靠变卖及子女贴补艰难度日。

1971 年至 1973 年（52 岁至 54 岁）

因夫人李墨璎得到一份为工艺品厂画灯笼彩纸的工作，才有了微薄的收入。

1974 年至 1976 年（55 岁至 57 岁）

"文化大革命"后期被街道宣传队请去辅导样板戏。外出渐多后结识了文史家、戏曲家朱家溍先生。

1976 年 7 月唐山大地震殃及北京，夫妻俩暂迁临时屋居住。同时练功强度却在加强，研戏磨戏一天也不曾中断。

1977 年（58 岁）

6 月，应文化部和北京京剧团之请担任《逼上梁山》导演，后又为北京京剧团执导了另一出大戏《三打祝家庄》。

1978 年（59 岁）

8 月，阔别舞台 18 年后在内部观摩中演出《挑滑车》，引起了行内外震动，惊为奇迹。

9 月，在文化部举行的京剧流派公演中连演两场《挑滑车》，反响热烈，之后在各大剧场又演了十余场《挑滑车》。

1979 年（60 岁）

受聘中国戏曲学院任教，年内主演多场《长坂坡·汉津口》（前赵云后关羽），观众热情居高不下。

1980 年（61 岁）

被评为中国戏曲学院第一批教授，并结识了刘曾复和吴小如二位京剧研究家。

同年，收著名老生叶盛长之子叶金援为弟子。

1981年（62岁）

参加中国戏曲学院教师春节公演，在人民剧场主演黄派名剧《虮蜡庙》。

1982年（63岁）

担任了中国戏曲学院82届表演专业教师和青年演员进修班的课程。

1983年（64岁）

为北京市儿童福利基金会义演两场《潞安州》，饰陆登。

1984年（65岁）

参加由著名固体物理学家叶开沅教授筹资策划的振兴演出。首期在上海人民大舞台举行，有陈永玲、景荣庆加盟，剧目有《长坂坡·汉津口》《潞安州》《虮蜡庙》和《战宛城》。

1985年（66岁）

应邀去南京与江苏同行王琴生等合作，主演了《挑滑车》《潞安州》和《虮蜡庙》三出戏。

9日，移地天津举办第二期振兴演出，同台有陈永玲、王琴生、费玉策等人，演出剧目有《战宛城》《翠屏山》《连环套》《长坂坡·汉津口》和《虮蜡庙》。

1986年（67岁）

6月11日，在中南海怀仁堂演《潞安州》，中央领导同志到场观剧。

1987年（68岁）

任首部"振兴杯"中青年京剧演员电视大选赛组委会委员和决赛评委。

同年7月，被聘为全国青年演员京剧电视大选赛评委会顾问委员。

1988 年（69 岁）

6 月 3 日，在吉祥戏院与北京京剧院合作《走麦城》，此戏经剪裁浓缩和多处增益，面貌一新。

年内办了退休手续，后学校返聘，依然是教学和演戏两不误。

该年在《京剧谈往录续编》中发表长文《回忆恩师丁永利》。

1989 年（70 岁）

长安戏院举行为北京春芽少儿艺术团集资义演，主演《千里走单骑·古城会》，与景荣庆分别饰演关羽与张飞。该年是他集中演出关羽戏的一年。

4 月，北京举办亚运会捐赠义演，他献演《潞安州》和《蚍蜡庙》。

1990 年（71 岁）

1 月，参加中国戏曲学院 40 周年大庆演出，主演杨派名剧《大破金锁阵》，饰赵云。

5 月，应北京电影制片厂邀请，在电视连续剧《武生泰斗》中演第一主角林玉昆。

同年 12 月，北京举行徽班进京 200 周年纪念活动，在展览馆剧场举办了一场由张君秋、袁世海和王金璐领衔的《龙凤呈祥》，参演者有马长礼、汪正华、孙岳、叶少兰、张学津、李炳淑等。中央领导亲临观剧并接见合影。

1991 年（72 岁）

年初，参加北京举行的马连良先生诞辰 90 周年纪念演出，剧目为《龙凤呈祥》，宗法当年杨小楼老例饰后赵云一角。同台有李世济、谭元寿、景荣庆等人。

7 月起担任全国中青年演员京剧电视大赛的复、决赛评委。

同年，凭借电视剧《武生泰斗》获全国电影制片厂第二届优秀电视剧评选表演荣誉奖。

1992 年（73 岁）

继续活跃在各类京剧大赛上，如担任梅兰芳金奖大赛和全国京剧青年团（队）新剧目汇演的评委等。

1993 年（74 岁）

正月，在北京中国演出家协会、中国东方文化研究会联办的"欢度元宵佳节传统京剧表演"晚会上主演又一出红生大戏《关云长忠义千秋》。

1994 年（75 岁）

在邀演场合频频上演关羽戏，如纪念梅兰芳、周信芳百岁诞辰的《关云长忠义千秋》；如"京剧百汇"演唱会和国庆四十五周年的《汉津口》等。

1995 年（76 岁）

5月，应日本东京都京剧研究会之请，偕夫人东渡扶桑做文化交流。先后在早稻田大学、横滨市法政大学和日本京剧研究会讲课。并与旅日弟子张绍成合演《长坂坡·汉津口》以作示范。

1996 年（77 岁）

3月，与天津市青年京剧团在中国大戏院合作《蚂蜡庙》，以77岁高龄演褚彪一角。是日出现了其演艺生涯中罕见的火爆。

9月，为庆祝长安戏院重新开业，率弟子叶金援、赵永伟、秦占宝四演《挑滑车》。

年底，受聘担任中国京剧优秀青年演员研究生班（简称"青研班"）导师。

1997 年（78 岁）

12月，参加纪念谭鑫培诞辰150周年演出，在《定军山·阳平关》中饰赵云,谭元寿饰黄忠。

1998 年（79 岁）

参加文化部举办的"晚霞工程",在 4 月和 5 月先后录制了《恶虎村》和《潞安州》。

9 月,参加北京"同舟共济、重建家园"义演晚会,率王立军、奚中路、马玉璋四演《挑滑车》,担纲最后"挑车"一折。

1999 年（80 岁）

11 月,北京市戏曲艺术发展联合会、北京京剧院、中国京剧院在人民剧场联合主办"王金璐从艺 70 周年庆贺演出。朱继彭先生所著《武生泰斗王金璐传》一书在庆贺演出当天同时发行。

7 日,演出《长坂坡·汉津口》,九演赵云,并担纲"大战"一场,然后再接演《汉津口》。

8 日,率弟子赵永伟等四人在前场《夜奔》中五演林冲,并在大轴《虮蜡庙》中饰褚彪。剧场内重现 3 年前天津演出的盛况。

2000 年（81 岁）

7 月,中国文联授予他中国文联工作 50 年贡献奖。

2001 年（82 岁）

随北京京剧院赴香港参加"香港新千年艺术节",任艺术总监,王展云任导演。

2002 年（83 岁）

5 月,文化部授予他"造型表演艺术创作成就奖"。

7 月,与夫人、展云和弟子赵永伟同赴台湾,为台北国光剧团授课。

10 月,开始为中国戏曲学院第三届青研班授课。

2003年（84岁）

2月，应邀随日本弟子深见东州与北京京剧团、梅兰芳京剧团同赴澳大利亚悉尼歌剧院演出，并任艺术顾问。

11月，获中华民族文化促进会荣誉会员证书。

2004年年至2005年（85岁至86岁）

继续执教中国戏曲学院第三届青研班，所授课程有《翠屏山》《打虎》《蚣蜡庙》等。

2006年（87岁）

6月28日，"王金璐艺术生涯回顾展"在北京湖广会馆展出，展期持续三个月。

9月29日，《王金璐舞台人生画册》出版。

2007年（88岁）

执教中国戏曲学院第四届青研班。

2008年（89岁）

2月4日，中央政治局常委李长春在郭金龙和蔡赴朝等同志陪同下，上门探望慰问。王老以《王金璐舞台人生画册》敬赠。

2月12日，北京举办有30位京剧名家同台献艺的赈灾义演。他以89岁高龄大轴彩演《蚣蜡庙》选场，依然技惊四座。

2009年（90岁）

12月，获中国剧协颁发的从事中华人民共和国戏剧工作60周年荣誉证书。

2010年（91岁）

5月，中央电视台录制《王金璐艺术人生》节目，不久便在中央电视台播出。

12月12日，中央电视台播放了王金璐的从艺道路，题目是《锋自磨砺出——京剧表演艺术家王金璐》。

同年，获北京市文化局颁发的北京市年度非遗保护贡献奖。

2011年（92岁）

1月11日，获中国戏曲表演学会颁发的终身成就奖。

10月15日，获中国文联和中国剧协授予的中国戏剧奖终身成就奖。

2012年（93岁）

3月29日，出席观看第四届青研班毕业演出，并于4月28日出席由其执教的最后一届青研班毕业典礼。

2013年（94岁）

6月8日，在北京"非遗"名家收徒启动仪式上，当场收青年武生王雪清为弟子。

8月，为上海戏曲学院副院长王立军传授《翠屏山》。

2014年（95岁）

4月起，北京出版集团公司主办并出版的《国韵流芳——国家非物质文化遗产京剧代表性传承人成就典藏精选》为王老师作了从艺、表演、教学等方面的全面录制。

7月，中央戏剧学院启动大师系列研究项目，对王老舞台艺术和学术成果进行全方位的总结研究，计划2017年完成。

2016年（97岁）

仙逝。